HERMANN BUHL

allein am
NANGA PARBAT
UND GROSSE FAHRTEN

GELEITWORT — REINHOLD MESSNER
LEBENSBILD — LIA HÖRMANN

STEIGER VERLAG INNSBRUCK

Redaktion und Mitgestaltung:
Dr. Lia Hörmann

Der Abdruck des Nanga Parbat-Kapitels von Hermann Buhl erfolgte mit freundlicher Genehmigung von Herrn Dr. Karl Herrligkoffer, Deutsches Institut für Auslandsforschung.

Verzeichnis der Fotografen

Foto Ammon, Berchtesgaden: Seite 167.
Hermann und Eugenie Buhl: SW-Bild am Schutzumschlag, Seite 6, 22 unten, 23, 24, 26, 29, 30, 75, 76, 87, 110, 120, 126, 128, 131, 132, 135, 145, 150, 152, 155, 157, 168, 169 oben, 170, 193, 199.
Kurt Diemberger: Seite 1, 176, 179, 180 oben, 182, 185, 187, 189 oben, 190, 200 unten, 203, 204, 206, 207, 208, 210.
Hans Ertl: Seite 164.
Karl Herrligkoffer, Deutsches Institut für Auslandsforschung: Seite 137, 163, 164, 166.
Kurt Pokos: Seite 22 oben, 39, 40, 57, 125, 143, 144.
Rudi Mayr: Farbaufnahme am Schutzumschlag.
Reinhold Messner: Seite 169 unten, 180 unten, 189 unten, 200 oben.
Sammlung „Karwendler", Innsbruck: Seite 10, 11, 15, 77.
Johannes Steiger/Luftbildarchiv: Vor- und Nachsatz Gepatsch-Ferner, Kaunertal, Tirol), Seite 21, 58.

CIP-Kurztitelaufnahme der Deutschen Bibliothek
Hermann Buhl — Allein am Nanga Parbat
Neubearbeitete Auflage von „Achttausend drüber und drunter" — Innsbruck: Steiger, 1984
ISBN 3-85423-036-2

© by Steiger Verlag Innsbruck
A-6021 Innsbruck, Postfach 425 · Alle Rechte vorbehalten
Druck und Bindearbeit: M. Theiss, Wolfsberg
Printed in Austria

Inhalt

	Seite
Geleitwort von Reinhold Messner	7
Ein Lebensbild	9
Kurzbiographie	23
Vom Karwendel zum Kaiser	25
Schüsselkar-Südostwand	34
Fleischbank	37
Mauk-Westwand	44
Lalidererwand	48
Große Zinne — Nordwand	51
Goldkappel-Südwand	53
Furchetta-Nordwand	55
Marmolata-Südpfeiler	59
Civetta-Nordwestwand	64
Schüsselkarwand	65
Große Ochsenwand — Nordostkante	70
Jorassespfeiler	74
Die Nordwand der Triolet	81
Wilder Kaiser	84
Mont Blanc	86
Marmolata-Südwestwand	91
Der Pfeiler der Grandes Jorasses	95
Die Aiguilles von Chamonix	100
Westliche Zinne — Nordwand	106
Tofanapfeiler	110
Badile-Nordostwand	114
Eiger-Nordwand	119
Watzmann-Ostwand	133
Nanga Parbat	137
Broad Peak	171
Chogolisa	193
Nanga Parbat-Chronik in Schlagworten (1895—1980)	211
Bergfahrten aus den Tourenbüchern von Hermann Buhl (1940—1957)	213

Hermann Buhl

Bergsteigerleben

*Ein Leben voll Tat und Drang,
umschlungen von Müh' und Gefahr,
durchklungen von sehnendem Sang,
vom wehmutsvollen: Es war –*

*Ein Lied von bergtreuen Freunden,
von Lieben und fernheißem Weh,
ein Träumen von Gipfeln und Zinnen,
von kühlem, schimmerndem Schnee.*

Leo Maduschka, 1925

Geleitwort

Die Persönlichkeit Hermann Buhls hat mich schon als Bub fasziniert. Seine Touren und seinen Namen kannte ich, ehe ich von ihm gelesen hatte. Er war *der* Bergsteiger der fünfziger Jahre — unumstritten.

Bleibender Beweis seines Könnens, seiner Begeisterung und seines Einsatzes sind allein seine Taten — zwischen Makalu-Westwand und Nanga Parbat. Nur jene, die selbst die schwierigsten seiner Routen klettern, die selbst Achttausender bezwingen, können diese Leistungen nachvollziehen und beurteilen, vorausgesetzt natürlich, daß sie Hermann Buhl in seine Zeit stellen.

Und dieser Zeit war er um Jahrzehnte voraus. Der Buhl-Riß an der Cima-Canali zeigt den Stil des Freikletterers, die Besteigung des Broad Peak den Höhenbergsteiger der Zukunft.

Heute, vierzig Jahre später geboren, wäre Hermann Buhl mit Sicherheit der führende Sportkletterer, morgen ein klassischer Bergsteiger ohnegleichen.

Meine Bewunderung für Hermann Buhl wuchs im Laufe meines Lebens. Es gibt kaum ein Buch, in dem ich nicht auf ihn zurückkomme. Ich spüre eine Verwandtschaft zu ihm wie zu wenigen anderen Bergsteigern; keine Geistesverwandtschaft — vielmehr die Bereitschaft zum ganzen Einsatz. Anforderungen an sich selbst zu stellen, war auch seine Devise.

Hermann Buhl wurde fast genau 20 Jahre vor mir geboren. Am 27. Juni 1957 verschwand er an der Chogolisa; am 27. Juni 1970 standen mein Bruder Günther und ich am Gipfel des Nanga Parbat; 1978, 25 Jahre nach der unvergeßlichen Erstbesteigung von 1953, stieg ich ein zweites Mal auf diesen Nanga Parbat, und 1982, 25 Jahre nach der Besteigung des Broad Peak durch Schmuck, Wintersteller, Diemberger und Buhl, wiederholte ich seinen Weg, um so auf meine Weise an diese Pioniertat zu erinnern.

Der Alpinismus hat sich weiterentwickelt, das Risiko ist dadurch nicht kleiner geworden — es bleibt bestehen, besonders für jene, die die Auseinandersetzung Mensch Berg suchen wie seinerzeit Hermann Buhl.

Acht der erfolgreichsten Alpinisten der Welt sind innerhalb der beiden vergangenen Jahre an den Weltbergen umgekommen: *Reinhard Karl* im Mai 1982 am Cho Oyu. Er galt als einer der besten Allroundbergsteiger Deutschlands. *Peter Boardman* und *Joe Tasker* verunglückten wenig später am Mount Everest. Sie waren eine der erfolgreichsten Seilschaften im modernen Höhenbergsteigen. *Alex McIntyre* wurde in der Südwand der Annapurna von einem Stein tödlich getroffen. Das war im Herbst 1982. Niemand war den modernen Stil in schwierigen Achttausenderwänden konsequenter gegangen als er. Wieder am Mount Everest blieb im Dezember 1982 *Yasuo Kato* verschollen, der Mann, der den Everest gleich dreimal bestiegen hatte: im Frühling, im Herbst und im Winter. Von diesem letzten Gipfelsieg kam der wohl explosivste japanische Bergsteiger nicht mehr zurück. Im Frühling 1983 wurde *Nejc Zaplotnik,* der jugoslawische Ausnahme-Bergsteiger, am Fuße der Manaslu-Südwand von einer Eislawine erschlagen. Mit den Erstbegehungen der Makalu-Südwand, des Hidden-Peak-Westgrates und des gesamten Westgrates am Mount Everest hatte er weltweit Bewunderer.

Im Herbst 1983 starb *Hironobu Kamuro* am Mount Everest, ein Mann, der allein auf den Dhaulagiri gestiegen war. Seit Februar 1984 ist *Naomi Uemura* am Mount McKinley verschwunden. Der Japaner, der hunderte große Berge allein bestiegen hatte, der allein im Hundeschlitten bis zum Nordpol vorgedrungen war, verschwand nach einer Winterbesteigung des höchsten Berges Nordamerikas spurlos.

Alle diese Männer gehörten — wie vor 20 Jahren Hermann Buhl — zum Dutzend jener Bergsteiger, die mehr Erfolge und mehr Erfahrung in ihrer Person vereinigten, als alle anderen in ihrer Generation. Sie gehörten zu den Top Ten oder Top Twenty. Gerade deshalb muß ihr Tod wie ein Schock wirken — oder wie eine Mahnung. Hat sich das große klassische Bergsteigen schon so weit gesteigert, daß das Risiko dabei nicht mehr abschätzbar ist? Ist der Spielraum zwischen Hinaufkommen und Umkommen so schmal geworden für jene, die neue Dimensionen suchen, daß nur noch das Glück die Entscheidung trifft? — Nach dem Motto „nur jeder Zweite oder Dritte überlebt". In diesem Fall wäre unser Tun nicht mehr zu verantworten.

Keinem von uns geht es darum, der „Beste" zu sein. Es gibt ihn nicht, den „besten Bergsteiger der Welt", auch nicht den „schnellsten" oder den „bescheidensten". Diese Attitüden sind erfunden. Vielleicht hat sich ein jugendlicher Kletterer einmal selbst diesen Superlativ umgehängt, weil er nicht wußte, daß beim großen Bergsteigen keine Goldmedaillen oder Weltmeistertitel zu vergeben sind. Nur die Persönlichkeit zählt und das Überleben in immer diffizileren Grenzbereichen. Bergsteigen ist nicht meßbar nach Punkten und Sekunden, nur begrenzt abschätzbar nach Höhenmetern und Schwierigkeitsgraden — es ist ausdrückbar durch die Disziplin des Risikos.

Je größer das Risiko, desto schwieriger ist es, das Richtige zu tun. Und richtig ist, was uns überleben läßt. Heil wiederkommen ist alles!

Hier nochmals die Frage: Sind unsere Möglichkeiten — jenes Produkt aus Bergflanken, Erfahrung, Ausrüstung und Wissen — so großartig geworden, daß wir blind in eine Falle laufen, daß wir als Menschen zu menschlich sind?

Das Bergsteigen, das aus der Idee und dem großen Berg lebt, entwickelt eine Eigendynamik. Es ist nur verantwortbar, wenn wir Halt machen, wo die Disziplin des Risikos aufhört. Wer sich Gefahren aussetzt, denen er nicht ausweichen kann, ist kein verantwortungsbewußter Bergsteiger. Dies zu sein, sollten wir uns wenigstens bemühen; mehr bemühen als um alle Gipfel dieser Welt.

Hermann Buhl ist verschollen und dabei lebendig geblieben durch die großen Berge, durch seine Erzählungen, durch seine Freunde — mehr noch durch seinen Willen, sich selbst bis zum Letzten zu fordern. Er wäre heute 60 Jahre alt geworden. Vielleicht hätte er den Alpinismus noch mehr geprägt, wenn er an der Chogolisa nicht in jenes Loch getreten wäre, das die Wächte geschwächt hatte. Vielleicht hat ihn sein Tod — so schmerzlich er für seine Familie und für seine Kameraden gewesen sein mag — befreit von der Fessel jenes Wahnsinns, der uns Bergsteiger alle befällt, wenn wir bereit sind, bis an die Grenzen zu gehen.

Südtirol, am 21. September 1984   Reinhold Messner

Ein Lebensbild

SEIN BUCH

Ein erfolgreiches Buch wie „8000 drüber und drunter" des Tiroler Spitzenbergsteigers Hermann Buhl wieder aufzulegen, erforderte nach drei Jahrzehnten mehr als nur Textkorrekturen. Neues erstklassiges Bildmaterial mußte beschafft werden. Speziell für die jungen Bergsteiger wurden ein Tourenbericht und eine Kurzbiographie angefügt; die Daten verdanken wir den Innsbrucker Alpinklubs „Karwendler" und „Gipfelstürmer", seinen persönlichen Aufzeichnungen, Angaben von Tourengefährten und Frau Eugenie. Manches ist durch Kriegseinwirkung verlorengegangen, aber die großen Fahrten seiner aktivsten Jahre sind in der Dokumentation erfaßt. Eine weitere stichwortartige Chronik gibt die dramatische und wechselvolle Ersteigungsgeschichte des Nanga Parbat (8.125 m) wieder.

Das Geleitwort schrieb Reinhold Messner, als Freundschaftsdienst; er, zu dem die alpine Welt so viele Parallelen zu Buhl zieht und zu denen er sich selbst bekennt.

Es war jetzt auch der zeitliche Abstand gegeben, sich mit seiner Persönlichkeit und den bergsteigerischen Leistungen auseinanderzusetzen, ein wahres Bild zu formen. Hermann Buhl uns menschlich näherzubringen. Deshalb sprachen wir mit seinen Freunden und Gefährten:

Wie haben sie Hermann Buhl erlebt?
Wie wurde er zum „bergsteigerischen Phänomen"?
Welche Bedeutung kommt ihm in der Entwicklung des Extrembergsteigens zu?

SEINE FREUNDE

Wastl Mariner,
(Fachlehrer für Maschinenbau), war einer der ersten, dem Hermann Buhl begegnete. Wastl hatte damals schon einen großen Namen in alpinen Kreisen und profilierte sich auch als Bergrettungsfachmann und aus seinem technischen Beruf heraus als Konstrukteur von Rettungsgeräten.
Er ist Vorsitzender der Technischen Kommission der IKAR (Internationale Kommission für Alpines Rettungswesen), die alle Alpenländer und weltweit viele Länder mit Berggebieten umfaßt.

Wastl Mariner: „An einem verregneten Sommer-Sonntag 1938 war eine Gruppe ‚Karwendler' zum Hafelekar hinaufgefahren, um eine sogenannte Verlegenheitstour zu machen. Da sahen sie zwei junge Burschen in Lodenmänteln am Melzerturm: Hermann und seinen Freund Ernstl Vitavsky, bei ersten Kletterversuchen. Man lud die beiden dann zu einer Kaffeejause. Und von da an war Hermann ihr ständiger Begleiter. Anfangs sah es gar nicht so aus, als hätte er ein besonderes Talent zum Klettern, er war körperlich unterentwickelt, eher schwächlich. Aber sein ganzes Sinnen und Streben war es schon damals, Bergsteiger zu werden. Er begann mit hartem täglichem Training, oft schon am frühen Morgen, im Höttinger Steinbruch und absolvierte dort ein Kletterprogramm, wie es heute Sportkletterer tun. Und plötzlich war er voll da; ja, er ‚explodierte' förmlich! Hatte er sich im Sommer 1940 bei einer Gemeinschaftsbergfahrt im Wilden Kaiser noch nicht besonders hervorgetan, ging er schon im Herbst darauf die Schüsselkar-Südwand, Herzog-Fiechtl-Route V Obere, im Alleingang! Nun war der Bann gebrochen. Es war ein Siegeszug ohnegleichen, den Hermann

„Karwendler" am Gipfel der Schüsselkarspitze nach der Südverschneidung, 1956. Von links: Sepp Jöchler, Wastl Mariner, Kuno Rainer, Hermann Buhl, Hans Seidel (stehend), Ernst Senn.

Buhl damit begonnen hatte. Er trainierte weiter, fanatisch, und stählte seinen Körper zu unglaublicher Leistungsfähigkeit. Bald entwuchs er seinen Seilgefährten, übertraf sie im Können und Durchhalten. Es folgten Touren, wie die Gesamtüberschreitung der Nadeln von Chamonix (mit Kuno Rainer); der Alleingang über die Badile Nordostwand... Das Verblüffende an dieser Tour war nicht etwa die technische Beherrschung der Kletterei, sondern daß er von Innsbruck aus mit dem Fahrrad hingefahren war, im Morgengrauen einstieg und nach der Tour sofort wieder zurückradelte. Vor Müdigkeit schlief er ein und stürzte bei Prutz in den hochgehenden Inn, dessen kaltes Wasser ihn rasch wieder zur Besinnung brachte.

Das Alleingehen wurde seine Stärke. Und auch das Bergsteigen im Winter, mit dem er sich systematisch für schwerste Bergfahrten aufbaute. Die schwierigste dieser Touren war der Salzburger Weg am tiefwinterlichen Watzmann, in der Nacht, — unmittelbar vor seiner Abreise zum Nanga Parbat. Das war eine übermenschliche Leistung! Er hat das Höchste an physischer und psychischer Leistung für sich beanspruchen können. Er hatte ein unerhörtes Selbstvertrauen und seine Erfolge haben ihm rechtgegeben. Sein Tod war ja nicht vorhersehbar — es waren an der Chogolisa die Sichtverhältnisse..."

Rudl Seiwald,
(Bankdirektor), namhafter Extrembergsteiger, der in seiner Jugend noch Roland Rossi, Leo Maduschka, Leo Rittler gesehen hatte, war Obmann des Alpinen Klubs „Karwendler", und mit von der Partie an jenem Regensonntag im Hafelekar, als Hermann Buhl zum erstenmal in ihren Kreis trat. Er nahm sich des Buben besonders an und wurde sein Freund und Betreuer. Später machte er mit Hermann einige recht scharfe Touren, solange er – nach seinen eigenen Worten – mit ihm Schritt halten konnte.

Die schwerste gemeinsame Klettertour war die Schuett-Route in der Tofana-Südwand: gefährlich und lauter Überhänge schräg hinaus, so daß es nie einen Zug von oben geben konnte. Rudl hatte vorher gesagt: „Hermann, ob ich das derpack?" Aber er: „Geh nur, ich weiß schon, was Du kannst!" Und es ist auch alles gut gegangen. Nur am Gipfel dann, wo sich Rudl nach der gelungenen Kletterei so freute, schaute Hermann auf die Uhr und sagte: „Jetzt haben wir fünfeinhalb Stunden gebraucht; mit dem Abram Erich wäre ich in vier Stunden durchgekommen!" Das war natürlich eine Watschen für mich, wo ich ihn so gerne mögen hab, ihm so nahegestanden bin", kommentiert Rudl. „Ich habe es ohne weiteres geschluckt. Aber daran denken tu ich jetzt nach 40 Jahren noch. Doch sonst hat es nie ein böses Wort gegeben

Rudl Seiwald, im Bild rechts.

zwischen uns beiden. Und ich habe zu den anderen bei solchen Anlässen auch immer gesagt: Ihr könnt den Hermann nicht mit uns messen! Man muß ihn verstehen."

Es ist öfter vorgekommen, daß Hermann's Seilgefährten seiner Leistungsfähigkeit und seinem Können ganz einfach nicht standhielten. Man erinnert sich an Gemeinschaftstouren im Mont-Blanc-Gebiet, wo sein Gefährte nach drei Tagen am Ende war. Er aber konnte einen Partner nach dem anderen „verschleißen".

Bald hatte er auch seinen eigenen Stil gefunden, ging sehr rasch und „auf Zeit". Wer denkt nicht an seine spektakuläre Wette bei Filmarbeiten im Engadin, wo er über den Bianco-Grat in Rekordzeit auf und ab lief! Er war ein excellenter Kletterer. Nie hat es eine Murkserei bei ihm gegeben. Er verfügte über ein unerhörtes Gleichgewichtsgefühl. Und alles weitere gewann er dazu, durch sein Training und durch seine geistige Befassung mit dem Bergsteigen. Erst war es so, daß er mit den anderen gleichziehen wollte. Und dann wollte er sie übertreffen; das war seine Idee! Als 1966 anläßlich eines Matterhorn-Jubiläums eine Bergführertagung stattfand, demonstrierte Hermann allen sein Können, indem er seinen Weg nach Zermatt im Alleingang durch die Monte Rosa Ostwand nahm.

War es Bergleidenschaft? War es brennender Ehrgeiz, der ihn zu diesen Höchstleistungen antrieb? Später mag er zu manchen Dingen auch hingeschoben worden sein, als er dann herumgereicht wurde, als „Ersteiger des ersten deutschen Achttausenders".

Aber seine Erfolge und vielleicht auch sein oft schwieriges Wesen brachten manche Freundschaften ins Wanken. Man mußte Hermann schon sehr gern haben, um seine rasche, ungeduldige, oft harte Art zu akzeptieren. „Einmal", so erzählt Rudl Seiwald, „als wir zur Meilerhütte im Wetterstein aufstiegen, hat Hermann mir sein Herz ein bißchen ausgeschüttet: Schau, ich weiß nicht, sagte er, warum mich niemand mag! Er meinte die Jungmannschaft. Und ich habe ihm aus eigenem Erlebnis gesagt: Darüber darfst Du Dich nicht wundern! Du hast einen solchen Leistungstrieb in Dir drinnen, daß Viele nicht mitkommen. Daß Dich manche darum beneiden. Und wenn Du gar nichts anderes im Kopf hast als nur die Bergsteigerei, dann wirst Du nicht bei allen Menschen Verständnis finden...".

„Aber auch für mich", geht Rudl in sich, „ist die Bergsteigerei immer eine Art Lebensauffassung gewesen. Weil sie einem doch zeigt, daß man sich erst dann richtig freuen kann, wenn man sich geplagt hat darum. Und ich habe da nie eine moralische Schwäche bemerkt beim Hermann. Nie. Er hat meines Erachtens doch alles von einer richtigen Warte aus gesehen.

Sicher zählte er zu den besten seiner Zeit, in einer Reihe vielleicht mit den damaligen großen Franzosen Rébuffat, Terray, den Italienern Soldà, Bonatti... Und man darf ja nicht vergessen, von welcher Basis aus er alles unternommen hat. Er hatte keinen finanziellen Hintergrund. Der Broterwerb nahm ihm viel Zeit weg. Und er hat seine Erfolge ohnedies ganz gut verkraftet — besser als mancher andere!"

*

Ernst Senn
Medizin.-Techniker, zählt zu den international bekannten Bergsteigern Tirols. Er qualifizierte sich in den Heimatbergen und in den Westalpen für höchste Erprobung an den Achttausendern des Himalaya: 1954 erreichte seine Expedition am Broad Peak 7.400 m; 1955 stieg er anläßlich der Internationalen Lhotse Expedition unter N. G. Dyhrenfurth allein auf eine Höhe von 8.500 m. Beide Unternehmen scheiterten am Unwetter. Eine skialpinistische Bravourleistung erbrachte er dort mit Erwin Schneider, als sie dem 7.012 m hohen Phalung Ri abfuhren. Der erste Siebentausender der Welt übrigens, der mit Skiern bestiegen und befahren wurde! Senn ist auch heute noch leidenschaftlicher Bergsteiger. Wenn es seine Zeit als Mitarbeiter im Familienbetrieb erlaubt, ist er unterwegs, auch mit Führungstouren, als geprüfter Berg- und Skiführer.

Hermann Buhl lernte er in den vierziger Jahren im Rahmen des Klubs kennen und machte gelegentlich Touren mit ihm. Die bedeutendste daraus war die Schüsselkar Südostverschneidung, wozu Senn dem zehn Jahre Jüngeren noch heute achtungsvoll bestätigt, daß er als Kletterer eine Klasse für sich war. Daß er eine Sonderstellung als Bergsteiger überhaupt eingenommen habe. Vielleicht sei ihm der Osttiroler Toni Egger ebenbürtig gewesen, rein klettertechnisch. Vielleicht war es auch gemütlicher mit Toni zu gehen; denn Hermann konnte sich durch seine absolute Überlegenheit nur schwer auf andere einstellen. Auch als er später Bergführer war, passierte es durchaus, daß der Gast von Hermann sitzengelassen wurde, weil dieser selbst vielleicht eine andere schwerere Tour vorhatte.

Ernst Senn: „Aber als Bergsteiger ist Hermann eine überragende Persönlichkeit gewesen. Das zeigen seine ganz großen Unternehmungen, die Dauerleistungen, die er vollbracht hat. Schwierigkeiten, Schlechtwetter, andere Hindernisse zählten für ihn nicht: da hat er oft etwas riskiert. Es ist aber immer gut ausgegangen. Er hat viel Glück gehabt, auch! Doch, ohne Risken einzugehen, wird man eben nicht zum Spitzenbergsteiger!"

*

Josl Knoll
(städtischer Beamter) zählte immer zu den leistungsstärksten Innsbrucker Bergsteigern. Seine bullige Kraft und Einsatzbereitschaft, sein freundliches Wesen, seine Bergbegeisterung, sicherten ihm Verbundenheit und Ansehen im alpinen Kreis. Große Überquerungen, Wintertouren, Langlauf-Skikonkurrenzen, auch die beliebten Ätna-Läufe waren seine Spezialität. Er war in seinen besten Jahren Seilgefährte der alpinen Elite unseres Landes. Nach beachtlichen Fahrten, auch in den Westalpen, bot sich ihm die Chance, mit seinen Freunden in den Himalaya zu gehen: Zu Manaslu 8.156 m (1972), Makalu 8.400 m (1974) und Everest 8.848 m (1978).

Mit dem gleichaltrigen Hermann Buhl war Josl wohl am nächsten von allen befreundet. Schon als Buben waren sie beisammen und bestanden manches gemeinsame Abenteuer. Später machten sie einige schwierige Touren, darunter auch richtige „Schindereien"... Als sie nach der Samertalumrahmung im Karwendel im Winter 1949, seilfrei über Gipfel und Grate, am Ende der zweiten Nacht nach Scharnitz abstiegen, kämpfte nicht nur Josl gegen die Müdigkeit. Hermann schlief einmal mitten im Gehen ein und schwenkte quer in den Wald hinein. Ihre angefrorenen Kleider begannen aufzutauen, und in den primitiven

Bergschuhen sammelte sich Wasser, das bei jedem Schritt herausquoll. Um ein bißchen Wärme zu bekommen, klopften sie beim Scharnitzer Bäcker an. Der aber machte den beiden verwahrlosten Gesellen seine Backstube nicht auf. Auch bei der Gendarmerie hatten sie kein Glück, und so blieben ihnen nur die kalten Eisenbahnwaggons Richtung Innsbruck. Beinahe hätte Josl am Westbahnhof das Aussteigen verschlafen: es war Montag und gerade noch Zeit, ins Amt zu gehen. Und Hermann mußte sogleich für die Bergführer-Anwartschaft seinen Dienst als Träger zur Glungezerhütte antreten.

Ein eigenartiges Schicksal spielte zwischen den beiden, welchem sie beinahe zum Opfer gefallen wären: bei einer Kletterei in der Schüsselkar Südostwand entglitt Josl eine große Felsschuppe, und in ihrem Fall sah er noch den Kopf von Hermann auftauchen, der in zweiter Seilschaft nachging. Mit verzweifelter Kraft gelang es ihm, den Brocken abzulenken, so daß es nur eine kleine Schramme an Hermann's Stirne gab. Die „Revanche" kam bei der ersten Winterbegehung der sogenannten „Kalten Kante" in der Großen Ochsenwand in den Kalkkögeln: Josl hing stemmend und sichernd im Ausstiegskamin, der oben durch Schnee und Eis abgesperrt war. Hermann räumte ab, nicht gewahrend, daß der ganze Schneebalkon durch den Kamin stürzte und genau auf seinen Gefährten.

Josl Knoll: „Da bin ich dann eine Weile etwas benommen nachgegangen; jedenfalls, ich hab' es ausgehalten. Wir übernachteten anschließend in der Schlicker Alm und mußten am Morgen zur Stubaitalbahn hinaus. Erst 20 Minuten vor Zugsabfahrt schauten wir in den Fahrplan. Höchste Zeit! So schnell es nur ging, schnallten wir unsere Skier an und sind hinausgeschossen, dann im Laufschritt nach Telfes, gerade noch hinein in den letzten Waggon und heim, zum Arbeitsbeginn.

Hermann hat nach solchen Gewaltaktionen oft tags darauf gleich wieder irgendeine schwere Tour mit einem anderen Seilgefährten gemacht. Es war die Zeit, als er immer noch leistungsstärkere Partner suchte. Denn, einen ‚Fünfer', mit dem man heute z. B. die Badile bezeichnet, ist er „mit der einen Hand im Hosensack" gegangen. Und späterhin nur mehr ‚Sechser'. Auch entwickelte er sich nun vom reinen Felskletterer zum guten „Kombinierer" in Fels und Eis. Ich habe nach dem Krieg mit ihm nicht mehr mithalten können, weil ich nicht soviel Zeit hatte zum Trainieren. Die bedeutendsten Touren ging er dann mit Sepp Jöchler und Kuno Rainer, mit denen ihn das Seil und der alpine Tatendrang oft verbanden. Rasch wurde er zu dem Spitzenbergsteiger, der die Welt auf sich aufmerksam machte, ganz besonders mit der Nanga Parbat-Besteigung! Man kann heute natürlich sagen, vielleicht wären auch andere, wie Kuno, in der Lage gewesen, den Gipfel zu machen. Nur hatte dieser sich wahrscheinlich für die Gemeinschaft zu stark verausgabt, beim Aufbau der Lager. Aber das ist eben bei einer Expedition so, wie bei einer Pyramide: eine breite Basis und dann die Spitze. Und hier war eben Hermann die Spitze! Ich habe das am Everest selbst auch erlebt, wo ich den Sauerstoffnachschub nach oben gebracht habe. Und mein Apparat dann auf 8.500 m ausgefallen ist.

Man muß heute noch Respekt davor haben, unter welchen Voraussetzungen Hermann seine Leistungen erbringen mußte: Zum Biwakieren hat man damals nur einen Anorak gehabt den Bergrettungs-Anorak, vielleicht einen warmen Pullover, die normale Unterwäsche und irgendeine Berghose — und wenn die gefroren war, dann war sie eben gefroren. Das hat Hermann ausgezeichnet, daß er vor allem hart war gegen sich selbst, genauso wie gegen die anderen, und daß er besessen war vom Bergsteigen und alles dafür eingesetzt hat. Deshalb konnte er es so weit bringen. Doch auch in der spektakulären Art, wie er gegangen ist, war er seiner Zeit voraus!"

Sepp Jöchler (rechts vorne) und Hermann Buhl (links hinten) am Gipfel des Eiger.

Sepp Jöchler
(Dipl.-Ing.) ist von Jugend auf begeisterter und leistungsfähiger Bergsteiger, wie es auch der Familientradition entspricht. Die Welt lernte seinen Namen kennen, als er 1954, zusammen mit Dr. Herbert Tichy und Sherpa Pasang Dawa Lama den 8.153 m hohen Cho Oyu im Himalaya als Erster bestieg.

Hermann traf er in der „Karwendler"-Jungmannschaft, bei Klubtouren, bis sie dann ein paar spezielle Sachen miteinander machten, wie: die erste Winterbegehung der Brunnenkogel Westkante (eine Führe von Mariner und Rebitsch) oder die Riffelkopf Südostwand. Oder den Tofanapfeiler, eine neu-erschlossene Tour in den Dolomiten. Und 1952 die Eiger Nordwand, jene Mammut-Tour, die sie bei Unwetter vier Tage in ihren gewaltigen Abstürzen festhielt.

Sepp Jöchler erinnert sich: „Damals waren wir schon ziemlich eng miteinander verbunden. Hermann hat gewußt, wie meine Leistungsfähigkeit ist, sonst hätte er mich für diese Tour sicher nicht auserwählt. Diese Haltung hat ihm ja den Ruf eingetragen, ein Egoist zu sein. Aber ich muß sagen, es hatte seinen Grund, denn sein Egoismus war ein gesunder und zielführender und ist eigentlich abzuleiten vom ganz normalen Selbsterhaltungstrieb. Er hat gewußt, wie lange seine Kraft aushält. Und hat natürlich auch seinem Partner dasselbe abverlangt. Man hat von ihm kaum einmal Zug bekommen. Es mußten auch alle Haken immer wieder herausgeschlagen werden, auch solche unter einem „Dach": das ist dann fast so, als ob man sich den eigenen Ast, auf dem man sitzt, absägt. Aber ich habe das mit dem gewissen „Schmäh" immer wieder hingebracht. Er wollte eben, daß sich die Nachkommenden selbst plagen. Auch war er nicht bemittelt, so daß es ihm darauf angekommen ist. Ich habe oft stillschweigend einen Haken spendiert, weil ich vielleicht den einen oder anderen nicht mehr herausgebracht habe. Man mußte sich voll unterordnen; die Führung hat er seinen Seilgefährten nur dann überlassen, wenn er der Meinung war, das Seinige getan zu haben...

In der Eiger allerdings ließ er mich auch schon am Anfang der Tour führen. Wahrscheinlich wollte er mich testen. Auch hat er gedacht, daß ich im Eis, in den Eisrinnen, besser bin als er. Denn er war eigentlich mehr Felsgeher. Und so haben wir uns bestens ergänzt. Er wollte in der Eiger natürlich schnell sein und nicht auf die Nachkommenden schauen. Schließlich waren sie ja selbständige Seilschaften: große Namen, wie Rébuffat, Magnone, usw. Als ich am Hinterstoißer-Quergang fragte, ob ich das Seil nicht abziehen soll — ein Quergangsseil ist ja für den Rückzug gedacht —, sagte er: ‚Was fällt Dir denn ein? Das nehmen wir mit!' Aber als er hinter der Kante war, dachte ich mir: ach, ich lasse es hängen. Die anderen bringen es mir sicher nach und sind froh, wenn sie über den Quergang hinfahren können. Damit es schneller geht. Und das hat er bis zu seinem Tode nie erfahren, weil... das hätte er nicht so leicht ‚derpackt'! Aber es hat sich eben so ergeben, daß man durch diese Gesten mit den anderen Seilschaften doch bessere Kameradschaft empfunden hat. Wir sind in diesen nächsten vier Tagen richtig zusammengewachsen. Wir waren aufeinander angewiesen. Hermann und ich an der Spitze hatten hinsichtlich der Route die meisten Vorbereitungen zu leisten, denn es war alles schon vereist. Am Beginn des dritten Tages mußten wir neun uns alle zusammenhängen: wir, die zwei deutschen Brüder und die fünf Franzosen. Es war soweit gekommen, daß man wußte, wenn jede Seilschaft für sich allein wäre, würden wir nicht überleben. Doch daß man fühlte, da unten sind auch noch ein paar, die so wie wir mit dem letzten Einsatz um ihr Leben kämpfen, hat uns das gegenseitig aufgebaut!

Am vierten Tag hat Hermann in einer Seillänge in fast vier Stunden Arbeit wirklich für uns alles hergegeben. Und oben ist er plötzlich umgekippt und mit dem Kopf nach unten gegangen. Da habe ich also selbständig hinaufkommen müssen zu ihm und ihn aufrichten und habe gesehen, daß er nicht mehr fähig ist, zu führen. So blieb mir nichts anderes übrig, als die Führung zu übernehmen. Ich habe mich selbst gewundert, daß ich noch so viel Kraft aufbringe. Aber das ist schon so, wie man sagt: man wächst über sich hinaus.

Dieses Erlebnis in der Eiger hat uns sehr zusammengehalten, denn er war ja der Meinung, wir haben uns keine Blößen gegeben. Heute sagt man freilich: warum haben sie vier Tage gebraucht? Heute macht man den Eiger in rund fünf Stunden (Th. Bubendorfer u. a.). Aber damals ist es uns um keine Rekordzeit mehr gegangen, nur mehr um das Durchkommen. Von Hermann aus gesehen war es ein gutes Training für den Nanga Parbat. Ich selbst war im Jahr darauf mit Ernst Senn in der Matterhorn-Nordwand (als erste Österreicher) und hatte 1954 auch Gelegenheit, den Cho Oyu zu machen."

Ist es Buhl eigentlich um die Tour oder um den Gipfel gegangen?

Jöchler: „Ja, unbedingt um den Gipfel. Das war bei den Karwendlern immer so der Brauch; wenn auch die Route abseits endete, hat man den Gipfel doch mitgemacht. Und ich empfinde das jetzt im Alter recht gut, daß man nämlich nachschauen kann, was man in der Jugend für Touren bewältigt hat. Man sieht, was alles in einem bestimmten Zeitraum geleistet wurde, kann sich gegenseitig abtasten, beurteilen: was geht der noch mit seinen 60 Jahren (oder mit seinen 70)? Das ist recht interessant! Ich habe meine gesamten Touren nie gezählt, aber sie reichen in viele Weltgegenden: 100 Gipfel jedes Jahr; heuer (1984) bis zum Sommer habe ich sie schon. Es sind natürlich nicht mehr so erhabene Berge wie seinerzeit, sondern solche in unmittelbarer Nähe meines Heimatortes Mils: Karwendelgipfel; oder meines Geburtsortes Landeck: Steinseegebiet, Parseierspitze, usw."

Die Trennung der Seilgefährten vollzog sich auf ganz natürliche Weise: Hermann heiratete in die Ramsau bei Berchtesgaden und machte von dort aus Touren mit anderen Kameraden. Oder auch viele allein, und hat dann seine Ziele verfolgen können, wie es ihm gerade gefiel. So war er jedenfalls bereit, viel Risiko auf sich zu nehmen.

Jöchler: „Jeder Bergsteiger nimmt Risiken auf sich. Es ist viel Glück dabei, wenn einer das ganze Leben durchkommt, beim Bergsteigen. Hermann hat oft erzählt, wie knapp es hergegangen ist. Er hat mit dem Tod schon Bekanntschaft gemacht. Auch damals im Eiger.

Soviel zum Risiko. Aber so ist es eben: man braucht eine gewisse Liebe zum Berg. Ich selbst habe auch den inneren Drang, immer wieder hinaufzugehen, und Hermann hat das auch irgendwie triebhaft gemacht. Er hatte nur nicht diese Möglichkeiten, wie andere, seine Leistungen ins Licht zu rücken. Aber er war den Besten seiner Zeit sicher ebenbürtig."

*

Hans Seidel
(Dr. med., Nervenarzt). In seinem Tourenbuch stehen alle Westalpen Viertausender (86), davon etliche auf schweren Wegen; mit Wiederholungen sind es etwa 180. Er war vor allem Felskletterer, leicht, flink, elegant im Stil. So konnte er sich auch der Gangart von Hermann Buhl sehr gut anpassen. Die schwierigsten gemeinsamen Touren waren die Totenkirchl West-Wand und die „Neue Süd-Wand" des Gimpels; und verrückte Skitouren.

Seidl gehörte auch zu jenen „Karwendlern", die den jungen Hermann als ihr „Kind" betrachteten, dessen Entwicklung sie miterlebten, zuerst zu einem „Phänomen" im Bergsteigen, dann — nach dem Nanga Parbat-Streit um die Veröffentlichungsrechte — zu einem „Problem". Es war die Entwicklung eines anscheinend unbegabten aber bergbegeisterten Buben, der als Halbwaise ohne rechten Beruf ein unerhörtes Bedürfnis zeigte, vor sich selbst zu bestehen. Feinfühlig und leicht gekränkt wie er war, suchte er die Bestätigung, daß er „besser" war als die damaligen Größen. Das gelang ihm auch: Kaum war eine neue, wieder einmal „schwerste" Tour da, hat er sie gemacht: Allein, in der halben Zeit oder im Winter. So war es bei der Aiguille du Midi Südwand, bei der Badile Nordostwand, bei der Punta di Salami — diesem Zapfen hinter dem Langkofel — und anderen. Immer wieder verblüffte er seine Klubkameraden und die Bergsteigerwelt dadurch, daß er die Spitzenleistungen seiner Vorgänger bei weitem übertrumpfte. Seine Seilgefährten waren dem oft nicht gewachsen, das hat nicht immer zur Freundschaft beigetragen.

So wechselte er auch einmal in den Kreis der „Gipfelstürmer" und dann wieder zu den „Karwendlern".

Hans Seidel: „Hermann Buhl war kein Einzelgänger oder Sonderling, doch brauchte es Verständnis für seine unbürgerliche Lebensart. Bei Klubveranstaltungen und in der Bergsteigerrunde war er gesellig, erzählte gern und machte mit seinem improvisierten Löffel- und Kochtopfdeckel-Schlagzeug Schwung und Stimmung."

Dr. Seidel weiter: „Der Vorwurf, ein Spinner zu sein, war bei uns eher liebevoll und verständnisvoll gemeint. Wir sagen ja selbst von uns, daß wir alle Spinner sejen und schlichten damit auch gelegentlichen Streit. Unter Berufung auf unser Nachsicht forderndes Spinnertum konnte man Vieles wieder glätten. Wir unentwegten Bergsteiger sind nun einmal oft Querköpfe.

Was befähigt den Bergsteiger aber zu diesen Leistungen, die er sich selbst auferlegt? Zum Ertragen von Anstrengungen, Entbehrungen, Leiden? Ist da ein bißchen Masochismus mit im Spiel?

Ich wurde von meinen Kindern oft ausgelacht mit den Worten: ‚Der Vater will gern Entbehrungen genießen'. Also: Sport als moderne Form der Askese? Ich glaube, Entbehrungen und Plagen muß man genießen können, schon weil es nachher doppelt fein ist. Wer darunter leidet, wird nicht lange Bergsteiger bleiben! Es muß einem eine Befriedigung bedeuten, auch bei Sturm weiterzugehen, die Laune nicht zu verlieren. Vom schweren Rucksack halte ich es allerdings mit Hermanns Leitsatz: ‚Lieber hungern und frieren als schleppen!'

Was ist dann also wirklich der Anreiz, schwere Touren zu machen, mit technischen Schwierigkeiten und dem Gefühl der Gefahr?

Die Gefahr sucht man nicht, man versucht ihr auszuweichen, sie zu überlisten. Wenn es unausweichlich gefährlich wird, etwa bei einem Gewitter, bei Steinschlag, bei Nebel und verlorener Orientierung und lahnigen Steilhängen (wie einmal mit Hermann auf der ‚Hohen Geige') oder bei einem unerwarteten Schlechtwettereinbruch, dann ist das kein befriedigendes Gefühl mehr. Solange man die Gefahr aber kalkulieren kann, ist dies ja auch eine anregende geistige Beschäftigung; das reizt; das ist vergnüglich! Je mehr man an Können, an Sicherheit gewinnt, umso weniger braucht man Angst zu haben; so schiebt man seine Grenzen hinaus.

Die Motive für schwere Touren sind vielfältig und verschieden. Gewiß ist es die Leistung, aber für mich ist es dazu besonders die Neugier, das Entdecken und Schauen, das mich besonders in die abenteuerlichen Felslandschaften der großen Wände und auf die langen Grate der Westalpen zog. Ich halte mich für einen Genußbergsteiger, ich konnte warten, bis ein Berg wie der Mont Blanc immer wieder neue Falten und Seiten preisgab. So habe ich in zehn Urlauben auf sechs verschiedenen Anstiegen seinen Gipfel erreicht und dazu noch die Abstiege genossen. Ich glaube, daß mir darin Hermann, auch abgesehen von seiner Überlegenheit, recht unähnlich war.

Wenn man eine Leidenschaft über alles stellt, kann natürlich eine gewisse Besessenheit entstehen. Bei Hermann war es so. Er war ein Nur-Bergsteiger. Er hat lange keine anderen Ausweichfreuden gekannt. Ich kann mir nicht vorstellen, daß er — etwa wie Hias Rebitsch — einmal einen Sommer lang Tennis gespielt hätte statt klettern zu gehen. Andere haben ein oder zwei Jahre wenig oder nichts getan, weil sie ein Mädchen hatten. Bei Hermann war das undenkbar. Bei der gemeinsamen Rettungsdienstbereitschaft an Wochenenden hat er immer gearbeitet. Er las alpine Literatur, schrieb von seinen eigenen Erlebnissen oder arbeitete neue Tourenpläne aus.

Hermann wurde vor allem für junge Leute ein bergsteigerisches Idol. Nicht nur, weil er in allen Sparten des Bergsteigens durch weit überdurchschnittliche Leistungen auffiel, durch Schnelligkeit, durch Gewalt- und Dauerleistungen und rein sportliches Können, aber auch nicht, weil er darüber gut zu erzählen und zu schreiben verstand, sondern weil er in Abenteuer geriet, die nicht einkalkuliert waren, die unter gleichen Umständen nicht wiederholbar sind, die ihn in eine höhere Stufe rückten. Abenteuer, die er durch unglaublichen Willen mit Zähigkeit, Härte, Mut und Glück überlebte. Angebetet wird erst der, der auch Glück hat!

Natürlich mußten für einen Spitzenbergsteiger seiner Zeit viele Voraussetzungen zusammentreffen, körperliche und geistige. Zu den geistigen gehört die Respektlosigkeit, die Unerschrockenheit vor drohenden Gefahren, die andere noch nicht vorerlebt haben; also das ‚reine' Selbstvertrauen. An der Spitze ist man erst, wenn man keine Vorbilder mehr braucht, wenn man über ihnen steht.

Hermann hat aber sicher auch ein günstiges Mischungsverhältnis von körperlichen Eigenschaften besessen. Er war grazil, leicht, langgliedrig; sein Herz hatte keinen Ballast mitzuversorgen.

Man hatte sich bei ihm nicht mit der Frage befaßt, ob er mehr oder minder gut höhenangepaßt sei, ob er etwa eine nervliche Steuerung besaß, die eine sparsame Ausnutzung der ‚Betriebsmittel' und eine rasche Erholung begünstigte, wie es bei einem Überwiegen des Vagus-Tonus denkbar wäre...

Wenn man mir die Frage vorlegt, ob Spitzensportler anders sind wie wir: Die Sportler schlechthin schon. Sie haben neben den unerläßlichen geistigen Qualitäten Wille, Härte, Beharrlichkeit und der Freude, sich darin zu üben, auch für jeweils jede Sparte die passendste körperliche Konstitution.

Was ich mir unter einem Spitzenbergsteiger vorstelle, ist aber ein überdurchschnittlicher Alleskönner, so ähnlich wie ein Zehnkämpfer innerhalb der Leichtathletik. Der Zehnkämpfer und der Bergsteiger sind nicht anders als wir, nur können sie das, was wir ein bißchen können, weit über unser Maß hinaus. Ein Muster für diese Auffassung ist mir Hermann Buhl.

Die Frage, ob man ihn mit einem anderen Maß messen muß als dem der Norm, finde ich müßig. Wir können ja bei dem hohen Anteil an geistig-seelischer Beanspruchung, die das extreme Bergsteigen fordert, nur messen was wir selbst in der Phantasie nachzuerleben, nachzuempfinden und zu verstehen imstande sind.

Hermann Buhl war in seiner Art nachfühlbar, auch wenn er später in seiner Kränkbarkeit, in den Jahren des Nanga Parbat-Streites, eine schwierige und schwer verständliche Haltung zeigte, in der man ihm nicht immer folgen konnte. Im Grunde war er aber trotz mancher Verbitterung ein heller und dem Leben zugewandter Mensch. Er machte seinen bergsteigerischen Traum zu seinem Lebensinhalt."

*

UNSERE ERINNERUNG

Was uns diese namhaften Bergsteiger über Hermann Buhl erzählten, ist ein Stück alpine Geschichte aus diesen kargen Kriegs- und Nachkriegsjahren, die in einzelnen Szenen kurz auflebt. *Wie* sie es formulierten, erklärt den Wert und die Faszination einer Persönlichkeit, die, andere oft verletzend, starrsinnig und kompromißlos eigene Pläne verfolgte. In einer Wechselwirkung von Entfremdung, Toleranz und Anerkennung waren sie dennoch seine Gefährten.

Erst jetzt hat sich das Bild seines Lebens für uns zusammengefügt. Denn, was er in seinem Innersten dachte, fühlte, hoffte, kann seinen eigenen Aussagen nicht entnommen werden. Auslotbar ist nur — vom ersten bis zum letzten Bericht wie ein roter Faden mitlaufend — dieses besessene sich selbst und andere Fordern, mit der Blickrichtung auf ein hohes Ziel. Und dieses vor sich Herschieben eines Horizonts, im Drang, ihn mehr und mehr zu erweitern. Vielleicht nur um seiner selbst willen. Vielleicht auch um die Grenzen des Menschenmöglichen kennenzulernen. So mußte er immer wieder aus der Enge des heimatlichen Bergsteigerkreises, in den er doch eingebettet sein wollte und den er brauchte, ausbrechen; auch wenn er dabei nicht verstanden wurde. Seine ganz persönlichen Umstände zwangen ihn, sich viel mehr anzustrengen als mancher andere.

Im Bergsteigen repräsentierte er eine neue Generation, indem er Zeichen setzte, die schon von Hias Rebitsch hergekommen waren und die über Reinhold Messner in direkter Folge irgendwann einmal an einen ganz jungen Bergsteiger weitergegeben werden. Es ist der von ihm geprägte, oft spektakuläre Stil des „absoluten Bergsteigers", der unter voller Zuwendung und Hingabe für die Berge und durch die Berge leben möchte. Alle diese schweren Fahrten, von der Gleirsch-Umrahmung, in frühester Jugend, bis zu Eiger und Watzmann, waren seine Stufenleiter zum Sieg am Nanga Parbat — seiner Heimat zur Ehre, sich selbst als Höhepunkt und Wende des Lebens.

Endlich besserten sich seine wirtschaftlichen Verhältnisse. Die Schwierigkeiten des Broterwerbs, die sich noch in die ersten Jahre der Familiengründung hineingezogen hatten, wurden fühlbar geringer. Nun war er anerkannt. Es gab Angebote, Einkünfte. Vorträge führten ihn in viele Länder: rühmlich wird erwähnt, daß er, der absolvierte Hauptschüler, vor dem Britischen Alpine Club in ausgezeichnetem Englisch sprach...

Auch dann wenn es darum ging, die Erreichung eines erträumten Zieles, den Zauber der Bergnatur in dramatischer Steigerung miterleben zu lassen, ging Hermann Buhl aus sich heraus: die poetische Schilderung seines tapferen Ganges über den Silbersattel, im Licht der Mondsichel, bei sternenklarem Himmel, zum Gipfel des „Königs Diamir" — wie die Eingeborenen den Nanga Parbat nennen —, auf sich allein gestellt, ohne künstlichen Sauerstoff, ohne Rückhalt vom Expeditionstrupp her, setzt ihm die Krone seines Könnens und seines Wesens auf...

Wer wird das Phänomen des Bergsteigens je ergründen können?

Diesen Drang, dem Körper äußerste oft schmerzliche Leistungen abzufordern. Diese Faszination, zu übertrumpfen. Diese Leidenschaft für den Berg. Diese Freude an der Eintönigkeit „zwecklosen" Tuns. Dieses Abspielen einer vollen Skala der Gefühle, vom Überlebenskampf bis zur kindlichen Ausgelassenheit. Dieses Schwelgen in warmen Kletterfelsen oder beim Abwärtsgleiten im winterlichen Hochgebirge. Dieses Empfinden von Glück, in der Harmonie großer Landschaften. Dieses Ur-Erlebnis der Einsamkeit, im Stillstehen der Zeit?

Ist dies vielleicht das Geheimnis der Bergsteiger, für ihre Jugendlichkeit, bis ins hohe Alter hinauf: die bergsteigerische Lebensform als Inhalt des Seins?

Die Vollendung eines langen Lebens war Hermann Buhl nicht zugeschrieben. Noch als junger Mann, mit 33 Jahren, trat er seine letzte Bergfahrt an, zur Chogolisa 7.654 m, im Himalaya... So ist er uns in Erinnerung geblieben, mit einem Hauch von Unsterblichkeit.

Lia Hörmann

Abb. rechts: Kletterparadies Kaisergebirge, im Vordergrund St. Johann in Tirol.

Kurzbiographie

Hermann Buhl wurde am 21. September 1924 in Innsbruck als jüngstes von vier Kindern der Eltern Wilhelm und Marianne Buhl geboren. Sein Vater war Innsbrucker, von Beruf Schlossermeister; seine Mutter, eine geborene Rabiser, stammte aus dem Grödental.

Mit vier Jahren verlor Hermann seine Mutter und kam für einige Jahre ins Waisenhaus, bis ihn nahe Verwandte zu sich nahmen. Nach Abschluß der Hauptschule absolvierte er eine

← links: Die Schüsselkarspitze im Wettersteingebirge, Tirol;
Marcus Schmuck (Abb. unten links);
Hermann Buhl (unten rechts).

rechts: Hermann Buhl → als Soldat im Zweiten Weltkrieg, Monte Cassino-Abschnitt.

Lehre als Speditionskaufmann. Den Zweiten Weltkrieg erlebte Hermann als Gebirgsjäger in Italien, wo er auch die Monte Cassino-Hölle mitmachte. Nach Kriegsende wandte er sich dem Beruf des Bergführers zu.

Am 3. März 1951 heiratete er Eugenie Högerle aus der bayrischen Ramsau. Der Ehe entsprossen in fünf Jahren drei Töchter: Kriemhild, Silvia und Ingrid.

1952 und 1953 arbeitete er bei der namhaften Firma Sport Schuster in München als

Sportartikelverkäufer. Im Frühjahr 1953 kam eine Einladung zur Deutsch-Österreichischen Nanga Parbat Expedition, bei der er am 3. Juli 1953 als Erster und allein den 8.125 m hohen Nanga-Parbat-Gipfel bestieg. 1957 folgte die Erstbesteigung des 8.047 m hohen Broad Peak, Karakorum, im „Westalpenstil", zusammen mit den Salzburgern Markus Schmuck, Fritz Wintersteller und Kurt Diemberger, der ihm auch Weggefährte zur 7.654 m hohen Chogolisa im Karakorum war. An diesem Berg stürzte er am 27. Juni 1957 durch eine Wächte in die Tiefe.

Tochter Kriemhild (Aufstieg zum Blaueis, Berchtesgaden, 1972).

Vom Karwendel zum Kaiser

Zu meinem zehnten Geburtstag fragte mich mein Vater, ob ich zur Feier des Tages lieber eine Bahnfahrt zum Bodensee oder eine Besteigung des Glungezer machen wolle. Es gab kein langes Überlegen für mich. Der Glungezer war immerhin 2600 Meter hoch. So wanderten wir auf diese Bergkuppe oberhalb von Innsbruck, meiner Vaterstadt. Jenseits des Tales sah ich nun die ganze Nordkette vor mir, ein Gewirr von Zacken und Türmen, von abenteuerlichen Felsgestalten und endlosen Graten. Stark und groß müßte man sein, um dort klettern zu können! Von Berg zu Berg, von Turm zu Turm.

Wenige Jahre später wurde die Nordkette, der südliche Teil des Karwendelgebirges, zu meinem Klettergarten. Fast jeden Sonntag war ich dort. Ich suchte nach neuen Wegen, kletterte und lief. Bergauf, bergab. Das Steigen schien mir so leicht. Und wenn irgendwo kahler Fels aus Schutt und Schnee emporwuchs, stopfte ich meine Schuhe in den kleinen Rucksack und kletterte den Stein in Wollsocken empor. Ich hatte kein Geld für Kletterschuhe. Das bedrückte mich aber nicht. Mich bedrückte überhaupt nichts, wenn ich nur droben in den Felsen sein durfte. Abends stand ich dann wieder in irgendeiner Straße meiner Heimatstadt und blickte hinauf zur Nordkette. Dort oben also war ich gewesen? Auf diesem oder jenem Zacken? Ich war eher klein und zart und in den Augen der heimkehrenden Sonntagsspaziergänger bestimmt etwas komisch. Trotzdem fühlte ich mich in meinem kindlichen Stolz auf meine eingebildete Leistung über sie erhaben. Zu Hause wurde meine Begeisterung meistens gedämpft. Man sah das Wesentliche: die zerrissenen Socken. Ich erfand alle möglichen Erklärungen und Ausreden. Zuletzt stand ich doch — mit geröteten Backen da. Bestimmt werde ich in Hinkunft besser aufpassen! Bis zum nächsten Sonntag jedenfalls.

Gibt es denn auf der Welt etwas Schöneres als Klettern? Ich bin jetzt 14 Jahre alt. Zwar noch immer unscheinbar, mager und zart. Aber ich fühle mich schon als „Alter", als ich wieder einmal am Hafelekar stehe und hinüber zu den grauen Felsnadeln im Norden des Karwendels schaue. Dort hinten entdecke ich auch einige kleine Punkte. Die bewegen sich. Kletterer. Vielleicht würden die mich mitnehmen...?

Ich eile den schmalen Steig hinunter, quere das Kar zu einer Schneerinne hinüber, steige durch diese zu einer Scharte an. Da sind sie nun, die Felsnadeln, die Türme, die Grubreißentürme. Da rechts der Südturm, der sogenannte Melzerturm; der ist der schwerste. Dort hinten der Nordturm. Vom Hörensagen kenne ich alle. Auch die Anstiege. Auch Bilder habe ich gesehen und Berichte gelesen. Lohnt es sich, das Leichtere zu wagen? Nein, das Schwere muß es sein! Der Melzerturm.

Gleich so wie ich bin, in schweren Skischuhen, mit umgehängter Regenpelerine, springe ich hinüber zum Einstieg, suche nicht lange nach Weg und Route, beginne zu klettern. Komme ein gutes Stück empor. Dann kann ich nicht mehr weiter. Wie eine komische Fledermaus klebe ich in den Felsen. Fledermäuse können fliegen. Auch hinauf. Ich nur hinunter... Es ist ein böser Augenblick.

Da höre ich Stimmen. Ich erinnere mich der Kletterer, die ich vorher als Punkte in der Ferne sah. Man hat erkannt, daß ich mich hoffnungslos verstiegen habe, man bietet dem dummen Buben Seilhilfe an. Ich wäre glücklich über die Hilfe gewesen, überglücklich. Aber ich darf sie jetzt nicht annehmen. Ich will meine Kletterlaufbahn nicht gleich als Geretteter beginnen. Stolz und patzig (und im Inneren doch recht verzweifelt) lehne ich die gebotene Hilfe ab.

Hinauf kann ich nicht mehr. Also zurück! Es scheint unmöglich. Es wird aber doch möglich, trotz der glatten Skischuhe. Hie und da werfe ich einen Blick nach unten, sehe den Weg, den ich nehmen müßte, wenn mich die Kraft verließe. Es gäbe keine Rückkehr ins Leben mehr von diesem Weg. Ich darf nicht stürzen.

Ich stürze nicht, erreiche wieder den sicheren Boden.

Die anderen haben mir zugeschaut. Und jetzt kommt der Lohn für meine Selbstüberwindung.

„Willst du mit uns auf den Nordturm steigen?"

1939, Hermann Buhl (links), fünfzehnjährig, mit Jugendfreund Ernst Vitavsky, der Wochen später in den Grubreißen-Türmen, Karwendel, tödlich verunglückt.

Ich kann mich kaum fassen vor Glück. Ich darf mit diesen „alten Hasen" mitgehen. Von ihnen eingeladen. An ihrem Seil gesichert.

„Wo hast du denn deine Kletterschuhe?"

Ich habe keine. Aber wunderschöne neue Skischuhe. Stolz zeige ich auf meine „Treter" mit den glatten Ledersohlen, die für schwere Klettereien denkbar ungeeignet sind. Man lacht, nimmt mich aber trotzdem mit. Ich schwelge förmlich im Glück. Hie und da geben meine kostbaren Schuhe doch zu wenig Halt und ich muß die Sicherung durch das Seil in Anspruch nehmen. Aber was tut das. Von solchen Männern darf man sich helfen lassen. Ich habe inzwischen ihre Namen erfahren. Welcher Bergsteiger kennt sie nicht. Aschenbrenner, Mariner, Douschan alles „Prominente".

Beim Abstieg durch die Schneerinne zeigen mir meine Führer den begrenzten Südgrat des Turmes. „Das ist eine ganz schwere Fahrt. Das ist noch nichts für dich. Vielleicht in ein paar Jahren."

Bei mir haben sich die Zeitbegriffe scheinbar verschoben! Ich warte nicht ein paar Jahre. Schon eine Woche später stehen wir beide, mein Schulfreund Ernst Vitavsky und ich, am Fuß des Südgrates, unter der senkrechten Einstiegswand. Wir würgen an unserem üblichen Frühstück: Brot und Streichkäse, beobachten dabei eine Seilschaft, die über uns auf den Südgrat klettert. Jetzt entdecken auch die Kletterer uns, rufen uns zu, wir möchten das beim Einstieg liegende Seil in die Scharte tragen.

Richtig, da liegt ein Seil, ein echtes, schönes Bergseil. Und das sollen wir durch die Rinne in die Scharte hinauftragen? Das Seil — es wird eine unwiderstehliche Verlockung. Mit dem Seil könnten wir doch auch den Südgrat machen und es den anderen oben übergeben. Kommt auf das gleiche heraus — für die andern. Nicht für uns. Für uns würde die Fahrt das große, ersehnte Abenteuer bedeuten.

Die anderen sind unseren Blicken entschwunden. Da entrollen wir das Seil. Seilknoten? Wir haben keine Ahnung davon. Ein gewöhnlicher dreifacher Knoten muß es auch tun. Dann sind wir „angeseilt". Eine echte Seilschaft. Es ist, als ob das Tau eine Ader wäre, durch die uns neue Kraft und Mut zufließen. Ein Karabiner liegt auch da, einer von jenen komischen Schnappringen, mit denen man das Seil in die Ösen der in Felsspalten getriebenen Haken hängt. Das habe ich schon den anderen abgeschaut. Die Schuhe bleiben zurück. Kletterschuhe haben wir noch nicht, also muß es diesmal noch in Socken gehen.

Ernst steigt ein. Ich stehe herunten, „sichere" ihn. Lasse das Seil so ganz einfach durch meine Hände laufen, glaube, ihn damit jederzeit halten zu können. Unser Vortraining war nicht umsonst. Der Freund geht sehr rasch. Bei einem Haken hängt er den Karabiner ein — ganz wie ein Großer. Den folgenden Spreizschritt allerdings hätte ein erwachsener Mensch leichter bewältigt. Ernst ist aber noch ein genauso kleiner Bursche wie ich, den Kinderschuhen kaum entwachsen. Er reckt und streckt sich, kommt dann gut über die Stelle, erreicht bald einen sicheren Stand. „Nachkommen!" sagt er großartig.

Es ist für mich ein großer Augenblick. Klettern in einer wirklich selbständigen Seilschaft! Meine ersten Schritte sind noch etwas zaghaft. Bald aber habe ich vollkommene Sicherheit erlangt. So angeseilt, ist ja das Klettern eine lustige, eine harmlose Angelegenheit. Abstürzen? Wer stürzt schon ab? Schnell gewinne ich an Höhe. Da stecken einige Haken, die Ernst nicht einmal beachtet hat. Ich will ausprobieren, stecke meine Finger in die Hakenringe. Das gibt prächtigen Halt. Weiter! Ein glatter Block, eine luftige Kanzel. Nun der heikle Spreizschritt.

Rechts ist der eingehängte Krabiner, durch den zur Sicherung das Seil läuft. Ernst gibt kurzen Zug, meine Hand tappt hinter einer Kante nach einem Griff, der Körper schwingt nach — dann stehe ich in einem Kamin. Ist das eine Freude! „Wir sind Herren dieser Welt..."

Ernst sitzt bequem auf einer Kanzel und holt langsam das Seil ein. Er lacht und ich lache. Wir sind wunschlos glücklich nach dieser ersten gelungenen selbständigen Seillänge. Jetzt gehe ich voraus: Wir lösen uns im Führen ab, wie es unter gleichwertigen „Zünftigen" der Brauch ist.

Wir hören Stimmen über uns. Die vorangehende Partie... Holen wir sie am Ende gar ein? Wir Buben? Richtig — am Fuß des „Auckenthalerrisses" treffen wir mit ihnen zusammen. Sie begrüßen uns nicht gerade freundlich. Wir müssen uns eine recht gewaschene Moralpredigt anhören. Das gehört dazu. Das stört niemanden und hemmt auch nicht unseren Auftrieb. In der Gipfelwand entpuppen sich die anderen doch als wirklich besorgte, auf uns Jungen schauende ältere Kameraden. Sie lassen uns ein Seil zur Hilfe herunter, so daß wir dieses letzte böse Stück in völliger Sicherheit genießen können. Dann sitzen wir auf dem warmen Gipfelfelsen des Südturms und liefern wunschgemäß das Seil ab. Lachendes Händeschütteln. „Grüne Lausbuben", sagen sie zu uns.

Obwohl es eher wie eine versteckte Anerkennung als eine Rüge klingt, soll mir die Berechtigung dieser Rüge sehr bald auf die grausamste Weise zu Bewußtsein gebracht werden: Wenige Wochen später, beim ungestümen Versuch, den Auckenthalerriß allein zu begehen, stürzt mein Freund Ernst zu Tode. Ich verliere meinen ersten Seilgefährten.

Trotzdem statte ich in diesem Sommer 1939 den Grubreißentürmen noch öfters einen

Besuch ab. Ich lerne mit der Zeit einiges über Seilbedienung, Technik im Fels, Schwierigkeitsbewertung und dergleichen. Ich nütze jede freie Stunde zum Training.

Da haben wir uns wieder einmal mit dem Seil verbunden, Karl Glätzle — der im Freundeskreis einfach „Glatzen" genannt wurde — und ich. Eine Kletterei im Karwendel ist das Ziel. Brüchiger Fels, über den Karl führt. Da ist ein Block, der seinen Weg sperrt. Er scheint mir nicht verläßlich, und ich nehme unterhalb, auf einem schmalen Felsgrat, meinen Sicherungsplatz ein. Ich habe schon gelernt, wie man richtig sichert, und verfolge nun jede Bewegung des kletternden Kameraden. Jetzt ist er an dem Haken. Karl hängt mit dem Karabiner das Seil ein. Ob der Haken hält?

Nun greift Karl nach oben, erreicht den Rand einer Plattform. Ein Klimmzug, ein kurzer Ruck...

Plötzlich ein Knirschen. Ein Schatten huscht über die Wand. Ich umklammere das Seil, so fest ich kann, drücke mich eng an den Fels. Der nächste Augenblick muß entscheiden. Wenn sich das Seil, an dem der stürzende Freund hängt, strafft, muß ich einen gewaltigen Ruck kriegen. Wird der Haken den Ruck aushalten? Die Wahrscheinlichkeit ist sehr gering. Seltsam wie lang Bruchteile von Sekunden dauern können.

Dann ist der Ruck da. Das Wunder geschieht — der Haken hält. Aber mich schleudert es in hohem Bogen aus dem Stand. Ich pendle in die Wand hinüber. Nur ein Gedanke beherrscht mich: Du mußt das Seil halten, halten, halten! Und die Finger befolgen den Befehl. Fest halten sie das Seil.

In diesem Augenblick, in dem der pendelnde Körper noch nicht zum Stillstand gekommen ist, saust von oben der zentnerschwere Block herab, zerschellt genau auf dem Platz, auf dem ich zuvor noch gestanden war, in tausend Splitter. Von mir wäre nicht mehr viel übriggeblieben.

Wir hängen nun an einem einzigen rostigen Haken. Das Seil läuft durch den im Hakenring hängenden Karabiner wie über eine fixe Rolle. Es ist ein einfaches physikalisches Gesetz, daß mich der gut 40 Kilogramm schwerere Gefährte emporgerissen hat. Und der Haken hält noch immer. Das braucht aber nicht ewig zu dauern. Karl muß daher so schnell als möglich wieder zu einem Stand. So lasse ich behutsam das Seil nach, bis der unverletzt gebliebene Gefährte wieder festen Halt unter den Füßen bekommt. Erst nachher, als alles vorüber ist, kommt uns zum Bewußtsein, welch ungeheures Glück wir hatten. Jenes Glück, das der Bergsteiger eben braucht. Aber er darf sich nicht darauf verlassen. Es ist gut, wenn ein junger Kletterer diese Erfahrungen macht. Die Berge sorgen dafür, daß Übermut eingedämmt wird.

Ich bin inzwischen auch in die Jungmannschaft der Sektion Innsbruck des Alpenvereins aufgenommen worden: 30 bis 40 bergbegeisterte junge Menschen, eine fröhliche Runde, die Sonntag für Sonntag in die Berge zieht. Eine Schulungsbergfahrt eröffnet uns ein neues Gebiet: den Wilden Kaiser. Bisher nur Sehnsucht, Traumvorstellung. Nun soll es Wirklichkeit werden. Im Geiste sah ich schon die lotrechten Plattenfluchten gegen den Himmel schießen. Die Vorfreude war unbeschreiblich. Meine überschwengliche Phantasie zauberte mir Bilder vor, wie sie die Wirklichkeit nie bieten kann.

Gaudeamus- und Gruttenhütte. Wir kennen diese berühmten Asyle ganzer Generationen von Kaiserkletterern vom Hörensagen. Als wir sie erreichen, sind sie überfüllt. So macht sich ein Teil von uns auf den Weg hinauf zum Ellmauer Tor. Unser erstes Biwak!

Dieses Wort hat in mir immer eine ganze Flut romantischer Vorstellungen ausgelöst. Nun sollen wir ein Freilager in den Bergen selbst erleben. Im Fackelschein stolpern wir den schmalen Steig hinauf. Rabenschwarze Nacht, gespenstisch durchrissen vom flackernden Schein. Geisterhaft unwirklich leuchten steile Abhänge. Schluchten stürzen in die Tiefe. Eine Fackel fällt den Weg hinunter, wir sehen ihr nach, bis sie irgendwo weit, weit unten erlischt.

Schwere Klettertouren schon mit 16 Jahren. „Hermann Buhl wurde menschlich einsamer, je höher sein bergsteigerischer Stern stieg" (Rudl Seiwald).

Um Mitternacht erreichen wir das Ellmauer Tor, legen uns hinter einen Stein, decken uns mit allen verfügbaren Kleidungsstücken zu und versuchen zu schlafen. Bald verwünschen wir die Romantik. Wir sind noch unerfahrene Burschen, die zähneklappernd und mit Sehnsucht an die warme Hütte, oder auch nur an einen Heustadel denken. Es fehlt uns noch viel zum echten Bergsteiger...

Dann kommt, gleichzeitig mit der ärgsten Kälte, der junge Tag. Not und Unbequemlichkeit der Nacht sind rasch vergessen. Nach wenigen Schritten stehe ich auf dem höchsten Punkt des torartigen Einschnittes im Bergkamm. Es ist das Tor zu einer Wunderwelt. Da liegt sie vor, unter mir, die Steinerne Rinne...

Eine enge Schlucht, begrenzt von riesigen Wänden, abenteuerlich in ihrer Steilheit und Glätte. Eine Landschaft von Urgewalten geformt. Da stehen die Wächter der Rinne — rechts der Predigtstuhl, links die Fleischbankspitze. Und dort, ja dort, ist die berühmte Fleischbank-Ostwand, die Wand, die Hans Dülfer und sein Gefährte Werner Schaarschmidt vor dem ersten Weltkrieg als erste bezwangen.

Man muß die Kinderschuhe des Kletterers längst abgetreten haben, ehe man sich in diesen Fels wagen darf. Darf ich es schon? Der Verstand verneint die Frage. Die Sehnsucht ruft ein leidenschaftliches „Ja!" Ich weiß, daß einige ältere, erfahrene Kameraden heute den Spuren Dülfers folgen dürfen. Mich, den Jüngsten und körperlich Schwächsten, hat Hans Schmidhuber, unser Mannschaftsführer, noch nicht für reif erachtet. Ich werde bestimmt nicht mitgenommen.

Also heimlich. Ich schleiche zum Einstieg der Wand, verstecke mich hinter einem Block, warte auf die Seilschaft, die den Dülferweg gehen darf. Da kommen sie. Eine kleine Gruppe. Man hört die „Schlosserei" — Haken, Karabiner, Hammer — klingeln. In Kletterpatschen

1940 im Karwendel: „Ich wollte immer losziehen..."

steigen sie den Steig ab, der Vigl Luis, der Magerle Hugo und noch einige. Und dann — ja dann kommt als letzter Hannes Schmidhuber. Er hat mich sofort in meinem Versteck erblickt. Ich brauche ihm gar nichts zu erklären, er kennt meine Absicht auch so. Sein Gesichtsausdruck verspricht nichts Gutes. Nein, Bürschlein, du kannst dich nicht heimlich in die Ostwand schleichen. Nicht, solange ich verantwortlich bin. Du bist noch zu jung, zu grün...

Ich könnte heulen vor Zorn und gekränktem Stolz, als mich Hannes mit starker Hand anpackt und mich zwingt, mit ihm zurück zum Ellmauer Tor zu gehen. Die anderen sind bereits in die Ostwand eingestiegen. Ich kann sie nur beobachten, beneiden, bewundern. Vielleicht habe ich in diesem Augenblick Hannes Schmidhuber verwünscht. Er tat mir auch viel an, an diesem Tag. Er verbot mir nicht nur die schwere Wand, sondern teilte mich einem neuaufgenommenen jungen Bergsteiger — sogar nur als zweiten am Seil — zu. Auf dem Normalweg, dem sogenannten „Heerweg", auf die Fleischbank. Ich, der sich schon so gut dünkte, sollte nun gesichert hinter einem anderen nachzotteln über einen Anstieg, zu dem man überhaupt kein Seil gebraucht hätte...

Heute denke ich anders über die Episode. Heute denke ich nur mit dankbarer Freundschaft an Hannes zurück. Viel habe ich von ihm gelernt, von diesem großartigen Bergsteiger und verantwortungsbewußten Mann, der im Bergrettungseinsatz für andere sein Leben ließ. Er erkannte wohl, daß ich in meiner Begeisterung blind in das Verderben gestürmt wäre, hätte er meine überschäumende Leidenschaft nicht gezähmt. Er beobachtete mich gut, wollte mir auch Selbstbeherrschung beibringen. Aber es ist schwer, eine Besessenheit zu beherrschen, die alle Schranken und Dämme brechen will.

Ich gestehe es: Meine Kameraden hatten nicht immer eine reine Freude mit mir, konnten sie gar nicht haben. Wenn es draußen stürmte, schneite oder eintöniger Schnürlregen die Welt in Trostlosigkeit verwandelte — für mich war es immer schön. Mein Auftrieb kannte keine Grenzen. Ich wollte immer losziehen. Wenn meine Kameraden in der beruhigenden Gewißheit, daß der Regen gegen das Dach trommelte, sich fester in die Decken wickelten oder tiefer in das

Heu eingruben, stand ich trotzdem auf, rumorte herum, quälte die anderen, doch fortzugehen... bis mir ein Schuh an den Kopf flog. Allerdings, sobald dann das Wetter etwas aufklarte und wir in einer Wand emporturnten, war aller Ärger vergessen. Wir freuten uns des Lebens und der Berge. Manchmal dankten mir die Kameraden, daß ich ihren Morgenschlaf gestört hatte.

Die Adolf-Pichler-Hütte in den Kalkkögeln wird uns beinahe zum Stammsitz. Fast jedes Wochenende treffen wir uns dort zu fröhlicher, zuweilen etwas rauhfröhlicher Runde.

Durch einige leichtere Eingehtouren habe ich mich schon allmählich an den brüchigen, kleinsplittrigen Fels der Kalkkögel gewöhnt; ich bin mit ihm recht vertraut geworden. Es ist kein Klettern an eisenfesten Griffen wie im Kaiser, sondern ähnlich dem im Karwendel. Ein Schleichen über das Gestein, katzengleich, mit größter Vorsicht. Kein Ziehen oder Stemmen, kein kraftvolles „Ho-ruck", sondern ein behutsames Aufwärtstasten. Oftmals erschwert durch abfallende Gesteinsschichtung. Dabei darf man keinesfalls in Versuchung kommen, die Griffe „nach auswärts" zu belasten, wie beispielsweise im Wetterstein. Auf Reibung zu gehen, ein „weg vom Fels", wäre hier völlig fehl am Platze. Hier gilt der Grundsatz, sich an den Fels zu schmiegen, die Griffe und Tritte nur „auf Druck" zu belasten. Dieses Klettergebiet ist eine ideale Schule, aus der so mancher erstklassige Felsgänger hervorging. Hias Auckenthaler, Hias Rebitsch, Kuno Rainer — um nur einige bedeutende Namen von vielen zu nennen.

Freund Waldemar Gruber und ich sitzen zwischen den riesigen Blöcken am Fuße mächtiger Schutthalden und halten wieder einmal den Blick emporgerichtet, wie schon so oft. Die Nordwestwand der Riepenwand haben wir bereits hinter uns gebracht. Es ist aber erst Mittagszeit, und wir haben Lust, noch etwas anderes zu unternehmen. Wir machen einen Spaziergang unter den gelbschwarzen Wandfluchten der Riepenwand entlang, bummeln von Einstieg zu Einstieg, erwägen die Schwierigkeiten. Plötzlich kommt mir ein Gedanke. Wie wäre es, wenn wir nur ein Stück höher stiegen, bis dorthin, wo sich die Wand im steilen Schwung vom Vorbau abhebt? Nur wenige Meter, dann müßte man schon bei der Stelle sein, wo unsere großen Vorgänger in die Riepenwand eingestiegen sind. Nur zweimal vor uns wurde diese große Tour gemacht.

Wir sind ganz rechts bei der Westwand angelangt, stehen am äußersten Rand eines breiten Bandes, einige Meter von der Wand entfernt. Wassertropfen sprühen auf uns hernieder. Wir schauen nach oben, 60 Meter höher entschwindet die Wand unseren Blicken. Nur noch die äußerste Kante eines gewaltigen Daches hebt sich vom Himmel ab. Dort links wäre der Einstieg.

„Schaut eigentlich gar nicht so schwer aus. Kann mir gar nicht vorstellen, daß diese Wand unmöglich ist", fordere ich Waldi heraus, „was meinst du?" Er nickt mir zu: „Können's ja einmal versuchen."

Die Schuhe verschwinden im Rucksack, die Kletterpatschen treten an ihre Stelle, und gleich darauf steige ich wortlos hinauf zum Beginn der Kletterei. Es scheint alles so spielerisch leicht. Aber die Wand zeigt ihre Zähne, der Fels hat mich getäuscht. Schon bei den ersten Metern bleibe ich hängen. Der Fels ist stark abschüssig, leicht überhängend und erfordert letzte Fingerkraft. Nur auf den vorderen Fingerspitzen hängt die ganze Last des Körpers. Mehrmals muß ich wieder zurück. Waldemar kann es einfach nicht glauben, daß man da nicht weiterkommt. Jetzt versucht er es einmal, aber auch er muß bald aufgeben. Zur Vorsicht schlage ich einen Haken in den morschen Fels, es klingt aber wenig vertrauenerweckend. Abwechselnd machen wir noch mehrere Versuche — vergebens — schon nach kurzer Zeit hat jeder von uns genug.

„Der Fels rollt einem fast die Finger auf", meint Waldemar. Schließlich sehen wir das

Aussichtslose unseres Beginnens ein, wollen abziehen. Es sollte ja auch nur ein Versuch sein, für eine Durchsteigung wäre es ohnehin zu spät.

Erst beim Herausschlagen des Hakens merke ich, daß dieser doch mehr zu halten verspricht, als wir ihm anfangs zutrauten. So will ich doch noch einen letzten Versuch wagen. Diesmal kann ich ja etwas riskieren, denn der Haken würde sicherlich einen Sturz halten. Vorsichtig steige ich über ihn hinaus. Langsam, zentimeterweise, muß ich jeden Griff und Tritt auf seine Haltbarkeit hin prüfen und abschätzen, wieweit meine Fingerkraft den Anforderungen noch gewachsen ist. Mit jedem Zentimeter entferne ich mich mehr vom Haken. Ich versuche, einen zweiten in eine Ritze zu setzen, doch der Fels ist geschlossen. Er bietet nirgends eine schwache Stelle. Unnötige Kraftvergeudung. Und so versuche ich „ohne" weiterzusteigen. Die Finger drohen schon zu erlahmen, doch ich muß weiter. Ein Zurück gibt es nun nicht mehr. 20 Meter unter mir steht Waldemar. Es sind aber noch gut zehn Meter hinauf zum Band. Erst dort oben kann ich wieder normal stehen und mich ausrasten.

Eine Stunde lang mag ich so an kleinen Absätzen und Leisten hängen. Daß ich nicht stürze, verdanke ich der Kraft und Zähigkeit der trainierten Finger. Jeder Meter wird bereits ausgewogen, es geht nun fast nicht mehr, ich kann mich wirklich kaum mehr festhalten. Aber ich muß! Es bleibt mir keine andere Wahl... Einen Sturz von 30 Metern und dann weiter den Vorbau hinab? Kein Haken in der ganzen Seillänge — ich muß aushalten — sage ich mir selbst, immer wieder rede ich es mir vor. Ich denke schon gar nicht mehr an die Wand unter mir, sondern schaue nur mehr hinauf auf das Band. Ich zähle schon förmlich die Zentimeter.

Dann kann ich endlich — endlich — den Rand des Bandes erreichen. Ich bin schon fast nicht mehr imstande, die Finger steif zu halten, schwinge mich mit dem Oberkörper über den äußeren Rand und bleibe erst einmal erschöpft liegen, verschnaufe und lasse die gefühllosen Finger sich etwas erholen. Ich bin mir bewußt, daß ich diesmal um Haaresbreite an einem Sturz vorbeikam.

Erst an der Führung des Seils, das nicht einmal am Fels aufliegt, merke ich die Steilheit. kein Wunder, wenn diese Route im Laufe von zehn Jahren erst zweimal gemacht wurde, noch dazu in einem Klettergebiet, wo sich jeden Sonntag einige Dutzend Bergsteiger herumtreiben.

Waldemar ist bei mir. Die Neugierde lockt uns aber wieder weiter. Über uns schaut es wesentlich besser aus. War die erste Seillänge eine freie Wandstelle ohne Gliederung, ohne Möglichkeit, Haken zu schlagen, so bietet sich jetzt wenigstens ein Riß an. Von oben schauen noch mehrere dieser beruhigenden Gesellen herab. Der Riß drückt sehr nach außen. Mein Körper ist schon wieder weit außerhalb meines Begleiters, außerhalb der Vertikalen. Doch wiederum löst ein breites Band die lotrechte Wand ab. Wir sind zuerst sehr erstaunt, in dieser so abweisenden, „unmöglichen" Wand ein so freundliches, breites Band vorzufinden, eine wahre Promenade.

Zurück können wir immer noch, stellen wir fest, und so verfolgen wir das Band weiter nach rechts. Man kann bequem aufrecht gehen. „Fast ein Radfahrweg", meint Waldemar. Ein kleiner Pfeiler unterbricht das Band, dann setzt es sich wieder, allerdings etwas schmaler, in der Wand fort. Über uns gelbe dräuende Wandfluchten. So stelle ich mir die Nordwand der Großen Zinne in den Dolomiten vor. Nirgends findet das Auge Halt, es gleitet nach oben, nach rechts und links, überall dasselbe Bild. Gelbe glatte Wandfluchten, ohne Unterbrechung. Ich lege die Hand an den Fels, sie gleitet ab, nirgends ein Griff — also weiter nach rechts. Das Band wird nun immer schmaler, ich kann schon nicht mehr aufrecht gehen, lege mich daher flach auf den Bauch und krieche auf allen Vieren, mich wie eine Schlange windend, dahin. Das Band wird zur Leiste, rechts fällt die Wand überhängend ab. 60 Meter tiefer liegt der äußere Rand des Vorbaues, auf dem wir vor Stunden gestanden. Direkt unter mir wölbt sich die Wand weit nach innen. Ich komme mir vor wie am äußeren Rand eines riesigen Gewölbes. Die rechte Hand stützt den Körper ab, ebenso der rechte Fuß, um nicht von der Leiste abzugleiten, die schließlich nur mehr handbreit ist. Waldemar steht 30 Meter hinter mir am Band und „sichert". Er weiß ebenso wie ich, daß diese Sicherung nur eine moralische ist, eine reine „Blicksicherung". Wenn ich stürze, muß er mit...

Hier hilft nur die Seilkameradschaft, die Verbundenheit auf Leben und Tod, das große Verantwortungsgefühl, das Bewußtsein, auch für das Leben des anderen einstehen zu müssen.

Je größer die Schwierigkeit, um so langsamer mein Fortkommen. Nur daran, wie das Seil durch meine Hände läuft, ob gleichmäßig oder ruckartig, kann Waldemar erkennen, wie es mit den Schwierigkeiten bei mir bestellt ist. Ich hatte ganz darauf vergessen, daß wir auch wieder einmal zurück wollten. Aber dafür ist es nun zu spät. Hier gibt es kein Zurück mehr. Dieses Kriechband ist die reinste Mausefalle, man kann sich, einmal in dieser Lage, nicht mehr umdrehen. Die Leiste wird immer schmaler, ich muß aus dieser kriechenden Stellung heraus. Der überhängende Fels über mir drängt den Körper stark ab. Ich versuche, wieder in eine normale Kletterstellung zu gelangen. Die Leiste verengt sich zum fingerbreiten Gesimse, wird zur Hangeltraverse. An dieser Querung ist alles dran, nichts wurde vergessen. Noch ein bißchen absteigend, erwische ich spärlichen Stand. Er reicht gerade aus, um einen Sicherungshaken zu schlagen. Erleichtert hänge ich mich ein.

Nun allerdings müssen wir durch! Durch die ganze Wand! Unter allen Umständen hinauf! Der Weiterweg erscheint wesentlich leichter. Der Schein aber gilt hier nichts. Nur die Tatsachen. Und die sind bitter...

Ein Überhang wölbt sich weit nach außen. Mein Seilgefährte tastet sich an mir vorbei und nimmt jetzt den Überhang in Angriff. Ich bewundere ihn, wie er barfuß diesem scharfen rauhen Gestein zu Leibe geht. Er verspreizt sich mit den nackten Fußsohlen, verkrallt die Zehen in den Ritzen, als letztes sehe ich seine derben Fersen über den Überhang entschwinden.

Weiter.

In glatten Kaminen geht es mühsam zur Höhe, naß und glitschig ist das Gestein. Wenn wir Zeit haben, werfen wir auch einen Blick hinunter auf die grünen Almböden und finden an der Ruhe dort unten die notwendige nervliche Entlastung und Entspannung für den nächsten Einsatz. Fünf Stunden sind seit unserem Einstieg verstrichen. Da muß es doch bald dem Ende zugehen? Der Spalt über uns wird immer tiefer, und dort oben scheint sich der Fels auch zurückzulegen — das Ende der Wand? Auf einem Band machen wir kurze Rast.

„Nun hätten wir's", sage ich zu Waldemar und freue mich heimlich, daß uns diese große Tour, die dritte Begehung der Riepen-Westwand, eine der schwersten Fahrten in Tirol, gelungen ist.

Den kommenden Überhang will wieder Waldemar führen. Ungern überlasse ich ihm diese Seillänge. Aber ich darf mit meinem heutigen Pensum zufrieden sein.

Waldemar muß wieder zurück, versucht es ein zweites Mal. Auch diesmal gelingt es ihm nicht.

„Kann doch nicht so schwer sein", sage ich etwas ungeduldig zum Freund. „Versuch's du doch!" meint er.

Aber bereits nach zwei Metern stecke auch ich fest. Der Fels drückt nach außen, die Füße finden fast keinen Halt, zu sehr sind die wenigen Griffe nach unten gerichtet. Ich versuche es mit einem „Steigbaum", aber auch das gelingt nicht. Haken will keiner in den widerspenstigen Fels. Ich muß zurück und überlasse Waldemar den nächsten Versuch. Als er neuerdings abblitzt, meint er wütend: „Verdammte Wand..."

Drunten im Tal wird es schon dunkel.

Wir müssen uns beeilen!"

Wir zerbrechen uns den Kopf, ob es nicht eine andere Möglichkeit gibt, schauen rechts, schauen links, doch hier ist der Fels noch abweisender. Es bleibt kein anderer Ausweg als der gerade Aufstieg! Es will mir einfach nicht eingehen, daß wir nun am Ende unserer Künste sein sollen. Ich sage mir, was für andere möglich war, muß auch uns gelingen. Allmählich gerate ich in Wut, ärgere mich über meine eigene Hilflosigkeit. „Zu feig bist du eben", beschimpfe mich selbst, dann rede ich mir wieder neuen Mut zu. Waldemar muß nun in eine sichere Position gehen. „Ein letzter Versuch", sage ich zu ihm, „diesmal muß es gelingen... oder mich schmeißt's!"

Bald hänge ich wieder die zwei Meter oben an der kritischen Stelle, schaue gar nicht mehr zurück. Die Wand unter mir interessiert mich jetzt nicht mehr, egal wie es da hinunter geht, hinauf müssen wir. Wieder rechts der kleine abschüssige Griff. Er allein nur kann mir nach oben verhelfen. Die Kraft darf mich dabei nicht verlassen. Es gelingt mir auch schließlich — mit dem Aufwand letzter Kraft, Schweißperlen stehen mir auf der Stirn. Es war eine böse Stelle, aber wir haben gewonnen.

Was nun folgt, ist wirklich nur mehr leichter Fels. Bereits im Dämmerlicht queren wir aus der Wand rechts hinaus, erreichen eine Rinne und steigen in der Dunkelheit das Geröll ab. Waldemar kann fast nicht mehr gehen, seine Zehen bluten. Um Mitternacht stehen wir wieder unter jenen wulstartigen Dächern, die wir am Morgen noch mit Ehrfurcht betrachtet und bei deren Anblick wir nicht einmal in Gedanken gewagt hatten, sie zu durchsteigen.

Schüsselkar-Südostwand

So manche schwere und schwerste Kletterei habe ich schon hinter mir. Und trotzdem fühle ich mich erst am Anfang. Es ist mir wie ein Befehl, ein inneres Gesetz: besser werden, härter! Du bist den Bergen verfallen, aber du mußt auch an ihnen wachsen. Der Gedanke, durch Unfähigkeit irgend einmal am Berge zugrunde zu gehen, ist unerträglich. Ich muß lernen, jeder Lage gewachsen zu sein. Besser werden...

Alpine Bücher, Zeitschriften, Fahrtenberichte, Bilder fremder Berge, an denen sich die Phantasie entzündet — das sind meine liebsten Gefährten am Abend. Meine Gedanken besuchen fremde Gebirge, erleben die kühnsten Abenteuer. Aber auch in der Heimat warten große Erlebnisse, Berge, Wände.

Die Südostwand der Schüsselkarspitze, die Wand, die seinerzeit Rudolf Peters als erster durchstieg, die in all den Jahren seither nichts von ihrem großartig-grimmigen Ruf eingebüßt hat, diese Schüsselkar-Südostwand — für die wäre es bald Zeit!

Dazu muß ich aber trainiert sein. Jede Freizeit wird ausgiebig genützt. In Innsbrucks Klettergarten. Bald kenne ich jeden Griff und Tritt auswendig. Und was mir im Anfang selbst in Kletterschuhen unmöglich erschienen ist, wird später sogar mit Skistiefeln und glatter Ledersohle gemacht. Ja, die Steigerung geht so weit, daß ich, wie im Lift, mehrmals auf- und niedersteige. Natürlich alles nur wenige Meter über dem Boden, aber das Wichtigste, die Finger werden dadurch trainiert.

Die Beschreibung der „Südost" habe ich sehr genau im Kopf. Es gibt keine Zeile darin, wo nicht mindestens einmal das Wort „Dach" oder „Überhang" vorkommt. Die Pläne werden natürlich geheimgehalten. Dann halten wir den Zeitpunkt für gekommen. In der Leutasch wird genächtigt. Noch ist es dunkel, als wir schwer bepackt unsere Schritte nach oben lenken. Wir wissen: wer die Schüsselkar-Südostwand gemacht hat, der ist als Kletterer vom Gesellen zum Meister aufgerückt.

Um sieben Uhr früh sind wir am Einstieg, vernehmen aber bereits Stimmen oberhalb der Wand.

„Servus Hermann", ruft jemand herunter. Nun erkennen wir auch die beiden.

„Servus Manfred, servus Josl, was macht denn ihr da?"

„Dasselbe, was ihr vorhabt", kommt als Antwort zurück.

„Also Mostbeeren suchen?"

„Nein, Schwammerln."

Wir lachen, aber heimlich wurmt es uns, daß uns die beiden zuvorgekommen sind. Wir sind alles Kameraden der Jungmannschaft, aber die Südost ist keine Wand für Massenauftrieb.

Waldemar läßt mir, der ich nun schon einmal eine Schwäche für das Führen habe, ohne Widerspruch den Vortritt. Wir sind im Hinblick auf Festigkeit des Gesteins nicht verwöhnt. So erscheint uns dieser Fels hier im Gegensatz zu dem, was wir in letzter Zeit in den Kalkkögeln unter die Hände bekamen, wie eine Weihnachtsbescherung.

Wir folgen unseren Vorangehern dicht auf den Fersen und treiben uns gegenseitig ungewollt etwas an. Manfred verschwindet gerade über dem Überhang, Josl muß noch etwas warten, und so werden wir zu einer kurzen Pause gezwungen. Bis jetzt war die Kletterei noch angenehm, stelle ich fest, keine allzu schwierige Stelle. Ungeduldig steige ich von einem Bein auf das andere. Dieses untätige Zuwarten zehrt an meiner ohnehin geringen Geduld. Endlich kann Josl wieder nachsteigen. Ich folge dicht hinter ihm. Ein Überhang hält Josl längere Zeit auf. Die Kraft scheint ihm auszugehen, er wird nervös, tappt nach einem Griff, doch der Stein löst sich vom Fels, der Griff bricht aus, Josl stürzt nach rückwärts hinaus, wird aber gleich wieder von Manfred am Seil gehalten. Der ausgebrochene Griff jedoch fliegt auf mich zu, ein kopfgroßer Stein. Ich drücke mich, so eng ich nur kann, an den Fels, aber der Brocken streift mich an der Stirn und reißt mir ein Büschel Haare vom Kopf. Warm rinnt mir das Blut über Gesicht und Nacken. Rasch steige ich zu Waldemar ab, setze mich neben ihn. Dann wird mir auch schon furchtbar schlecht. Es beginnt sich alles zu drehen, aber Waldemar hat mich fest in Händen. Nach einer Viertelstunde läßt dieser Taumel wieder nach, ich esse etwas Zucker, und allmählich geht's mir wieder besser. Waldemar hat mir inzwischen einen notdürftigen Kopfverband angelegt. Aus den Augen sehe ich kaum heraus. Alles ist mit Blut verklebt.

Der alte Kampfgeist ist aber wieder da. Ich steige weiter an, will nun aber die kritische Stelle umgehen, nach links, wo mir der Fels leichter erscheint. Eine steile Rampe zieht empor und endet an einer glatten überhängenden Wand. Oberhalb stecken noch einige alte Haken, also muß es hier ja auch hinaufgehen. Das Trügerische in steilen Wänden ist, daß man immer nur einige Meter hinaufsehen kann, dann wird der Blick nach oben entweder durch ein hervorspringendes Dach oder einen Überhang verwehrt. So muß man bereits vom Wandfuß aus die Route genau studieren und sich markante Stellen gut einprägen, um während der Kletterei zu wissen, wo man sich gerade befindet. Von unserem jetzigen Standplatz aus kann man beispielsweise die Wand vor lauter Überhängen nicht mehr beurteilen.

Mit Doppelseilhilfe, nach Art eines Paternosterfahrstuhles, von Haken zu Haken, steige ich höher. „Feuerwehrübung" heißt im Bergsteigerjargon diese Art des Höhersteigens, bis die letzte Sprosse erreicht ist ... Aber dann ist es aus. Glattgewachsener wulstiger Fels zieht nach oben. Immer wieder suche ich die Unebenheiten über mir ab, jeder Zentimeter der Wand wird abgemessen, mit den Blicken mehrmals abgestreift.

„Laß doch die Stelle einfach aus und fahr darüber fort!" frotzelt Waldemar. „Und du hast wieder das ‚Kletterol' zu Hause gelassen", spotte ich zurück.

Der Seilzug schürt mir die Brust schon zienlich ab. Um mich zu entlasten, hängt sich Waldemar mit seinem ganzen Gewicht an das unter Ende.

„Vielleicht ist das ein Verhauer?" rufe ich meinem Freund zu. Auckenthaler soll sich hier bei seinen ersten Versuchen einmal so toll verstiegen haben — fällt mir nun ein. Ich schaue nach rechts die Platten hinab... dort unten müßte es eigentlich gehen, in der kleinen Verflachung an der sonst gleichförmig abfallenden Plattenwand! Ich lasse mich hinunter und versuche nun, nach rechts hinauszuqueren. Vorsichtig wird jede Bewegung abgewogen. Eine reine Gefühlssache — solche Quergänge. Man muß das Äußerste an Reibung herausholen, ein Balancespiel, abgestimmt auf den Zug des Seiles, das als Gegengewicht den Schwerpunkt von der Vertikale auf die Horizontale verlagert. Nur so ist es möglich, mit seitlichem Seilzug, an sich vollkommen grifflose Platten waagrecht zu begehen. Ich bin schon zehn Meter vom Haken entfernt, der Zug des Seiles droht mich aus der Wand zu reißen. eisern krallen sich die Fingerspitzen an den Unebenheiten fest. Ihnen und den Spitzen der ausgefransten Manchonsohlen verdanke ich es, daß ich überhaupt noch mit der Wand in Verbindung stehe. Dazwischen hängt der Körper, hängen 70 Kilogramm Gewicht. Nur die richtige Stellung des Körpers vermag die Finger und Arme bis zu einem gewissen Grad zu entlasten. Durch den Druck auf die Sohlen der Kletterpatschen muß die größtmögliche Reibung, die größtmögliche Haftung am Fels hergestellt werden. Je weiter sich beim Klettern der Körper von der Wand lehnt, desto größer ist der Druck auf den Fels und auch das Reibungsverhältnis zur Wand, um so mehr aber haben dafür auch die Finger zu halten. Das beste Verhältnis in diesem Zusammenspiel von Reibung und Fingerkraft zu finden, heißt man einfach „die Technik". Leicht gesagt...

Der Körper reckt sich, lehnt sich weit nach rechts hinaus. Ich liege fast waagrecht am Fels. Die rechte Hand tastet hinter einer Kante nach einem brauchbaren Griff, wieder verkrallen sich die Finger...

„Etwas Seil nachlassen", rufe ich zurück.

Die Füße suchen nach Unebenheiten, der Körper schiebt sich nach, und schon wieder ist ein halber Meter gewonnen.

„Ganz anständig", rufe ich zu Waldemar zurück und raste mich auf einem kleinen Standplatz aus. Der feste Boden unter den Füßen beruhigt mich, endlich kann ich wieder einmal verschnaufen.

Waldemar kommt am „Gängelband" herauf. Wir haben damit die heikle Stelle, wo Josl stürzte, umgangen. Noch ein Riß und eine anschließende Platte, die mit „Ruckstemme" genommen wird, und wir stehen auf einer wunderbaren Plattform. Direkt einladend zu einem Mittagsschläfchen...

Manfred und Josl warten hier auf uns. Josl entschuldigt sich für den Zwischenfall, aber das ist längst vergessen, und schließlich braucht man sich deswegen unter Bergsteigern nicht zu entschuldigen, das kann jedem einmal passieren. Erst jetzt merken wir, daß wir schon am Biwakplatz der Erstbesteiger sind, und wollen es kaum glauben, daß die Hauptschwierigkeiten bereits hinter uns liegen. Wir hatten ja immer noch auf die „Schlüsselstelle" gewartet. Ein letzter Steilaufschwung erfordert noch einmal unsere ganze Aufmerksamkeit, ehe wir diese Wand verlassen.

Zu verhältnismäßig früher Stunde stehen wir nun auf dem Gipfel der Schüsselkarspitze. Unter einem Steinmann liegt das Gipfelbuch. Wir holen es hervor und blättern darin. Manch klingenden Namen finden wir eingetragen. Fast alles, was unter Bergsteigern zur „Hautevolee" zählt... Allerdings mancher Name ist auch schon mit einem Kreuz bezeichnet... „Wen sie lieben, den behalten sie" — Gott und die Berge. Mit Stolz tragen auch wir unsere Namen ein.

Fleischbank

Pfingsten 1943 im Wilden Kaiser. Mein Freund Waldemar und ich sind wieder beisammen. Wir steigen die Steinerne Rinne ab, diesmal etwas weiter hinunter als üblich. Über uns die lotrechten Wände. Sie lassen nur einem kleinen Streifen Himmel Raum. Wenn man sich auf einen Block legt und dort hinaufschaut, wo die beiden Wandfluchten fast zusammenstoßen, hat man das Gefühl, daß sie über einen hereinstürzen. Rechts der Predigtstuhl, seine Mittelgipfel-Westwand liegt noch im Schatten, sie ist uns zu kalt. Also wenden wir uns den sonnigen Ostwänden zu, den Abstürzen der Fleischbank. Die Sonnenstrahlen zeichnen immer deutlicher die Plattenwülste ab. Nun kann man auch diese markante überhängende schwarze Verschneidung ganz genau erkennen. Peter Aschenbrenner und Hans Lucke haben vor Jahren hier einen Durchstieg gefunden.

Es ist eine Seltenheit, daß eine Seilschaft sich diesem Teil der Wand zuwendet. Die „Asche-Luck" hat nicht das Prädikat einer schönen Kletterei. Aber wir wollen sie trotzdem versuchen.

„Mit dem Tod hackelziehen", meint Waldemar, der rauhe Sprüche liebt. Nur nichts verschreien...

Die erste Seillänge wird noch frei erklettert. Einen Haken beachten wir gar nicht, sind von unserer eigenen Hochform begeistert. Bei der folgenden Querung sind wir schon um das Seil froh, aber erst auf einer geräumigen Kanzel richten wir uns kletterfertig her, wie es sich für den „6. Grad" geziemt: 25 Karabiner, 20 Haken, zwei 40-Meter-Seile und einige Seilschlingen bilden das äußerste Rüstzeug. Unbändiger „Auftrieb" und Lebensfreude sind die innere Triebfeder. Dazwischen steht die Kraft. Die braucht man hier notwendig. Sie ist es, die mich nicht schon bei den ersten paar Metern der Verschneidung verzweifeln läßt, sondern erst recht den Willen anspornt. Äußerste Schwierigkeiten gebieten äußerste Konzentration von Körper und Geist. Ein freies Klettern ist hier nicht mehr möglich. trotzdem ist die Wand vollkommen ohne Haken. Hat man sie bewußt herausgeschlagen, um anderen die Nachfolge zu verwehren? Es bleibt uns ein Rätsel.

Äußerst mühsam wird Haken um Haken in den Fels getrieben. Wenn ich dazwischen einige Meter frei emporklettere, bin ich völlig entkräftet, muß schnell einen neuen Sicherungshaken schlagen. Das gelingt oft in allerletzter Sekunde. Singend fährt dann ein Stift in eine Ritze, wehe, wenn er nicht hält! Ich spüre schon, wie die Finger butterweich werden, als ob keine Knochen darin wären, wie sie nachgeben. Schnell noch den Karabiner hinein, Seilzug — noch einige Hammerschläge — der Stift muß halten. Und nun hänge ich an ihm. Der Hammer entgleitet meinen Händen, er hängt an der Schnur. Für kurze Zeit ist mir nun eine Rast gegönnt. So lange, bis sich die gefühllosen Finger wieder etwas erholt haben. Dazu haben sie allerdings wenig Zeit, denn inzwischen macht sich bereits der Brustkorb bemerkbar, der durch den Seilzug arg zusammengeschnürt wird und energisch verlangt, aus dieser Lage wieder befreit zu werden. „Nun, liebe Finger, ist die Reihe wieder an euch!"

Nochmals wird der Haken fest im Fels fixiert. Ein kurzer Seilzug nach oben. Mit den Zehen wird jede Unebenheit genützt. Ich stütze mich ab, versuche so hoch als möglich zu kommen, und in Reichweite fährt der nächste passende Stift in eine Felsritze. Er wird angesetzt, ein gutgezielter Schlag... und doch verfehlt. Das Stück Eisen springt weg und verschwindet klirrend in der Tiefe.

„Wieder ein Haken weniger, noch dazu ein Spezialhaken!" hadere ich mit dem Schicksal. Sorgfältig wird ein anderer Haken hervorgeholt und wieder zum Schlag angesetzt. Diesmal mit aller Vorsicht. Ein kräftiger Hieb mit dem Hammer, und der Stift sitzt, und singend nach bekannter, beruhigender Melodie fährt er in die Ritze. Dann Karabiner hinein, daß muß schnell gehen, und nun noch das Seil. Aber in der Eile hänge ich es verkehrt ein — ganz egal.

Nach dieser anstrengenden Tätigkeit ruht man sich gerne etwas aus. Allerdings hat man dazu keinen Lehnstuhl — nur eine Seilschlinge um die Brust und für die Füße zwei winzig kleine Vorsprünge. — Bequem ist die „Asche-Luck" der Fleischbank bei Gott nicht zu nennen!

Weit spreizen die Beine am äußeren Rand der Verschneidung, das Klettern wird zur akrobatischen Übung. Die Finger bluten. Man hätte es gar nicht bemerkt, wenn nicht am Felsen die roten Tupfen wären.

Wieder einen halben Meter weiter. Nun gehen auch noch die Karabiner aus, nur noch zwei Stück habe ich bei mir. Also muß ich unter mir wieder aushängen, das erschwert die Arbeit und erhöht die Gefahr. Die Sonne brennt inzwischen schon heiß. Von den umliegenden Wänden ertönt Geschrei. „He-lapp-lapp." Aber ich beachte es kaum... Die Leute drunten am Steig starren neugierig herauf. Sie mögen ihre Köpfe schütteln über das sonderbare Sonntagsvergnügen.

Ein Riß nimmt mich auf, ich zwänge mich hindurch. Nur noch wenige Meter, dort winkt ein Standplatz, dort kann ich mich ausrasten. Das Seil geht nicht mehr nach. Ich schimpfe und fluche. — „Nachlassen!" — Ich sitze fest und kann keinen Zentimeter mehr vorwärts.

Waldemar schwingt das Seil. Zwischen meinen Beinen hindurch kann ich ihm bei dem Seilmanöver zusehen. Kreuz und quer läuft der verflixte Strick. Vermutlich irgendwo falsch eingehängt... meine Schuld.

Mit aller Kraft, soviel ich eben noch aus mir herausholen kann, ziehe ich nun selbst das Seil ein. Ich nehme es zwischen die Zähne und steige dann den glatten Riß ganz vorsichtig höher. Jedes geringste Abgleiten würde den sicheren Absturz bedeuten. Endlich wird ein Stand erreicht. Stand? Eine kleine Verflachung in den Überhängen. Die 40 Meter haben mich Stunden gekostet.

Nun ist Waldemar dran. Fast schadenfroh rufe ich hinunter: „Nachkommen!"

Für ihn ist es nun besonders schwer, nachzusteigen, besonders weiter oben, wo alle Karabiner ausgehängt sind. Anfangs geht's ja noch, da kann er sich mit der nötigen Armkraft von einem Haken zum anderen ziehen, während ich rasch das Seil einhole. Aber dort, wo die Karabiner aufhören, ist es auch für ihn aus. Er hängt zwei Seilschlingen in das eine Seil, das ich fixiere, mit dem sogenannten Prusikknoten. Der hat die Eigenschaft, sich bei Belastung zusammenzuziehen, wodurch er sich am Seil festklemmt, um sich bei Entlastung zu lockern und am Seil verschieben zu lassen.

Waldemar steigt mit den Füßen in die beiden Schlingen und baumelt schon hinaus in die Luft, bis er senkrecht unter mir im Seil hängt. Nun kann das Manöver beginnen, und während er in den Seilschlingen langsam höhersteigt, ziehe ich das zweite Seil zu seiner Sicherung ein. Wir sind beide nach dieser Tätigkeit völlig erledigt — ich vom ständigen Seilfesthalten und er vom Klettern.

Abb. rechts: Große Ochsenwand, Kalkkögel, mit NO-Pfeiler und NO-Kante (rechts).

Riepen-NW-Wand, Kalkkögel, Tirol.

Der Standwechsel ist furchtbar umständlich, nur ein Mann kann hier stehen, dazu dieses viele Seil. Wir müssen achtgeben, daß es sich nicht heillos verwirrt, daß kein „Seilsalat" entsteht, wie es in der Zunftsprache heißt.

Ich versehe mich wieder mit der Schlosserei und steige einen Kamin aufwärts. Noch einmal eine Verengung, zwei Felswände treten ganz nahe zusammen. Der Fels drängt mächtig ab, ich kann mich mit Mühe und Not gerade noch dazwischenklemmen. Weder hinab noch hinauf kann ich sehen. Alles, was es zu greifen gibt, muß ertastet werden. Schlangenartig sind meine Bewegungen, vorsichtig, um ja nicht durch diesen offenen Schlund hinunterzugleiten.

„Das Schwerste dürfte hinter uns liegen", meine ich zum Kameraden, als wir beide endlich oberhalb auf schönem Stand im Grund eines tiefen Kamins stehen. Waldemar schaut mißtrauisch.

„Da gibt's keinen Zweifel, da geht's direkt hinauf, geradezu von der Natur vorgezeichnet", bekräftige ich meine Behauptung.

Rasch bin ich droben in den glatten Kaminwänden. Ekliges Gelände, diese schmierigen, kaltfeuchten Kamine werde ich nie lieben lernen! Aber trotzdem gewinnen wir rasch an Höhe, können schon fast eben zum Nordgipfel des Predigtstuhls hinüberschauen. Weit kann es nicht mehr zum Grat hinaus sein, nur noch ein steiler überhängender Wandgürtel.

Auf einem kleinen Absatz bemühe ich mich lange, einen guten verläßlichen Haken anzubringen. Endlich sitzt einer, wenige Zentimeter tief...

„Zur Not wird er schon halten." Ich lasse meinen Gefährten nachkommen. „Was meinst du? Hineinfallen möcht ich in den nicht", sage ich zu Waldemar, setze aber die Kletterei fort. Der Kamin wird nun breiter, zum Stemmen schon zu breit. Im Schluchtgrund, an der Wand, steige dann rechts hinaus. Ungefähr 20 Meter über dem Freund, auf dem kleinen Standplatz raste ich ein wenig und betrachte kritisch den Weiterweg. Nein, es ist noch nicht zu Ende...

„Nun scheint es schwer zu werden", rufe ich dem Gefährten hinunter, was ihn veranlaßt, noch fester Stand zu fassen.

Am Grunde des Kamins ist ein kleines Postament. Es erscheint mir verläßlich und außerdem — hier im Kaiser, da hält doch jeder Stein... Ich spreize hinein, ziehe den zweiten Fuß nach, stehe nun bequem auf dem Sockel und massiere meine etwas überbeanspruchten Finger.

Plötzlich rutscht mir der Boden unter den Füßen weg — der Block ist ausgebrochen! Blitzartig habe ich noch die Situation erfaßt, instinktiv stoße ich mich von der Wand, und was nun folgt, spielt sich in Sekunden ab. Sekunden — in denen ich über die Grenze geblickt habe...

60 Meter tiefer in einem Kamin finde ich mich wieder. Eng an die Wand gepreßt. Auf winzigem Fleck. Das Seil spannt sich nach oben, wohin wohl?

Dort müßte Waldemar sein. Es ist so still. Ich wage kaum zu rufen. Hoffentlich hat ihn nicht der Stein erschlagen.

„Was ist mit dir, Waldi, ist was passiert?"

Eine Stimme, die vor Freude und Staunen überschnappt, kommt zurück: „Ja lebst du?"

Nun erst begreife ich, ich bin ja 60 Meter gestürzt, 60 Meter — und ich lebe!...

Allmählich setzt auch die Erinnerung an Einzelheiten ein — als der Block ausbrach. Ich kann mich gerade noch vom Felsen abstoßen. Dann stürze ich. — Nein, ich sehe, wie plötzlich Waldemar mir entgegenfliegt... Vorbei. Dann habe ich das Gefühl, in der Luft zu schweben — schwerelos, ein angenehmes Gefühl. Schließlich ein dumpfer Schlag, keineswegs hart und erschreckend. Nur so, als ob ich auf etwas weichem, auf einem Sofa etwa aufgekommen wäre. — Aber es geht noch weiter. Von einer Wand zur anderen. — Plötzlich fällt mir der Haken dort oben ein, von dem ich zu Waldemar sagte, daß ich in ihn nicht hineinstürzen möchte. Ich spüre jeden Aufprall, empfinde aber nicht den geringsten Schmerz. Und so lächerlich es klingt — ich muß plötzlich an meine neue Kletterhose denken. Wenn nur sie nicht unter dem Sturze leidet! Wie leicht könnte sie durch den Fels zerrissen werden! — Fieberhaft arbeiten nur meine Gedanken. Mir fällt das Taschenmesser im Hosensack ein. Hoffentlich verliere ich es nicht! — Furchtbar lang kommt mir der Sturz vor... Ich muß doch bald im Kar angelangt sein. Es sind ja nur 300 Meter! Wo bleibt der Ruck des Seiles? Wirre, verwirrende Gedanken beschäftigen mich, aber eher im harmlosen Sinn. Alle Logik, Alle Vernunft ist ausgeschaltet. Ich denke keinen Moment daran, daß mir selbst bei diesem Sturz etwas Ernstliches zustoßen könnte, eine stärkere Verletzung etwa, oder gar, wenn ich im Kar aufpralle, mein Ende. — Deutlich spüre ich auch, wie ich mich überschlage... ach so, jetzt geht es mit dem Kopf voraus. — Dann kommt der erwartete Ruck. Der Oberkörper wird nach oben gerissen, nun bin ich wieder in normaler Lage, den Kopf nach oben. Aber weiter geht die Fahrt. Noch immer kein Erschrecken. Ja, da ist eben das Seil gerissen!

Nochmals ein Ruck. Die Fahrt ist überraschend gestoppt. Wie durch ein Wunder stehe ich plötzlich auf einer ganz kleinen Kanzel inmitten der Wand, im Grund des Kamins, das Seil spannt sich straff nach oben. Ich darf mich nicht bewegen, um nicht aus dem Gleichgewicht zu kommen. Im ersten Moment spüre ich überhaupt nichts. Nur über die Stirn fließt es mir warm. Der Fels ist etwas rot gefärbt anscheinend eine Kopfwunde. Aber jetzt, als ich wieder den Felsen anpacken will, merke ich gleich, daß die linke Hand den Dienst versagt. Wahrscheinlich eine kleine Knochenverletzung.

Mit Seilzug hilft mir Waldemar nun nach. Ich steige zu ihm hinauf. Er legt mir einen Kopfverband an. Sonst, mit Ausnahme der linken Hand, scheint alles in Ordnung zu sein. Wir müssen nun beide lachen über dieses unheimliche Glück im Pech.

Waldemar erzählt mir den Vorgang von seiner Warte aus... Wie ein Engel sei ich herabgesegelt. Ein etwas eiliger Engel allerdings! Und kopfüber, direkt in den Kamin hinein, vom Kamin verschluckt, hätte gräßlich ausgesehen. Man könne sich gar nicht vorstellen, wie gräßlich! Dann wartete Waldemar auf den Ruck — den Ruck, der kommen mußte und der wohl das Ende bringen würde. Das Seil spannte sich, wie eine Saite, fast zum Zerreißen, aber es hielt. Dann kam der Moment, auf den er bangen Herzens gewartet hatte: Der Haken hielt nicht, konnte natürlich nicht halten. Die Wucht des Seiles riß ihn aus dem Fels, doch der ärgste Schwung meines Sturzes war gebrochen. — Aber weiter ging's. Das Seil straffte sich von neuem. Nun war zwischen mir und ihm kein Haken mehr, keine Bremsung, nichts. Es zog ihn mit, zerrte ihn hinaus aus dem Kamingrund. Da war noch eine größere Fläche mit eingekeilten Blöcken. Verzweifelt versuchte er sich und mich zu halten, aber immer weiter zog es ihn hinaus, dem Abbruchrand zu, an den Abgrund...

Nur noch einen Meter eine halben Meter. Dann war auch für ihn der Augenblick gekommen, wo ihn das verbindende Seil über die Kante hinausziehen mußte.

Nun ist's aus — er wußte es genau. Er sah das Ende... In diesem Moment, am äußersten Rand der Plattform, läßt plötzlich der Seilzug nach. Das Seil lockert sich, Waldemar kommt zum Stillstand.

Er wagt nun nicht mehr sich zu bewegen oder zu rufen. Und dann plötzlich — wie eine Erlösung — meine Stimme...

Welcher Schutzpatron uns damals zur Seite stand, weiß ich heute noch nicht. Eines weiß ich aber, daß es um Haaresbreite ging.

Bald stellen sich die Folgen des 60-Meter-Sturzes ein. Überall verspüre ich Prellungen, kann mich kaum mehr bewegen. Wie gelähmt lasse ich mich im Abseilsitz zur Tiefe. Das Abseilen mag noch angehen, aber wenn ich dann wieder Stand habe und ein wenig klettern muß, glaube ich, die Glieder geschient zu haben.

Wir sind nun wieder drunten am Grund der Kamine oberhalb der gewaltigen überhängenden Verschneidung. Drohend schwarz ist der Himmel. Nur jetzt keinen Wettersturz! Nur noch ein bißchen Aufschub. Noch eine Stunde, bis wir drunten in der Steinernen Rinne sind. Aber der Petrus kennt kein Erbarmen und schickt seinen nassen Segen in himmlischer Fülle...

Die beiden 40-Meter-Seile hängen frei in die Luft hinab. Weit ab von der Wand wedeln die beiden Seilenden. Ist auch alles gut verankert? Die Seile richtig gelegt, daß wir sie nachher auch wieder herunterbringen? Ein Zurück gibt es hier nicht!

Noch ein prüfender Blick, dann nehme ich als erster den sogenannten „Dülfersitz", Abseilschluß. Das Seil liegt um Schenkel, Brust und Schulter und hängt hinter dem Rücken frei abwärts.

Um jeden Meter, den ich so in die Tiefe gleite und um den wir zuvor so hart gekämpft haben, tut es mir leid.

Der letzte Haltepunkt verschwindet unter den Fußsohlen. Bald hänge ich völlig frei im Seil, drehe mich wie ein Karussell bald rechts, bald links, immer schneller. Bald zieht der Predigtstuhl an mir vorüber, dann wieder die überhängende Verschneidung unmittelbar vor mir. Das Seil hat ein unheimliches Gewicht. Es zieht mich stark nach rückwärts. Ich kann mich nirgends mit den Füßen abstützen, der Fels ist ja einige Meter weit entfernt. Das werde ich nicht mehr lange aushalten! Es ist zu anstrengend, das ganze Gewicht nur in einer Hand zu halten. So lasse ich mich schneller als üblich im Seilsitz hinunterrutschen.

Endlich ist die Höhe des Platzes unter der Verschneidung erreicht. Nur noch wenige Meter Seil habe ich zur Verfügung. Ich versuche nun, in eine pendelnde Bewegung zu kommen, schwinge hin und her. Warte den Moment ab, wo ich mit dem Gesicht zur Wand schaue, und nun — einen Ruck — noch zu kurz!

Wieder schwinge ich in die Luft zurück, wie ein Artist auf seinem Trapez. Nur ohne Netz! Auch ist es höher als in der Zirkuskuppel.

Ein zweites Mal. — Mit den Füßen kann ich gerade Stand fassen, der Körper drückt mächtig durch. Im gleichen Moment muß das Seil losgelassen werden, um nicht wieder zurück, hinaus, zu pendeln. Diesmal gelingt es. Ich stehe nun am Fuß der Verschneidung und rufe Waldemar hinauf, daß er nachkommen könne.

„Gib acht, daß sich das Seil nirgends verklemmt oder verwickelt!" Dann schwebt er auch schon wie eine Spinne am eigenen Faden herab, kommt in meine Höhe, schwingt ein bißchen, bis ich ihn erfassen kann. Ich ziehe ihn zu mir herüber.

Nun kommt aber erst der spannende Moment. Läßt sich das Seil abziehen? Wir brauchen es noch für den weiteren Abstieg. Ohne Seil kämen wir hier nicht hinunter, hinauf aber auch nicht. Wir haben uns genau das Ende gemerkt, an dem wir ziehen müssen. Gemeinsam legen wir uns nun in das Seil. Es geht hart, ruckartig, aber es geht. Wir lassen das eine Ende aus. Es verschwindet über uns, aber — was ist los? Plötzlich klemmt das Seil. Es rührt sich nicht mehr von der Stelle — keinen Zentimeter!

Das Seil muß herab! Wir können doch nicht die Gefangenen dieser Wand bleiben! Wir hängen uns mit aller verfügbaren Kraft an das eine Ende, es rührt sich nicht. Von der Nässe sind die Seile etwas bockig — wir schlingern, lockern — dann wieder gleichzeitig: „Ho-ruck!" Da gibt es endlich nach. Ganz langsam und behutsam ziehen wir das Seil ein. Immer rascher läuft es durch unsere Hände — dann kommt der glückliche Augenblick, wo es wie eine Riesenschlange durch die Luft schnellt. Befreit atmen wir auf. Wir sind gerettet.

Mauk-Westwand

Erst der Herbst führt mich wieder hinauf in die Berge. Der Salzburger Hans Reischl kommt eines Tages zu mir und meint: „Wie wäre es mit der Mauk-Westwand?"

„Ich befürchte, da wird uns der Weiß Wastl bitterböse, die können wir ihm nicht gut wegschnappen", wende ich ein...

Ja, der Weiss Wastl, dieser großartige Kletterer, hat eine eigene Beziehung zu mir und zur Westwand der Maukspitze, jenes markanten östlichen Eckpfeilers des Wilden Kaisers. Die Beziehungen zu mir sind mehr ideologischer Natur: Wir beide zogen vor, das Pfingstfest durch einen kapitalen Sturzflug zu feiern und trotzdem am Leben zu bleiben. Ich, wie berichtet, in der „Asche-Luck", er in der Mauk-Westwand, dieser noch unbestiegenen Feuermauer. Nein, nicht Feuermauer. Diese sind nur lotrecht, die Maukwand aber... Nun, wir werden sie noch kennenlernen.

Der Weiss Wastl hatte also sehr enge Beziehungen zur Maukwand. Nicht nur seelische, sondern auch körperliche, sehr schmerzhafte sogar. Seither ließ er die Wand in Ruhe. Aber er hat sie nicht vergessen. Sie beherrscht sein Denken.

Eifersüchtig wacht er über sie. Daß kein anderer käme...

Vielleicht sind die Erfolgsaussichten doch zu gering. Ich weiß aber, daß sich der Wastl in der Zwischenzeit, als er von der Absicht zweier Münchner erfuhr, sich an seiner geleisteten Vorarbeit gütlich zu tun, von oben herabseilte, und alle erreichbaren Haken wieder aus der Wand entfernte.

Jedenfalls reden kann man ja einmal darüber, und so wollen wir am kommenden Wochenende zur Ackerlhütte im Ost-Kaiser ansteigen, wo Wastl sein Domizil aufgeschlagen hat.

Abends sitzen Reischl und ich in der Nähe der Hütte auf einem Latschenkopf und mustern mit Hilfe eines guten Feldstechers eingehend die völlig ungegliederte Wandflucht. Besonders den mittleren Teil, wo man selbst mit dem besten Glas keinen Riß erkennen kann, betrachten wir eingehend. Nichts als glatte Wand! Zu allem Überfluß ist dieses Wandstück nach oben auch noch durch einen riesigen überhängenden Wulst gesperrt. Ich zucke die Achseln und meine: „Die Aussichten sind gering. Aber versuchen kann man es ja..."

Wastl hat uns erkannt, kommt herbei, setzt sich zu uns. Ich merke, daß mit ihm in Angelegenheit Westwand nicht gut Kirschen essen ist.

„Wollt's ihr etwa da hinauf? Untersteht euch nicht!" meint er drohend.

Ich kenne ihn zu gut, um nicht zu wissen, was es bedeutet, wenn er — sonst ein guter Kerl — zu drohen beginnt. Ihm bedeutet diese Wand alles, und er hat sie offensichtlich noch nicht aufgegeben.

„Geht in die Fleischbank-Verschneidung... da gehört's hin!" versucht er abzulenken.

„Ja, dort hat sich schon der Rebitsch versucht, und wenn der abgeblitzt ist, dann brauchen wir gar nicht erst zu probieren", gebe ich zurück. „Aber wie wär's wenn du mit uns kämst?"

Wastl überlegt, schlägt dann ein mit der Bedingung, daß er die Schlüsselstelle führen darf. Die Sache ist abgemacht.

Mit Eifer stürzt sich nun Wastl in die Vorbereitungen, ordnet die Seile und die „Schlosserei": 30 Karabiner und ebensoviele Haken und das Wichtigste, die Spezialhaken, genau nach Maß. Noch etwas packt er ein, das er uns aber nicht verrät.

Um sieben Uhr sind wir kletterbereit. Zwei Seile verbinden mich mit Wastl, eines ihn mit

Hans, und das vierte, ein Reserveseil, dient für die Quergänge in der Wandmitte. Der letzte Mann trägt unseren Rucksack mit etwas Proviant und Tee, einer einfachen Biwakausrüstung für alle Fälle, und den Fotoapparat.

Die Wand zeigt gleich zu Beginn ihre Zähne. Ein schwerer Kamin zieht nach oben. Wir sind noch steif von der Kälte. Es geht noch nicht recht. Ich muß mich erst warmlaufen. Wir kommen an eine Rißgabelung, nehmen den rechten; dann zieht ein nach außen sich öffnender Schacht nach oben. Im Innern glatter Fels, von einigen Klemmblöcken gesperrt, die uns immer wieder an die äußere Kante drängen. Doch auch hier ist nirgends Halt. Der Oberkörper droht nach außen abzurutschen, man versucht verzweifelt, sich mit Rücken und Knien darin zu verklemmen. Eine ganz kleine Felsschuppe am linken äußeren Rand des Kamins erlaubt, das Gewicht für einen Moment zu verlagern. Befreit schiebe ich mich aus dieser beklemmenden Enge hinaus an den äußeren Rand des Kamins. Der Körper liegt schon waagrecht zwischen den Wänden. Die Füße müssen aber jetzt noch ein bißchen höher, nur noch wenige Zentimeter. Mit der Hand helfe ich nach, und dann haben die Sohlenränder der Kletterpatschen die kleine Schuppe erreicht. Ich stütze mich hoch, richte mich auf.

Zwei Meter sind wieder gewonnen, und somit liegt diese Kaminsperre hinter mir. Keuchend geht der Atem. Ich kann mir eine Steigerung der Schwierigkeit nicht mehr vorstellen. Einmal muß doch eine Grenze sein. Aber Wastl sagt nur mit scheinheiliger Miene — so, als ob er mich beruhigen möchte —, daß es noch viel schlimmer käme.

Lotrechte Rißreihen führen mich nach oben. Um die Mittagszeit ist die grasbewachsene flachere Wandzone unterhalb der Hauptschwierigkeit erreicht.

Wastl scheint recht zu haben. Die Schwierigkeiten kommen erst...

Ein glatter Riß zieht in Schlangenlinie nach oben. Noch ein kurzes Stück — dann stehe ich unter dem gewaltigen Dach, das den Blick nach oben verwehrt. Hier lasse ich nachkommen.

Am höchsten Punkt, unter dem Dach, versuche ich einen Haken in eine Ritze zu treiben. Aber bei jedem Schlag springt er wieder zurück. Da keile ich einen zweiten dazu. Viel verspricht er zwar nicht, aber für diese Querung muß er genügen. Wastl gibt mir die Spezialhaken, kurze Vierkantstifte.

Hoffentlich hält der Haken! Noch einen prüfenden Blick nach oben, dann kann der Tanz beginnen.

Ich bin auf das Ärgste gefaßt. Zehn Meter waagrecht drüben ein winziger Vorsprung, kaum genügend für die vordere Hälfte der Schuhsohlen. Dazwischen liegt eine bauchige, senkrechte, vollkommen grifflose Wand. So eine Querung habe ich noch nie zuvor gemacht. Ich schiebe mich nach rechts, zentimeterweise, und lehne mich gegen den Seilzug. Sorgfältig und sehr behutsam gibt Wastl das Seil nach, beobachtet jede meiner Bewegungen, und wenn er fürchten muß, mein Oberkörper könnte nach hinten kippen, zieht er gleich wieder das Seil an.

Mit den Händen habe ich nun den Vorsprung, aber das ist zu wenig. Ich muß mit den Füßen darauf zu stehen kommen. Alles ist grifflos. Ich kann hier nicht höher steigen. Ich gehe nochmals zurück, um die Querung gleich von Anfang etwas höher anzusetzen.

Abermals hänge ich in beiden Seilen. Plötzlich geben sie nach. Ich falle von der Wand wie eine abgeklatschte Fliege und pendle zehn Meter tiefer wie der Perpendikel einer Uhr am Seil hin und her. Aber jetzt habe ich erst die richtige Stimmung. Das mußte kommen! Rasch bin ich wieder droben, habe den ausgebrochenen Haken wieder in die Ritze geschlagen und hänge schon wieder in beiden Seilen, in der Querung. So wie der Seiltänzer keine unachtsame Bewegung machen darf, so muß auch ich mir jede Körperbewegung überlegen, wage kaum zu atmen, mich kaum mehr zu rühren, spüre, wie sich langsam der Körper wieder von der Wand lösen will.

Nur noch einige Zentimeter.

„Ganz langsam nachlassen." Ich flüstere es beinahe und wage kaum zu sprechen. Wastl aber bedient das Seil so, als ob er ein Stück von mir wäre. Dann ist die kleine Plattform erreicht. Vorsichtig stehe ich nun auf dieser Miniaturkanzel. Über mir ein kleines Loch im Fels. Da muß natürlich ein solcher Spezialhaken hinein. Zur Vorsicht habe ich noch etwas Dübelholz mitgenommen. Das ist fast schon so wie beim Bilder-an-die-Wand-Hängen. Der Haken wir zwischen das Holz gekeilt und hineingetrieben, was nur die Kräfte hergeben. Tief sitzt er trotzdem nicht, aber eine kurze Belastung wird er schon aushalten. Noch ein paar gefühlvollere Hammerschläge. Beim Ausholen muß ich achtgeben, daß ich das Gleichgewicht nicht verliere.

Ein Karabiner schnappt ein, eine Seilschlinge hängt herunter, sie wird als Strickleiter benützt. Mit der einen Hand drücke ich mich am Haken hoch, die andere sucht den Fels oberhalb ab — nirgends ein Griff.

Der rechte Fuß pendelt in der Schlinge hin und her, er zittert schon. „Nähmaschine" nennt man diesen Zustand, den Beginn eines Muskelkrampfes. Ein kurzes Balancespiel, der linke Fuß tastet nach, steigt auf den Haken, der mir für die rechte Hand noch als Griff gedient. Die offene Handfläche der linken streicht über den Fels, als müßte sie unbedingt irgendwo haftenbleiben. Langsam richte ich mich auf, eng an den Fels geschmiegt, schiebe ich mich höher, drücke das Knie durch und stehe nun auf dem Haken. „Nur einen Augenblick noch — dann kannst du herausbrechen", bitte ich laut das Stück Eisen, dem jetzt mein ganzes Gewicht anvertraut ist. — Nun kommen wieder vereinzelte Griffe, ein Riß zieht nach oben, und wiederum stehe ich unter dem wulstartigen Dach. Nur um eine ganze Seillänge höher. Mit Seilunterstützung kommen nun die beiden Freunde nach. Sie können sich heute die mühsame Arbeit des Herausschlagens der Haken ersparen. Wastl hat sie beim bloßen Berühren meistens schon in der Hand — den Rest besorgt Hans ohne viele Umstände.

Der Weiterweg erscheint mir rätselhaft. Die Fortsetzung über das Dach ist unmöglich. Also muß man versuchen, von einem Absatz zum andern, von einer Ritze zur nächsten die Platten wiederum zu queren. Immer weiter schiebe ich mich nach rechts hinaus, immer steiler fällt die Wand unter mir ab, und immer glatter stellt sie sich über mir auf. Diese unheimliche Glätte — sie wirkt auf die Dauer deprimierend. Nirgends kann das Auge einen Halt finden. Unbarmherzig gleitet es ab, hinunter, Hunderte von Metern tief. Man sucht vergeblich nach Ruhepunkten, es ist zermürbend. Nach zweimaligem Queren bin ich am äußersten Ende dieser langen Traverse angelangt. Hier geht es nicht mehr weiter. Hier muß man nun gerade empor! In eine kleine Nische geduckt, auf einem Rasenpolster, nehme ich Platz. Die Füße baumeln in der Luft. Sie schmerzen vom stundenlangen Stehen auf kleinsten Tritten. Die Finger sind schwer wie Blei. Müdigkeit drückt mir die Augen zu, ich nicke ein. Der Oberkörper neigt sich immer weiter nach vorne...

Wohltuend die Wärme der Sonne — aber weniger wohltuend der Abgrund, der sich jäh vor mir auftut, als ich die Augen aufreiße. Ein zu gefährliches Mittagsschläfchen! Ich richte mich wieder auf und warte, bis Wastl bei mir ist. Ich kann ihm nur meine größte Hochachtung aussprechen: Hier war er schon zu Pfingsten heroben, noch höher! Das dicke Ende kommt erst.

Wastl nimmt meinen Stand ein, schlägt zur Vosicht noch einen zweiten Haken, überreicht mir dann sein sämtliches Eisenzeug. Schwer behängt trete ich hinaus in eine freie Wand. Ein ganz feiner Riß zieht nach oben, hie und da unterbrochen. Die besondere Schwierigkeit besteht nun darin, diese leeren Stellen zu überwinden. Förmlich mit der Lupe betrachten wir den Fels, um auch die geringsten Möglichkeiten zum Weiterkommen herauszufinden. Die kleinsten Haken, die wir zur Verfügung haben, finden nun Verwendung. Sie dringen aber nur ein bis zwei

Zentimeter tief in den Fels, ich traue mich kaum, sie zu belasten. Noch weniger eine Trittschlinge einzuklinken, um mein ganzes Gewicht daranzuhängen.

Es muß trotzdem gehen. Mit zunehmender Höhe, je mehr ich mich von meinen Kameraden entferne, fordert die Kletterei immer größere Konzentration.

20 Meter habe ich schon geschafft, aber nun scheint die Welt doch endgültig ein Ende zu haben. Ich besitze nur mehr zwei Haken. Sehe schon, wenige Meter über mir, den Standplatz und rufe zu Wastl hinunter: „Wie soll ich da weiterkommen? Hier hat alles aufgehört!"

Immer wieder schaue ich hinauf. Zwei lumpige Meter, dann wäre es geschafft. Ich kann es gar nicht fassen: Nur noch zwei Meter — aber sie bedeuten alles! Zurück kann ich nicht mehr. Einige Haken haben sich bereits durch die Seilbewegung vom Fels gelöst und rutschen in den Karabinern klingend das Seil hinunter. Verdammt, denke ich mir, hier ist doch der Wastl schon einmal drüber weg. Er hat auch nur zwei Hände und zwei Füße wie ich! Vielleicht aber mehr Fingerkraft?

Alle Hemmungen fallen von mir ab. Ich beachte gar nicht mehr den Abgrund. Für mich sind nur mehr die zwei Meter über mir da, alles andere interessiert mich jetzt nicht mehr. Langsam gelingt es mir, mich höherzuschieben. Nur schwer läßt sich das Seil nachziehen, es läuft durch zu viele Karabiner. Hier eine Schuppe, die nach unten hin einen Riß offen läßt, die einzige Möglichkeit, einen Haken anzubringen — meine Rettung? Der kürzeste Stift, den ich besitze, wird angesetzt. Die Schuppe klingt verdächtig hohl — sie hält nicht viel. Der Haken würde wohl noch weiter hineingehen, aber dann könnte das handgroße Stück Fels abspringen. Damit aber wäre mir die letzte Möglichkeit genommen. Nach unten darf ich den Haken nicht belasten, das weiß ich zu genau. Ich nehme ihn in die Hand, drücke die Öse nach oben, damit er sich im Riß verklemmen kann, lasse mir dann langsam Zug geben.

„Noch mehr einziehen!" Ich richte mich auf. Der Haken ist nun schon in Kniehöhe, aber für die Hände habe ich noch immer nichts!

„Langsam nachlassen!" Ich recke mich, lange sehr weit hinauf. Nun verspüre ich einen Griff, umklammere fester diese Felsschuppe. Für einen kurzen Moment überlege ich: Ist der Griff groß genug? Kann ich mich daran festhalten?

Dann rufe ich hinunter: „Seil locker!" Der Zug läßt nach. Die zweite Hand greift empor. Die Finger verkrallen sich förmlich im Fels. Nun hängt mein ganzes Gewicht an den Fingerspitzen. Die Füße rutschen vom Fels, baumeln in der Luft, der Haken, der noch vor wenigen Sekunden meinen Körper hielt, springt heraus und rasselt am Seil hinab. Nun bleiben mir nur mehr zwei Möglichkeiten: Auslassen bedeutet Sturz, einen gewaltigen Sturz bis hinab. Beide Freunde müßten mit... Also hinauf!

Auf die Zähne gebissen... Und schnell. Das Seil kommt nicht nach, es zieht mich nach hinten. Die Finger wollen nicht mehr, sie versagen ihren Dienst. Verzweifelt dränge ich nach oben, mit den Knien helfe ich nach. Und endlich — in letzter Sekunde — liegt der Überhang unter mir. „Nachkommen!" dringt aus einer heiseren Kehle.

Um den anderen die Arbeit des Aufsteigens zu erleichtern, hänge ich zuvor noch ein fixes Seil mit Knöpfen und Schlingen hinein, damit sie sich daran hochziehen können. Wastl steht auf diese Weise bald neben mir und beglückwünscht mich zu dieser Seillänge, der Schlüsselstelle. Dann erst gesteht er mir, daß er hier unterhalb gestürzt sei und diese Stelle bis zum heutigen Tag noch unberührt war.

Ich bin nun restlos fertig und lasse mich im Voransteigen gern durch Wastl ablösen.

Um zehn Uhr nachts stehen wir auf dem Gipfel. Wir sind nicht wenig stolz auf unseren Sieg über die Mauk-Westwand. Sie galt als die schwerste der Kaiserwände.

Lalidererwand

Karwendel — abseits des Menschenstromes, unberührt vom Lärm und Hektik des Alltags. Ein Paradies für den stillen Genießer, für den einsamen Wanderer, aber auch für den erfahrenen Bergsteiger.

Im Herzen dieses urweltähnlichen Gebirges ragt eine Wand in den Himmel, die an Wucht und Großartigkeit in den Ostalpen ihresgleichen sucht. Die Nordwand von Laliders.

Im Sommer des Jahres 1933 stand der Innsbrucker Rauchfangkehrermeister und großartige Kletterer Hias Auckenthaler vor dieser Wand und musterte sie eingehend. Er wollte ihr einen Durchstieg abringen, gerade dort, wo sie sich am abweisendsten zeigt. In der Fallinie des Laliderer Gipfels. Doch sein Beginnen scheiterte bereits beim erten Versuch im untern Wandteil. Unüberwindbare Dächer zwangen ihn zum Rückzug. Auckenthaler gab sich jedoch nicht geschlagen. Hundert Meter weiter links überwand er die untere Wandpartie und gelangte so in weiter Schleife in die große Schlucht, die links der Gipfelfallinie zum Grat emporzieht. Nach zweitägigem hartem Ringen war ihm und seinem Gefährten, Hannes Schmidhuber, der große Erfolg beschieden. Der „Auckenthalerweg" ist noch heute eine der großzügigsten Felsfahrten im klassischen Stil.

Mit dem nahenden Sommer des Jahres 1946 taucht zum ersten Mal in Kreisen extremer Kletterer das Gespräch von der „Direkten" auf. Kaum ist die Zeit für Nordwände gekommen, finden sich auch schon einige Unentwegte auf der Falkenhütte ein, darunter auch Hias Rebitsch und Sepp Spiegel. Jeder hat tüchtig trainiert, so daß man einen Erfolg erwarten kann. Hias, der die Wand schon zum Teil kennt, glaubt, durch einen feinen Riß die Schlucht direkt zu erreichen. Wegen Nässe der Felsen muß er aber diesen Plan aufgeben. Jetzt versucht er weiter links davon sein Glück. Es gelingt ihm auch, mittels eines abenteuerlichen Querganges wieder besseres Gelände zu erreichen. Doch fast täglich niedergehende, heftige Gewitter machen Hias und Sepp den Einstieg in die Schlucht unmöglich, zwingen sie zu immer neuem Rückzug. Dabei müssen sie sich mehrmals in einem Sturzbach etliche hundert Meter ins Kar abseilen; dreimal werden sie wegen Hammerbruch zur Umkehr gezwungen; zu guter Letzt bekommt Sepp noch eine Blutvergiftung im Arm. Dadurch sind sie für einige Zeit außer Tätigkeit gesetzt.

Rebitsch durchsteigt inzwischen mit Kuno Rainer den oberen Wandteil, von der Schlucht direkt zum Gipfel. Wieder bricht ein Unwetter über sie herein und zwingt sie, knapp hundert Meter unter dem Gipfel zur Nordkante hinauszuqueren. Bei stockdunkler Nacht steigen sie über den „Spindlerweg" zur Falkenhütte ab, die sie erst bei Anbruch des neuen Tages erreichen. Die Verbindung zwischen unterem und oberem Teil ist damit hergestellt, es fehlt nur noch die Durchkletterung in einem Zuge.

Im Herbst ist Sepp Spiegel wieder soweit. Um fünf Uhr morgens stehen er und Rebitsch bei sicherem Wetter am Einstieg. Diesmal scheint alles zu klappen. Die beiden kommen rasch vorwärts, und nach vier Stunden sind sie schon fast in der Schlucht. Doch das Pech verfolgt sie auch diesmal. Sepp stürzt 20 Meter frei ins Seil, Hias kann den Sturz zwar abfangen, aber beiderseitige Verletzungen zwingen die Unglücksraben neuerlich zum Rückzug. Für heuer ist's aus.

Die „Direkte Laliderer" sticht mir schon arg ins Auge, doch der alpine Takt verlangt es, daß man diejenigen, die sich als erste einer neuen Route zuwandten, ihren Weg zu Ende führen läßt. Aber Rebitsch muß wieder warten, Sepp hat eine Gelenkentzündung. So vergeht der halbe Sommer.

Ende Juli glaube ich dann doch lange genug gewartet zu haben. Ich will die gute Witterung, die gerade bei einer solchen Tour ausschlaggebend ist, nicht ungenützt verstreichen lassen und verabrede ich mit meinem Tourengefährten aus früheren Jahren, mit Luis Vigl.

Am Abend in der Falkenhütte kann ich einfach nicht einschlafen. Die Gedanken sind droben in dieser Wand. Ich sehe sie genau vor Augen, sehe mich auch schon durch glatte Risse höherklimmen. Überall finde ich nur eisenfeste Griffe, immer dort, wo man sich gerade einen wünscht... wie auf Bestellung. Wir sind schon bald oben, nur noch wenige Seillängen.

Da rüttelt mich jemand: „Hermann, aufstehen, vier Uhr ist's!"

„Hättest mich doch gelassen, nur noch wenige Seillängen. Dann wäre ich draußen gewesen", geb' ich grantig und noch ganz benommen zurück. Aber, was hilft's? Der Traum ist aus. Die rauhe Wirklichkeit beginnt.

Leise, wie Diebe, schleichen wir die steile Treppe hinunter, treten hinaus in die nächtliche, geheimnisvolle Stille. Die Natur scheint zu schlafen. Drüben im Kar poltern Steine, Gemsen jagen aufgescheucht davon, dann wieder Ruhe. Über uns ein mächtiger schwarzer Schatten, wie ein drohendes Gespenst: die Wand — unsere Wand.

Allmählich kommt der Morgen hinter den Vorbergen des Karwendel herauf und bringt das ersehnte Licht. Ein Jubel von Farben — die Sonne geht auf! Wir betrachten das Schauspiel bereits von den Einstiegsfelsen aus.

Einzelne steile Wandpartien verbinden die unterste Reihe der Bänder, die die ganze Wand durchziehen. Hier ist noch genußreiches Klettern. Eine lange Querung nach links führt zum Beginn der feinen Rißreihe. Drunten bei der Falkenhütte wird es jetzt lebendig. Zwei Wiener rufen herauf: „Hallo, wo geht's da hin?"

„Zum Gipfel", lachen wir zurück.

„Ist das der Auckenthalerweg?"

„Naa, die Direkte", rufen wir hinab.

Kopfschüttelnd ziehen die beiden von dannen.

Schwarze Dächer dräuen über unsern Köpfen. Das steht uns alles noch bevor. Wunderbar ist der Fels hier. Er unterscheidet sich wesentlich von anderen Karwendeltouren. Heute macht das Klettern besonderen Spaß.

Immer tiefer sinkt das Kar nach unten. Mit jedem Schritt nach oben weitet sich der Blick hinüber ins Rofan und hinaus ins Inntal. Drüben im Auckenthalerweg vernehmen wir Stimmen, eine Seilschaft ist dort am Werk. Wohltuend die Ruhe hier. Alles hat ernsten Charakter. Bei einer Rißgabelung wenden wir uns nach rechts, Haken weisen dort hin. Die einzige Seillänge in der ganzen Wand, wo man auf diese Dinge angewiesen ist. Ein 40 Meter hoher überhängender Riß bildet die Fortsetzung. Er wird von einem großen Dach abgeschlossen.

„Hier muß Sepp Spiegel gestürzt sein", sage ich zu meinem Freund.

Ganze 40 Meter, gute Kirchturmhöhe, müssen frei erklettert werden. Nur zweimal ermöglicht ein Haken kurzes Ausrasten. Das Seil zieht frei durch die Luft, es liegt nirgends am Fels auf. Diese Stellen sind wir aber schon gewöhnt. In den Kalkkögeln und im Kaiser haben wir ähnliches erlebt. Zu meiner Genugtuung spricht auch Luis, als er heraufkommt, sehr respektvoll von dieser letzten Seillänge.

Bald wird das alte Quergangseil unserer Vorgänger über uns sichtbar. Ein kurzer Riß noch, dann halten wir den vergilbten, gebleichten Hanf in unseren Händen. Es ist ein feierlicher Moment.

Wir haben aber kein großes Vertrauen zu dem alten Seil, verwenden lieber unser eigenes, hängen es in einen Ringhaken und lassen uns daran an kleinen Vorsprüngen hinunter. Dann schieben wir uns über eine glatte Platte nach links. Solche Quergänge sind das Richtige für uns „Genuß-Spechte". Als krasses Gegenteil dieser Genußtour schildere ich Luis die Querung in der Mauk-Westwand. Aber das war einmal...

Voller Spannung nähern wir uns einem Felsturm, der als etwas unsicherer Geselle den Weiterweg sperren soll. So hat man uns wenigstens berichtet. Von der Hütte aus war er nur als kleiner gelber Streifen erkennbar. Jetzt aus der Nähe entpuppt er sich als hoher, mächtiger und vollkommen von der Wand abgelöster Pfeiler. Diesem freistehenden Turm hat die Natur nur einen ganz kleinen Platz zugebilligt. Er ruht auf einem Sockel von ungefähr vier Metern im Quadrat. Nach oben hin wird er immer breiter, zudem weit nach vorn — wandauswärts — geneigt. Ein architektonisches Wunder.

Ein schmaler Spalt trennt ihn von der geschlossenen Wand. Dieser Spalt, ein enger Kamin, teils nur Riß, bietet die einzige Möglichkeit, höherzukommen. Ungemein brüchig ist der Fels hier, und alles, was nicht niet- und nagelfest ist, verschwindet lautlos in der Tiefe. Ich räume ab, um meinen Freund nicht später durch unerwarteten Steinschlag zu gefährden. Der Riß wird nach oben hin immer steiler, bäumt sich überhängend auf, doch ich vermeide es, einen Haken zu schlagen. Eine solche Beanspruchung traue ich dem Turm nicht ohne weiteres zu. Er bebt schon so ganz anständig unter meinen Bewegungen.

Um das Gefühl der Sicherheit zu erhöhen, krieche ich jetzt tiefer in den Riß hinein. Wenn man so viel Fels um sich hat, meine ich, kann wohl nichts passieren. Dafür ist der Rucksack hinderlich, drückt in den Rücken und bleibt an jedem Zacken hängen. Wie mag es wohl im seinem Innern aussehen? Das Obst? Die Kekse? Das Brot? Das wird ein netter Brei sein!

Schweißtriefend erreiche ich den Kopf des Pfeilers. Rechts fällt der Blick in den großen Trichter ab, ein Tiefblick von impossanter Wucht. Weit unten die feine Rißreihe, wo wir vor Stunden noch kletterten. Darunter entschwindet der Fels abermals unseren Augen. 400 Meter tiefer die Geröllhalde.

Sichtlich erleichtert verlassen wir diesen Turm, der doch auf sehr schwachen Beinen steht, ein kurzer, äußerst luftiger Quergang führt zum Schluchtüberhang. Vollkommen glattpoliert ist der Fels hier von den tosenden Wassermassen und vom ständigen Steinschlag. Aber heute herrscht Ruhe. Ich möchte mich hier nicht bei einem Gewitter aufhalten. Das müßte die Hölle sein...

Um zehn Uhr vormittags erreichen wir den Fuß der großen Schlucht und freuen uns schon auf Wasser. Die Hitze hat uns ausgedörrt. Wie ein steiles Bachbett zieht der Grund der Schlucht stufenartig nach oben. Aber wir finden sogar die kleinen Tümpel ausgetrocknet. Mit lechzender Zunge steigen wir enttäuscht weiter. Es ist noch weit bis hinauf zur Einmündung des Auckenthalerweges. Allmählich verschwindet auch die Sonne hinter der Zackenkrone des Grates über unseren Häuptern. Gott sei es gedankt!

Eine kurze Rast gönnen wir uns. Wir haben sie ehrlich verdient. Mit Heißhunger verschlingen wir den undefinierbaren Mischmasch unseres Kletterrucksackes.

„Was meinst', Luis, das Ärgste dürften wir jetzt wohl hinter uns haben? Es ist erst Mittagszeit, so kommen wir heute noch leicht hinaus auf den Grat."

Wir müssen nun rechts ab, die Gipfelschlucht überqueren, um in die große Wandpartie, die direkt zur Spitze hinauszieht, zu gelangen. „Da schau, dort oben! Zwischen den beiden mächtigen Pfeilern müssen wir hindurch!"

Das Gestein wird nun sehr brüchig, und erstmals tritt auch der Hammer in Tätigkeit. Ein paar Haken schauen von oben herab.

„Kuno hat noch keinen Haken zuviel geschlagen, da muß also was dran sein!"

Es ist auch was dran, wenn es zunächst auch leicht erscheint. Ein unheimliches Surren läßt uns aufhorchen, diesen Ton kennen wir — er dringt durch Mark und Bein — Steinschlag! Da prasselt es auch schon vorbei, eng drücken wir uns an die Wand. Ganz nette Trümmer kommen da herab! Eine Staubwolke und ein schwefliger Geruch, der die Luft verpestet, ist alles, was nach bangen Sekunden zurückbleibt.

Gleichzeitig laufen wir das folgende, steinschlagbedrohte Stück hinauf, stehen dann völlig außer Atem am Fuße des mächtigen Doppelpfeilers. Ein feiner Riß durchzieht rechts diese 100 Meter hohe Wand, und ich gehe ihn gleich an. Höher, höher... Ich höre Luis noch lange schimpfen. Er macht mir bittere Vorwürfe, daß ich alles frei, ohne Haken erklettere.

„Hermann, blöder Spinner! Geh, schlag doch endlich einmal einen Haken! Narrischer Hund!" dringt es zu mir herauf. Ich lasse ihn schimpfen und steige weiter. Er wird sich schon selbst von der Griffigkeit des Gesteins überzeugen. Und Luis ist auch beruhigt, als er an der Reihe ist.

Nun wird der Blick nach oben frei. Enttäuscht stellen wir fest, daß wir vor einem neuen Aufschwung stehen. Rotgelb leuchtet der Fels. Vom Gipfel noch immer nichts zu sehen! Ja, will denn diese Wand überhaupt kein Ende mehr nehmen? Den ganzen Tag sind wir schon unterwegs. Und wir haben uns weiß Gott beeilt! Aber 1000 Meter brauchen eben ihre Zeit; sie wollen durchstiegen sein...

Rastlos steigen wir weiter, queren wieder nach links zur Schlucht zurück. Ein letzter Überhang gebietet uns energisch Halt. Gelber, brüchiger Fels!

Die Wand legt sich nun zurück. „Da droben — schau Luis — der Gipfel!" — Wir legen das Seil ab, gleichzeitig steigen wir höher, wandeln über gewaltigen Abgründen zur Nordkante hinüber. Erst jetzt läßt die Spannung, die uns während der ganzen Kletterei beherrschte, nach. Die Spannung, die den Geist wach und bereit macht und den Körper blitzschnell auf alles reagieren läßt. Sie macht nun unbändiger Freude Platz.

Der Gipfel ist erreicht. Elf Stunden, nachdem wir den Kampf begonnen hatten, reichen wir uns glückstrahlend die Hand. Erstmals stehe ich bei Sonnenschein auf diesem Berg.

Erst als sich die Sonne dem Horizont zuneigt, verlassen wir den Gipfel, von Freude und Stolz erfüllt, einen Weg gegangen zu sein, der nicht jedem beschieden ist — den vielleicht großzügigsten der nördlichen Kalkalpen.

Große Zinne — Nordwand

Dolomiten - ein unübersehbares Meer von Bergen. Kühn recken sich ihre zum Teil schnee- und eisbedeckten Häupter in den südlich blauen Himmel, so als gehörten sie nicht mehr unserer Erde an, sondern dem Paradies, dem Wunschtraum der Bergsteiger! Wuchtig und erhaben, gleich Gralsburgen, entsteigen sie den grünen, lieblichen Tälern. Wer nennt die Zahl der vielen Zacken, Türme und Nadeln, die Grate und Flanken verwegen krönen? Gelbe Mauern schießen jäh aus sanften Matten lotrecht in die Höhe oder wachsen unvermittelt aus grauen Schuttströmen auf, abenteuerlich, wild-romantisch.

Und wo sind die Seen, die sprudelnden Wasser und rauschenden Wälder so bezaubernd wie hier in diesem Garten Gottes, im Wunderland der Dolomiten?

September 1946. Wir fahren in die Dolomiten. Die Vorfreude ist unbeschreiblich. Wir träumen schon von den Zielen: Zuerst Zinnengruppe und dann Civetta. Auf den Spuren von

Comici, Tissi, Solleder, Steger, Stösser ... Solange eben der Vorrat reicht.

Eines Mittags verlassen wir zu fünft Innsbruck und sind anderntags zu Füßen der Drei Zinnen! In ihrer ganzen Wucht haben wir sie vor uns. Wir dünken uns als die glücklichsten Menschen der Erde.

Schon früh stehen wir am Einstieg unter der gewaltigen, fast erdrückenden Flucht der Nordwand der Großen Zinne. Aber als wir zu klettern beginnen, spüren wir festen, griffigen Dolomitenfels unter den Fingern. Die Tiefe wächst unter uns. Das Kar erscheint nun fast flach. Wenn man nicht wüßte, daß schon viele Bergsteiger diesen Weg vor uns gegangen sind, würde man vielleicht mutlos werden. Man würde es wahrscheinlich gar nicht für möglich halten, daß es ein Hinauf gibt. Schon allein vom psychischen Standpunkt aus ist die Ersterstiegung dieser Wand eine gewaltige Leistung und wird auch immer als solche gewürdigt werden. Wir müssen uns erst an die Steilheit und Ausgesetztheit gewöhnen. So „jähzornig" schnellen bei uns in Nordtirol die Wände nicht in die Höhe. Aber die Zinnenwand zeigt uns ein freundliches Gesicht. Erst im oberen Teil der Wand haben wir Mühe, müssen einen wilden „Seilsalat" entwirren. Aber daran sind wir selbst schuld, nicht die Zinne. Das Seil läßt sich schon gar nicht mehr bedienen, und wir müssen uns losbinden, da wir die Knoten ja nicht auf „gordische" Art einfach mittendurchhauen können.

Abends stehen wir auf dem Gipfel und tragen unsere Namen in das dicke Buch ein, das schon Hunderte von Namenszügen beherbergt. Im Abstieg überrascht uns die Dunkelheit. Ein Stein hat es ausgerechnet auf meinen Kopf abgesehen. Daher ist es schon etwas spät, als wir die Zinnenhütte betreten. Die Saison ist bereits zu Ende, darum ist es sehr ruhig hier. Der Wirt bietet uns ein Zimmer mit Betten an Stelle des harten Matratzenlagers an. Er hat bemerkt, daß wir keine bloßen Jochbummler sind, und erbarmt sich unser. Bevor wir uns zur Ruhe begeben, stoßen wir noch auf unsere heutige Tour an. Hell klingen die Gläser.

Der nächste Tag sieht uns in den ockergelben Felsen der Comici-Kante an der Kleinen Zinne. Sie macht ihrem Namen „Gelbe Kante" alle Ehre. Ich weiß noch aus Fahrtenbeschreibungen, daß der Durchstieg wie mit einem Lineal gezogen verlaufen soll. Demgemäß steigen auch wir wie mit dem Lineal gezogen höher, überwinden Überhang um Überhang.

Eigenartig, denke ich, diese Kante soll doch leichter sein als die Große Zinne-Nordwand. Habe ich heute einen so schlechten Tag? Das Klettern fällt mir so schwer. Der Fels ist brüchig und nirgends ein Haken. Der Kopf brummt mir vom gestrigen Steinschlag. Ich darf weder hinunter- noch hinaufschauen. Alles erscheint mir leicht verschwommen. Das sind wohl Folgen der unliebsamen Bekanntschaft von gestern abend. Trotzdem kann ich den Schwierigkeitsgrad richtig beurteilen. Das hier ist „Äußerst".

„Hermann, geh, schlag doch einmal einen Haken!" ruft mir Herbert herauf, der schon 40 Meter tiefer in einer Nische steht. „Schau einmal rechts um die Kante", meint er.

„Ich weiß doch ganz genau, daß es immer direkt hinauf geht, scharf an der Kante", gebe ich zurück und steige nach links in eine gelbe Wandflucht hinüber. Das Seil läuft frei durch die Luft zum Gefährten hinab. Für den Zweiten kein beruhigendes Gefühl.

„Es hat ja doch keinen Sinn, wenn ich hier zu nageln anfange. Wir würden viel zuviel Zeit verlieren!" Allerdings ist die Grenze dessen, was man noch ohne künstliche Hilfsmittel machen kann, so ziemlich erreicht.

Ich beobachte eine Seilschaft, die über den Normalweg die „Große" ersteigt. Wir sind schon sehr hoch droben. Die Überhänge wollen aber noch immer kein Ende nehmen.

Jetzt stehe ich auf einer fingerbreiten Leiste und suche den Fels über mir nach neuen Möglichkeiten ab. Plötzlich gibt der linke Fuß nach, ich verliere den Halt, kann mich aber noch mit den Fingern am Fels festklammern. Die Leiste ist abgebrochen, und nach endlosen

Sekunden höre ich einige hundert Meter tiefer im Kar einen Stein aufschlagen. Das ist der Anlaß, daß im nächsten Augenblick doch ein Haken in den Fels fährt.

Über mir kommt nun wieder ein Überhang. Einige alte Haken, die ersten, die wir seit dem Einstieg überhaupt zu Gesicht bekommen, grüßen herab. Also sind wir doch richtig. Aber erst heißt es, dorthin kommen. Eine äußerst schwierige Querung trennt mich noch davon. Sie verlangt mir das Letzte ab. In einen Riß gekeilt, versuche ich dann neuerdings einen Haken zu schlagen. Endlich sitzt der Stift fest, der mich nun aus dieser unerträglichen Lage befreit.

Vom Kar ruft jemand herauf: „Sechs Uhr, ich glaub', ihr müßt euch beeilen!" Wir überlegen — bis hinauf zum Gipfel der Kleinen Zinne wird es tatsächlich zu spät. Es bleibt keine andere Wahl, als diesen schwer erkämpften Weg wieder zurückzuklettern. Uns über die überhängende Kante abzuseilen.

Erst später erfahren wir, daß wir hier eine völlig neue Variante, den wirklich „direkten" Weg, gefunden haben. Wir hören auch, daß die Hauptschwierigkeiten bereits hinter uns lagen. Aber da wir nicht bis zum Gipfel geklettert sind, zählt das nach dem Bergreglement nicht als Erstbesteigung...

Die beiden 40-Meter-Seile waren zusammengeknüpft und durch den ersten Ringhaken gezogen. Der schaut nicht gerade verläßlich aus, aber sonst haben wir nichts. Nur bis zur Hälfte steckt er im Fels. Schon allein infolge des Gewichtes der beiden Seile vibriert er verdächtig. „Schau ein bißchen drauf", sage ich zu Herbert und lasse mich dann sachte, als ob ich mich an einem Seidenfaden bewegte, hinunter. Jede ruckartige Bewegung, jede Schwingung muß vermieden werden. Der Haken hält.

Noch etliche Male schweben wir die 40 Meter frei durch die Luft. Endlich ist der Wandfuß erreicht. Etwas traurig schauen wir nochmals hinauf. Es ist uns, als ob wir etwas Unwiederbringliches verloren hätten.

Goldkappel-Südwand

Auch in Innsbruck, der schönen Stadt am grünen Inn, ist der Alltag grau und hart. Die vielen Fremden, die bewundernd von der Maria-Theresia-Straße zur Nordkette aufschauen, verspüren davon allerdings nichts, für sie ist es goldene Freizeit. Mich aber drücken Berufssorgen. Ja, wenn es um den inneren Anruf, um die Berufung ginge, dann wüßte ich schon, was ich werden wollte: Bergführer. Ja, das wäre der rechte Beruf für mich! Aber dazu gehört Zeit und Geld. Doch ich muß zunächst erst einmal leben. So nehme ich wieder eine Aushilfsstelle an, diesmal in der Werkstätte eines Sportgeschäftes. Skibindungen und Stahlkanten zu montieren ist für mich ja kein Problem, und wenn sich meine Kollegen von der Verkaufsabteilung auch ziemlich erhaben über mich dünken, dafür pfeife ich ihnen am Samstag eins. Dann bin ich bereits auf den Bergen, während sie unten in der Stadt noch hinter der Ladentheke stehen. Die Berge... Wenn man nur verstehen wollte, welche Macht sie auf mich ausüben, mit welcher Gewalt es mich zu ihnen hinzieht!

An einem dieser freien Samstage des Herbstes 1947 kam ich zu einem einsamen Berg, zu einer noch einsameren Wand: Zur Südwand des Goldkappel in der Tribulaun-Gruppe. Hias Rebitsch, einer der größten Felsenmeister der neueren Zeit, hat sie als erster durchstiegen. Und Rebitsch bezeichnet sie als seine schwerste Fahrt. Kein Wunder, daß sie noch nicht wiederholt war. Die Goldkappelwand zählt zu jenen Touren, denen man die Schwierigkeit nicht gleich ansieht. Auch ich wollte nicht glauben, daß sie einem das Letzte abfordert. Mein Begleiter war Ferry Theyermann, ein Kamerad aus den alten Tagen der Jungmannschaft. Er war eben erst aus der Gefangenschaft gekommen und noch gar nicht in Form. Aber als zweiter am Seil — dafür wird es schon genügen, dachte ich etwas leichtsinnig. Wir waren um sieben Uhr beim Einstieg. Wegen der Brüchigkeit des Gesteins kamen wir nur langsam weiter und langten erst mittags unter dem sperrenden Wandgürtel an, der die Hauptschwierigkeiten in sich birgt. Eine Rampe zieht von hier durch den überhängenden Fels, der wie die Kuppel einer Kirche hervorspringt. Sie vermittelt den Durchstieg. Von einem Stand — wie in die Luft gestellt — ließ ich dann Ferry nachkommen. Nach einer Weile ließ sich das Seil kaum mehr nachziehen. Erst durch einen heiseren Ruf — „Halt fest!" — wird mir klar, daß Ferry gestürzt ist.

Einige Meter von der überhängenden Wand entfernt schwebte er über dem Kar. Wie ein Kreisel drehte er sich über dem Abgrund, bald nach rechts, bald nach links. Ich konnte in dieser Lage gar nichts anderes machen als nur halten. Ich gab Ferry, den das Seil schon zusammenschnürte und fast erdrosselte, den Rat, mittels Prusikschlingen höher zu steigen. Die einzige Rettung aus dieser verteufelten Situation...

Ferry hatte aber keine Seilschlingen bei sich. Sie hingen zum Teil in der Wand, und den Rest hatte ich bei mir. Da mußte eben die Schlinge, an der der Hammer hing, aushelfen. Ich konnte Ferry nicht sehen und reagierte auf seine Rufe. Da sich das eine Seil festgeklemmt hatte, konnte ich immer nur das andere einziehen. Ein furchtbar umständliches Manöver, äußerst langwierig und anstrengend. Ferry zählte die Meter bis zum nächsten Haken — noch 10...9...8...7... erst nach einer Stunde hatte er diese zehn Meter geschafft.

Das wurde mir zur Lehre. Ein zweitesmal sollte mir so etwas nicht wieder passieren. Künftig überließ ich dem Freund stets einige Seilschlingen.

Von dieser Stelle gab es auch kein Zurück mehr. Es blieb nur der Weiterweg — hinauf — gipfelwärts. Die folgende Seillänge war noch schwieriger und gefährlicher. Das Seil zerrte mich fast hinab. Hemmte meine Bewegungen. Die letzten Meter des Überhanges konnte ich gerade noch emporsteigen, dann gab es auch nicht einen Zentimeter mehr nach. Es lief um zu viele Kanten, durch zu viele Karabiner, obwohl ich ohnedies bei etlichen Haken ausgehängt hatte. Hier war kein Stand zum Sichern. Ich konnte selbst kaum stehen. Nirgends eine Ritze, die einen Haken aufnehmen würde. In dieser Situation konnte ich unmöglich Ferry nachkommen lassen. Wenn er stürzt, dann...

Was soll ich bloß machen? — Endlich gelingt es mir, einen Eisenstift in eine feine Ritze zu treiben — bis zur Hälfte zwar nur, aber immerhin... besser als nichts. Es ist die einzige Chance. Dann rufe ich zu Ferry hinab: „Jetzt kannst kommen — aber stürzen darfst mir hier nicht!"

Langsam kam Ferry höher. Eine Hand tauchte bereits über dem Überhang auf. Er stand in einer Seilschlinge. Plötzlich löste sich der Haken, in dem er hing. Sein ganzes Gewicht lastete nun an dem fragwürdigen Stück Eisen, das ich kurz zuvor in die Ritze getrieben hatte. Ich versuche, den Haken durch eigene Kraft etwas zu entlasten. Das gelang mir aber nur für kurze Zeit.

Ich weiß nicht mehr, ob ich damals ein Stoßgebet zum Himmel sandte: „Lieber Gott, laß den Haken, an dem zwei Menschenleben hängen, halten!" Schon höre ich den unterdrückten Schrei meines Freundes: „Laß mich hinunter, ich ersticke!"

Hinunter — das geht nicht! Da kommt er ewig nicht an den Fels. Nur in die freie Luft. Es geht nun um Sekunden, aber ich kann nichts dazu tun. Ich muß das Seil halten, damit er nicht noch tiefer gleitet. „Häng dir eine Prusikschlinge ins Seil", rufe ich hinunter. Mit allerletzter Kraft gelingt ihm das noch. Er steigt hinein, das Seil um die Brust lockert sich, und der mörderische Druck läßt nach. Er kann wieder atmen, hängt aber noch unter dem Überhang frei in der Luft und dreht sich im Kreise. Aber seine ungeheure Willenskraft zwingt den durch die lange Gefangenschaft ausgemergelten Körper. Er kommt höher. Langsam, aber er kommt. Noch ein kräftiger Zug, dann steht er über dem Überhang. Und das größte Wunder: der Haken hat gehalten. — Der Weg zum Gipfel war frei. In der Nacht stiegen wir über den Westgrat ab.

Die zweite Begehung der Goldkappel-Südwand war gelungen. Aber wiederholen möchte ich sie nicht. Nie mehr.

Furchetta-Nordwand

Die höchste Wand in den Grödner Dolomiten, wohl auch die schwerste. Sie hat ihre Geschichte, in der bedeutende alpine Namen aufklingen. Da war zuerst der junge Grödner Führeraspirant Luis Trenker, der durchaus der Wand einen Anstieg abtrotzen wollte. Er verband sich in dieser Absicht mit Hans Dülfer, dem besten Felstechniker vor dem Ersten Weltkrieg. Mehr als die halbe Wandhöhe kamen die beiden hinauf, damals, im Jahre 1913. Bis zu jener schmalen Rampe, jenem Absatz, der heute noch die „Dülferkanzel" heißt. Dort allerdings schien die Welt endgültig mit Brettern vernagelt zu sein. Dülfer und Trenker kehrten um. Erst 1925 kamen die ersten Bezwinger der „Feuermauer" der Furchetta: Emil Solleder, der große Münchner Bergsteiger, und Fritz Wiessner, der Mann aus dem Elbsandstein und Roland Rossis Begleiter in der Fleischbank-Südost. Die beiden erreichten die Dülferkanzel, erkannten, daß es gerade empor wirklich nicht weitergeht, schauten links um die Ecke, in die Nordostwand, kamen zum selben Schluß wie Hans Dülfer 12 Jahre früher: absolut unmöglich. Also nach rechts, nach Westen. Und hier fanden Solleder und Wiessner einen abenteuerlichen, gefahrvollen und ausgesetzten Anstieg zum Gipfelgrat. Eine der schwersten Dolomitenklettereien der damaligen Zeit!

Wieder einige Jahre später. Da kam Hias Auckenthaler, einer der besten Felsmänner aller Zeiten, in die Wand. Auch er schaute von der Dülferkanzel zuerst nach links, in die Nordostwand. Aber er fand sie nicht mehr unmöglich. Er fand einen Durchstieg, raufte sich empor, erreichte auf geradem Weg den Gipfel. Erst dreimal wurde die Nordostwand wiederholt. Auch wir wollten sie gehen. Heute...

Wir steigen ein, gehen gleichzeitig, müssen oft nach dem Weg suchen, da die Beschreibung ungenau ist. Zwei Stunden später aber stehen wir auf der Dülferkanzel. Nun baut sich die Wand erschreckend steil auf. Rotgelber, wasserüberronnener Fels, von riesigen Dächern gesperrt. Nicht gerade einladend. Wir glauben uns genau an die Beschreibung zu halten, queren 60 Meter nach links.

Eine Verschneidung nimmt uns auf, wir steigen durch sie an. Bald bekomme ich aber Zweifel. Der Weitergang sieht sehr problematisch aus. Wie ein Fragezeichen hängt ein großes Dach, von Wasser überronnen, über unsere Köpfe hinaus. Solche Dächer sind uns nur als Schutz bei Regenwetter erwünscht! Unter mir bricht der Fels überhängend in eine düstere Schlucht ab. Eis erfüllt den Grund, und unaufhörlich donnert Steinschlag hinab. Jenseits eine scharfe, steile Kante. Die Umgebung ist großartig, aber davon haben wir im Moment wenig.

Eine Querung nach rechts oder links ist ausgeschlossen — also wieder zurück — die Verschneidung hinab! Wir steigen nochmals ein Band zurück, in die Richtung, aus der wir gekommen sind. Eine gelbe, leicht überhängede Verschneidung bietet die einzige Möglichkeit, von der Schutterrasse hinaufzukommen. Bald stoße ich auf zwei alte, rostige Haken. Aha! Wir befinden uns auf dem rechten Weg! Die Verschneidung schließt sich wieder. Ich schaue nach links um eine Kante und sehe dahinter einen Kamin emporziehen.

Ein schwarzer Spalt durchreißt den Fels, er ist sehr glatt, von Moos überkleidet. Ein Rinnsal nimmt darin seinen Weg zur Tiefe. Man sieht, daß diese Wand sehr selten gemacht wird. Unter den Moospolstern suchen wir nach Griffen. Eine Verengung erschwert die bisherige Kletterei noch mehr — ein richtiger Schinder! Noch verschiedene Seillängen gleiten wir im Kamin zur Höhe. Immer wieder sorgen Überhänge für Abwechslung. Nach kurzer Linksquerung stehen wir am Beginn der Gipfelschlucht.

Doch wie schaut es dort aus! Enttäuscht wende ich mich an Hans: „Ich hab' geglaubt, jetzt hätten wir's. Statt dessen geht's jetzt erst richtig los!"

Eis blinkt von oben herab. Auch hier plätschert ein Bächlein durch den Schluchtgrund. Mit einem Überhang setzt die Schlucht an. Einzelne Felsvorsprünge ragen aus dem Eis heraus. Sie werden vorsichtig mit den Spitzen der Kletterschuhe abgetastet. Sie bieten den einzigen Halt. Vorsichtiger Eiertanz hinauf. Dann stehen wir unter einem überhängenden Kamin, der mit Eis voll ausgefüllt ist. Er macht mir Sorgen. Wie soll ich da bloß hinaufkommen? Nur in Kletterpatschen? Ohne „Eisbearbeitungsinstrumente"? Es scheint sinnlos...

Am äußeren Rand des Kamins spreize ich, so gut es eben geht, an dem vom Eis noch freigelassenen Fels aufwärts. Doch schließlich wird mir der Kamin zu weit, ich muß auf die linke Schluchtwand übersteigen. Der nasse Fels ist derart kalt, daß mir die Finger erstarren. Sie sind schon ganz gefühllos. Hier fällt nie ein Sonnenstrahl herein. Das Eis stammt noch vom letzten Winter.

Überhänge gebieten mir, wieder die jenseitige Schluchtwand aufzusuchen. Diese ist aber zu weit entfernt. Meine Beine reichen nicht. Man müßte hier Stativbeine haben — zum Herausziehen! Ich muß mich hinüberfallen lassen. Es ist die einzige Möglichkeit, auf die andere Seite zu kommen. Mit den Händen fasse ich nun wieder Fels, aber der Körper spannt sich wie eine Brücke über die Schlucht. Hans steht direkt unter mir, zähneklappernd, frierend, und zeigt wenig Verständnis für meine akrobatischen Übungen. Vorsichtig ziehe ich die Füße nach und und erreiche endlich leichteren Fels. Die Neigung nimmt ab. Nach wenigen Metern stehe ich auf dem Grat, knapp unter dem Gipfel.

Es ist 17 Uhr — die Zeit unserer Abfahrt in Gröden! Wohlig strecken wir uns auf der warmen Gipfelplatte aus. Die Sonne tut uns gut, nach der eisigen Kälte in der schattigen Nordwand. Ich zeige nach Südosten: „Dort, hinter der Marmolata — siehst du die gewaltige Wand: die Civetta-Nordwestwand!"

Von den schrägen Strahlen der sinkenden Sonne beleuchtet, steht die Civetta in rosarotes Licht getaucht. Wie riesige Orgelpfeifen stechen ihre gewaltigen Pfeiler in den Himmel. Unter allen Dolomitenwänden nimmt sie eine Vorrangstellung ein. Eine Wand, in die zwei Männer ihre Namen geschrieben haben: Solleder und Comici...

Lange dürfen wir uns an dieser Gipfelschau nicht erfreuen. Wir müssen zum Auto, wir dürfen die Freunde nicht zu lange warten lassen. Ja, wenn man nur nicht immer so von der Zeit getrieben wäre. Wie schön wäre die Welt — sorglos, zeitlos, nur der Natur verfallen...

Ein reicher Tag geht zur Neige. In der Erinnerung wird er immer lebendig bleiben.

Abb. rechts: Die 800 Meter hohe NO-Wand des Piz Badile. „Mein Wunsch, die Sehnsucht nach ihr, wurde immer brennender..." (Buhl). Seine erste Alleinbegehung war sensationell.

Marmolata-Südpfeiler

Erinnerungen werden wach: Südpfeiler der Marmolata! August 1949. Manfred Bachmann und ich treten den schweren Klettergang über den himmelstürmenden Südpfeiler der Marmolata an. Die Schwierigkeiten steigern sich rasch, doch wir kommen zügig voran. Nebenan in der Südwand tauchen Seilschaften auf. Wir halten mit ihnen trotz des enormen Unterschiedes in den Schwierigkeiten gut Schritt. Alles geht wie am Schnürchen. Die Abseilhaken und Seilschlingen, denen wir begegnen, lassen auf die vielen Rückzüge aus diesem Abschnitt des Marmolatapfeilers schließen.

Plötzlich ein Surren und Brausen. Wir blicken nach oben — nein, keine Steine. Aber ein tausendfaches Glitzern, ein Sprühregen von Eissplittern stürzt über die Wand, surrt an unseren Köpfen vorbei. Eisschlag! In einer Südwand — im August! Das kann ja gut werden! Aber um die Mittagszeit sind wir bereits auf der zweiten Terrasse, in halber Wandhöhe.

Rechts ist der Ausgang der Gipfelschlucht. Mit einem gewaltigen Überhang setzt sie an. Ein armdicker Wasserstrahl schießt darüber herab. Ich schau mir die Sache zunächst erst einmal aus der Nähe an. Es hilft mir aber nichts, ich muß das unfreiwillige Bad nehmen, will ich über den Überhang hinweg.

„Dickes Seil — Zug, dünnes Seil — Zug, dickes nachlassen", lauten die Seilkommandos. Als ich es dann geschafft habe, bin ich um einige Grade abgekühlt.

Ein äußerst glatter Riß folgt. Die Haken, die ich zur Sicherung schlagen muß, wollen einfach nicht in den widerspenstigen Fels hinein. Ein bis zwei Zentimeter tief — das ist alles. Erst nach zehn Metern bekomme ich für die linke Hand einen Griff, ausreichend gerade für die Spitzen der zwei Mittelfinger. Kurz darauf, an einem schlechten Stand, muß ich den Freund nachkommen lassen. Dann folgt eine Querung nach links in die Schlucht zurück. Stellenweise muß ich wieder im Wasser aufwärtssteigen. Nur hier und da kann ich den Schluchtgrund verlassen, um trockeneren Fels zu nützen.

Das verwegene Spiel nimmt kein Ende. Man hängt an fragwürdigen Haken, hält sich an Miniaturgifffen, daß sich die Fingernägel förmlich aufbiegen, und immer wieder steht man vor neuen Überraschungen. Schon beginnen wir uns zu fragen, was eigentlich mit dem riesigen Klemmblock ist, der als gewaltiges Dach die ganze Schlucht absperren soll? Der müßte doch eigentlich schon erreicht sein? Vielleicht hat auch ihn schon das Zeitliche gesegnet und ist tief unten im Kar zur Ruhe gebettet? Das könnte uns die Tour nur erleichtern...

Schon zum soundsovielten Male steige ich wieder über einen neuen Überhang hinaus. Und da sehe ich ihn nun endlich — den Block, gute 100 Meter über mir!

Aber wie schaut der Zugang zu ihm aus! Ein silbernes Band zieht im Grunde der Schlucht herab. Die Risse und Verschneidungen sind ganz mit Eis ausgefüllt. Hartes, sprödes Wassereis ist es. Nach einer kurzen Verflachung bäumt sich der Fels neuerlich auf. Die Sonne hat die Schlucht schon längst verlassen. Es ist kalt wie in einem Eiskeller. Steine nehmen den Weg durch den Schluchtgrund.

Wohl oder übel muß ich nun wieder in das nasse Element. Ein morscher Übergang folgt, ein glatter Riß. So schnell als möglich versuche ich, dieses gefährliche Stück hinter mich zu

←
Abb. links: Das Karwendel. Buhls vielgeliebte Hausberge schon seit frühester Jugend.

bringen. Nun gesellt sich zum Wasser noch heimtückisches Eis. Wegschlagen kann ich es nicht, da Manfred ohne Deckung unter mir steht. Die letzten Meter bestehen aus lockeren Blöcken und lehmiger Erde. Ohne jegliche Sicherung läuft das Seil 40 Meter frei zu dem besorgten Kameraden hinunter. Ein kleiner Rutscher hätte unweigerlich unseren Absturz zur Folge. Hier gilt nur ein eisernes: Ich darf nicht stürzen!

Zähneklappernd lasse ich Manfred nachkommen. Zusammen betrachten wir das Ungetüm über unseren Häuptern. Es gibt nur zwei Möglichkeiten: die eine ist, daß wir versuchen, hinter dem riesigen absperrenden Block ein Loch freizubekommen, um hindurchschlüpfen zu können. Die andere, allerdings wesentlich schwierigere ist, den Block an seiner Außenseite zu überklettern. Unter dem Dach hängt ein ganz morsches, verwittertes Seilende herab. Wenn es könnte, würde es von erbitterten Kämpfen erzählen.

Es gelingt mir schließlich, in die hinterste Ecke des Daches zu kommen. Die Hüften verkeilen sich zwischen hervorstehenden Zacken und Blöcken, die Füße baumeln indessen frei in der Luft. In dieser Stellung beginne ich nun mit beiden Händen ein faustgroßes Loch zu erweitern. Alles, was locker ist, verschwindet unter mir. Ein angenehmes Gefühl, den Zweiten diesmal im Schutz des Daches in Sicherheit zu wissen. Bei aller Anstrengung bringe ich es aber nicht weit. Zum Durchschlüpfen reicht das Loch nicht aus. Nicht einmal für den Kopf ist Platz. So versuche ich wenigstens, ein Seil hindurchzuschleudern.

Zuvor aber hatte ich mich in dieser unbequemen Stellung erst von einem der Seile loszumachen. Das war ein Kunststück für sich. Endlich habe ich ein Seilende frei, binde daran einen Stein und werfe diesen durch die Öffnung. Immer wieder bleibt der Stein liegen, da der Block nach außen nicht gleich abfällt. Zwischendurch ergießt sich in gleichen Abständen ein eisiger Wasserstrahl über meinen Kopf, nimmt den Weg am Körper entlang und sprudelt bei den Füßen wieder hervor. Nach einer Stunde vergeblicher Plage bin ich von der Kälte des Eiswassers derart erstarrt, daß mir meine Hände den Dienst versagen. Ich kann die klammen Finger nicht mehr abbiegen. Ich muß zurück zum Stand.

Schlotternd am ganzen Körper, keinen trockenen Faden mehr am Leib, stehe ich bei meinem Freund. Nun will er es einmal versuchen. „Ich bin schmäler, vielleicht komme ich durch", meint er.

„Wenn es aber nicht sofort gelingt, so steig lieber gleich zurück und versuch das Dach von außen", gebe ich zu bedenken, denn wir dürfen uns hier nicht völlig verausgaben. Droben warten noch weitere Schwierigkeiten auf uns.

Manfred legt alles, was hinderlich ist, ab. Sogar eine Zündholzschachtel muß daran glauben. Bald ist er auch schon im Loch verschwunden. Ich sehe nur mehr seine beiden zappelnden Beine und höre seinen keuchenden Atem. Dann vernehme ich ein Gurgeln. Der Freund droht im Wasser, das von oben in seine Kleidung hinein- und unten am Bund seiner Hose wieder herausschießt, zu ersticken. Auch ihm will es nicht gelingen, durch das wiederspenstige Loch hindurchzukommen. Aber das eine gelingt ihm doch, das Seilende durch das Loch an der Außenseite des Blockes herabzulassen. Fünf bis sechs Meter außerhalb des Schluchtgrundes baumelt es nun über der Tiefe.

Ein äußerst gewagter Seilquergang läßt Manfred das herabhängende Seil erreichen, mit dessen Hilfe er dann endlich den Block überqueren kann. Zufrieden sehe ich meinen Freund über mir verschwinden. Bald darauf bin ich an der Reihe. Der Fels ist derart glitschig, daß die Kletterschuhe keinen Halt mehr finden. Ausgerechnet jetzt hat sich das Seil, das zu Manfred hinaufläuft, festgeklemmt. Ich bekommen keinen sichernden Zug. In großem Bogen hängt das Seil durch, und nur mit äußerster Energie gelingt es mir, es freizubekommen. Noch einen Augenblick kann ich mich halten, während Manfred rasch das Seil einzieht, dann läßt meine Fingerkraft nach. Ich pendele unter das Dach hinaus, aber rasch greife ich wieder ins Seil und mit Manfreds Unterstützung ziehe ich mich zu ihm hinauf. Volle zwei Stunden hat uns dieses Dach gekostet.

Ein Blick nach oben läßt uns erschauern. Groß unsere Enttäuschung. Noch immer nichts vom Gipfel zu sehen. Immer noch das gleiche Bild. Die graue, düstere Schlucht, von glatten Wänden begrenzt. Schwarze, wasserüberronnene Überhänge schauen von oben herab. Im Schluchtgrund der gleiche dicke Eispanzer. Die tiefen Schluchtwände lassen nur einem kleinen Streifen Himmel Platz. Schnee bedeckt den Klemmblock. Weiter oben geht er in steiles Eis über. Der Kletterhammer muß ersatzweise den Eispickel vertreten. Noch nie habe ich in einer Dolomitenwand so viel Eis angetroffen.

Am Rand des steilen Eisfeldes steigen wir höher und erreichen den Beginn eines überhängenden Aufschwunges. Werden wir durchhalten? Kälte und Nässe haben schon zu sehr an unseren Kräften gezehrt. Werden wir in diesem Zustand noch fähig sein, die bevorstehenden Schwierigkeiten zu meistern? Was wäre, wenn wir nicht mehr die Energie besäßen, dieser Wand zu entrinnen? Rückzug — ich kann es mir gar nicht vorstellen! Die Seillängen wieder hinunter, über Eis, durch Wasser mit steifen Seilen, vor Kälte starr — und das Dach!

Nach einer sehr glatten Verschneidung sperrt ein riesiger Eiszapfen den Weg. Abschlagen kann ich ihn nicht, weil Manfred unter mir steht. So benütze ich den Zapfen notgedrungen als Griff.

„Nur jetzt nicht leichtsinnig werden, nur jetzt nicht hudeln!"

Das Seil ist aus. Es gelingt mir, einen Haken anzubringen. Auf spärlichem Stand stehend, lasse ich Manfred nachkommen. Als er bei mir angelangt ist, wird es schon dämmerig. Die nächste schwere Seillänge müssen wir noch schaffen, bevor uns die Nacht endgültig in ihre Fittiche nimmt. Darum gehe ich, kaum daß Manfred meinen Stand erreicht hat, weiter. Ein enger Riß drückt mich sehr nach außen. Dann folgt wieder solch verfluchtes Eis. Eine 20 Zentimeter dicke Schicht bedeckt den Fels. 10 Meter über mir wölbt sich schon wieder ein Überhang. Ein starker Wasserstrahl braust über ihn herab. Dann endlich dürfte sich wohl die Wand zurücklegen, so hoffen wir wenigstens.

„Es wird schon gehen", beruhige ich Manfred, „ich bin schon öfters bei Nacht und Dunkelheit geklettert."

„Noch zehn Meter Seil", ruft Manfred stoisch zurück.

Nirgends ein Haken, nirgends Sicherheit — ein teuflisches Gefühl! Plötzlich ist es ganz dunkel. Ich habe es gar nicht beachtet. Nun ist es aus. Ich will einen Haken schlagen, es gelingt mir aber nicht mehr. In der Dunkelheit ist keine Ritze mehr zu finden. Es ist soweit. Was ich befürchtet habe, aber nicht auszusprechen wagte, steht uns nun bevor: ein Biwak! In dieser scheußlichen Schlucht!

Vorsichtig steige ich zu meinem Kameraden ab. Wir müssen also wieder die schwererkämpften Seillängen zurück, bis zum Klemmblock hinunter. Denn hier auf diesem kleinen Standplatz können wir unmöglich eine lange Nacht verbringen. Das Ende eines 40-Meter-Seiles wird in einen Haken gehängt. Das andere Seil dient zur Sicherung meines Freundes. Bald verschwindet er im nachtschwarzen Schlund unter mir. Ein unheimliches Knacken läßt ihn in seiner Fahrt zur Tiefe innehalten. „Was war das?"

„Der Karabiner hat nur ein bißchen seine Lage verändert, kannst beruhigt weiterfahren", rufe ich hinunter.

„Bin unten, kannst nachkommen", dringt es dann undeutlich herauf.

Wegen seiner großen Reibung an der nassen Kleidung lasse ich das steife Seil nur um einen Schenkel laufen. Kaum bin ich knapp über dem Abseilhaken, höre ich wieder das Geräusch von vorhin. Dieses unheimliche Knacksen. Nun scheint es mir doch nicht mehr geheuer. Ich steige wieder hinauf und stelle fest — der Haken ist ganz nach unten gebogen und sitzt nur mehr mit der Spitze im Spalt. Trotz wuchtiger Hammerschläge will er nicht weiter hinein. So muß ich eben aus Sicherheitsgründen diese 40 Meter frei abklettern. Das Seil schlinge ich für den Notfall um den einen Arm. 10 Meter trennen mich noch von meinem Kameraden. Plötzlich rutsche ich aus, die Füße gehen mir durch, ich bin auf Eis gekommen — und schon sause ich in freiem Sturz zur Tiefe. Es gelingt mir gerade noch, das Seil zu umklammern, und im gleichen Moment stehe ich auch schon neben meinem Freund, der mich ganz verdutzt ansieht. Manchmal ist es wirklich erstaunlich, wie gut alles abgeht...

Ganz zum Block hinunter wollen wir nicht, da wir dort zu sehr dem Steinschlag ausgesetzt wären. Manfred hat bereits einen winzigen Platz präpariert. Zwei Meter vom Schluchtgrund entfernt, über einem Überhang, an dem ständig Eiswasser herabtropft, müssen wir die Nacht verbringen.

„Was ist mit den Haken da, halten die was?" frage ich meinen Gefährten, indem ich an ihnen rüttle.

„Ich hoffe es, aber garantieren kann ich nicht dafür."

Wir schlüpfen in unseren Zdarskysack, stecken die Füße in den Rucksack, und kauern uns auf das kleine Postament nieder. Wenn mir die Füße über die Wand hinabhängen lassen, rutschen wir langsam von unseren abschüssigen Platz weg. So müssen wir sie einziehen, um uns vom Fels abspreizen zu können. Nach einer halben Stunde erlahmen die Beine schon völlig. Doch wir dürfen unsere Lage nicht ändern. Der Fels drückt erbarmungslos in den Rücken, noch schlimmer ist der Druck einiger spitzer Steine in den Hosenboden. Äußerst unangenehm macht sich die nasse Kleidung bemerkbar. Wir frieren jämmerlich. Nun zünden wir den Rest einer Kerze an, aber vor Ungeschick blasen wir das wärmende Licht immer wieder aus. Am Ende gehen auch noch die Zündhölzer zu Ende. Die Taschenlampe hat infolge der Feuchtigkeit schon vorher ihren Dienst versagt. Einige Stückchen Brot und ein kleiner Rest Speck bilden noch unseren einzigen Proviant, zusammen mit einigen Zuckerstückchen, die sich, vom Wasser aufgeweicht, noch im Rucksackboden finden. Schließlich übermannt uns die Müdigkeit.

Eisige Kälte rüttelt und bald wieder wach. Die Nacht will kein Ende nehmen. Eintönig tropft das Wasser auf unseren Biwaksack herunter...

Mittlerweile kommt noch ein Wind auf, der rasch an Stärke gewinnt. In kurzen Zeitabständen sausen Geschosse an uns vorbei. Am Ton können wir ermessen, ob sie für uns Gefahr bedeuten oder nicht. Die großen Brocken melden sich schon rechtzeitig mit einem Surren an. Dann drücken wir uns eng an den Fels. Vernehmen wir hingegen nur ein feines Pfeifen, so handelt es sich um kleine Steinchen, derentwegen wir unsere Lage nicht verändern, auch nicht, wenn hier und da einer auf unsere Zelthülle klatscht. Bedenklich wird die Situation, als auch noch ein Gewitter aufzuziehen beginnt. Blitze durchzucken den Nachthimmel. Wir müssen unwillkürlich an das tragische Ende von Leo Maduschka in der Civettawand denken. Einem Sturzbach in dieser Schlucht könnten wir nicht entrinnen. Auch Maduschka, der junge Dichter-Bergsteiger, ist in so einem Sturzbach erstickt.

Mit einem Male hört der Steinschlag auf. Nur vereinzelte Ruhestörer kommen noch dahergeschwirrt. Der Wind ist abgeflaut. Das Gewitter hat sich verzogen. Wir sind noch einmal verschont geblieben und können erleichtert aufatmen.

Ich finde die alte Zuversicht wieder. Um uns die Zeit zu vertreiben, erzählen wir uns gegenseitig von den Erlebnissen, die unsere Vorgänger an dieser Wand hatten.

Stößer hat als ersten den Pfeiler in Angriff genommen, gelangte auch bis zum großen Dach, mußte aber von da infolge zu starker Vereisung wieder zurück. Die zweite Begehung gelang ihm dann nach Micheluzzi und Perathoner. Die Seilschaften Steger, Kasparek, Vinatzer und Peters wiederholten später noch diese Fahrt. Eine Bozener Zweierseilschaft war vor einigen Jahren erst als die letzte eingestiegen. Dabei starb einer nach Überwindung des großen Daches an Erschöpfung. Der Überlebende versuchte allein den Gipfel zu erreichen, stürzte aber aus den überhängenden Rissen über uns tödlich ab...

Endlich weicht das Schwarz der Nacht dem Grau der Dämmerung.

Ich will aufstehen, um einige Bewegungen zu machen. Doch die schneidende Kälte treibt mich gleich wieder zurück. Feuchter Nebel hängt jetzt in der Schlucht.

Erst um zehn Uhr, als sich der Nebel etwas gelichtet hat und die Sonne den äußeren Rand der Schluchtwände bestrahlt, regt sich auch in uns wieder Leben. Wir steigen zum Block ab, lassen uns von der wärmenden Sonne bescheinen. Die nasse Kleidung wird ausgezogen, ausgewunden und zum Trocknen ausgebreitet. Nur langsam vermag die Sonne den Körper wieder aufzutauen.

Um elf Uhr, als die Sonne auch die Felsen wieder etwas erwärmt hat, verbeißen wir uns neuerdings in die abdrängenden Fluchten. Wir haben jetzt die Stellen schon im Kopf. Den Eiszapfen wieder als Griff benützend, sind wir bald beim gefährlichen Abseilhaken.

Die überstandene Nacht macht sich bemerkbar. Zur Umkehrstelle hinauf, wo ich gestern noch ohne Haken hingelangte, bedarf es heute schon dreier Sicherungsstifte.

Ein vereister Kamin bringt mich dann unter einen gewaltigen Überhang. Bis jetzt vermochte ich geschickt dem Wasser auszuweichen. Nun bleibt mir aber die Taufe nicht erspart. Wieder vernehme ich das vertraute Einklinken eines Karabiners, rufe „Zug" und befinde mich schon unter der Brause. Dieses Bad muß ich voll auskosten. Der nächste Karabiner schnappt ein: „Zug!" Ich versuche noch einen Haken zu schlagen. Das Wasser rinnt mir oben beim Ärmel herein und unten zur Hose hinaus. „Dreh doch endlich den Wasserhahn ab!" schreie ich in meiner Verzweiflung hinauf, als ob da oben einer wäre, der auf mich hörte! Endlich sitzt der Haken, nun Karabiner und Seil eingehängt, dann das befreiende Kommando: „Zug!" Plötzlich ein Klirren — der alte Haken, an dem ich noch kurz zuvor hing, rasselte am Seil zu Manfred hinunter. Mich schert er nicht mehr. Ich schiebe mir über den Überhang und gelange in eine sehr glatte Verschneidung. Wieder dieses ekelhafte Eis!

Das Seil ist aus und noch immer kein Standplatz. Die Haken sind eine Rarität, die Griffe gezählt. Es muß auch so gehen. Eng an den Fels geschmiegt, schieben wir uns aneinander vorbei. Will denn die Wand überhaupt kein Ende nehmen? Heißhunger macht sich bemerkbar, ein gesundes Zeichen, daß wir leben, aber mir wird fast schwarz vor den Augen. Aus meiner Benommenheit werde ich durch den Anblick eines wilden Gewirrs von Stacheldraht gerissen. Überbleibsel aus den Kämpfen im Ersten Weltkrieg. Für uns jetzt ein frohes Zeichen der Gipfelnähe.

Um 14 Uhr stehen wir auf dem Gipfel der Marmolata, 3340 Meter hoch. Mein bisher härtester Kampf. Aber der direkteste Anstieg zur Köningin der Dolomiten liegt hinter uns. Die Strapazen waren zu groß, die Nerven sind noch zu sehr angespannt, um die richtige Siegesfreude aufkommen zu lassen. In der kleinen Schutzhütte auf dem Gipfel wärmen wir uns. Die letzten zerdrückten und aufgeweichten Brotreste fallen unserem Heißhunger zum Opfer.

Civetta-Nordwestwand

Civetta: Nordwestwand! Unter allen Dolomitenwänden nimmt sie eine Vorrangstellung ein. Wie riesige Orgelpfeifen stechen ihre gewaltigen Pfeiler in den Himmel. Eine Wand, in die zwei Männer ihre Namen geschrieben haben: Solleder und Comici. Bis heute hat die große Wand nichts von ihrem Ruf eingebüßt.

Hermann Herweg und ich stehen am Einstieg zum Sollederweg. Wir sind kletterfertig. Eine lehmige Rampe, ein feiner Riß, bringen mich nach links zum Beginn einer langen Reihe von Rissen und Kaminen. Einige Haken sichern meine Fortbewegungen. Der Fels wird nun schöner. Überhänge sorgen dafür, daß der Übermut nicht zu üppig wird. Der Geröllkessel ist erreicht. Durch einen Riß steige ich wieder 30 Meter links hinauf. Der Fels ist stark überhängend und abweisend. Wo weiter? Ich schaue um eine Kante. Hier könnte es gehen! An ausgesetzter Wand quere ich nach rechts, bis ich wieder die Fortsetzung der Kaminreihe erreicht habe.

Ein kleines Intermezzo — meinem Kameraden ist beim Nachsteigen der Anorak entglitten. Er ist im Geröllkessel liegengeblieben. Was hilft alles Schimpfen über diese Schlamperei? Es bleibt mir nichts anderes übrig, ich muß doch wieder zurück. Nach 30 Metern freien Abseilens, wobei mir der hintere Körperteil gehörig heiß wird, erreiche ich den Geröllkessel und nehme den Anorak auf, dann heißt es, ein zweitesmal wieder diese schwere Seillänge hinauf.

Wir verfolgen dann die Kaminreihe weiter, bis absperrende Überhänge unser Tempo hemmen. An nasser, moosiger Wandstelle geht's rechts hinaus. Eine Folge griffiger Risse führt uns zu einer Geröllterrasse inmitten der Wand. Hier lassen wir uns zu kurzer Rast nieder.

Lange können wir nicht verweilen, so schön es auch wäre. Wir müssen weiter, hinauf zur Höhe, zum sonnenumkosten Gipfel! Wunderbare Kletterstellen nehmen uns gefangen. Teilweise gehen wir gleichzeitig und gewinnen so rasch an Höhe. Die Geröllterrasse haben wir schon weit hinter uns gelassen. Wir erreichen die Gipfelschlucht. Gott sei Dank, sie ist heute trocken. Dadurch ersparen wir uns einige besonders berüchtigte Duschen. Der Gipfel dünkt uns schon sehr nahe. Trotzdem baut sich immer wieder von neuem steiler Fels über unseren Köpfen auf. Dann noch ein letzter Überhang.

Wir stehen auf dem Gipfelgrat der Civetta. Unvermittelt ist der Übergang aus der schattigen, düstern Nordwand in das blendende Licht der Sonne, das den Gipfel überflutet. Wir steigen noch bis zum hösten Punkt an. 1100 Meter Wand liegen uns zu Füßen. 1100 Meter haben wir uns Tritt für Tritt und Griff für Griff höhergearbeitet. Es scheint fast unglaublich, und doch haben wir unser Ziel so schnell erreicht. Es ist gerade erst Mittag vorbei. Wohltuend empfinden wir die wärmenden Sonnenstrahlen. Sie wiegen uns in leichten, traumlos-glücklichen Schlaf.

*

Schüsselkarwand

Winterbergsteigen war schon immer meine besondere Leidenschaft. Im Laufe der Jahre wurden allerdings aus anfangs harmlosen Gipfelbesteigungen schwierige Gratüberschreitungen und zuletzt die winterlichen Kalkwände meiner engeren Heimat. Das winterliche Hochgebirge erschloß mir eine neue Welt, eine Welt, in der der Ski nur Mittel zum Zweck war. Dort, wo die Spuren der Skifahrer zu Ende gingen, tat sich für mich ein anderes Reich auf. Ganz neue Möglichkeiten sah ich. Nach dem Brauch der ersten Bergsteiger, auf mich selbst gestellt, durchpflügte ich den unberührten Schnee. Meine Spur machte vor keinem noch so steilen Aufschwung halt.

Ich betrieb das winterliche Bergsteigen als die beste Trainingsmöglichkeit für geplante spätere Westalpenfahrten. Ich wollte meinen älteren Kameraden nicht nachstehen, die zur Sommerszeit ihre Eisausrüstung packten und, während ich noch immer in den Kalkwänden mein Genügen fand, den Schweizer Eisriesen zu Leibe rückten. Auch ich wollte mir auf die Dauer nicht nachsagen lassen, daß ich nur ein reiner Felsgeher sei, der sich im Eis der Westalpen sehr rasch die Zähne ausbeiße.

Ein Gedanke nahm allmählich feste Formen an. Mich lockte es, einmal eine Winterbegehung zu machen, bei der man so richtig spürt, daß es Winter ist. Einmal richtig mit Schnee und Eis kämpfen und nicht bei Maienlüften in der Frühjahrssonne auf trockenem Fels höherturnen. Je mehr ich dieser Idee nachging, um so brennender wurde der Wunsch nach ihrer baldigen Verwirklichung.

Ich frage bei meinem alten Freunde Luis Vigl an. Der ist aber leider beruflich verhindert. Als Ersatzmann schickt er mir seinen Bruder Hugo. Dieser hat zwar längere Zeit nichts mehr gemacht, da er durch sein Studium stark beansprucht war. Er fühlt sich aber der Sache gewachsen und zeigt große Begeisterung. „Daß es in der Familie bleibt", meint Luis zum Abschied.

Am Abend des 26. Januar fahren wir nach Seefeld und in die Leutasch. Am nächsten Morgen schon um fünf Uhr früh ziehen wir unsere Spur durch noch nachtdunklen, tiefverschneiten Lärchenwald dem Scharnitz-Joch zu. Das Wetter macht keinen sehr günstigen Eindruck. Der Mond vermag kaum durch den Schleier, der den Himmel überzieht, zu dringen. Trotzdem lassen wir und nicht abhalten und mühen uns mit den schweren Rucksäcken höher. Zum Umkehren ist immer noch Zeit. Um acht Uhr am Morgen stehen wir nach anstrengendem Aufstieg im mehligen Schnee am Fuße der Wände unter der Wangscharte. Ein eisiger Wind teilt die Wolkenschleier. „Typische Föhnstimmung", stellt Hugo fest. Aber ich weise auf die Erfahrungen der letzten Wochen hin, wo der Föhn stets einige Tage andauerte. Solange uns der Wind um die Ohren pfeift, solange brauchten wir also nichts zu befürchten. Jedenfalls keine neuen Niederschläge. Wir entschließen uns also, einzusteigen.

Die Skier bleiben hier zurück. Über eine fünf Meter hohe Wächte müssen wir absteigen. Der Wind bläst uns feinen Treibschnee unter die Kleidung, und schon am frühen Morgen werden wir tüchtig abgekühlt. Tief versinken wir im matschigen Schnee, bis wir endlich am Fuß der Südwand der Schüsselkarspitze angelangt sind. Wir wollen die „Direkte" angehen, den schweren Anstieg, den Kuno Rainer und Paul Aschenbrenner als erste begingen. Im Sommer.

Fast völlig durchnäßt erreichen wir den Einstieg und steigen immer weiter über steilen Schnee zum Beginn der eigentlichen Schwierigkeiten empor. Die erste Seillänge liegt völlig unter der weißen Masse begraben. Nun macht uns die Wand einen benahe sommerlichen Eindruck, doch ich weiß, daß es nur Täuschung ist. Über den Überhängen in den flacheren Stellen, die von hier nicht einzusehen sind, klebt der Schnee, für uns, aus der Froschperspektive, unsichtbar.

Noch nichts Böses ahnend, legen wir Hand and den Fels. Wir wählen den linken Pfeilerriß. Er ist wohl schwerer, aber auch kürzer als der Normalanstieg rechts des Pfeilers. Stark überhängend zieht der Riß nach oben und sorgt so für ein rasches „Warmlaufen". Die Kälte und Nässe machen sich aber trotzdem unangenehm bemerkbar. In dauernder Folge kommen von oben kleine Lawinen und Steine herab. Sie bilden aber infolge der Steilheit der Wand keine Gefahr, sind uns nur begleitende Musik.

Erst in den Verflachungen macht sich der Winter bemerkbar. Riesige Schneebalkone hängen gerade über jenen Stellen, an denen sich der Aufstieg bewegt. Wie Schwalbennester weit aus der Wand vorspringend, bauen sie sich um uns auf. Die Überwindung dieser Hindernisse ist äußerst gefährlich. Man weiß nie, welche Belastung so ein Erker verträgt. Zum Turm unter der „Acht-Meter-Wand" zieht eine überhängende Schneerinne. Zweifellos ein absurder Fall. Aber hier hat der Wind den Schnee derart an die Wand gepeitscht, daß er nun in dicker Schicht am Fels klebt. Der Pickel leistet uns sehr gute Dienste. Er folgt noch eine vereiste und verschneite Steilrinne. Hier plätschert wiederum Wasser herab. Nun habe ich noch den Rucksack des Kameraden aufzuseilen, der ihm beim Klettern im überhängenden Gelände zu sehr behindert.

Ein unheimliches Sausen läßt mich aufhorchen. Ein Schatten wischt über die Wand. Ein mehrere Zentner schwerer Schneebalkon hat sich über mir gelöst und surrt haarscharf an uns vorbei.

„Da haben wir wieder mal Glück gehabt!" meint Hugo, und ich denke mir: Wenn uns der erwischt hätte...

Nachmittags ist die schwerste Seillänge, der „Schiefe Riß" erreicht. Auch hier sprudelt Wasser herab, wir können nicht mehr nasser werden. Die halbe Wandhöhe, dazu noch der bösere Teil, liegt noch vor uns. Bei Tag kommen wir nun nicht mehr durch, das ist uns klar.

Die Sonne senkt sich schon allmählich hinter die Mieminger Berge. Wir sind in der Nische unter den gewaltigen Dächern der „Direkten" angelangt. Der Himmel überzieht sich mit einem grauen Schleier, der sich rasch verdichtet. Ein heftiger Südwind trägt dazu bei, uns das Klettern möglichst zu erschweren. Der wasserüberronnene Fels hat sich inzwischen mit einer Eisglasur überzogen. In unsere Körper schleicht sich ein immer unangenehmer werdendes Kältegefühl ein. Die Kleidung, vom Schmelzwasser durchnäßt, erstarrt zu einem Eispanzer. Die Gefahr der Unterkühlung im Falle eines Biwaks ist groß.

Die folgenden 30 Meter nach der Nische sind ein nach oben hin immer steiler werdendes Schneefeld. Auch der Schnee ist wieder eisig hart zusammengefroren und läßt sich mit den steifgefrorenen Kletterschuhen nur mit äußerster Vorsicht begehen.

Schnee wird vom Eis abgelöst, das direkt bis unter die Dächer hinaufreicht. Nur langsam kommen wir weiter. Der Übergang vom Eis zum Fels wie auch umgekehrt ist immer sehr unangenehm. Jeder Schritt will überlegt sein. Auch hier unter den riesigen Überhängen, wo man glauben möchte, daß sich kein Schnee ansetzen kann, hängen diese wächtenartigen Gebilde. Hier hat der Wind ganze Arbeit geleistet.

Ich bin 20 Meter von meinem Kameraden entfernt, stehe auf dürftigem Stand und versuche, einen Haken zu schlagen. Der Weiterweg erscheint mir ohne jede Sicherung zu riskant. Alle Bemühungen sind vergeblich. Aber ohne feste Bindung zum Fels kann ich Hugo nicht nachkommen lassen. In der Hitze des Gefechtes beachte ich gar nicht, wie die Nacht sich allmählich über uns herabsenkt. Mit einemmal umgibt uns Dunkelheit. Endlich sitzt der Haken in der Ritze.

Hugo kann nachkommen.

An dieser Stelle die Nacht verbringen, wäre Wahnsinn. Ohne ein Wort zu verlieren, steige ich in den überhängenden vereisten Riß über mir ein. Gut, daß nächtliche Kletterei meine Spezialität ist. Stürmischer Nachthimmel! Der Wind nimmt immer mehr an Gewalt zu. Er droht uns aus der Wand zu schleudern. Böig prallt er an das glasige Gestein. Die Seile peitschen im weiten Bogen von der Wand. Im dem steifgefrorenen Zustand sind sie kaum mehr zu bedienen. Die kurzen Sturmpausen muß ich nützen, um dem Stein rasch einige Meter abzuringen. Das Tosen des Windes macht eine Verständigung ganz unmöglich. Infolge dieser außerordentlich erschwerenden Umstände wagen wir nicht mehr als 15 bis 20 Meter des Seiles auszunutzen.

Eisglasuren springen unter den Hammerschlägen vom glatten Fels, dann erst kann ich mit dem Fingernagel nach einer Ritze suchen. Er dauert jedesmal eine Ewigkeit, bis dann ein Haken eingetrieben ist. Aber was nützt schon ein Haken, wenn er auch sitzt? Es ist uns klar, daß hier ein Sturz ins Seil — so oder so — unser Ende bedeuten würde. Aber kein Wort des Verzagens kommt über unsere Lippen. Hier beweist sich wieder einmal echte Bergkameradschaft. Nur einen Augenblick zweifeln, ein einziges verzagtes Wort könnte schon zur Katastrophe führen. Einer muß den andern im Glauben lassen, daß man der Situation gewachsen sei, auch wenn es längst nicht mehr so ist.

Die Finger sind gefühllos, die Zehen wie abgestorben. Vor jeder Seillänge müssen die Glieder erst wieder zu neuem Leben erweckt werden. Die Handschuhe bleiben im Hosensack. Wir können sie hier nicht gebrauchen. Nur gut, daß die Hände so abgehärtet sind. Nicht umsonst war ich den ganzen Winter ohne Handschuhe unterwegs. Zur Abhärtung trug ich bei meinen Gängen im Freien stets noch einen Schneeballen in der Faust, auch wenn die Finger bereits grün und blau vor Kälte geworden waren. Jetzt lohnt sich diese Übung.

Die Wand will noch immer kein Ende nehmen. Unter uns schwarze, gähnende Leere. „Nur gut, daß ich den Anstieg noch so genau in Erinnerung habe", schreie ich Hugo ins Ohr.

Der Mond, auf den wir so sehr gehofft haben, läßt uns im Stich. Meter um Meter kämpfen wir und höher: zwei winzige Punkte im einer riesigen schwarzen und unabsehbaren Platte. Der Fels legt sich noch immer nicht zurück. Nach oben hin ist die Wand immer mehr mit Schnee und Eis gepanzert. Schneefelder stellen sich in den Weg. Keine Schneefelder, wo man mit den Skiern fahren könnte, sondern fast senkrecht gestellte Schneeflanken, von vereistem Fels umrahmt.

Es folgen nun die gefährlichsten Seillängen. Jede Faser des Körpers, unser ganzes Sein ist auf das äußerste gespannt. Dann endlich ist das große Schneeband unterhalb des Gipfels da. Erleichtert atmen wir auf. Aber ein Zurück gibt es nicht mehr!

Ein außerordentlich steiler Schneehang zieht von hier zum Grat empor. Er ist nur mit größter Vorsicht zu betreten. Eine zwei bis drei Meter dicke, lockere Pulverschneedecke liegt auf einer 60 Grad geneigten Platte. von ihr ist jetzt nichts zu sehen, aber sie ist mir vom Sommer her bekannt.

Die Wand unter uns verschwindet ins Bodenlose, Schwarze. Mit sehr gemischten Gefühlen betreten wir das Schneefeld. Aber es geht besser, als wir dachten. Allmählich kehrt auch das Vertrauen zurück. Endlich kann ich die steifgefrorenen Kletterpatschen mit den Bergschuhen vertauschen. Damit kommt auch wieder Gefühl in die abgestorbenen Füße.

Um zehn Uhr nachts am 27. Januar 1948 reichen wir uns auf dem sturmumtosten Gipfel der Schüsselkarspitze wortlos die starren Hände. 13 Stunden sind seit dem Einstieg vergangen. 13 Stunden harter Kampf, nicht nur mit der Wand, mehr noch mit den Naturgewalten. Der Gedanke an den Abstieg allerdings läßt keine rechte Gipfelfreude aufkommen. Bei diesen Verhältnissen ist die übliche Route über den Westgrat eine Tour für sich. An einem windgeschützten Plätzchen stillen wir vorerst unseren Hunger. Hartgefrorene Butter und hartgefrorenes Brot sind das erste, das wir seit dem Aufbruch in der Leutasch wieder zu uns nehmen. Eine eigenartige Gipfelstunde — nachts auf einsamer Felsklippe in der Brandung eines Föhnsturmes.

Der heftige Wind treibt uns weiter. Wir hoffen, um Mitternacht wieder am Fuß der Wand zu sein. Aber der Grat zeigt bald seine Tücken. Nach Norden fällt er in unheimlichen Schneefeldern ins Oberraintal ab. Südseitig hängen meterhohe Wächten gefährlich über einem unabsehbaren Abgrund. Man muß sehr achtgeben, daß man nicht auf die Wächte hinaustritt. Andererseits gestattet die Nordflanke kein Auskneifen. Stellen, wo man im Sommer kaum die Hände braucht, sind jetzt unüberwindbare Hindernisse. Die wenigen Haken, die wir noch besitzen, müssen wir opfern, um überhaupt noch voranzukommen.

Beim Spindlerturm angelangt, sind wir unschlüssig. Hugo ist fürs Abseilen über die Nordflanke, ich dagegen will vom Grat nicht abweichen und bin für die Überkletterung des Turmes. Ich habe meine guten Gründe, auch wenn wir dort dem Sturm ausgesetzt sind.

Aber wie schaut der Riß zum Spindlerturm aus? Vollkommen vereist und zugeschneit, der Fels glasiert. Bei diesem Sturm!? Hugo hat recht, es ist ein aussichtsloses Beginnen. Also wieder in die Nordflanke!

Anfangs ziehen einige Schneerinnen in die Tiefe. Sie werden immer steiler und brechen schließlich im senkrechten Fels ab. Unmöglich, hier weiter abzusteigen. Es wäre reiner Selbstmord!

„Nein, Hugo! Da gehe ich nicht mehr weiter!" rufe ich hinauf und steige vorsichtig wieder zurück. „Wir müssen doch über den Spindlerturm!"

Droben orgelt der Sturm in voller Lautstärke. Er packt mich mit solcher Gewalt, daß jeder Versuch, den vereisten Turm zu erklettern, hoffnungslos scheitert. Wir sind der Verzweiflung nahe. Wohin sollen wir uns wenden? Sitzen wir in einer Falle?

Ich versuche jetzt ohne jede Sicherung die Platten der Nordwand zu queren, um hinter dem Spindlerturm wieder auf den Grat zu gelangen. Die abschüssigen Felsen sind hier von einer zentimeterdicken Eisschicht überzogen. Ich muß mich richtig auf Eistechnik umstellen. In der einen Hand den Pickel, in der anderen den Eishammer, so arbeite ich mich Zentimeter um Zentimeter weiter. Funken sprühen am Fels, der Pickel kratzt in die dünne Eisschicht. Die nagelgeschlagenen Schuhe scharren auf harter Unterlage. Ich weiß nicht, ist es Fels oder Eis? Es ist zu dunkel, um etwas zu erkennen. Gut, daß uns der Abgrund verborgen bleibt, der hier, wie wir vom Sommer her wissen, einige hundert Meter ins Kar abbricht. Aber wir wissen auch so, in welcher Gefahr wir schweben.

Hugo hat es in den Kletterschuhen noch schwerer als ich. Auf Knien und Ellenbogen, von meinem Seilzug unterstützt, müht er sich unendlich langsam herüber zu mir, hängt dann eine Zeitlang völlig hilflos im Seil und pendelt zu guter Letzt wie ein Perpendikel am Seil zu mir herüber.

Aber die Grathöhe ist erreicht! Endlich. Gott sei Dank!

Doch, was ist hier los?

Der Wind hat ausgesetzt! Wie seltsam... Ich schaue auf die Uhr, vier Uhr früh! Herrgott, wie die Zeit schnell vergangen ist!

Über das Inntal senkt sich eine unheimlich schwarze Wolkenwand immer tiefer herab.

Eine halbe Stunde später rieseln schon die ersten Flocken vom rabenschwarzen Himmel.

Aus dem Flockenwirbel wird ein dichtes Schneetreiben, das bald die Gewalt eines wüsten Schneesturmes annimmt. Jetzt heißt es nur weiter und heraus aus dieser Hölle, wollen wir nicht ein Opfer des Wettersturzes werden. Taumelnd vor Müdigkeit kämpfen wir uns im Toben der Elemente weiter. Bald hat sich schon ein halber Meter Neuschnee auf den Felsen angesetzt und läßt diese kaum mehr erkennen. Ganze Landungen von Treibschnee schleudert uns der Sturm unbarmherzig ins Gesicht. Vergeblich suchen wir den vom Sommer her bekannten Abseilhaken. Alles ist unter Schnee begraben. Schließlich legen wir das Seil um einen Felskopf und mühen uns im Abseilsitz zur Tiefe. So lustig eine Abseilfahrt bei gutem Wetter und mit trockenen Seilen ist, so qualvoll empfinden wir sie jetzt mit den steifgefrorenen Tauen und der bockstarren Kleidung. Der dichte Flockenwirbel raubt uns jede Sicht. Nach langen Pendelmanövern finde ich endlich einen Stand. Für zwei reicht er gerade aus. Aber bis Hugo bei mir angelangt ist, sind die Seile oben am Abseilblock so festgefroren, daß sie sich nicht mehr abziehen lassen.

Hinauf können wir nicht mehr. Schweren Herzens entschließen wir uns, diese zwei 30-Meter-Seile zu opfern. Nun steht uns nur noch das Sicherungsseil zur Verfügung. Dessen Knoten sind so fest gefroren, daß wir sie durchschneiden müssen. Es bleiben uns nun nur mehr ganze 25 Meter Seil zum Gebrauch übrig.

Wieder bin ich 10 Meter tiefer und suche vergeblich nach neuem Stand. Das Seil erweist sich als zu kurz. In der Dunkelheit kann ich etwas tiefer einen Vorsprung erkennen — ein Felsköpfel — meine letzte Rettung! Ich wage das Äußerste und lasse mich am Seil so weit hinunter, bis ich nur mehr das Ende in den Händen halte. Jetzt pendle ich zum Felsköpfel hinüber, fasse Fuß darauf, Es reicht gerade aus, um mir allein Platz zu bieten.

Der letzte Haken fährt hinter einen Block, doch dieser bricht aus und verschwindet polternd in der Tiefe. Klirrend verfolgt von meinem Haken — dem letzten...

Noch bevor ich meinen Kameraden waren kann, ist er schon am Seil unterwegs zu mir. Beide hängen wir nun ungesichert am Seilende und wissen nicht, wie wir das letzte Stück Wand hinunterkommen sollen. Wenn wenigstens etwas zu sehen wäre! Vielleicht würde man von hier aus einen Sprung in den Schnee wagen dürfen. Doch wer weiß, ob es nur 10 oder noch 50 Meter da hinab sind? In dieser Lage können wir unmöglich das Seil abziehen. Es ist unser einziger Halt. Wir klammern uns an ihn wie Buben an Mutters Rockzipfel.

Seit dem Gipfel habe ich kein Gefühl mehr in den Füßen. Sie fühlen sich bis zu den Knien herauf an wie leblose Holzklumpen. Meinem Kameraden geht es ebenso. Hugo ist überhaupt schlechter daran als ich, nur mit seinen Kletterpatschen, von denen dazu noch die Sohle herunterhängt. Die vollkommen durchnäßten und gefühllosen Beine erkalten in dieser unbeweglichen Lage immer mehr.

Jeden Zentimeter der Wand streift mein verzweifelter Blick. Es muß sich doch noch irgendwo eine weitere Abseilmöglichkeit finden lassen! Doch wohin das Auge auch gleitet, nichts als haltlos vereiste und verschneite Flanken. Weit und breit eine einzige glatte, weiße Fläche. Der Schnee klebt vom Sturm hineingepreßt an den Wänden, verdeckt jeden Vorsprung.

Ist es das Ende? Fragend wende ich mich meinem Kameraden zu und sehe zu meinem Entsetzen, wie er einen Meter weit von mir an glatter Wann hängt und verzweifelt nach einem Halt sucht. Die Hände klammern sich mit letzter Kraft an das vereiste Seil. Er ist vom Stand geglitten. Jetzt kann es nur noch um wenige Sekunden gehen. Ich darf ihn nicht verlieren, meinen Freund, der jede Phase dieses Kampfes mit mir geteilt hat! Ich kralle mich, so gut es geht, an dem vereisten Felskopf fest, beuge mich weit hinaus — ein rascher Griff nach dem Rucksack — er gelingt — ich halte Hugo und ziehe in sachte wieder zu mir heran.

Kaum verspürt der Freund wieder festen Boden unter den Füßen, lösen sich auch schon seine vereisten Handschuhe vom Seil. Es war allerhöchste Zeit! Ich schaue in sein blasses, von Eis verkrustetes Gesicht. Es ist keine Zeit zum Dank sagen. Aber solche Augenblicke vergißt man ein Leben lang nicht mehr.

Wir müssen jetzt sofort weg von hier. Darüber sind wir uns im klaren. In solchen Situationen versucht man das Unmögliche. Hugo steht auf dem Felsköpfel, ich halte mich mit den Händen daran fest, hänge unterhalb an glatter Wand. Er zieht indessen das Seil ab, legt es um den Felskopf. Nun bin ich aus der kritischen Lage befreit und lasse mich am Seil hinunter. Es reicht gerade bis zur Wangscharte.

Von hier fällt nochmals eine steile Wand ab. Noch viermal müssen wir uns am Seil in die Tiefe lassen, müssen manches gewagte Manöver auf uns nehmen und an spiegelglatten Felsen hin und her pendeln, bis wir Stand finden. Hugo rutscht mit seinen inzwischen völlig aufgelösten Kletterpatschen noch einmal gefährlich aus, saust an mir vorbei, in letzter Sekunde kann ich ihn gerade noch vor einem Abbruch festhalten. Inzwischen ist es Tag geworden.

Die Uhr zeigt die achte Morgenstunde. Da läßt uns die Wand frei. Völlig erschöpft schleppen wir uns zu Tal. Als sich das Wolkengebrodel vorübergehend lichtet, werfen wir nochmals einen Blick zurück zu den abweisenden, neuschneebezuckerten Plattenfluchten der Schüsselkarsüdwand. Über 30 Stunden hat sie uns gefangengehalten. Was wäre aus uns geworden, wenn wir uns auch noch auf ein Biwak eingelassen hätten? Wir wissen die Antwort, auch ohne sie auszusprechen.

Große Ochsenwand — Nordostkante

Immer wieder zog es mich ins winterliche Hochgebirge. Es hatte für mich einen unwiderstehlichen Reiz. Schon allein das Spuren durch tiefen Schnee bereitete mir eine große Freude. Wenn ich über unbetretene Hänge spurte, bewegte mich ein Gefühl, als ob ich noch völlig unberührtes, jungfräuliches Gelände eroberte.

Schon als Bub kraxelte ich in meiner Bergbegeisterung die winterlichen Grate der Innsbrucker Nordkette ab. Hier machte ich auch schon meine ersten trüben Bekanntschaften mit den Tücken des Schnees. Ich erinnere mich noch genau, wie ich eines Tages allein vom Brandjoch den Ostgrat abstieg und — da die Schwierigkeiten des Aufstiegs bereits hinter mir lagen — dem Grat wenig Aufmerksamkeit schenkte. Ich wollte mit den Schuhen über den hartgepreßten Schnee abfahren und bei einem Felsvorsprung bremsen. Ich hatte aber übersehen, daß der Schnee auf eisiger Unterlage saß. Die Fahrt wurde zu rasch, und ohne Halt ging's über den Felsvorsprung hinaus und in die steile Nordflanke hinein. Eine Rinne nahm mich auf. Ich versuchte aus ihr herauszukommen und die Fahrt zu stoppen. Inzwischen hatte sich der viele Schnee in den Nordhängen als Lawine gelöst. Sie bewegte sich mit mir und schwemmte mich mit. Meine ganzen Kräfte, deren ich damals nicht gerade viel besaß, wandte ich auf, um mich gegen diesen Strom zu stellen, aber alle Versuche blieben erfolglos. Ich wälzte mich zur Seite, wurde aber von neuem von der gleitenden Masse erfaßt und mitgezerrt. Dann sah ich vor mir einen Abgrund. Verzweifelt stemmte ich mich mit meinen Fersen gegen die Fahrt. Beim nächsten Felsvorsprung aber warf es mich wie bei einem Hechtsprung in die brodelnde Masse. Nun ging es zu Tal, sogar Kopf voraus. Und der Abbruch kam immer näher... Nur noch 50 Meter — dann ist das Ende da! — Die Todesangst gab mir übermenschliche Kräfte: ich ruderte, schwamm und wehrte mich wie ein Ertrinkender, und so gelang es mir, an den Rand des gleitenden Ungeheuers zu kommen. Die Lawine spie mich aus.

Ich stand am Rande der Rinne und sah die gischtende Masse unter mir verschwinden. Nur noch das Donnern drang dumpf zu mir herauf. Vorsichtig querte ich nun wieder auf den Grat zurück und begriff erst jetzt, was für eine gefährliche Rutschpartie — über einige 100 Meter hinweg — ich gemacht hatte.

Es ist gut, schon früh solche Erfahrungen zu sammeln, vorausgesetzt, daß man mit heiler Haut dabei wegkommt. Man kann nicht früh genug die Gesetze des Berges erkennen und beachten lernen. Nur solchen frühen Erlebnissen verdankte ich es, daß ich mich später an schwere und schwerste Bergfahrten auch im Winter und bei Nacht heranwagen durfte.

Vom Hüttenfenster der Glungezerhütte aus ist mir immer eine scharfe, gut ausgeprägte Kante aufgefallen, die sich drüben, in den Kalkkögeln, bei den Stubaiern als schwarzer Strich aus der weisen Fläche abhebt. Dieser Kante gilt mein Werben.

Ich treffe mich zum letzten Zug am Stubaier Bahnhof mit Josl Knoll. Unser Abmarsch erfolgt, wie immer bei winterlichen Hochtouren, noch in den Nachtstunden.

Diesmal plagen wir uns durch einen engen steilen Graben hinauf. Die Skier wollen einfach nicht mehr und rutschen ständig rückwärts — trotz der Felle! Schließlich wird uns die Sache zu dumm. Wir schultern die wiederspenstigen Hölzer und steigen zu Fuß, wenn auch tiefer einsinkend, an. Die Spur muß durch die riesigen Steilhänge mit Bedacht angelegt werden. Des öfteren schon ließ uns ein dumpfes Krachen aufhorchen, ein Ton, der durch Mark und Bein dringt. Wir gelangen aber unbeschadet bis zum Fußpunkt der Felsen, die zur Nordostkannte der Großen Ochsenwand hinaufziehen — zu „unserer" Kante!

Wegen der Steilheit des Geländes lassen wir die Skier jetzt zurück. Im grundlosen Schwimmschnee geht es nur mühsam aufwärts. Zum Glück ist es nicht allzuweit bis zum Steilansatz der Kante. Trotz der Anstrengung verspüren wir die bissige Kälte. Hart schneidet sie ins Gesicht. Und bei dieser Temperatur wollen wir klettern? Ich kann es mir noch gar nicht vorstellen! Steil schwingt sich über uns gelber Fels auf. Wie ein Strich zieht die Kante nach oben. Trotz des vielen Schnees, den uns der Winter diesmal reichlich bescherte, ist sie vollkommen blank. Nur schmale, weiße Linien — Felsbänder — zeichnen sich höher oben ab. Schlotternd am ganzen Körper erwarten wir die Morgensonne. Ihre Kraft taugt wenig, um warm zu werden, müssen wir durch Gymnastik etwas nachhelfen. Zuletzt führen wir einen wahren Boxkampf auf.

Endlich ist es soweit. Die Rucksäcke und die Schuhe bleiben zurück, ebenfalls die Schistöcke. Durch lockeren, trockenen Schnee, der sich wie Grieß anfühlt, wühlen wir uns an den Einstieg heran.

Ich kenne die Tour vom Sommer her, sie ist keineswegs leicht. Ein perfekter „Sechser", also das „Äußerste" in der alpinen Schwierigkeitsskala. Kein Geringerer als Hias Rebitsch war ihr Erstbesteiger. Sie weist erst wenig Begehungen auf.

Die Sonne hat keinen Gefallen an uns. Rasch verschwindet sie wieder hinter der Kante. Im eisigen Schatten läßt sie uns zurück. Die Kälte bringt unseren Geist förmlich auf den Nullpunkt. Umständlich und mißmutig mache ich mich an die Kletterei. Viel Lust habe ich heute nicht, aber was man sich einmal eingebrockt hat, muß man auch auslöffeln. Die Handschuhe verschwinden in den Hosentaschen. Bei den winzigen Griffen sind sie nicht zu gebrauchen. Aber bald sind die Finger blau, steif und gefühllos. Wie soll das erst weiter oben in den schwierigen Seillängen werden? Ich kann mir das gar nicht vorstellen! Nach altbewährter

Methode massiere ich meine Hände vorerst einmal mit Schnee, bis das Blut wieder zirkuliert. Sie beginnen zu prickeln, ich spüre, wie das Blut in den Adern wieder fließt. Angenehm kann man dieses Gefühl, das „Ameisenlaufen", ja nicht gerade nennen. Aber es hilft. Bald sind die Finger soweit wieder warm, daß der Weiterweg aufgenommen werden kann.

Die bloßen Hände wühlen im kalten Pulverschnee, als ob es darum ginge, einen Schatz ausfindig zu machen. Sie suchen nach Griffen und halten sich an unsichtbaren Vorsprüngen. Dabei kühlen die Finger wieder aus.

Das Spiel wiederholt sich. Wieder derselbe schmerzhafte Zustand, bis die Finger neuerlich war sind. So wird es noch oft gehen, nur wird es weiter oben, wo der Fels steiler und kleingriffiger ist, immer schwieriger sein.

Bald kann ich meine Finger überhaupt nicht mehr spüren, nur mehr mit den Augen erkenne ich, ob ich einen Vorsprung umklammert halte oder nicht. Wechselweise verschwindet bald die eine, bald die andere Hand in der Hosentasche oder im Mund. Wo ein Sicherungshaken erreicht ist oder gar geschlagen werden muß, bleibt einem das Eisenzeug direkt an der nackten Haut kleben. Wie eine Wolke schlägt der Atem aus Mund und Nase und bildet vorne am Anorak eine dicke, weiße Auflage von Reif. Der dauernde Kampf mit der Kälte neben den allgemeinen Schwierigkeiten fordert das Letzte an Energie.

Wir bewegen uns ständig 10 bis 20 Meter von der Kante entfernt in der Nordwand, müssen zusehen, wie die Sonnenstrahlen dort drüben, kaum eine halbe Seillänge entfernt, den Fels streifen. Tantalus im sechsten Grad! So raufen wir gegen Kälte und Erdenschwere. Und tatsächlich: Nachmittags sind wir aus den Hauptschwierigkeiten draußen.

Die Wand legt sich nun etwas zurück, dafür gewinnt wieder trügerischer Schnee die Oberhand. Wir legen eine kurze Rast ein, essen etwas — ziemlich lustlos — und schauen sehnsüchtig auf die Sonnenhänge gegenüber. Schauen auf unsere Spur hinab, senkrecht hinunter zum Einstieg, wo etliche hundert Meter tiefer unsere Skier stecken.

Die Tage im Januar sind kurz. Wir müssen wieder weiter!

Senkrechte Wandstellen werden von überwächteten Bändern abgelöst. Durch die Schneeüberhänge müssen wir uns förmlich hindurchnagen. Rechts drüben erscheint uns das Gelände etwas günstiger, und bald bin ich dort in einem Kamin untergetaucht. Schon wieder überfällt uns die Dämmerung heimtückisch und schnell. Wie sind doch die Stunden rasend verstrichen! Wenn ein Biwak auch so rasch vorüberginge, könnte man leicht den Morgen abwarten. Im Kamingrund ist es noch dunkler, bald kann ich die Unebenheiten am Fels überhaupt nicht mehr wahrnehmen. Da gilt es, das Auge durch einen ebenso geschulten Tastsinn zu ersetzen. Instinktmäßig, wie ein Tier, das jede Gefahr wittert, bewegt man sich weiter. Eine Kaminverengung drängt mich ganz an die Außenseite zur Wand. Ein überhängender Schneebalkon schließt den Schlund ab. Hoffentlich hält er! Vorsichtig schiebe ich mich höher, verlege mein Gewicht auf die Schneestufe und will dort einen Augenblick verschnaufen.

Plötzlich gibt das Rastplatz nach. Er bricht unter den Füßen weg. Zum Glück habe ich einen guten Halt und kann auch gleich wieder Stand finden. Rasch in den Kamingrund gespreizt und das Seil angezogen — so erwarte ich den unvermeidlichen Ruck. Josl steht direkt unter mir, 20 Meter tiefer. Wenn der hinunterpolternde, hartgepreßte Schnee ihn schon nicht erschlagen wird, so reißt er ihn aber bestimmt aus der Wand. Doch der Ruck bleibt aus. Josl, der wackere, zähe Bursche, ist nicht gestürzt. Ich höre ihn zwar jammern und schimpfen, aber es ist noch einmal gut abgegangen. Geistesgegenwärtig konnte er den Rucksack blitzschnell über den Kopf ziehen, ehe ihn der Schneeklumpen mit einem heftigen Schlag traf.

Inzwischen ist es stockfinster geworden. Der Fels hat sich wieder mit einer dünnen Eisglasur überkleidet. Jeder Griff und Tritt muß einzeln abgetastet werden, die besten liegen jetzt unter dem Eis verdeckt, und man muß sich mit dem begnügen, was übriggeblieben ist.

Dort oben ist ein Band. Die letzten Meter zu ihm sind eine gewaltige Anstrengung. Es ist, als ob man auf das schneebedeckte Dach einer gotischen Kirche steigen würde. Lockerer Pulverschnee rieselt über das Band herab, läuft zwischen den Händen durch und verschwindet lautlos in der Tiefe.

Von unten dringen wieder Schimpfwörter herauf. Josl, der diesen Schnee über den Kopf bekommt, ist alles andere als begeistert.

„Schicke mir einen Besen herauf, dann kehre ich alles hinab!"

Meine Arme verschwinden bis zu den Ellenbogen im Schnee und suchen nach Griffen. Die Füße scharren an senkrechter Wand, um sich an den wenigen eisfreien Stellen aufwärts zu spreizen. Sachte und behutsam gelingt es mir schließlich, den Oberkörper über das Band zu schieben. Die Füße tasten nach. Dann habe ich wieder Stand. Josl kann nun aus seiner unbequemen Lage befreit werden. Er dürfte schon halb angefroren sein. Langsam, Stück für Stück, kann ich das Seil einziehen. Sehen kann ich den Freund erst, als er unmittelbar unter mir auftaucht. Als dunkler Schatten löst er sich aus der schneegestreiften Wand.

Steile, schneegefüllte Rinnen ziehen weiter nach oben, bis zu einer hellen, aus der schwarzen Umgebung abstechenden Fläche. Die Handschuhe können hier wieder Verwendung finden. Wie Schneepflüge wühlen wir uns aufwärts. Hier und da noch ein sperrender Aufschwung. Allmählich nimmt die Kante Gratform an. Der Himmel hat sich mittlerweile überzogen. Heftiger Wind empfängt uns auf der Gratschneide, die nun, von etlichen Türmen besetzt, zum Hauptgipfel der Großen Ochsenwand zieht. Wo es geht, weichen wir den Türmen aus, queren an ihren Flanken und lassen zur besseren Sicherheit das Seil bald rechts, bald links daran vorbeilaufen.

Den letzten Gipfelaufbau, das in der Dunkelheit sichtbare Schneefeld, können wir uns ohne weiteres ersparen. Wir steigen gleich in eine Scharte ab. Durch eine Steilrinne rutschen wir hinab, versinken dabei fast bis zum Hals im tiefen Schnee. Dann verlassen wir die Rinne nach rechts und queren in steiler Wand über abschüssige Bänder weiter rechts zur Einschartung zwischen Kleiner und Großer Ochsenwand. Hier ist der Fels vom Wind blankgefegt. Das Geröll, fest gefroren und von einer glasigen Eisschicht überzogen, ist abschüssig und bedeutet für uns, die wir uns in Kletterpatschen bewegen, erhöhte Gefahr. Das Seil spannt sich frei über dunklem Abgrund. Nirgends eine Sicherungsmöglichkeit. Auch ohne besondere Phantasie können wir uns die Luftfahrt vorstellen, die wir beide antreten müßten, wenn einer von uns ins Rutschen käme. Der Wind ist zum Sturm geworden. Heftig peitscht er die Seile. Fast waagrecht stehen sie von uns weg. Das Blut in den Adern will uns erstarren. So kämpfen wir uns weiter hinunter.

Die Scharte ist erreicht. Eine Schneerinne führt von hier abwärts, sie wird uns zur Qual. Noch lange steile Hänge unterhalb der Nordabstütze der Großen Ochsenwand sind zu überqueren. Es ist Mitternacht, als wir am Fuße der Nordostkante stehen. Wie eine Drohung steilt sie kerzengerade in den schwarzen, stürmischen Nachthimmel.

Zwei Stunden später ziehen wir die Glocke an der Tür zur Schlickeralm. Schlaftrunken wird uns geöffnet. Entsetzt über unseren Anblick fragt uns der Wirt, wo wir denn herkämen. Traut er uns nicht? Aber wie sehen wir auch aus! Wie richtige Schneemänner! In jeder Falte unserer Kleidung hängt Schnee, wo man auch hinschaut, nichts als Schnee! Wir müssen am Ende über uns selbst lachen.

*

Jorassespfeiler

Westalpen — wie oft habe ich schon von ihnen gehört. Von ihren 1000-Meter-Wänden und ihren gewaltigen Eisflanken, an denen es kein Zurück mehr gibt und kein Entrinnen. Von Hängegletschern, die wie überreife Trauben nur darauf lauern, daß so ein lächerlicher Menschenzwerg seinen Kopf darunterhält. Schauerliche Eisschlaggeschichten hatte man mir erzählt, von furchtbar langen Hüttenanstiegen, von Biwaks und nicht endenwollenden Überschreitungen mit Riesenrucksäcken berichtet. Von unvorstellbaren Gletscherbrüchen, von Schneestürmen, Nebel und Erschöpfung. Und von Höhenkrankheit! In meiner lebhaften Phantasie hatte ich mir das alles sicher übertriebener vorgestellt, als es in Wirklichkeit ist. Dieser Wirklichkeit aber endlich einmal auf den Grund zu kommen, ist ein langes, heißes Begehren von mir. Wann wird mein Traum seine Erfüllung finden? Am Können soll es bei mir nicht scheitern — aber, wie immer: es ist eine Geldfrage...

Und dann — im Sommer 1948... Wir konnten es kaum glauben: Eines Tages lag eine Einladung für Chamonix auf dem Tisch. Es war wie eine Weihnachtsbescherung, ja noch viel mehr! Ich habe mich damals als der glücklichste Mensch gefühlt. Ich sah mich schon in den tollsten Situationen und träumte sogar nachts davon. Aber ich wußte auch: nun liegt es an dir, Hermann! Nun kannst du dich, nun mußt du dich endlich bewähren!

Auf Grund der Einladung von der École Nationale, der französischen Bergsteigerschule i Chamonix, bekamen wir Reisepässe und den Sichtvermerk für Frankreich. Zur Zahlung des Aufenthaltes leistete uns der Österreichische Alpenverein einen Zuschuß. Als alles schon gesichert schien, trat zu guter Letzt noch eine Schwierigkeit auf — das Wetter! Bis unter die 3000-Meter-Grenze herunter hatte es geschneit, selbst die Wetterstein- und Kaisertouren nahmen — mitten im Sommer — den Charakter reiner Winterfahrten an. Man fragte sich, ob es überhaupt einen Sinn haben könnte, unter diesen Umständen zum Mont Blanc zu fahren. Für mich und Luis Vigl existierte eine solche Frage natürlich nicht. Aber unsere beiden älteren erfahrenen Begleiter, Erwin Schneider, der Siebentausender-König, und Hias Rebitsch, der große Meister, hatten berechtigte Bedenken. Sie kannten die Westalpen und kannten auch ihre Tücken. Bei dieser Witterung, so argumentierten sie, sitzen wir nur im Tal herum. Was haben wir davon? Mitte Juli ist's dann aber doch soweit.

Wir fahren! In die Westalpen! Unsere Freude ist unbeschreiblich.

Zürich — Bern und weiter entlang den Weingärten zum Genfer See hinab.

Durch schluchtartige Täler fahren wir weiter den Bergen zu, stäubende Wasserfälle sprühen in die Tiefe. Wir befinden uns bereits in Frankreich. Ich kann es einfach nicht fassen, daß es nun montblancwärts geht. Mont Blanc! Ein faszinierender Name! Ich stelle mir darunter das Hochgebirge in höchster Vollendung vor. Bergformen, wie sie nirgendwo in den Alpen zu finden sind. Ich hatte schon die ganze Literatur durchstöbert, Karten studiert und kannte mich theoretisch in jeder Route dieses Bergmassives aus! Und in diese Gebirgsgruppe, die großartigste der Alpen, sollen wir Neulinge nun hineingeführt werden!

Saint Germain — wir biegen ab in das Tal der Arve. Eigentlich müßte es hier schon nach Schneeluft riechen! Wir strecken die Nase zum Fenster hinaus, doch naß schlägt es uns entgegen. Es regnet! Ein enttäuschender Empfang. Durch Regenpfützen mühen wir uns mit den schweren Koffern nach Les Praz. Hier wird uns ein herzliches Willkommen zuteil. Erwin kennt sich schon aus: „Monsieur Vigl!" — „Monsieur Buhl!" stellt er Luis und mich vor. Rebitsch

Abb. rechts: Am Patscherkofel bei Innsbruck, im Hintergrund die Nordkette, 1952.

Abb. unten: Grandes Jorasses (Mitte) im Mont Blanc-Gebiet (Frankreich) mit dem Walker-Pfeiler. Im Vordergrund der Leschaux-Gletscher.

Abb. oben: Normann Dyhrenfurth (links) und der „Siebentausenderkönig" Erwin Schneider, 1955.

← *Abb. links: In den Nadeln von Chamonix.*

braucht nicht vorgestellt zu werden. Den kennt man schon. Mit einem „Bonjour, Monsieur Franco!" begrüßt er unseren Gastgeber.

Herr Franco ist überaus freundlich und lädt uns sogleich zu einem kleinen Plauderstündchen ein. Wir zwei Neuen, der Luis und ich, haben wenig davon, denn unser Französisch beschränkt sich auf „oui" und „non"! Dafür unterhalten sich die beiden anderen um so angeregter. Mich interessieren vor allem die gewaltigen Bilder an den Wänden: Grandes Jorasses, Aiguille de Triolet, Les Droites und andere Berge. Wir hören, daß die Verhältnisse denkbar schlecht sind, daß bis zu 3000 Meter herab tiefer Neuschnee liegt und daß an große Fahrten gar nicht zu denken ist. An der Aiguille Verte ist eine Partie verunglückt, infolge der winterlichen Verhältnisse. Enttäuschung befällt mich, wenn ich an den Jorassespfeiler denke. Ihn hatten wir doch als unser geheimes, großes Ziel auserkoren.

Am anderen Morgen lacht jedoch die Sonne bereits ins Zimmer herein. Es ist ein strahlender Tag. Die Berge sind alle neuschneeüberzuckert und wirken dadurch besonders gewaltig. Die Aiguille Dru, dieser schlanke Riesenzahn, sticht wie ein weißer Obelisk in das Firmament. Die vielen Nadeln von Chamonix — man weiß nicht, welcher man den Vorzug geben soll. Eine überbietet die andere an Kühnheit. Eine Kulisse abenteuerlicher, bizarrer

Türme! Die Aiguille des Grands Charmoz mit ihrer gewaltigen, schwarzen, steinschlagzerfressenen Nordwand. Die Aiguille du Plan, von deren Scheitel ein Hängegletscher senkrecht über die Felswand herunterhängt, und die benachbarte Aiguille du Midi, der Mittagszahn — eine grandiose Eisflucht. Und über dem allem die erhabene, gleißende Firnfläche des Monarchen, des Mont Blanc! Gewaltige Gletscherströme ziehen von seiner Kuppe tief in die Täler herab. Sie dringen bis in die Waldgrenze vor, und ihre Zungen lecken in blühende Bergwiesen. Soviel Pracht hatte ich nicht erwartet. Ich finde meine kühnsten und romantischen Vorstellungen übertroffen.

Mittags bereits verlassen wir Chamonix. Die Zahnradbahn bringt uns nach Montenvers in 1900 Meter Meereshöhe. Erstmals ist uns auch ein Blick auf die Grandes Jorasses gegönnt. Wie Königinnen prangen sie in ihrem Winterkleid. Zu ihren Füßen wälzt sich der Eisstrom der Mer de Glace talaus. Ein kurzer Besuch dieses Gletscherstromes führt mir die ganze überwältigende Größe dieser Landschaft vor Augen und vermittelt mir auch einen ersten Überblick über die Stätte unseres künftigen Wirkens.

Wir spüren schon am anderen Morgen, wie kurz Westalpennächte sind. Im Kerzenschein rumoren wir herum, obwohl es erst zwei Uhr nachts ist und wir treten kurz darauf im Scheine der Taschenlampe ins Freie. Mäuschenstill ist es jetzt in Montenvers, wo untertags ganze Völkerscharen in Bewegung sind.

Über Platten, Geröll und grobes Blockwerk queren wir an der Seitenmoräne des Mer de Glace entlang, erklimmen noch im Dämmerlicht steile Hänge und gelangen über einen kleinen Gletscher zum Fuß der Nordwand der Grands Charmoz, dem Ziel des heutigen Tages. Hin und wieder gellt Steinschlag durch die Wände, eine mahnende Stimme — die Sprache der Berge! Über uns die grauen Umrisse einer riesigen Wandfläche, von weißen Adern durchzogen. Je mehr wir uns ihr nähern, um so mehr neigt sie sich zurück.

Wie anders zeigte sie sich uns doch gestern von Montenvers aus — erschreckend steil und unnahbar. Wir wunderten uns nicht, daß der Weg durch diese Riesenwand bisher erst einmal wiederholt wurde. Sie wird von den Bergsteigern gemieden. Ein Eisgürtel in der Wandmitte macht sie zu einer kombinierten Fahrt von ernstem Charakter und zu einer der gefährlichsten Alpentouren überhaupt. Welzenbach und Merkl haben sie 1931 in abenteuerlicher Fahrt als erste bezwungen. Anderl Heckmair hat ihr später den direkten Aufstieg abgerungen.

Erwin geht heute nicht mit uns. Aber schon die Anwesenheit dieses bescheidenen Mannes, der zu den erfolgreichsten Bergsteigern aller Zeiten zählt, ist für uns von unschätzbarem Wert. Kennt er doch das Mont Blanc-Gebiet wie seine Hosentasche. Wenn er uns zu einer Tour rät, brauchen wir keine Bedenken zu haben.

Ohne Übergang setzt die Wand ab. Da der untere Teil mäßig steil emporzieht, lassen wir das Seil noch im Rucksack und steigen jeder für sich, wo es gerade am besten geht. Ein Wasserfall im Abfluß des Schneefeldes mündet ausgrechnet an der Stelle, wo wir ihn queren müssen.

Der Fels wird jetzt unangenehmer. Das Gestein ist abwärts geschichtet und von Wasser und Steinschlag glattpoliert. Auf allen Vorsprüngen liegt feiner Sand. Wir beiden Jungen, Luis und ich, finden es scheußlich und sind arg enttäuscht von dieser Kletterei.

Mittags liegt nahezu die halbe Wand hinter uns. Der untere Rand des Eisgürtels ist erreicht. Vereinzelt schießen Steine vorbei. Sie können uns aber nicht gefährlich werden. Sie nehmen den Weg durch das Bett einer tiefen Sekundärrinne. Bis zu den Knien im aufgeweichten Schnee des nicht allzu steilen Hanges stapfen wir zur Höhe. Doch die Neigung nimmt allmählich zu. Die Schneedecke wird dünner, und dann treten wir nur noch auf blankes Eis.

Wir queren nach rechts hinüber. Der Hang wird immer steiler. Unter uns eine weiße, fast eben erscheinende Fläche, das Schneefeld; über uns schwarze, fast senkrechte Eissäulen, die zur Gipfelrinne führen.

Wir stehen auf blankem, schwarzem Wassereis. Ein ungemütliches Gefühl, auf diesem spröden Material nur mit den vorderen Zacken der Steigeisen verankert zu sein. Man kann nicht wissen, ob diese Unterlage, die zudem noch von einer hauchdünnen, gepreßten Sandschicht überzogen ist, nicht plötzlich ausbricht. Immer fester schlägt man die Steigeisen ins Eis, als gelte es, die Decke durchzuhauen. Manchmal rutscht man einige Zentimeter ab, dann fährt einem der Schrecken in die Kehle. Und die Wadenmuskeln schmerzen von der übermäßigen Belastung und Anspannung.

Der Pickel ritzt nur mit der äußersten Spitze das Eis. Er dient nur zur Balance und hilft nur das Gleichgewicht halten. Man hat gar nicht das Gefühl, mit dem Hang noch in fester Verbindung zu stehen. Auch merke ich nichts davon, daß ich vorankomme; mir scheint, als ob ich dauernd auf der Stelle trete. Nur daran, daß alle 30 Meter der Kamerad unter mir „Seil aus!" ruft, erkenne ich, daß es weitergeht. Wenn man nur endlich etwas Festes unter den Händen spürte!

Ich steuere dem Fels an der rechten Begrenzung der Eisrinne zu. Ich zähle die Meter bis dorthin. Sichtlich erleichtert sehe ich den Fels immer näher rücken.

Luis hingegen scheint sich hier schon ziemlich zu Hause zu fühlen. Etwas neidisch betrachte ich seine starken Beine — sein besonderer Stolz — und denke mir, wie das Eisgehen mit solchen Ständern ein Vergnügen sein muß!

Damit keiner zu kurz kommt, wechseln wir uns in der Führung ab. Ich mogle auch ganz gern ein bißchen, indem ich bereits nachkommen lasse, bevor noch das Seil zwischen uns gespannt ist. Rasch wird ein Standplatz geschlagen, der Pickel zittert und prallt vom harten Eis fast ab. Eissplitter spritzen ins Gesicht. Ein Eishaken wird angesetzt, ein paar wuchtige Schläge mit dem Hammer, und erleichtert vernehme ich das Einklinken des Karabiners für die Selbstsicherung.

Wir stecken gerade in der Querung unterhalb der Gipfelrinne. Hias Rebitsch und ich an ihren Rändern, Luis in der Mitte. Auf einmal erfüllt unheimliches Surren die Luft. Steinschlag! Aber es hört sich viel unheimlicher als sonst an. Und da sehen wir schon — eine riesige Scheibe! Wie ein Mühlenrad kommt sie in rasendem Tempo herab, rollt und springt, auf die Kante gestellt, direkt auf uns zu. Knapp über dem Eis fegt sie dahin. Immer unheimlicher wird ihr Surren. Wir stehen ohne Deckung, auf glatter Eisfläche schutzlos der Gefahr ausgeliefert. Jetzt muß etwas passieren! Wir spüren es bis ins Mark. Das Seil lassen wir locker durchhängen, damit, wenn der Stein es streifen sollte, noch Spielraum bleibt und wir nicht aus dem Stand gerissen werden. Jeder von uns lauert in Abwehrstellung, um im letzten Augenblick vielleicht noch zur Seite springen zu können. Aber wohin?

Luis ist anscheinend als Opfer ausersehen: die Scheibe treibt direkt auf ihn zu; streift das Eis, springt knapp über ihm ab; Luis duckt sich blitzschnell an die glatte Fläche, ein Schatten huscht vorbei, ein unheimliches Dröhnen; das Seil bleibt locker; der zentnerschwere Block verschwindet unter uns. Dann ist wieder Ruhe.

Schleunigst verlassen wir den Fallschacht dieser todbringenden Geschosse und drängen gegen den rechten Rand des Eises. Noch härter und steiler ist es hier, und nur in ganz dünner Schicht überdeckt es den Fels. Gerne lasse ich mich von Luis ablösen.

Drohende Gewitterwolken hängen am Himmel. Wir haben sie vorher gar nicht bemerkt. Ein Wind kommt auf. Langsam müssen wir einsehen, daß sich die Voraussage von Hias doch noch bewahrheitet. Drunten am Schneefeld glaubten Luis und ich schon in wenigen Stunden auf dem Gipfel zu sein. Hias jedoch, der diese Wände kennt, meinte nur lächelnd: „Wir werden froh sein, wenn wir überhaupt bis zum Abend aus der Wand herauskommen."

Unwahrscheinlich, diese Steilheit! Wir stoßen schon mit der Brust am Eis an. Die Knie stehen hindernd im Wege. Und immer noch steiler zieht das Eis nach oben.

Mit verblüffender Sicherheit bewegt sich Luis aufwärts. Wir hätten jetzt die Möglichkeit, nach links auf der Route von Willo Welzenbach zum Nordostgrat auszuweichen. Die vereisten Platten dort verlocken uns aber gar nicht, und wenn schon überall die gleiche Beschaffenheit ist, so steigen wir doch gleich direkt den Weg Heckmairs zum Gipfel an. Hier irgendwo müssen Welzenbach und Willy Merkl vor 17 Jahren bei ihrer Erstbesteigung vier Tage im Sturm zugebracht haben.

„Danke, nichts für mich", meint Luis, als ich ihm beim nächsten Wechsel davon berichte. Am Fels überläßt er wieder mir den Vortritt. Kombiniertes Gelände liegt mir gut, und ich übernehme gerne die Führung.

Schmale Eisstreifen und steile Felsrücken wechseln miteinander ab. Ich versuche dem Eis auszuweichen, habe auch schon die Steigeisen abgenommen und spreize von einem Felsvorsprung zum anderen empor. Eis klebt am senkrechten Gestein, hängt in den Rinnen und hält den brüchigen Fels zusammen. Selbst Hias flößt diese Neigung Achtung ein.

Wenn meine Blicke beim Suchen nach einem Tritt meine Schuhe streifen, bekomme ich fast Mitleid mit ihnen. Hungrig reißen sie die Mäuler auf. Die Sohlen hängen herunter, und aus den Löchern schauen die völlig durchnäßten und zerfetzten Socken heraus. Aber sie müssen noch durchhalten. „Vorbildliche Ausrüstung für die Westalpen", gibt Hias brummend zu verstehen.

Um rascher voranzukommen, gehen wir stellenweise wieder gleichzeitig. Die Zeit drängt sehr, und wir können hier nicht biwakieren. Wir müssen unter allen Umständen hinaus!

Furchtbar brüchig wird nun der Fels. Nur noch der Frost dieser Nordwand kittet das lockere Gestein zusammen — diesen senkrechten Geröllhaufen! Kompakte Felssäulen kleben am Eis, und umgekehrt hängen mächtige Eiswülste an lockeren, zerbröselten Felsen. Vorsichtig ziehen wir das Seil nach, um nur ja keine dieser schwankenden Gestalten aus dem Gleichgewicht zu bringen. Bevor sich's Hias noch versieht, hat er schon einen tischgroßen Block gelockert. Mit der Hand hält er ihn in der Schwebe, aber wie lange? Luis steht direkt unter ihm, genau in der Fallinie des Blockes. Hias kann nicht weiter. Er kann den Platz nicht verlassen, ohne den verderbenbringenden Block loszulassen. Zum Glück hat Hias eine Seilschlinge bei sich und — ein ebenso toller wie genialer Einfall — damit bindet er nun den Block an den Fels und steigt vorsichtig wieder weiter. Ein Krachen verrät uns, daß Luis jetzt über den Block hinweg ist und die Seilschlinge gelöst hat. Lange schauen wir dem springenden Stein im Kessel unter uns nach.

Jetzt stoßen wir wieder auf Schnee, ein Zeichen, daß wir bald am Ausstieg sein müssen. Der Schnee wird immer tiefer. 1100 Meter fällt die Wand zu unseren Füßen in den Abgrund. Bei einsetzender Dämmerung führt Hias die letzten Seillängen auf den Grat. Im letzten Licht des scheidenden Tages stehen wir auf der Scharte unterhalb des Gipfels der Aiguille Charmoz. Wir finden keine Worte, wir sind nur froh, daß uns diese Wand wieder freigegeben hat.

An ein Absteigen zu dieser späten Stunde ist natürlich nicht zu denken. Wir suchen uns ein geschütztes Plätzchen, und da Blitzgefahr besteht, hängen wir das ganze Eisenzeug weit weg in eine Rinne. Drohend schwarz ist der Himmel. Schon fällt Nebel ein, und vor dem drohenden Wolkenbruch flüchten wir uns rasch unter Erwins erprobten Biwaksack. Unsere Kleidung ist von Eis, Schnee und Wasser durchnäßt, trotzdem fühlen wir uns geborgen und sind glücklich, nicht mehr in der Wand, diesem Gefängnis, zu stecken. Kräftig trommelt der Regen auf unser Dach.

„So ein Sack ist doch etwas wert", meint Hias befriedigt. Aber Luis klagt über Nässe. Wir lachen ihn aus: „Du spinnst wohl?" Doch bald läuft es auch Hias und mir feucht über den Rücken. Rasch ist des Rätsels Lösung gefunden: Der Biwaksack ist über und über porös, überall dringt Wasser ein, die Imprägnierung hält nirgends mehr dicht. „Erwin hat uns da ein nettes Sieb mitgegeben", stellen wir verärgert fest. „Das wird er büßen müssen", ist unsere geschlossene Meinung.

Nach Mitternacht geht der Regen in Schnee über. Das Wasser nimmt seinen ständigen Lauf über unsere Körper und staut sich in den Schuhen. Wir sehnen uns nach Erwin. Wenn er doch jetzt bei uns säße! In seinem guten alten Zdarskysack...

Gegen Morgen läßt der Schneefall nach, dafür wird es empfindlich kalt. Hias sitzt da wie eine Statue, den Hut tief in die Stirn gezogen. Er verzieht keine Miene. Luis und ich staunen über soviel gelassene Ruhe und Selbstbeherrschung. Wir selbst können kaum mehr ruhig sitzen, andauernd rutschen wir hin und her. Die Lage wird allmählich unerträglich. Immer wieder gleiten wir auf der schrägen Plattform ab, bis wir schließlich in den Seilen hängen.

Bei Morgengrauen geht über den Jorasses ein heftiges Unwetter nieder. Die Nebel verschleiern die ganze Nordwand, um nach einer Stunde ein vollkommen verändertes Bild zu enthüllen — eine Winterlandschaft. Steif erheben wir uns von den Sitzen. Wir müssen uns anhalten, können zunächst gar nicht stehen. Wir sind wie betrunken, schwindlig. Eine Folge der Kälte und Nässe. Alle Muskeln verkrampfen sich, und erst nach langem Massieren und vielen Gelenkigkeitsübungen sind wir wieder fit. Die Ausrüstung ist bockstarr, die Seile wie aus Draht wollen gar nicht mehr in den Rucksack hinein. In jedem Kleidungsstück, sogar im Essen, überall der feine Sand aus der Wand. In den Fingern Sand. In den Zähnen Sand. Beim Essen knirscht es. Durch eine unvorsichtige Bewegung kollert mir der Rucksack davon, er kippt über die Kante — auf Nimmerwiedersehen! Doch, tief drunten in der Ostwand kommt er nochmal zum Vorschein, dann verlieren wir ihn endgültig aus den Augen.

Steif und ungeschickt steigen wir zum nahen Gipfel an, und erst beim Abstieg beginnen sich unsere Gelenke aus der Erstarrung zu lösen...

Auf einer Moräne oberhalb Montenvers lassen wir uns im groben Blockwerk nieder und breiten unsere nasse Ausrüstung zum Trocknen aus. Da kommt uns Erwin grinsend entgegen: „Na, wie war's? Seid ihr etwa naß geworden?"

„Weißt, Erwin, das nächste Mal gibst du uns nicht mehr einen solchen Biwaksack mit, der sich gar nicht mehr zusammenlegen läßt, weil man die Luft nicht mehr herausbringt!" faucht ihn Hias an. „So dicht braucht er wirklich nicht zu sein!"

Die Nordwand der Triolet

In der Veranda der „École Nationale" hängt ein Bild einer großartigen Eiswand, der Nordwand der Triolet. Sie soll unser nächstes Ziel sein. Das Mittagsbähnlein führt Luis und mich zum Eingang in das wildromantische Tal des Glacier d'Argentière, mit 1000 Meter hohen Wandfluchten. Eine halbe Stunde taleinwärts erreichen wir die Zunge des Gletschers, der seine Eismassen bis in die Talsohle auf 1200 Meter vorschiebt. In endlosen Serpentinen schrauben wir uns höher. Der zu unserer Linken steil abfallende Gletscherstrom fesselt unsere Blicke. Durch das dichte Grün eines Nadelwaldes schillert blaugrünes Eis. Die Luft ist schwül. Man kann dem Wetter nicht trauen. Als wir den oberen Gletscherboden betreten, von wo man einen ersten Blick auf die Kette der Nordwände hat, senken sich bereits wieder Nebelschleier über die

Wandfluchten. Nach achtstündigem Marsch erreichen wir vor Dunkelwerden die Argentièrehütte und suchen bald das Lager auf. Denn anderntags heißt es früh heraus!

Es ist wieder schönes Wetter. Wie ein Sternenmantel wölbt sich der Himmel über der gewaltigen Hochgebirgslandschaft, als wir kurz nach zwei Uhr bereits über den fast ebenen Gletscherboden unserer Wand entgegengehen. Wie ein drohender Wall ragen die mächtigen Nordwände der Aiguille de Triolet, der Courtes und Droites und der Aiguille Verte in den nächtlichen Himmel. Unheimlich still ist es umher. Ist das die Ruhe vor dem Sturm? Wir hängen unseren Gedanken nach: was werden wohl die nächsten Stunden bringen?

Das erste Morgengrauen sieht uns bereits am Berg. Blutrot geht die Sonne auf. Leichte Wolkenschleier überziehen den Himmel, und ein viel zu lauer Wind fällt von den Graten. Sollte wieder einer jener für das Mont Blanc-Gebiet typischen und berüchtigten plötzlichen Wetterstürze aufkommen?

Wir steigen die Eiswand hoch. Nebel fällt über die Gipfel ein, und im Nu hat auch uns der graue Dunst verschlungen. Wir beraten lange. Unser Auftrieb ist zu groß, als daß wir einfach verzichten könnten. Doch schließlich siegt die Vernunft: Wir entschließen uns zur Umkehr und erreichen die Hütte bei hereinbrechendem Schneesturm. Wir haben wohlgetan, denn unaufhörlich tobt das Unwetter den ganzen Tag.

Wieder stehen wir um vier Uhr morgens beim Einstieg der Triolet-Nordwand. Diesmal liegen 20 Zentimeter Neuschnee auf dem Gletscher. Die Wand selbst glänzt von blankem Eis. Heute muß unser Vorhaben gelingen!

Über einen mächtigen Lawinenkegel, der über Nacht entstanden ist, streben wir dem untersten Bergschrund zu. Dieser ist heute leichter zu überklettern als tags zuvor. Der viele abgerutschte Schnee hat ihn fast überbrückt. Wir wechseln öfters in der Führung ab, um ein Übermüden zu verhindern. Noch zweimal überschreiten wir auf zierlichen Schneebrücken die Schründe, die den Steilhang durchziehen. Dann erst stellt sich die Wand so richtig steil auf. Harte Firnstreifen leiten uns rasch zur Höhe. Wir steuern auf einen Felskopf zu, der sich in Wandmitte direkt unter den riesigen „Séracs" — bizarren Eistürmen — befindet.

Es ist kein Wunder, wenn uns die Luft ausgeht. 70 bis 80 Meter gehen wir in einem Zug, in raschem Tempo durch, um unter diesen drohenden Eisbalkonen, die jeden Augenblick herunterstürzen können, so rasch als möglich hinwegzukommen. Eine schwere körperliche Anstrengung! Die nächste Seillänge ist das Richtige für Luis, den Eisspezialisten. Es gilt, die Parallelrippe zu gewinnen, die durch eine schlauchartige Eisrinne, die Sturzbahn der oberhalb befindlichen Séracs, von uns getrennt ist. Das Eis hier ist beinhart und erfordert anstrengendste Stufenarbeit. Auch diese 30 Meter versteht mein Freund zu meistern, aufatmend begrüße ich seinen Ruf: „Nachkommen!"

Über schmale Firnstreifen geht's wieder rascher voran. Gott sei Dank, kein Stein- und Eisschlag! Die Kälte hält alles zusammen. Nur vom Grat zischen kleine Neuschneelawinen wie silberne Schlangen auf uns zu und überschütten uns mit ihrem Pulverschnee. Mit zunehmender Steilheit werden die Firnstreifen immer schmäler und dünner, bis wir ausschließlich auf Blankeis stehen. Bis hierher mag die Wand eine Neigung von ungefähr 60 Grad haben, was für eine Eiswand schon sehr steil ist. Aber nun geht der Zauber erst richtig los. Mächtig bäumt sich die Wand auf. Das Eis wird von Meter zu Meter härt und gefährlicher. Immer öfter wechseln wir die Führung. Immer häufiger sind Standplätze zu schlagen. Die Wadenmuskeln drohen uns zu zerreißen.

Nun gibt es zwei Möglichkeiten: entweder links — zwischen den Séracs und den Felsen zieht eine schmale, unheimlich steile Rinne nach oben. Wir schätzen ihre Neigung an der steilsten Stelle auf 70 Grad. Das ist der Weg unserer Vorgänger Lachenal-Contamin. Die zweite

Möglichkeit wäre rechts, mitten zwischen den Eisabbrüchen hindurch. Wir entschließen uns dazu, weil uns diese Route günstiger erscheint. Nur bis zu den Eistürmen hinüber sieht es problematisch aus, dann allerdings müßte es mit einigen Unterbrechungen ganz gut weitergehen. Also — frisch gewagt, ist halb gewonnen!

Luis geht die Querung an. In Reichweite seines Armes schlägt er immer wieder eine gute Stufe. Dazwischen trippelt er auf den vorderen beiden Zacken der Steigeisen nach. Einige Zwischenhaken geben ihm größeren Halt. Das Seil reicht gar nicht bis hinüber. Ein Eishaken hält seinen Körper im Gleichgewicht, und so läßt er mich nachkommen. Vorher wird das eingefrorene Stück Eisen noch einmal auf seine Festigkeit geprüft. Immerhin, eine recht zweifelhafte Sicherung! Keiner von uns beiden dürfte sich hier einen Sturz leisten.

Vorsichtig steige ich an Luis vorbei und nehme die nächste Seillänge in Angriff. Die Steilheit der Wand drückt den Körper so stark hinaus, daß nur mehr mit Hilfe von Griffen das Gleichgewicht gehalten werden kann. Bei jedem Pickelhieb springen ganze Schollen von Eis ab, und nur millimetertief dringen die Steigeisen in die spröde, glasige Fläche. Die Ausgesetztheit ist ungeheuer. Man bewegt sich zwar nicht in einer überhängenden Dolomitenwand, aber diese Steilheit ist noch viel unangenehmer. Wenige Meter unter uns bricht das Eis senkrecht ab, um erst tief unten wieder ins Blickfeld zu kommen.

Die Oberfläche beginnt nun weich und morsch zu werden, immer wieder stoßen wir mit dem Pickel in Hohlräume. Dann folgt ein fast senkrechter, 20 Meter hoher Eiskamin, der sich aber mit Spreiztechnik und durch Verkeilen des Pickels ganz gut überwinden läßt. Wir glauben, daß nun die Steilheit bald beträchtlich abnehmen und endlich ein ersehnter Rastplatz kommen müßte. Doch immer noch schwingt sich die Eiswand mit einer durchschnittlichen Neigung von 60 Grad über uns auf.

Endlich kommen wir in die Sonne. Die Kälte hat uns heute arg zugesetzt. Die Zehen sind gefühllos. Die Höhe macht sich bemerkbar, wir werden müde.

Oberhalb der Serac-Zone halten wir kurze Rast. Unser erster Imbiß seit dem Frühstück. Rechts und links fallen ungegliederte Fels- und Eisfluchten steil zum oberen Argentièregletscher ab. Jenseits die dunkle Wand des Mont Dolent, der Dreiländerspitze; hier treffen sich die Grenzen der Schweiz, Italiens und Frankreichs.

300 Meter mögen es noch bis zum Grat sein. Schneerippen erleichtern uns hier wieder das Ansteigen. Unser Tempo hat sich nun wesentlich verringert, doch immer kürzer wird das glitzernde Band, das uns noch vom Grat trennt.

Um ein Uhr mittags setzten wir unseren Fuß wieder auf flacheren Boden. Jäh fällt jenseits eine steile Wand ab. Zarte weiße Wattebäusche hängen an den Bergflanken. Wegen der Ungewißheit des Abstieges verzichten wir auf den Gipfel der Aiguille de Triolet und geben uns mit mit Petites Aiguilles de Triolet zufrieden. Sie sind ja auch schon annähernd 4000 Meter hoch. Und die Wand, die drohende, gewaltige, haben wir ja doch gemacht! Nebelfetzen jagen daher und legen sich weich um Grate und Gipfel. Sie zwingen uns zum Abstieg. Nur ein Glück, daß sie sich einen kurzen Moment heben und wir einen Tiefblick erhaschen können. Beinahe wären wir auf italienisches Gebiet abgestiegen. Etwas tiefer auf einem kleinen Schneeplateau genießen wir die wohlverdiente Rast. Die Mittagssonne beginnt die Nebel aufzusaugen, bald ist nichts mehr von ihnen zu sehen.

Es läßt sich nicht in Worte kleiden, welch grandiose Bergwelt sich unseren Blicken erschließt. Die Triolets sind Gipfel mittlerer Höhe und gewähren infolge der zentralen Lage einen besonders guten Einblick in die Hochgebirgswelt des Mont Blanc. Zur Linken schaut die gleißende Kuppel des „Monarchen" mit der Brenvaflanke und dem gezackten Peutereygrat hervor. In greifbarer Nähe die schwarze Riesenwand der Grandes Jorasses, wohl die imposanteste Berggestalt der ganzen Gruppe. Unter uns, jenseits des Mer de Glace, eine Reihe von Zacken und Nadeln, mannigfaltig in ihrer Form, die Aiguilles von Chamonix. In scharfem Kontrast hebt sich der dunkle Granit von den weißen Gletschern und Schneefeldern ab. Es ist wohl die schönste Gipfelstunde, die ich bisher erleben durfte.

Leider ist es uns nicht gegönnt, länger zu verweilen. Noch ein letzter Blick zur Tiefe über die Wand, der wir erst vor kurzem entstiegen sind, dann heißt es Abschied nehmen.

Erst aus den respektvollen Reden unserer französischen Kameraden wird uns bewußt, daß diese 1000-Meter-Wand zu den schwersten Eisfahrten der Alpen zählt und daß wir erst die fünfte Seilschaft gewesen sind, die sie durchstiegen haben. Wir sind nicht wenig stolz darauf.

Wilder Kaiser

In einem an sich unbedeutenden lotrechten oder überhängenden Wandabbruch, ziemlich am Sockel des Totenkirchl, in Rufweite des Stripsenjochs, sind zwei U-förmige Risse zu sehen: Das „Fiechtl-U" — und das „Dülfer-U". Der berühmte Bergführer Fiechtl und der berühmteste Kaiserkletterer der klassischen Zeit vor dem Ersten Weltkrieg, Hans Dülfer, haben die Erstbesteigung dieser kurzen, aber äußerst schwierigen Kletterstellen gemacht. Wenn aber ein Griff, der ganzen Generation von Kletterern als wichtigste Hilfe gedient hatte, allmählich mürbe wird und wenn er, von Menschenhand und Angstschweiß gezeichnet, durch Ausbrechen und Abstürzen zu bestehen aufhört — dann kann so eine Stelle schon eine verteufelte Angelegenheit werden. Na, wir werden ja sehen...

Eine Abordnung der Kufsteiner Steilwandspezialisten, die vom Predigtstuhl bis zur Kleinen Halt jeden Griff im Schlaf auswendig kennen, postiert sich gegenüber am Kaiserkopf, mit einem scharfen Glas ausgerüstet, das jedes Vibrieren der Finger, jedes Zucken der Ohrwaschel erkennen läßt. Ob die nichtzahlenden Ehrengäste auf der Felsentribüne auch noch eine Stoppuhr zur Hand haben, weiß ich nicht.

Bald sind wir drüben unterhalb dieser berüchtigten Kletterstelle. Wir: Rudl Seiwald und ich. Also, da ist er, der U-förmige Riß in glatter Plattenwand, ungefähr 20 Meter hoch. Immerhin ausreichend, um herunterzufallen. In der Mitte ein glatter, überhängender Bauch, das problematische Stück. Wirklich, eine Schuppe fehlt. Man merkt deutlich, daß hier einmal so etwas Ähnliches wie ein Griff war. Mit den Füßen stehe ich auf steilem, glattem Fels, und jedesmal, wenn ich mich aufrichten will, um höher zu greifen, habe ich das unglückliche Gefühl, als ob die Füße plötzlich zu rutschen begännen. Ein Gleichgewichtsspiel! Langsam schiebe ich mich, den Oberkörper eng an die Wand geschmiegt, höher. Jetzt richte ich mich auf, kann oberhalb etwas erreichen, wenn auch nicht viel, aber die Finger verkrallen sich darin. Ich ziehe mich hoch, noch ein anstrengender Überhang, und das Fiechtl-U liegt unter mir.

Der nächste Morgen. — Ein wunderbarer Tag. Nur der Fels ist noch etwas glatt und angereift von der Kälte. Mit Rudl klettere ich die „Fiechtl-Weinberger"-Route an der Predigtstuhl-Westwand empor. Der Weinberger-Überhang zeigt sich in der Kälte noch ein wenig widerspenstig, aber allmählich wird es doch wärmer und das Klettern genußreicher. Mittags stehen wir auf dem Nordgipfel. Drüben an der Fleischbank-Südostwand sehe ich gerade eine Seilschaft am ersten Quergang. Der sonnige Fels da drüben ist verlockend: „Wie wäre es mit einem Alleingang durch die ‚Südost'? Das hat noch niemand gewagt, aber eigentlich müßte es gehen!"

Ich weiß, daß Hias Rebitsch den oberen Teil der Wand vom Band aus im Alleingang schon durchstiegen hat, aber die ganze Wand? Da fällt mir ein, daß doch der Versuch einer Alleinbegehung gemacht wurde, aber er endete mit einem tödlichen Absturz.

Als ich zu Rudl sage: „Du, ich hätte Lust auf einen Alleingang durch die Südost", meint er nur: „Du spinnst wohl?" — Sichtlich ist er von meinem Vorhaben nicht ganz erbaut, sagt aber dann: „Ja, das mußt du selbst wissen!"

„Wenigstens probieren will ich's einmal, umkehren kann ich noch immer!" gebe ich zurück. „Auf Wiedersehen auf dem Gipfel der Fleischbank!" rufe ich noch meinem Freunde zu und stürme bereits die „Angermannrinne", den leichtesten Abstieg vom Predigtstuhl, hinunter, überquere unten das Kar der „Steinernen Rinne", und bereits eine halbe Stunde später bin ich am Einstieg zur Fleischbank-Südostwand.

Über mir höre ich Stimmen. Es sind die beiden, die wir vom Predigtstuhl aus beobachtet haben. Sie stecken immer noch in der Querung. Zwei Seilschlingen, zwei Karabiner und 30 Meter Reepschnur nehme ich mit. Heute macht es mir unbändige Freude, so allein höherzuturnen, ohne hemmendes Seil und ohne schweren Ballast. Das ist wirkliches Klettern! Ich will mich selbst auf die Probe stellen, möchte meine eigene Grenze kennenlernen. Dafür scheint mir so ein Alleingang gerade das Geeignete zu sein.

Bei der Querung hole ich den Schlußmann meiner Vorgänger ein. Ich frage ihn, ob ich vorsteigen dürfe. „Selbstverständlich!" lautet seine Antwort. Da bin ich auch schon am Quergangseil der anderen und hangle daran hinüber.

Ich bin beim „Rossiüberhang" angelangt. Sehr arm an Haken ist die Südost heute. Hier im „Rossi" stecken nur zwei, herzlich wenig.

Es muß aber auch so gehen. Erstmals benütze ich das Seil zur Selbsthilfe. An zwei Stellen muß ich mir selbst kurzen Zug geben, dann habe ich's geschafft und erreiche wieder leichteren Fels. Die Karabiner verschwinden wieder im Hosensack. Die Wand wird immer luftiger. Man merkt dies besonders, wenn man so allein geht. Aber das ist es ja gerade, was ich gesucht habe: viel Luft um mich und unter mir, und ganz auf mich allein gestellt...

Vom Ellmauer Tor ruft jemand herüber. „Da schau, da ist jemand allein in der Südost!" Aber deswegen bin ich nicht eingestiegen, um Lob zu ernten und anderen eine Sensation zu verschaffen. Hier ist kein „Fiechtl-U" mit Tribünensitzen...

Die Höhle mit dem Wandbuch ist erreicht. Aber ich raste nicht und steige gleich weiter über den Höhlenüberhang. Da spüre ich ein eigenartiges Gefühl in den Fingern. Ich kenne es, wenn die Finger zu streiken beginnen. Das darf mir allerdings bei einem Alleingang nicht passieren. Ich will nichts aufs Spiel setzen, so seltsam das klingen mag bei einem, der allein in die „Südost" geht. Ich steige den Überhang kurz entschlossen wieder zurück, setze mich in die Höhle und will zunächst einige Minuten rasten. Kein Wunder, daß ich etwas ermüdet bin. Normalerweise bleibt man alle 30 Meter beim Klettern stehen und hat so Gelegenheit, sich wieder für die nächste Seillänge zu erholen, bis der andere da ist. Aber ich habe heute auf niemandem zu warten.

Es ist gut, manchmal ganz allein zu sein. Nur auf sich gestellt. Das kurze Ausspannen hat mich sehr erfrischt. Froh und innerlich gesammelt, nehme ich neuerlich den Überhang in Angriff. Ich spreize rechts hinaus, weiter, höher hinauf — und dann bin ich am Ausstieg.

Rudl sitzt bereits auf der Gipfelfläche und begrüßt mich mit einem frohen Grinsen im Gesicht.

„So, jetzt ist mir leichter, jetzt bin ich zufrieden", sage ich zu Rudl, „diese Wand allein — das kann mir keiner mehr nehmen!" Man soll mit Zeiten nicht prahlen und soll beim Klettern auch keine Stoppuhr mit sich führen. Ich weiß das. Aber kann ich es hindern, daß mich der Erfolg heute doch freut? Vor gut einer Stunde noch war ich drüben auf dem Predigtstuhl, jetzt sitze ich schon auf der Fleischbank und dazwischen lag die berüchtigte Südostwand im Alleingang ...

Auf dem Fleischbankgipfel mache ich noch die Bekanntschaft mit einem äußerst sympathischen Bergsteiger, der seine Sturm- und Drangzeit schon hinter sich hat: Walter Frauenberger. Gehört habe ich schon viel von ihm, war er doch schon früher mit Schwarzgruber im Himalaya und auch im Kaukasus. Ich kann nicht wissen, daß wir Jahre später dort drüben, in der Eiswildnis des Nanga Parbat, Kameraden werden sollten. Und was für Kameraden!

Mont Blanc

Im Wetterstein hatte ich kürzlich einen blutjungen Kletterer getroffen, der aber in Bergsteigerkreisen bereits einen guten Ruf genoß. Manche behaupten sogar, daß er der beste Kletterer sei, den Deutschland heute aufzuweisen habe. Martin Schließler heißt der sympathische Junge aus Heidelberg. Ich mache ihm, nachdem mein alter Spezi Luis Vigl aus beruflichen Gründen leider absagen mußte, den Vorschlag, mit mir zu kommen. Martin ist sofort Feuer und Flamme.

Die Nordwand der Aiguille Blanche, die erst einmal durchstiegen wurde, soll uns auf den Peutereygrat bringen, über diesen wollen wir dann zum Gipfel des Mont Blanc gelangen.

Es ist ein schwüler Nachmittag, und schon zeigen sich die Vorboten eines Wettersturzes. Schwarze Wolkenfische ziehen über das Himmelszelt. Martin und ich verfolgen einen schmalen Steig, der einwärts zum Brenvagletscher führt.

Bald verliert er sich im Moränenschutt, nur noch kleine Steinpyramiden weisen von Zeit zu Zeit die Richtung des Anstieges. Einige Male müssen Wasserfälle gequert werden. Brücken gibt es nicht. Da heißt es eben barfuß durchs eiskalte Gletscherwasser gehen.

Teils auf Moränen, teils über den Gletscher und zuletzt über einen endlos langen Felsrücken erreichen wir nach Stunden die Biwakschachtel am Brenvagletscher, unser heutiges Nachtquartier. Beinahe wären wir dran vorbeigelaufen. Dieses Wellblechgehäuse sticht kaum vom Grau des Geröölls ab.

Während mein kulinarisch beflissener Freund das übliche Nachtmahl, ein würziges Reisfleisch, zubereitet, erkunde ich noch die Möglichkeit eines günstigen Übergangs über den wild zerklüfteten Brenvagletscher. Von einer Felswarte kann ich den Eisstrom voll überblicken. Was ich sehe, ist nicht sehr ermutigend. Ein wildes Durcheinander. Ein Chaos von geborstenen Eismassen, so, als ob Bomben eingeschlagen hätten. Weit und breit kein überzeugender Weg durch das Labyrinth von Spalten zu finden. Ziemlich unbefriedigt kehre ich zur Biwakschachtel zurück.

Unsere ohnedies kurze Nachtruhe wird noch dadurch gestört, daß andauernd einer von uns beiden auf die Uhr blickt, in der Sorge, wir könnten die Zeit verschlafen. Um ein Uhr nachts schaue ich durchs Fenster. Draußen wogt Nebel. Doch ganz schlecht kann es nicht sein, denn hie und da blinkt ein Stern verstohlen durch ein Nebelloch. Der Himmel ist also wolkenlos. Und was den Nebel betrifft: vielleicht ist es nur ein Hochnebel, der rasch wieder vergeht?

Eine Stunde später verlassen wir unseren Unterschlupf und steigen zum Brenvagletscher ab. Da es ohnehin keinen erkundeten Weg darüber hinweg gibt, tauchen wir an erster bester Stelle in das tolle Spaltengewirr. Riesige Eisschluchten tun sich auf. Dort wieder ein besonders verwegener Geselle von Eisturm! Wie eine betrunkene Gesellschaft stehen die Eistürme herum, jeden Moment im Begriff, umzukippen. Sie scheinen das Gesetz der Schwerkraft nicht zu kennen. Eistrümmer von der Größe eines Wohnzimmers versperren den Weg. Vor noch nicht zu langer Zeit waren es vielleicht noch stolze haushohe Gebilde. Überall kracht es verdächtig. Es rumpelt und knackst im Grunde des Gletschers. Wasser tropft ständig von den Séracs. Man spürt: das ist kein Stillstand, hier ist Bewegung, gefährliche Bewegung!

Bald sind wir am Grunde der Eisschluchten, wo man kaum mehr etwas vom Himmel sieht.

In der Dru-Westwand (mit Marcus Schmuck), Mont Blanc, Frankreich.

Dann gehen wir wieder auf schwindelerregenden, schmalen Eisgraten, zu beiden Seiten gähnende schwarze Schlünde. Wie ein Seiltänzer balanciert man über höchst zerbrechliche Gebilde. Rein gefühlsmäßig findet man seinen Weg.

Martin meint: „Hier kommen wir nie durch, eine aussichtslose Sache!" Ich bin zwar auch nicht sehr überzeugt, aber dem jüngeren Kameraden gegenüber spiele ich den Überlegenen.

Nach vielen Irrwegen — erst nach vier Stunden — erreichen wir das jenseitige Ufer des Brenvagletschers.

Es sind uns nun zunächst zwei Möglichkeiten geboten: Entweder links über die Flanke an dem Eiswulst vorbei, der die Wand in halber Höhe durchzieht, oder direkt unter dem Eiswulst einen Hängegletscher hinauf. Der zweite Anstieg hat den Vorteil, daß wir bei Eis- oder Steinschlag gut gedeckt sind, während es in der gleichförmigen Eisflanke keinen Schutz gegen die objektiven Gefahren gibt. Außerdem dürfte der Anstieg über den Hängegletscher auch abwechslungsreicher und weniger anstrengend sein. Wir entschließen uns also dafür.

Martin hat noch nicht das rechte Vertrauen zum Eis gefunden. Aber er folgt mir tapfer nach. Bald auf Schnee, bald auf Blankeis, wie es sich gerade ergibt, steigen wir steil nach oben. Wie ein Damoklesschwert hängt der Eisbalkon über unseren Köpfen. Aber der entzieht sich bald unseren Blicken, hüllt sich in Nebel ein. Rechts von uns in sicherer Entfernung fegen in ununterbrochener Folge Steinlawinen vom Col de Peuterey herab. Erst nach 800 Metern Fall kommen sie im Eis des Brenvagletschers zur Ruhe. Eine schwarze Sekundärrinne zeichnet ihren gefährlichen Weg. Nach ungefähr 300 Metern stoßen wir auf Fels. Es ist der Sporn, der vom Eiswulst herabzieht. Wir halten uns jetzt nach links und steigen über die äußerst steile, zum Teil senkrechte Eiswand der Oberlippe eines Bergschrundes an. Feuchter Neuschnee liegt hier auf blankem Eis und erfordert größte Vorsicht. Der Schnee ballt sich dauernd unter unseren Steigeisen zusammen. Jede Seillänge muß hier mit Eishaken gesichert werden.

Aus der Flanke tritt bald ein immer schärfer werdender Eisgrat hervor, der gegen den Wulst hinaufzieht. Dieses Prachtstück von einem Eiswulst erweist sich, aus der Nähe betrachtet, an seiner rechten Seite ungefähr 100 Meter hoch und durchwegs überhängend. Hier brauchen wir gar nicht erst zu probieren. Links dagegen sieht die Sache schon etwas einladender aus, aber ein reines Vergnügen wird es auch nicht gerade sein. Eine kleine Einbuchtung, von einer 20 Meter hohen senkrechten Eiswand gesperrt, bietet die einzige Möglichkeit für ein Durchkommen.

An steiler Rampe quere ich zu dieser Einbuchtung hinüber. Ein feiner Spalt nimmt mich auf.

„Auf den habe ich gerade gewartet", grinse ich Martin zu und verschwinde im Eis wie eine Maus in ihrem Loch.

Unangenehm rinnt das Schmelzwasser herab und nimmt seinen Lauf direkt über mich hinweg. Aber als Sicherungsplatz ist dieser Spalt ideal. Den nimmt nun Martin ein, während ich mein Glück in der senkrechten Eiswand über mir versuche.

Das Eis ist sehr morsch. Unsere etwas zu kurzen Eishaken rutschen hinein wie in Butter, aber ebenso leicht auch wieder heraus. So versuche ich es auf andere Art. In der einen Hand den Dorn des Pickels, in der anderen einen Eishaken, sorgfältig auf das Gleichgewicht achtend, schwindle ich mich Stück um Stück höher. Das geht eine Weile ganz gut, aber dann geben meine beiden Haltepunkte plötzlich nach — der Körper löst sich von der Wand und ich lande einige Meter unter dem Kameraden im Seil.

Aufgeben? Nein! Wegen dieses Schrecken wollen wir uns nicht ins Bockshorn jagen lassen.

Ich versuche es von neuem, diesmal noch vorsichtiger. Zentimeterweise schiebe ich mich höher. Ich wage kaum zu atmen. Ich spüre schon, wie der Körper der Schwerkraft folgen will. Um die beiden Haltepunkte nicht allzusehr zu belasten, darf ich sie nur in Brusthöhe verwenden. Mit den Steigeisen tripple ich vorsichtig nach. Ich wage es kaum mehr einen Schritt zu tun. Die nächste Bewegung kann mich schon wieder aus dem Gleichgewicht werfen. Angst will aufkommen, doch ich reiße mich zusammen, überwinde dieses beklemmende Gefühl.

Nach 20 Metern nimmt die Steilheit etwas ab. Ich kann mich wieder auf die Beine verlassen. Die Beschaffenheit des Eises ist auch besser geworden, und der Haken beißt sich darin fest, daß es eine Freude ist.

Ein 50 Meter hoher, nochmals sehr steiler und mit tiefem Naßschnee bedeckter Eishang führt in flacheres Gelände. Beim Zurückblicken überkommt mich unwillkürlich der Gedanke, was passiert wäre, wenn der ganze Hang als Lawine abgerutscht wäre. Wo würden wir da jetzt liegen? Es läuft mir kalt über den Rücken.

Der Eiswulst erscheint von oben wie eine riesige Skisprungschanze, die ins Bodenlose führt. Die Wand darunter, über die wir uns heraufgekämpft haben, ist den Blicken entzogen.

Der Weg zum Gipfel ist nun frei. Eine 55 bis 60 Grad geneigte Eisflanke trennt uns noch vom Grat. Aber das Eis ist gut, so daß wir mit den Zwölfzackern rasch vorankommen, ohne Stufen schlagen zu müssen. Wir sind dem Gipfel schon merklich näher gerückt, mein Freund schätzt die Entfernung auf drei bis vier Seillängen. Doch ich kenne diese Art Schätzungen und multipliziere mit vier, um der richtigen Lösung nahe zu kommen. Und ich habe recht! Um die Mittagszeit, es ist genau 12.30 Uhr, betreten wir den höchsten Punkt der Aiguille Blanche. Unser erster Viertausender! Eine 1100 Meter hohe, schwere Eiswand liegt hinter uns. Aber die richtige Freunde kann noch nicht aufkommen, denn das Ziel ist noch fern.

Nach kurzer Rast überschreiten wir die beiden anderen Gipfel der Aiguille Blanche und steigen eine sehr brüchige Flanke zum 200 Meter tiefer gelegenen Col de Peuterey ab. Wir überqueren den Col, stürmen im Laufschritt das steile Schneefeld zum Beginn der Felsen hinan, wo wir im Schutze einer steilen Wand etwas verschnaufen können. Es gelingt uns, der Steinschlagzone auszuweichen. Über steile Felsen steigen wir zum „Eckpfeiler" (4243 Meter) an, von wo sich der Grat anfangs in mehreren Steilstufen als feingeschwungene Linie, später in eine steilere Firnwand übergehend, noch 500 Meter zum Gipfel des Mont Blanc de Courmayeur (4770 Meter) aufschwingt.

Nebel steigt, quillt aus den Tälern herauf uns nimmt und bald jede weitere Sicht. Obwohl man spürt, daß die Luft hier oben bereits merklich dünner ist, können wir unser bisheriges Tempo doch beibehalten. Wir freuen uns über unsere gute Verfassung, wir können sie auch gut gebrauchen. Endlos erscheint der folgende lange Eisgrat. Immer wieder taucht ein neuer Aufschwung aus dem Nebel auf. Mechanisch beschreiten wir den Weg, der aus dem eintönigen Grau kommt und sich im eintönigen Grau verliert. Bei schönem Wetter mag hier ein wunderbares Höhersteigen sein, ein Gehen wie auf der Himmelsleiter. Aber wir können die Tiefe zu beiden Seiten nur ahnen. Von Zeit zu Zeit werfe ich einen Blick auf den Höhenmesser. Enttäuscht stecke ich ihn stets wieder ein. Er zeigt nie das an, was man sich erhofft.

Der Grat geht allmählich in eine geschlossene Wandflucht über, die nun rasch an Steilheit zunimmt. Wir steigen alles noch seilfrei. Das Gelände erlaubt es, und wir kommen so rascher vorwärts. Harter Firn wird durch blankes Eis abgelöst. Die Waden schmerzen uns schon von dem ständigen Höhersteigen auf den vorderen Zacken der Steigeisen. Seit dem Betreten des Brenvagletschers haben wir die Steigeisen nicht mehr abgenommen. Immer häufiger müssen wir jetzt kurze Rastpausen einlegen. Wir schätzen die Neigung auf 50 Grad, wie die Pallavicinirinne am Großglockner also. Der Nebel gewährt uns kaum mehr als 20 Meter Sicht. Es wird verdächtig düster. Will es vielleicht schon wieder Nacht werden? Wir erfahren es bald.

Schlagartig bricht ein Unwetter über uns herein. Hagelschauer überschütten uns. Unsere Umgebung wird lebendig. Es ist, als ob der Boden unter unseren Füßen wegliefe. Rauschender Gischt bewegt sich um uns, rinnt nach unten. Kleine Lawinen von Hagel und Schnee verschwinden im Nebel. Nur gut, daß wir schon so hoch oben sind! Da haben die herabstürzenden Massen noch nicht die Kraft, uns aus dem Stand zu reißen. Unbeirrbar setzen wir unseren Weg durch den Aufruhr fort.

„Hauptsache, daß es nicht ärger kommt! Weit können wir es nicht mehr zum Grat hinauf haben!" sage ich tröstend zu Martin.

Der Höhenmesser zeigt 4700 Meter an. Wenn die Höhenangabe stimmte, müßten wir bald am Grat sein. Aber nich die geringsten Anzeichen davon sind vorhanden.

Kurz darauf taucht plötzlich über uns im Nebel ein Schatten auf, gespenstisch, ins Riesenhafte verzerrt. Sollte es die Gipfelwächte sein? Wir können es kaum glauben, zweifeln. Der Schatten kommt rasch näher. Eine riesige Schneewand baut sich vor uns auf. Das letzte Bollwerk. Wir finden seine schwache Stelle, können sie überwinden. Der Wind heult in den Lüften. Ich hebe den Kopf über die Wächte. Fauchend springt mir eisiger Sturm entgegen. Die nassen Kleider gefrieren sofort zu starren Eispanzern. Nur gut, daß ich mich schon vorher über den Weg zum Hauptgipfel hinüber genauestens erkundigt habe. Ohne diese Kenntnis wäre er in solchem Nebel wohl kaum zu finden. Über einen kurzen Felsgrat steigen wir in eine Senke ab. Ein flacher Schneehang führt in der gleichen Richtung weiter. Schritt für Schritt mit größter Aufmerksamkeit, tappen wir im alles verschluckenden Grau des Nebels und im Wüten des Orkans vorwärts. Rechts wissen wir die riesige Wächte, die die Brenvaflanke abschirmt. Zu weit links dürfen wir uns auch nicht halten, da wir sonst am Gipfel vorbeigehen könnten. Dann wäre es um jede weitere Orientierung geschehen. Der Gipfel selbst ist eine flache Kuppe, das wissen wir. Von allen Seiten faucht uns nun der Sturm an. Wir schauen aus wie die Schneemänner.

Wir können kaum mehr unterscheiden, ob wir auf- oder absteigen, alles Gleichgewichtsgefühl ist abhanden gekommen. Man sieht kaum mehr den Boden.

Völlig unvermittelt stehen wir vor etwas Dünnem, Langem. Wir können es noch nicht erkennen, schätzen seine Entfernung auf 20 Meter. Aber schon beim ersten Schritt stoßen wir fast mit der Nase daran.

Es ist eine Stange, das Gipfelzeichen. Der höchste Punkt der Alpen ist erreicht.

Fest drücken wir uns die Hände. Aber es bleibt keine Zeit, uns dem Überschwang der Gefühle hinzugeben. Wir müssen weiter. unter ein schützendes Dach. Schnell die Karte und den Kompaß heraus. Der Höhenmesser wird nachgestellt: 4810 Meter. Der Sturm reißt uns die Karte fast aus den Händen. Sobald die neue Richtung festgestellt ist, steigen wir ab, über einen Schneerücken hinunter in Richtung Vallothütte. So schnell es die Sicht erlaubt, laufen und springen wir den harmlosen Grat abwärts, dabei kommt endlich wieder etwas Wärme in unsere erstarrten Glieder. Plötzlich bleiben wir wie gebannt stehen. Ein wunderbares Bild hat sich vor uns aufgetan. Der Nebel hat sich gelichtet, frei fällt der Blick auf eine tief unter uns liegende liebliche Hügellandschaft. Weit draußen die Talfurche des Aostatales, in leichten Dunst gehüllt. Darüber segeln in prächtigem Farbenspiel die Wolkenfetzen eines abziehenden Gewitters. Ein großartiges Naturschauspiel — nur für wenige Minuten. Dann schließt sich der Vorhang wieder, und nur mehr Sturm und Nebel sind um uns.

Wir stoßen direkt auf die Hütte. Sie war nicht zu verfehlen, denn sie steht unmittelbar auf dem Kamm des Bassonsgrates. Es ist halb sieben Uhr abends. So wie wir sind, angeseilt, mit den Steigeisen an den Füßen, flüchten wir uns vor dem Sturm ins Innere der aus Leichtmetall gebauten Behausung.

*

Marmolata-Südwestwand

Ich habe Vorbereitungen immer ernst genommen. Vielleicht hatte ich das Glück, mir alle Gefahren und Schwierigkeiten so vorstellen zu können, daß ich Berge und Bergfahrten ziemlich richtig einschätzte. Jedenfalls wollte ich nicht zu den Bergsteigern gehören, die einen Berg unterschätzten und dann im entscheidenden Augenblick versagten. Dieses Versagen liegt nur an der mangelnden Vorbereitung. Zuerst müssen wir uns selbst genau kennen, müssen wissen, zumindest ahnen, wo unsere Grenzen liegen. Dann müssen wir schauen, ob sich unsere Leistungsfähigkeit mit Schwierigkeit und Gefahr der geplanten Bergfahrt in Einklang bringen läßt. Man muß den Berg immer ernst nehmen.

Und ich nahm auch den Plan, den Nordpfeiler zur Pointe Walker der Grandes Jorasses zu besteigen, sehr ernst. Noch waren Monate bis dahin, die zum Training, zur Vorbereitung genützt werden mußten.

Noch ist Winter. Wir schreiben Anfang 1950. In Kuno Rainer fand ich den idealen Gefährten. Der große Schweiger und besonnene Mann vereinigte in sich alle Tugenden, die den erstklassigen Bergsteiger auszeichnen: Mut, absolute Verläßlichkeit und vollendete Meisterschaft in Fels und Eis. Kuno gehörte nicht zu jenen, die entsetzt ablehnen, wenn man mit einem Vorschlag an sie herantritt, der den Mittelmäßigen als Wahnwitz erscheint. Er war ebenso bereit wie ich, die schwersten Wände der Heimatberge im Winter zu überwinden, um dann im Sommer den größten Fahrten der Westalpen überlegen gewachsen zu sein. So durchstiegen wir bereits im Februar zusammen die Südostverschneidung der Fleischbank im Wilden Kaiser. Diese Tour gilt als eine der schwersten in den nördlichen Kalkalpen und als die schwerste in den Wänden der „Steinernen Rinne". Es war eine der wenigen Wiederholungen der berüchtigten Verschneidung, die erste im Winter. Wir brauchten dazu kaum mehr Zeit, als eine gute Seilschaft im Sommer benötigt. Unsere Form war also schon beachtlich.

Aber wir wollten noch besser werden. Wir steckten uns höhere Ziele, wollten Schwereres meistern. Bezwang nicht auch Fritz Kasparek die Nordwand der Großen Zinne als erster im Winter, weil er im folgenden Sommer die Eigerwand anzugreifen gedachte? Wartete nicht auch auf uns eine Dolomitenwand, steiler, schwerer, gefährlicher als alle anderen? Die Südwestwand der Marmolata?

Es ist der 4. März. Die Berge liegen im tiefen Neuschneekleid, doch ein stahlblauer Himmel breitet sich über ihnen aus. Ein Bergführer aus Canazei, der das Contrinhaus über den Winter beaufsichtigt, begleitet uns. Unsere Rucksäcke drücken schwer auf die Schultern. Tief versinken die Skier im unberührten Pulver. Es ist bereits dunkel, als wir bei der Hütte eintreffen. So bekommen wir heute von unserer Wand noch nichts zu sehen.

Nachts rüttelt mich heftiger Sturm wach. Ich schaue zum Fenster hinaus, über die Marmolata ziehen Nebel herein. Aber gegen Morgen läßt der Sturm plötzlich nach, und ein wunderbarer Tag bricht an. Zum erstenmal sehen wir die Südwestwand der Marmolata im tiefen Winterkleid. Von oben bis unten ist sie mit Schnee überzuckert und macht einen abschreckenden Eindruck. Doch wir wollen trotzdem probieren. Die Wandrucksäcke werden gepackt. Nur das Notwendigste wollen wir mitnehmen. Trotzdem bleibt für jeden noch eine

Last von 25 Kilogramm, die drei Stunden zum Einstieg empor zu schleppen sind. Heftiger Wind aus Nordost treibt hier den lokeren Pulverschnee der Nordseite über den Grat zu uns herüber.

Kuno beginnt die Kletterei. Jede Bewegung von ihm verrät den hervorragenden Felsenmeister. Es sieht sich leicht an. Doch ich kenne den Marmolatafels. Bald fährt der erste Haken ins Gestein. Dann läßt mich Kuno nachkommen. Die nächste Seillänge führe ich. Bis zu den Hüften wühle ich mich im Schnee weiter. Die Finger sind bald gefühllos. Der Fels ist vereist. Auf jeden Griff liegt feiner Treibschnee. Ein 40 Meter langer, nach links geneigter Kamin nimmt micht auf. Er ist zum Teil mit Schnee ausgefüllt. Oben wird er eng, glatt und kraftraubend. Ich kralle die Finger in den Fels. Aber ich spüre nicht, ob sie halten, ich sehe es nur. So kalt sind sie schon jetzt. Wie soll das erst später werden? Mit äußerster Vorsicht durchsteige ich diesen Kamin, der sich nach außen weitet wie ein gähnender Rachen, der mich ausspeien will. Bis Kuno nachkommt, sind die Finger etwas erwärmt.

Die nächste Seillänge führt wieder Kuno. Er verschwindet links in einem Riß, der sich unter einer Zone überhängender glatter Plattenschüsse verliert. Als wir unter diesen schwarzen Dächern hängen, beginnt es bereits zu dämmern. Es ist schon fünf Uhr. Was sollen wir tun? Wir haben erst 150 Meter, also kaum ein Viertel der Wand, hinter uns. Sechs Stunden hat uns dieses Stück, für das man im Sommer eineinhalb bis zwei Stunden benötigt, gekostet. Zur zweiten Terrasse würden wir vielleicht bei Tageslicht noch kommen, Aber die überhängende Verschneidung darüber? Völlig unmöglich! Von der Gipfelschlucht gar nicht erst zu reden. Es bleibt nur der Rückzug.

Den Großteil der „Schlosserei" deponieren wir hier. An ein Abseilen ist nicht zu denken, da der Fels in der Fallinie zu weit überhängt. Man würde zu weit draußen in der Luft hängen, um jemals wieder an den Fels heranzukommen, wenn das Seil zu Ende ist. Also bleibt nichts anderes übrig, als alles wieder frei abzuklettern. Die letzen 50 Meter müssen wir schon im Dunkeln hinuntertasten. Spät abends erreichen wir das Contrinhaus.

Wir wollen noch einige Tage warten, bis der Neuschnee aus der Wand geschmolzen ist, um dann von neuem anzusteigen.

Am Freitag, dem 10. März, sind die Verhältnisse merklich besser, in kurzer Zeit ist der letzte Umkehrplatz erreicht. Die zurückgelassene Schlosserei verteilen wir unter uns, dann nehme ich die erste extreme Seillänge der Wand in Angriff. Über ein Dach erreiche ich einen überhängenden Riß, der mich nach 20 Metern auf eine Kanzel führt. Der Fels ist hier wunderbar fest. Eine vollkommen glatte Platte wird nun nach oben hin von einem vertikalen Riß durchzogen. Er bildet den einzig möglichen Weiterweg. Die Wand wehrt sich. Einige überhängend Aufschwünge halten uns längere Zeit auf. Der Fels ist eisig kalt. Die Sonne hält sich immer noch hinter dem Riesenpfeiler rechts von uns versteckt.

Plötzlich sehe ich kein Weiterkommen mehr. Ich stehe vor einem Rätsel und nehme die Tourenbeschreibung zur Hand. Aha, also zu hoch gekommen! Ich muß einige Meter wieder zurück, dann über eine glatte Wand nach links queren. Dort müßte ein versteckter Riß nach oben ziehen. Wie leicht sich so eine Routenbeschreibung liest und wie hart dann die Wirklichkeit ist.

Mit leichtem Seilzug schiebe ich mich über den haltlosen Fels nach links. Der erste Haken in dieser Wand begegnet mir, doch er sieht so wenig vertrauenerweckend aus, daß ich ihn gar nicht benutze. Ein feiner Riß leitet nun zur Höhe, verliert sich aber bald wieder in glatten, überhängenden Wülsten. Der Fels ist nach unten geschichtet. Kann man hier empor? Zehn Meter über mir sehe ich den nächsten Haken. Also muß ich auf der richtigen Fährte sein.

Die Hände im Riß, die Füße weit verspreizt, so komme ich dem Haken langsam näher.

Inzwischen haben mich die wärmenden Strahlen der Sonne doch erreicht. Wie wohl das tut! Kuno steht noch unten im eisigen Schatten.

Immer neue Überhänge stellen sich in den Weg, der Riß ist nur mehr ganz oberflächlich angedeutet und sehr griffarm. Trotz der Kälte treibt es mir den Schweiß aus den Poren. Keuchend geht der Atem. „Seil aus!" ertönt es von unten. Ich kann gerade zur Not stehen. Aber es gibt keine andere Wahl. Ich muß hier nachkommen lassen. Zuerst wird mein Rucksack aufgeseilt. Erst einige Meter unter mir bekomme ich ihn zu Gesicht — so weit hängt die Wand über. Wie ich ihn das letzte Stück heraufziehe, bleibt er am Fels hängen, ich versuche, ihn — so gut das in dieser mißlichen Stellung überhaupt geht — mit Gewalt zu lösen. Das gelingt auch, aber die Rückseite reißt von oben bis unten auf. Zum Glück habe ich gerade an der Rückseite den Biwaksack, der alles zusammenhält, so daß nichts verlorengeht. Wie ein Paket wird der Rucksack dann verschnürt und auf den Rücken gebunden. Dann endlich kann Kuno nachkommen. Es folgen zwei Seillängen, die etwas leichter als die vorhergegangenen sind. Sie führen uns an den Rand der zweiten Terrasse. Die Wandmitte ist damit erreicht.

Es ist zwei Uhr mittags. Wir stehen auf erstaunlich geräumigen Schneebändern inmitten haltloser, überhängender Wandfluchten. Von Westen zieht schweres Gewölk drohend das Etschtal herauf. Wir sehen es mit Unbehagen. Ein Wetterumschlag steht bevor! Kuno hat recht: wir müssen zurück, so schnell als möglich. Schweren Herzens nehmen wir Abschied von der Wand. Für diesen Winter? Für immer? Aller guten Dinge sind drei. Bereits das darauffolgende Wochenende sind wir wieder an der Wand; 19. März. Um sechs Uhr stehen wir am Einstieg. Der Himmel ist drohend schwarz, im Tale brodelt ein Wolkenmeer. Civetta und Pala sind ganz verschleiert. Blutrot geht die Sonne auf. Es ist der bisher kälteste Tag. Alle verfügbaren Kleidungsstücke, zwei Hemden, zwei Pullover und der Anorak werden angezogen. Wir können uns vor Dicke kaum richtig bewegen, trotzdem schüttelt uns die Kälte noch immer. Und dabei die Handschuhe ausziehen und den kalten Fels anpacken! Doch es muß gehen!

Trotz Kälte kommen wir diesmal rascher voran als vor einer Woche, da wir nicht immer die Rucksäcke hochzuziehen brauchen. Wir wechseln uns wieder in der Führung ab. Um die Mittagszeit schon ist die Terrasse erreicht. Das Wetter hat sich zwar nicht gebessert, doch von einem Rückzug will keiner mehr etwas wissen.

Ich nehme wieder die Verschneidung in Angriff, die erste Seillänge liegt bald hinter mir. Wieder schrumpft die Welt auf wenige Meter, auf Tritte und Griffe, zusammen. Nichts interessiert uns sonst. Alles in uns ist auf die Kletterei konzentriert. Wir stehen auf kleinstem Raum und schauen nach oben, wo gelbe Dächer und gewaltige Überhänge die Welt abzuschließen scheinen. Wenn die Wand auf den Kopf gestellt wäre, könnte man wahrscheinlich ohne Hilfe der Hände hinaufspazieren wie über eine gewaltige Treppe.

Ein enger, glatter, überhängender Kamin führt 20 Meter nach oben und wird von einem weit ausladenden Dach abgeschlossen. Ich werde immer weiter nach außen gedrängt, um schließlich an der äußersten Kante des Kamins höherzuspreizen. Im Dach steckt ein Haken. ein zweiter wir dazugeschlagen. Sicher ist sicher.

„Zug!" Vorsichtig schiebe ich mich unter den Überhang hinaus, ein Spiel mit dem Gleichgewicht. Ich strecke mich, taste darüber, während der Körper fast waagrecht nach rückwärts hängt, spüre einen Griff. Die zweite Hand langt nach. Wunderbar ist die Kletterei. Ich empfinde kein Grauen, nur maßlose Freude. So überwinde ich diese Stellen, die als unersteigbar ohne künstliche Hilfsmittel erklärt wurden, ohne Zuhilfenahme von Steigbügeln in freier Kletterei.

Inzwischen hat es zu schneien begonnen, doch im Schutze der Riesendächer dieser Wand trifft uns der Flockenwirbel nicht. Nebel steigt vom Ombrettapaß herauf und hüllt uns in eintöniges Grau.

Die folgenden Seillängen sind einander ziemlich ähnlich. Überhängend, glatt, großartig. So erreichen wir den Beginn der Querung. Die Platte rechts von uns ist etwas geneigt und vollkommen ungegliedert. Den Ausgang der Gipfelschlucht können wir bereits sehen. Schräg rechts ansteigend, meistens nur mit Reibung der Profilgummisohle, die sich hier glänzend bewährt, erreiche ich eine kleine Plattform. Ein schmaler Riß schwingt sich auf. Der Arm hat gerade Platz darin. Ohne Hakensicherung muß ich noch weitere 20 Meter unter einen wulstartigen Überhang hinauf.

Der Schnee hat sich schon am Fels angelegt und bedeckt Griffe und Tritte. Eine kurze waagrechte Querung führt mich zu einem Abseilhaken. 15 Meter tiefer erreiche ich wieder kletterbares Gelände. Eine Rampe zieht hier von links nach rechts oben. Eine überhängende glatte Verschneidung bildet das letzte Bollwerk vor dem Biwakplatz. Die Zeit drängt. So schnell ich kann, steige ich an dem schwierigen Fels höher und erreiche einen geräumigen Platz. Doch der eigentliche Biwakplatz unter der geschützten Nische befindet sich noch zwei Seillängen weiter rechts.

Um sechs Uhr abends stehen wir unmittelbar unter der Gipfelschlucht. Aus ihr ergießen sich ständig kleine Neuschneerutscher über unsere Köpfe. Die Wetterlage ist sehr ernst. Wollen wir nicht zu Gefangenen dieser Wand werden, so müssen wir heute noch die Seillänge bis zum Ansatz der Schlucht, die schwerste der ganzen Wand, präparieren. Der Fels ist vereist. Überall Schnee, die Finger sind starr, und so komme ich nur mit Hilfe einiger Haken äußerst angestrengt höher. 20 Meter überwinde ich so, ungefähr die Hälfte der Seillänge, dann zwingt mich die Dunkelheit zurück. Die Seile lasse ich hängen, bin bald wieder bei Kuno drunten, und im Scheine unserer Taschenlampe halten wir nach einem geeigneten Plätzchen Ausschau. Die übliche Biwaknische erweist sich leider als unbrauchbar. Sie ist ganz mit Schnee und Eis ausgefüllt. Weiter unten entdecken wir eine Leiste, kaum mehr als handbreit. Bequem ist der Platz gerade nicht. Mehr hängend als sitzend dösen wir dahin. Der Zeltsack reicht uns nur bis zu den Knien. Der aus der Schlucht herabrieselnde Pulverschnee ergießt sich in unsere Kletterschuhe. Kochen können wir in dieser Lage auch nicht, so müssen wir uns mit Kaltverpflegung begnügen. An einer Kerze wärmen wir uns ein wenig die Hände. Es schneit unaufhörlich. Unendlich langsam verrinnt die Zeit. Endlich läßt dieses monotone Rieseln auf unseren Biwaksack nach. Um Mitternacht schauen wir durch das kleine Guckloch hinaus. Es hat aufgeklart! Wenn es nun auch empfindlich kälter wird, so ist uns das doch lieber als der Schnee. Wir sind nun wieder voller Zuversicht.

Um fünf Uhr morgens schlüpfen wir aus dem vereisten Sack heraus. Schneidende Kälte schlägt uns entgegen. Wir brauen uns einen heißen Kakao. Langsam tauen wir wieder auf. Nun erst sehen wir, wie ausgesetzt unser Biwakplatz ist. Unmittelbar und ohne Halt bricht die Wand ab.

Um sieben Uhr nehmen wir die Kletterei wieder auf. Über Nacht sind 15 Zentimeter Neuschnee gefallen. Mit den Fäustlingen an den Händen arbeite ich mich die 20 Meter am Seil hinauf. Das macht warm, ich kann nun die Kletterei von neuem fortsetzen. **Klettern** ist gut! Was ich hier vollbringe, ist vielmehr ein verzweifeltes Raufen um Zentimeter. Der Neuschnee verwehrt jeden Halt. Aber die Zentimeter summieren sich zu Metern, zu Seillängen. Endlich bin ich am Anfang der Schlucht. Die legt sich wohl etwas zurück, ist aber furchtbar glatt. Nach 30 Metern kommt ein überhängender, stark abweisender Aufschwung. Ich werde an die linke Begrenzungswand hinausgedrängt. Das Gestein ist hier äußerst glatt, nach abwärts geschichtet. Schon im Sommer eine hundertprozentige Reibungsangelegenheit. Jetzt ist alles mit einer hauchdünnen Eisglasur überzogen und von feinem Schnee bedeckt. Wo soll da auch noch das bißchen Reibung herkommen? Dieses Stück stellt die größten Anforderungen an uns.

Oft glaube ich noch zu stehen, da rutsche ich auch schon ab und lande im nächsten Haken. Hier eine größere Strecke ohne Sicherungshaken gehen zu wollen, wäre undenkbar, das wäre glatter Selbstmord — und Mord am nachsteigenden Gefährten. Aber gerade das Schlagen der Haken ist oft schwerer als die Kletterei selbst. Das Eisenzeug klebt an den Fingern, so kalt ist es.

Das Wetter hält nicht, was es am Morgen versprach. Es hat sich wieder verschlechtert. Ein wilder Flockenwirbel jagt jetzt die Schlucht herab. Aber wir geben nicht auf. Wir wollen leben. Noch eine schwere Seillänge, dann legt sich der Fels etwas zurück. Endgültig. Wir können schon auf den Grat hinaussehen, und um drei Uhr nachmittags steigen wir auf dem Gipfel der Punta Penia (3342 Meter) aus. Wir wollen es kaum glauben, daß uns diese Wand freigegeben hat. Ein kräftiger Händedruck als Dank für die Kameradschaft, die uns während des Kampfes zu einem Wesen verschmolzen hat!

Der Pfeiler der Grandes Jorasses

Ein schwüler Hochsommertag lastet über dem Tal von Chamonix. Die Sonne hat gerade ihren Kulminationspunkt erreicht, wir schreiten das Mer de Glace einwärts, Richtung Leschauxhütte. Wind streicht von den Gletschern, angenehm kühlt er unsere schweißtriefenden Körper. Im blendenden Weiß strahlen die Eisriesen des Mont Blanc. Nur ganz hinten, als Abschluß des Leschauxgletschers, sticht eine schwarze, düstere Wand in den azurblauen Himmel. Ihr unterer Teil ist von den Ausläufern der Aiguille du Tacul verdeckt.

Vor zwei Tagen haben wir diese Wand vom Gipfel der Drus in ihrer ganzen Erhabenheit bewundert. Kleinmut hat uns bei ihrem Anblick beschlichen, da wir uns doch mit dem Gedanken befaßten, ihr unseren Willen aufzuzwingen. Ein Bollwerk aus Fels und Eis, wie es vielleicht in den Alpen einzig dasteht, die Nordwand der Grandes Jorasses mit ihrem himmelwärts strebenden Pfeiler. Wir waren diesmal etwas mehr vom Glück begünstigt als in den letzten beiden Jahren, als ich mit Martin Schließler jedesmal wegen schlechten Wetters umkehren mußte. Diesmal ist Kuno Rainer mit mir unterwegs. Auf den ersten Anhieb gelang es uns die Nordwand der Drus mit der vierten Begehung des äußerst schwierigen „Allainrisses".

Am späten Nachmittag erreichen wir die Leschauxhütte. Vor dem Schlafengehen werfen wir noch einen Blick auf das Wetter — wir sind sehr zufrieden. Dann studieren wir zum hundertsten Male die Beschreibung unseres morgigen Weges. Es ist uns jeder Schritt und Tritt geläufig.

28. Juli 1950. Um zwei Uhr nachts verschließen wir von außen die Tür der Leschauxhütte. Noch schlaftrunken stolpern wir über Geröll zur Moräne hinab, überspringen vorsichtig das grobe Blockwerk und stehen bald darauf am hier noch flachen Gletscherstrom. Klarer Sternenhimmel wölbt sich über uns. Totenstille herrscht, die nur vom Knirschen des Randbeschlages unserer Bergschuhe unterbrochen wird. Einige Wasserläufe überspringend, biegen wir rechts ab, steigen den Malletgletscher an. Die Firngrenze ist erreicht, die Spalten werden immer zahlreicher und mahnen zur Vorsicht. Ein Labyrinth von Kreuzspalten hält uns lange Zeit auf. Die einzige Möglichkeit, mittels einer eingestürzten Brücke eine enorme, grundlos scheinende Kluft zu überqueren, wäre uns beinahe zum Verhängnis geworden. Kuno steht ohne jegliche

Sicherung am diesseitigen Schneehang und läßt das Seil vorsichtig über seine Schulter laufen. Mit dem einzigen Pickel, den wir mit uns führen, wage ich den Schritt über den schwarzen Abgrund. Ich lasse mich mit den Händen auf die andere Seite fallen, fast waagrecht liege ich über dem eisigen Schlund. Jenseits ramme ich den Pickel in den weichen Firn, steige daraufhin mit dem einen Fuß sachte nach, ziehe den anderen bei, aber da gibt plötzlich der Pickel, mein einzige Halt, nach. Ich kann mich gerade noch hochstemmen, werfe den Oberkörper über den Spaltenrand und ziehe die Füße nach. Das wäre noch einmal gutgegangen!

Der Gletscher nimmt an Steilheit zu, wird aber dafür geschlossener. Im Osten färbt sich der Himmel langsam grau.

Wir richten uns für den schweren Gang her. Wir sind diesmal besonders gut ausgerüstet, vor allem führen wir leichteres Wandgepäck mit als früher. Wir haben aus unseren Erfahrungen gelernt! Unter dem haushohen Bergschrund am Fuße des großen Couloirs, das zwischen Pfeiler und Petersroute herabzieht, queren wir zum Einstieg hinüber. Die Randkluft bereitet uns diesmal keine Schwierigkeiten. Nach Überwindung eines steilen Eisfeldes stehen wir am Felssporn, der vom Pfeiler herunterzieht. Auf geht's!

Die Umkehrstelle vom vergangenen Jahr ist bald erreicht. Im Zickzack steigen wir über steile, sehr glatte Platten zum Fuß der 30-Meter-Verschneidung, der ersten äußerst schwierigen Stelle der Wand.

Ich steige in den linken der beiden emporziehenden Risse, den „Rébuffat-Riß" ein. Die Sache wird wirklich ganz extrem, das merkt man schon an den ersten Metern der Verschneidung. Ein „Sechser" am Jorassepfeiler ist eben auch nicht leichter als im Kaiser oder in den Dolomiten, nur noch anstrengender. Bald verliert sich der schmale Spalt in glatten Platten. Durch eine kurze Querung an einer nach unten abgerundeten Hangelleiste erreiche ich den Parallelriß, den „Allainriß". Schon sein Einstieg hängt stark über und ist furchtbar kraftraubend. Aber er kann uns nicht abweisen.

Wir biegen um eine Kette, haben nun etwas weniger steiles, dafür aber stark von Wassereis und Schnee überkleidetes Gelände vor uns. Zaghaft blinzelt die Sonne hinter dem Hirondellesgrat hervor und beschert uns etwas Wärme. Der Berg läßt sich nicht lumpen, aber seine Geschenke sind weniger angenehm: kleine Steinchen und Eissplitter! Etliche Seillängen steigen wir so in kombiniertem Gelände rechts zur Pfeilerkante an. Das Wassereis, zwar schön anzusehen, besonders, wenn es im Licht erglänzt, zwingt uns zu ständigen Wegänderungen. Aber schon am frühen Vormittag erreichen wir den Biwakplatz Cassins, am Fuß der 90-Meter-Verschneidung, der nächsten markanten Stelle der Wand.

Der Granit bäumt sich von neuem auf. Leicht überhängend, mit glatten Außenwänden, zieht eine ungemein wuchtige, scheinbar endlose Verschneidung über uns empor. Sie verliert sich, von einigen Überhängen gekrönt, im Blau des Äthers. Das Kletterfieber hat uns gepackt. Ich kann es kaum erwarten, bis Kuno bei mir ist. Trügerisches, kaum sichtbares Eis überdeckt den grobkörnigen Fels. Ein feiner Riß zieht im Grunde der Verschneidung hinauf und ermöglicht ein Weiterkommen. Wieder auf die gewohnte Art, die Hände im Riß verkeilt, die Füße weit gespreizt, plage ich mich langsam höher. Zentimeter ringe ich dieser 1000-Meter-Wand ab. Der Rucksack mit dem Eispickel behindert mich sehr in meiner Bewegungsfreiheit.

Der griff- und trittarme Granit erlaubt kein so elegantes Klettern wie der Kalkfels. Über viele Stellen hilft nur eine kräftige Ruckstemme hinweg, wobei ich mich, von der Natur mit einem bescheidenen Bizeps ausgestattet, nicht gerade leicht tue. Keuchend geht der Atem, des öfteren scharren die Gummisohlen meiner Leichtbergschuhe am flechtenüberzogenen Gestein, während die Finger jede Unebenheit abtasten. Die Kletterei geht zuweilen an die Grenze des Menschenmöglichen. Wenn ich nur erst über dem Überhang dort oben wäre!

Doch dahinter erwartet mich schon wieder eine neue Überraschung. Jeder Meter will schwer erkämpft sein. Nur wenige Haken ließ man uns an der Wand zurück. Zeugen früherer Begehungen. Endlich legt sich die Verschneidung etwas zurück, dafür tritt wieder Eis auf. Der Pickel bekommt nun Arbeit und bewährt sich als treuer, zuverlässiger Freund.

Wieder Fels. Ein Kamin leitet zur Höhe, eine Überdachung versperrt den Weg nach oben. Wohin unser Blick auch fällt, überall haltlose Plattenwülste. Ich quere nach rechts. Eine steile Rampe zieht dort durch die Überhänge, aber bald versperrt wieder ein mächtiges Dach den Aufstieg. Zwei Abseilhaken weisen uns den Weg zur Tiefe. Die Reepschnur wird eingehängt. 15 Meter tiefer unter einem Überhang ist eine schmale Leiste, doch der Fels drängt den Körper zu sehr weg, als daß man sich daran halten könnte.

Mittel Pendelschwung erreiche ich etwas rechts einen kleinen Standplatz. Unter einem schwarzen vereisten Überhang angelangt, spanne ich nun die Reepschnur in Seilgeländeart zwischen Kuno und mir. Über den glatten Fels rutscht der Freund waagrecht daran zu mir herüber. Noch einen prüfenden Blick werfen wir nach oben, doch dort ist noch kein Ende zu sehen. Nur ein Trost: das Wetter scheint zu halten. Unter uns bricht der Fels beinahe senkrecht in das Eis des großen Couloirs ab. Mit dem Abziehen der Reepschnur haben wir uns die Brücke nach unten abgebrochen. Ein Rückzug ist kaum mehr möglich.

Schwach links ansteigend gelangen wir unter den zweiten Steilaufschwung des Pfeilers, die „Schwarzen Platten", Hauptschwierigkeiten der Wand. Einen „offiziellen Durchstieg" gibt es hier nicht. Die überall verstreuten Haken bezeugen, daß fast jede Seilschaft ihren eigen Weg ging, doch liegen die einzelnen Routen ziemlich dicht beieinander. An diesen überhängenden Kletterstellen zieht der Rucksack mächtig nach außen. Überhängende Risse, überdachte Hangelleisten und Miniaturstandplätze — so geht es weiter. Hunderte Meter hoch.

Die Überwindung eines Überhanges stellt uns vor die neue Aufgabe, den nächsten zu meistern. Immer wieder. Ungezählte Male.

Nur noch wenige Meter trennen mich von einem bereits erspähten Standplatz. Da läßt sich plötzlich das Seil nicht mehr nachziehen. Ich muß ein langes, schwer erkämpftes Stück wieder zurück, löse das Seil aus dem Riß, in dem es sich verklemmt hatte, und steige aufs neue empor. Aber schon wieder stockt das Seil. Ich verliere beinahe die Geduld, aber was hilft es, ich muß abermals zurück. Nahezu am Ende meiner Kräfte erreiche ich endlich den begehrten Rastplatz; den ersten seit 150 Metern. Ich muß einige Zeit verschnaufen, mich von den Anstrengungen erholen, bevor ich Kuno nachkommen lassen kann. Ein Blick zur Tiefe, vorbei an meinem Begleiter, der eng an den Fels geschmiegt wartet und allmählich auch schon die Geduld verloren hat, landet direkt in den offenen Spalten des nun fast flach erscheinenden Malletgletschers. Die Ausgesetztheit ist derart, daß ich mich unwillkürlich frage, ob ich nun auf einer Westalpentour oder in einer Dolimitenwand bin. Kuno kommt nach, mit den ihm eigenen sicheren Bewegungen. Auch er genießt für Augenblicke die Erhabenheit des Rastplatzes. Aber wir müssen weiter.

Über eine Eisrampe erreichen wir eine geräumige, schneebedeckte Terrasse, einen erkerartigen Vorsprung in glatter Wand, den zweiten Biwakplatz der Ersteisteiger. Es ist erst Mittag vorbei. Die „Schwarzen Platten" liegen hinter uns. Wir können nun beruhigt sein, denn was noch folgt, ist alles im Bereich des Menschenmöglichen. Wir lassen uns zu kurzer Rast nieder. Aber bald treibt uns eine innere Unruhe weiter, gipfelwärts. Der Fels setzt wiederum senkrecht an. Der Pfeiler, der bisher eher einer Wand glich, formt nun eine messerscharfe Kante. Wir bekommen hier Einblick in die Nordostseite, wo enorme, steile Eisflanken abbrechen. Weiter unten gehen sie in Fels über und entschwinden dann unseren Blicken. Je weiter wir hinaufkommen, um so griffiger wird das Gestein. Die Kletterei ist geradezu ideal.

Brutal werden wir aus unserem siegessicheren Emporstreben aufgeschreckt. Ein riesiger Block hat sich aus der Gipfelwand der Pointe Whymper gelöst und rast mit ungeheurem Getöse die mehr als 1000 Meter hohe Wandflucht zum Gletscherboden hinab. Obwohl wir weit aus dem Gefahrenbereich des Steinschlags sind, gehen wir unwillkürlich in Deckung. Es dauert lange, bis nach dem letzten Verrieseln wieder Ruhe eintritt.

Seillänge um Seillänge läuft durch unser Hände. Über der großen Schlucht in gleicher Höhe zieht das zweite Eisfeld des Petersweges empor. Eine scharfe Firnkante hebt sich dort drüben von der Wand ab. An ihr vermögen wir unser Vorwärtskommen zu ermessen, aber auch die Winzigkeit des Menschen in dieser grandiosen Umgebung. Ein Blick nach oben gemahnt uns zur Eile. Der Himmel hat eine bleierne Färbung angenommen. Donnerrollen erfüllt die Luft. Vom Gipfel fällt Nebel ein. Im nächsten Augenblick befinden wir uns bereits inmitten eines sich über uns entladenden Hochgewitters.

Blitz folgt auf Blitz. Der Donner widerhallt hundertfach in den Wänden. Das Brüllen reißt nie ab. Der Himmel öffnet seine Schleusen und überschüttet uns mit einer Flut von Regen und Hagel. Unsere ganze Umgebung ist in Bewegung, schwimmt und ergießt sich zur Tiefe. Als vertraute Melodie vernehmen wir dazwischen das Rauschen der niedergehenden Lawinen. Wir verstehen unser eigenes Wort nicht mehr. Aber auch ohne Worte verstehen wir uns: wir müssen hinaus aus dieser Wand! Hinaus aus diesem Inferno!

Für Sekunden läßt das Toben der Elemente nach, setzt aber dann mit noch größerer Gewalt ein. Ein Gewitter jagt das andere. Heftiger Nordweststurm prallt an die Wand und peitscht die Seile. Fieberhaft suchen wir nach einem geschützten Platz. Im Nebel taucht eine winzige Scharte auf, die einzige Möglichkeit, das Unwetter abzuwarten.

Wir stülpen den Biwaksack über und fühlen uns vorerst geborgen. Es ist drei Uhr nachmittags. 250 Meter trennen uns noch vom Gipfel. Nur 250 Meter! Mein Höhenmesser zeigt 3950 Meter an.

Wir warten und warten...

Als Kuno wieder einen Blick auf die Uhr wirft, stellt er entsetzt fest, daß es bereits halb acht Uhr abends ist. Wir müssen uns gleich hier zum Biwak entschließen. Alle verfügbaren Kleidungsstücke, deren wir nicht viele besitzen, werden angezogen. Meine neue Daunenjacke soll sich nun bewähren. Einige Haken müssen noch für die nötige Sicherheit geschlagen werden, dann bauen wir uns mit dem Seil eine Rückenlehne. Die Füße baumeln frei über einem 100 Meter hohen Abgrund. Zum Schluß wird wieder der Biwaksack übergestülpt, wobei besonders darauf geachtet wird, daß dem Wind keine Angriffsmöglichkeit bleibt. So harren wir unter unserer knatternden Hülle der kommenden Nacht.

Lange dösen wir dahin und lauschen fast apathisch dem Orgeln des Sturmes. Schließlich übermannt mich der Schlaf.

Kälte rüttelt mich wieder wach. Unerbittlich werde ich in die Wirklichkeit zurückversetzt.

„Was, es ist schon hell?" frage ich Kuno erstaunt. Ich bin noch gar nicht recht bei mir. Durch das Fenster im Biwaksack erblicke ich eine Welt, die einer Waschküche gleicht. Die Felsen in nächster Umgebung sind von Eis und Rauhreif weiß überzogen. Der Sturm tobt noch ungebrochen wie tags zuvor. Nur der regendurchsetzte Hagel ist in Schneefall übergegangen. Wir wissen nicht, was wir vom Wetter halten sollen; vorerst wollen wir noch abwarten. Kuno hat eine sehr schlechte Nacht hinter sich; Kälteschauer ließen ihn nicht zur Ruhe kommen. Da lobe ich mir meine Daunenjacke, sie hat die Feuerprobe bestanden!

Um neun Uhr, als noch keine Änderung eingetreten ist, entschließen wir uns, weiterzugehen. Der Körper ist ganz starr. Die Muskeln sind verkrampft, aber unser Lebenswille ist stärker. So schnell geben wir uns nicht geschlagen. Der Randbeschlag wird an die Schuhsohlen geschnallt, das Perlonseil, von einem dicken Rauhreifpelz überzogen, zurechtgerückt. Die Haken, die zum Teil inzwischen ganz im Eis versteckt sind, werden herausgeschlagen. Wir werden sie noch gut gebrauchen können.

Ich quere wieder zurück in die steile Eisrinne, aus der wir gestern vor den Hagefluten flüchteten. Im Zickzack hacke ich mich eine gut an die 60 Grad geneigte Rinne hinauf. Ich stehe noch sehr unsicher auf den Beinen. Eine weiße Fläche taucht im Nebel auf: ein Schneefeld. Wir stapfen höher. Aber bald wuchten wieder schwarze, drohende Überhänge über uns hinaus. Die Handschuhe müssen trotz der großen Kälte ausgezogen werden. Der kleingriffige Fels verlangt die bloßen Hände. Nach einer äußerst schwierigen Rechtsquerung erreiche ich den Beginn einer Steilrinne. Es ist, als ob die Wand noch einmal ihre ganze Stärke gegen die beiden winzigen Angreifer aufbieten wolle. Der Fels ist scheußlich abwärts geschichtet, zudem auch noch sehr brüchig. Jeder Griff und Tritt muß erst von Eis befreit werden. Der Randbeschlag leistet uns dabei vorzügliche Dienste.

Die Steilrinne geht in Eis über, steilstes Eis! Nun zeigt Kuno sein überragendes Können. Jetzt geht er voraus. Stufe um Stufe meißelt er aus der spröden Masse, die in dünner, gefährlicher Schicht den Fels überdeckt. Eisbrocken prasseln herab, treffen mich. Doch wer hätte hier Zeit, wehleidig zu sein? Es gibt nur die eine Frage: Wie kommen wir aus dieser Rinne heraus?

Ich sehe keine Möglichkeit. Über uns nichts als schwarze, von riesigen Eiskaskaden behangene Überhänge. Ein Weiterkommen scheint aussichtslos zu sein. Links bricht der Fels haltlos in die Nordostflanke ab. Auch rechts verwehren Überhänge den Ausblick nach oben. Kuno verschwindet hinter einer Felsecke. Das Seil, als stummer Vermittler, geht ruckweise auf und ab, läßt die enormen Schwierigkeiten ahnen. Bange Minuten... Dann ein Schrei! Ich höre etwas aufschlagen, durch die Luft sausen, ich umkrampfe das Seil, so fest ich kann, auf alles gefaßt. Doch, Gott sein Dank, es ist nur der Pickel, den der Abgrund verschluckt. Aber was nun? Wir haben keinen Ersatz für ihn, wir sollen wir nun da hinaufkommen?

Aber wie immer in größter Not: Auch uns wird hier Gottes Hilfe zuteil, wir entdecken ein Hintertürchen aus dieser gefährlichen Lage. Über glatte Platten führt nach rechts, unter gewaltigen Überhängen hindurch, ein Quergang wieder zum Fels. Wenn sich zuweilen der Nebel lichtet, können wir den Gipfelgrat der Jorasses schon ganz nahe erkennen. Noch ein letzter Überhang. Dann nehmen uns steile, vereiste Felsrinnen auf. Wir können dem Eis aber mit Vorsicht ausweichen. Die Kletterei wird merklich leichter, obwohl die Brüchigkeit zunimmt. Ein sicheres Zeichen der Gipfelnähe. Wir wollen unser Tempo beschleunigen, doch es gelingt uns nicht. Spüren wir die große Höhe, oder ist das nur Folge der Überanstrengung? Noch immer bäumt sich grauer Fels über uns auf. Will den die Wand überhaupt kein Ende nehmen? Da taucht aus dem trostlosen Grau etwas Helles auf, nimmt Formen an: Die Gipfelwächte der Pointe Walker, der höchste Punkt der Grandes Jorasses. 4205 Meter.

Um halb fünf Uhr am Abend entsteigen wir diesem grandiosschaurigen Abgrund, machen den letzten Schritt aus dieser gewaltigen Wand. Der Traum vieler Jahre ist Wirklichkeit geworden. Ein langersehntes Ziel ist erreicht!

Aber fast Wehmut erfüllt mich bei dem Gedanken, daß er jetzt nicht mehr als lockendes Ziel vor mir liegt: der Walkerpfeiler der Grandes Jorasses!

*

Die Aiguilles von Chamonix

Wie oft folgten meine Blicke schon der grandiosen Zackenreihe, die sich von den Grands Charmoz bis zur Aiguille du Midi erstreckt. Wie oft hafteten schon, mit geheimen Wünschen verbunden, meine Augen an jenen abenteuerlichen Felsgestalten zwischen dem Mer de Glace, den Géantgletscher und dem Tal von Chamonix. Diese imposanten Felsennadeln bilden einen besonderen Anziehungspunkt für jeden echten Bergsteiger, insbesondere für den Felskletterer, der auch das Extreme nicht scheut. Die durchschnittliche Gipfelhöhe dieser verwegenen Felsgestalten liegt zwischen 3000 und 4000 Meter. Nach Norden fallen sie beinahe 3000 Meter zu Tal. Ihre Südabstürze gegen den Géantgletscher sind 1000 Meter hohe Plattenwände. Großartig die Tiefblicke zu beiden Seiten des Grates. Der Granit ist eisenfest, wie man ihn schöner sich nicht denken könnte. Ein Dorado für Kletterer.

Schon zwei Jahre zuvor, als ich diesen kühnen Bergen meine erste Aufwartung machen durfte, verliebte ich mich in sie. Hier haben sich die Kühnheit der Dolomiten mit dem Ernst der Westalpen zu einer idealen Kombination vermählt, wie man es nirgends sonst in den Alpen findet. Einzeln wurden diese Nadeln schon oft überschritten. Die Schwierigkeit des Zurechtfindens stempelt sie zu großartigen Touren. Jedoch die vollständige Überschreitung, die alle Gipfel in dieser Kette in einem Zug verbindet, wurde noch nie gemacht. Ist sie möglich? Ich habe für Überschreitungen eine besondere Schwäche. Was mich hier lockt, ist das Abenteuer, die Lust etwas Neues und Großartiges zu erleben.

Kuno, der ideale Gefährte, ist sofort bereit. Das Wetter aber ist scheinbar dagegen. Graues Gewölk verhängt wieder einmal die Bergflanken. Doch wir müssen die Tage ausnützen und fahren nach Montenvers hinauf.

Einem Steig folgen wir im Zickzack steile Hänge hinan. Sie sind mit einem wunderbaren Blumenteppich überzogen. Das Bunt der Blüten weicht langsam dem monotonen Graugrün flechtenbewachsener Plattenschüsse. Ein kleiner Hängegletscher trennt uns noch von den Felsen der Ostwand der Grands Charmoz, dem östlichen Ausläufer der Nadeln von Chamonix. Über einen weit klaffenden Spalt erreichen wir den Fuß der Felsen. Über Terrassen und Plattenschüsse führt dann der kaum noch erkennbare „Steig".

„Was sagst du zu diesem Hüttenanstieg, Kuno?"

Man wäre beinahe gehalten, das Seil aus dem Rucksack zu holen. Eine senkrechte, glatte Verschneidung bildet die Hauptschwierigkeit dieses „Hüttenbummels". In steiler Wand erblicken wir eine primitive Bretterbude. Drei Holzwände mit einem Wellblechdach und einem Bretterboden: Die „Tour Rouge-Hütte"! Sie führt ihren Namen nach dem etwas höher stehenden roten Turm. Kühn steht sie da. Auf eine Felskante gebaut, inmitten einer grandiosen Umgebung. Man wundert sich, wie diese einfache Behausung allen Stürmen standhält.

Während Kuno schon am Kocher hantiert, mache ich mich auf die Suche nach Wasser. Ich muß sehr weit die Wand hinaufklettern, bis zu einem Schneefeld, aus dem ein Rinnsal hervorsprudelt. Der Bottich wird vollgefüllt, und mit dieser kostbaren, feuchten Last auf dem Rücken steige ich wieder die Kletterstellen ab. Trotz aller Umsicht läßt es sich nicht vermeiden, daß Wasser über den Bottichrand fließt. Bis ich bei Kuno bin, habe ich ein unfreiwilliges Bad genommen.

Bald fängt es zu regnen an, und schon nach kurzer Zeit rauscht es in vollen Bächen über den Berg hinab, unmittelbar an unserer Behausung vorbei. Wenn ich das vorher gewußt hätte! Nach dem Essen werfen wir uns gleich auf das Strohlager. Das monotone Trommeln auf dem Blechdach der Hütte singt uns in den Schlaf.

Anderntags vier Uhr. Wir schauen vor die Hütte. Schwer hängen die Wolken hernieder. Nebel verwehrt uns den Überblick über die Wand. Wir entschließen uns trotzdem zum Aufbruch.

Über breite Bänder queren wir nach rechts, bis uns eine lange Reihe von steilen Rissen und Verschneidungen in die Höhe leitet. Eine Querung weiter nach rechts bringt uns auf den Nordostgrat der Grands Charmoz, etwas unterhalb der „Cornes de Chamois", zweier kühner Säulen, die wie Gemsenhörner am Grat aufsitzen. Wir umgehen sie auf der Mer de Glace-Seite und steigen in die Flanke der Aiguille de la République ein. Die Kletterei nimmt an Schwierigkeit zu. Manchmal sind wir gezwungen, das Seil zu Hilfe zu nehmen. Der Fels täuscht zuweilen. Leicht erscheinende Stellen bieten oft größere Schwierigkeiten. Oft ist es umgekehrt. Ungefähr 200 bis 300 Meter geht es die sehr steile Wand hinauf, bis wir rechts über uns eine Scharte erblicken. Durch eine sehr brüchige Rinne gelangen wir zu ihr und erfreuen uns hier einer wohlverdienten kurzen Rast.

Der weitere Aufstieg zur Aiguille de la République, die noch sehr wenig Begehungen aufweist, wird erkundet. Die Rucksäcke lassen wir in der Scharte zurück. Das Seil umgehängt, stürmen wir dann gleichzeitig einen 150 Meter hohen Aufschwung hinan. Der zur Scharte gerichtete, überhängende Wandteil wird rechts umgangen. Wir gelangen so auf die Ostkante dieser kühnen Nadel. In luftiger, keineswegs leichter Kletterei, teils mit Seilhilfe, steigen wir an ihr empor. 40 Meter trennen uns noch vom Gipfel. Unter dem monolithartigen Gipfelblock, auf einer breiten Schulter, halten wir Kriegsrat.

Der oberste Aufschwung der Nadel ist noch nie in freier Kletterei erstiegen worden. Die Franzosen bedienten sich bisher hier einer Art Harpune, mittels der das Seil über den Gipfel auf die Nordseite hinübergeschleudert wurde. Wie sie das Seil in der überhängenden, kaum zugänglichen Nordseite erreichten, ist jedoch unverständlich. Die Franzosen halten die Methode aber für durchaus fair und haben sie auch anderswo schon angewandt. Durch den eigenartigen Aufbau mancher Gipfel in diesem plattigen Granit bleibt gar nicht anderes zu tun übrig.

Wir versuchen zuerst das Seil nach Cowboyart im Lassowurf über den Gipfel zu schleudern. Das erweist sich als undurchführbar. Nach einigem Suchen entdecken wir in einer Felsritze eine Spule aufgerollten Bindfaden mit einem Bleiklötzchen am Fadenende. Aha, denken wir das ist des Rätsels Lösung. Aber anscheinend sind wir zu dumm, davon den rechten Gebrauch zu machen. Alle Versuche bleiben ergebnislos. Bleibt nur die freie Erkletterung.

Die rechte Wand, eine vollkommen glatte 70 bis 80 Grad geneigte Platte, läßt sich mit der Reibung der Gummisohlen nicht mehr begehen. So versuche ich die linke in die Nordwand abstürzende Kante zu erklimmen. Sie hängt zwar enorm über, weist aber in gewissen Abständen schmale Leisten auf. Durch Seilwurf gelingt es mir auch, einen vorstehenden Zacken an der Kante einzufangen und das Seil als Geländer zu fixieren. Über die dazwischenliegende glatte, ungangbare Platte rutsche ich dann am fixen Seil zur Kante hinüber. Aber drüben muß ich, um mich wieder ins Seil zu binden, die Schlinge vom Felszacken lösen. Damit aber schneide ich mir den Rückzug ab.

Von den Leisten bin ich bitter enttäuscht. Sie erweisen sich als viel zu weit voneinander entfernt, um von einer zur anderen spreizen zu können. Wie ich mich auch strecke, es gelingt nicht. Es bleibt nichts anderes übrig, als das dazwischenliegende haltlose und zum Teil überhängende Stück frei zu erklettern. Das Unmögliche muß möglich gemacht werden. Zehn Meter schaffe ich es, aber dann drängt der Fels furchtbar ab, zwingt mir ein ebenso raffiniertes wie gewagtes Gleichgewichtsspiel auf. Bald ist aber auch meine Kunst zu Ende. Nur noch 15 Meter wären es bis hinauf! Ich will einen Haken schlagen, merke aber erst jetzt, daß ich gar keinen bei mir habe. Kuno wiederum hat sich auf mich verlassen. Unser ganzes, schönes Eisenzeug liegt wohlbehütet in den Rucksäcken dort drunten in der Scharte. Aber ich muß hier einen Haken haben!

Kuno muß wohl oder übel einen Stanhaken, den einzigen, den wir haben, aber auch unsere einzige Sicherung, herausschlagen. Vorsichtig läßt er ihn mit dem Hammer am Seil zu mir herüber. Der Stahlstift ist jedoch zu dick. Er will in die feinen Risse hier nirgends hinein. Alle Mühe ist vergeblich! Ein aussichtsloses Beginnen. So muß ich also versuchen, die schwer erkämpften Meter wieder frei abzuklettern.

Was im Aufstieg gerade noch möglich war, läßt sich abwärts einfach nicht mehr durchführen. Der Fels drückt den Körper viel zu sehr ab, die Füße fangen schon vom langen Stehen auf kleinsten Tritten zu zittern an. Die von uns Kletterern gefürchtete „Nähmaschine" setzt ein und droht mich aus dem Stand zu werfen. Mit aller Energie muß ich mich zur Ruhe zwingen. Nochmals taste ich den Fels ab... Endlich ein etwas breiterer Spalt. Der Eisenstift fährt singend ins Gestein. Ich möchte jubeln. Kuno unter mir wird es wahrscheinlich nicht anders gehen. Gewohnheitsmäßig wird der Haken nochmals auf seine Festigkeit geprüft, mit gewaltsamem Ruck. Dabei springt der Haken heraus und schlägt mir ins Gesicht. Warm rinnt es mir über Wange und Hals. Die Nase reagiert auf diese lächerliche Verletzung mit einer Blutung, die fürwahr einer besseren Sache würdig wäre. Ich merke, wie meine Kräfte immer mehr nachlassen. Ich rufe Kuno zu: „Aufgepaßt! Gleich komme ich geflogen!" Mit äußerster Gelassenheit nickt der treue Freund. Jetzt hat er nicht einmal den Standhaken mehr. Er wird bestimmt sein Bestes tun. Aber ob es nützt? Im Falle eines Sturzes lande ich direkt an der gegenüberliegenden Wand und stürze dann 20 Meter tief auf eine Terrasse. Nein, das darf nicht sein!

Nochmals versuche ich den Haken anzubringen. Schließlich in letzter Not, mit der Kraft der Verzweiflung, gelingt es mir auch. Der Haken hält diesmal. Schnell einen Karabiner hinein! Aber ich habe ja keinen! So muß ich mich in dieser heiklen Lage nochmals vom Seil binden, ziehe es durch den Ring des Hakens und schlinge es wieder um die Brust. In freier Luftfahrt erreiche ich die Plattform und gelange mit Kunos Hilfe wieder auf die Schulter zurück. Erschöpft sinke ich nieder. Aber das Glück, dieser Mausefalle entkommen zu sein, gibt mir bald die alte Kraft zurück.

Kostbare Zeit hat dieser Versuch geraubt. Drei Stunden mögen verstrichen sein. Gerne verzichten wir nun auf diesen „Zapfen" und steigen wieder zur Scharte ab. Wenn man auch „Narrenfreiheit" genießt, soll man sie doch besser nicht an solch unbedeutenden, aber gefährlichen Objekten aufs Spiel setzen.

Eine steile, beinahe senkrechte Wand leitet nun abermals zur Höhe, doch der Fels ist griffiger, als es vorher schien. Und da wir die verloren Zeit nachzuholen haben, klettern wir trotz der Schwierigkeiten gleichzeitig weiter. Bald können wir auf den schlanken „Felszahn der Republik" hinabschauen. Endlos lang ist der Grat, und mit zunehmender Gipfelnähe verschärft er sich zu einer Messerschneide, verliert dafür aber an Steilheit.

Links drüben taucht aus einer Vielzahl von kleineren Zacken und Erhebungen eine ungeheuer kühne Nadel hervor, die Aiguille Roche. Wir stehen in der Scharte, wo ich vor zwei Jahren aus der direkten Nordwand der Charmoz ausgestiegen bin.

Das Gelände wird nun wieder vertraut. Bald ist die Aiguille des Grandes Chramoz (3480 Meter) überschritten. Ein sehr enger Kamin weist uns den Weg zur Tiefe. Bei diesem Modeberg braucht man ja nur den Papierresten und Konservenbüchsen zu folgen, um auf der richtigen Route zu bleiben.

Wir sind am Grépon, überschreiten ihn von Nord nach Süd. Mit Ehrfurcht denke ich an

Mummery, den großen Briten, als ich mich gleich einem Wurm im „Mummery-Riß" emporwinde. vor fast 70 Jahren hat dieser unvergleichliche Bergsteiger den Riß zum erstenmal gemacht.

Ein riesiger, wackliger Block, der zur Hälfte über den Abgrund hängt, liegt auf der ebenen Gipfelfläche des ersten Turmes, so, als ob man ihn absichtlich hinaufgelegt hätte — ein Naturwunder! Uns dient er zum Abseilen, wenn er auch wenig vertrauenerweckend aussieht. Die vielen alten Seilschlingen, die um ihn gewickelt sind, zeugen aber von seiner Verläßlichkeit. Wieder spaziere ich das „Fahrradband" entlang. Man könnte hier wirklich mit einem Fahrrad fahren, auf diesem ein Meter breiten, waagrechten Felsband in steiler Wand. Nur der gewaltige Tiefblick von 900 Metern zum Mer de Glace verlangt Schwindelfreiheit.

Wir stecken im Nebel. Das gewöhnliche Mittagsgewitter bleibt nicht aus. Es fängt zu graupeln an, doch wir setzen den Weg unbeirrt fort. Wir können uns nicht aufhalten lassen, wenn wir unser Ziel erreichen wollen! Auf der Westseite empfängt uns eisiger Sturm. Beim Aufstieg zum Hauptgipfel des Grépon stehen wir plötzlich vor einer lebensgroßen Statue, einer Madonna. Eine letzte Abseilstelle, eine kurze Querung, und über Wandstellen und Blockwerk springen wir zur nächsten Einschartung zwischen Grépon und Blaitière. Zuweilen teilen sich die Nebelschwaden, und wir können einen Blick auf den gigantischen Aufbau des Grépon erhaschen. Wie zu Stein erstarrte Feuersäulen ragen seine Türme zum Himmel.

Kurze Schneefelder werden gequert, einige Einschartungen überschritten. Düstere Schluchten brechen zum Mer de Glace ab. Ein Grat, wie eine Messerschneide so scharf, bildet das schwerste Stück des Anstieges zur Blaitière. Nach vielem Auf und Nieder und vielem Hin und Her erreichen wir endlich eine Eisrinne, die von der Scharte zwischen den drei Blaitièregipfeln zum Nantillonsgletscher niederstürzt. Es gilt, sie zu queren. Das Eis ist ziemlich spröde und zwingt uns, den scharfen Randbeschlag an die Schuhe zu schnallen. Eine Sicherung ist zwecklos, da wir keine Eishaken bei uns haben. Dichter Nebel umgibt uns, und fragend halten wir Ausschau nach dem Weiterweg. Auch die angefertigte Routenskizze gibt keine rechte Auskunft im dichten Nebelgebräu. Wie auf Wunsch lichtet sich aber für einen Moment der Vorhang, und wir prägen uns das Bild rasch und tief ein, und wenig später stehen wir auch schon auf dem leicht ersteigbaren Nordgipfel. Die beiden anderen Gipfelerhebungen dagegen bieten schon wesentlich größere Schwierigkeiten. Das Zurechtfinden im Urgestein ist an und für sich schon nicht leicht, bei Sichtverhältnissen aber, wie sie heute herrschen, heißt es besonders aufpassen. Die Anstiege sind durch die eigenartige Struktur des Gesteins, den quaderförmigen Aufbau, oft ungemein kompliziert. Außerdem unterliegt man hier sehr oft optischen Täuschungen: Jeder Riß, jede Wandstufe, die aus der Entfernung klein anmuten, wachsen in inmittelbarer Nähe ins Riesenhafte.

Der Tag geht langsam zur Neige. Wir müssen uns auf die Suche nach einem geeigneten Biwakplatz machen. An der Westseite der Aiguille Blaitière, auf einem Felsband, richten wir uns ein Plätzchen her.

Wir sitzen einsam auf dieser hohen Warte und lauschen in die Nacht hinein. Erst die Kälte treibt uns in den Biwaksack. Die Nacht ist lang. Immer wieder halten wir Ausschau, ob die Sterne nicht schon verblassen.

Zähneklappernd bereiten wir uns ein Frühstück, wir warten noch, bis die Sonne die Flanken der Felszacken trifft, dann aber ziehen wir weiter. Nach Querung eines steilen, hartgefrorenen Schneefeldes stehen wir vor dem Gipfelaufbau der Aiguille du Fou, dem nächsten Zacken. Einer von vielen aus diesem unübersehbaren Gewirr. Kuno macht sich an seine direkte Ersteigung, ich will aber noch einen vorgelagerten Gratzacken mitnehmen, die Aiguille des Ciseaux. Es ist dies eine doppelgipfelige Nadel, die die Form einer geöffneten

Schere hat. Der Rucksack bleibt unten, und ich glaube auch ohne Seil auszukommen. Ein glatter Kamin führt zwischen die beiden Gipfel der Ciseaux. Den westlichen der beiden habe ich mir aufs Korn genommen. Über eine steile Wand erreiche ich die Gratkerne. Hunderte von Metern bricht unter mir der Fels ab. Ungeheuer ausgesetzt ist dieses messerscharfe Stück. Der „Gipfel" ist eine Nadelspitze im wahrsten Sinn des Wortes. Mit beiden Händen kann ich ihn gerade umfassen. Nun bin ich zwar oben, aber an den Abstieg habe ich gar nicht gedacht. Ich habe das peinliche Gefühl, in eine Falle gegangen zu sein. Aber auch aus Fallen kann man manchmal herauskommen. Außerordentlich vorsichtig klettere ich die obersten kritischen 20 Meter zurück, nur auf die Reibung der Schuhsohlen vertrauend. Nach bangen Minuten gelange ich wieder zur Scharte hinunter.

Knapp unterm Gipfel der Aiguille du Fou treffe ich wieder mit Kuno zusammen. Der letzte Gipfelblock, ein kurios geformtes Gebilde, macht uns noch ein wenig zu schaffen. Dann aber haben wir auch diesen schlanken Felsturm zu Füßen. Steil fällt der Südwestgrat zur nächsten Einschartung ab. Das oberste Stück abkletternd, gelangen wir an einen senkrechten Abbruch. Die ersten Seilschlingen laden uns bereits zu einer Fahrt in die Tiefe ein. Sechs lange Abseilstellen folgen noch, ehe wir auf geräumiger Fläche, auf der Scharte zwischen Aiguille du Fou und Point de Lépiney stehen. Es ist noch früher Vormittag, doch das schöne Plätzchen verlockt zum Verweilen. Wohin unser Blick auch fällt, reiht sich Zacken an Zacken. Grotesk heben sich die Formen vor den weißen Flächen des Géant- und Taculgletschers ab.

Nebelfetzen, die sicheren Vorboten eines nahenden Gewitters, lecken gierig die Flanken herauf und treiben uns zum Aufbruch. Von der Scharte müssen wir zunächst ein Stück in die Nordwand absteigen. Nachtfrost liegt noch hier. Harter Firn und, als Reste der letzten Schlechtwetterperiode, Graupelkörner überkleiden die Felsspalten. Der Randbeschlag bewährt sich wieder gut. Eine lange, steile Eisrampe, der einzige Weg, der durch die Plattenschüsse führt, bringt uns unter den Nadeln der Pointe de Lépiney und Pointe Chevalier durch zur Scharte vor der Dent du Caiman. Der Rucksack bleibt wieder einmal auf der Scharte zurück, und leicht beschwingt, als ob wir Flügel hätten, erklettern wir durch sehr steile Risse und spiralenförmige Kamine die nächste der beiden Nadeln, die Pointe Chevalier. Ihren Gipfel können wir nur einzeln betreten, so winzig ist er. Wir finden es ganz in Ordnung, daß sich der „Ritter" nicht gleich von mehreren Leuten auf den Kopf schlagen läßt. Im Abseilsitz schweben wir frei durch die Luft zur anderen Seite hinunter. Kuno steigt wieder zur Scharte zurück, doch mich lockt noch die Pointe de Lépiney, die im Gegesatz zur Chevalier eine große, ebene Gipfelfläche besitzt, eine an den Rändern scharf abbrechende Platte. Besonders eindrucksvoll und charakteristisch an dieser Nadel ist eine zwei Meter hohe senkrechte und vollkommen glatte Wandstufe, über die nur eine turnerische Ruckstemme hinweghilft. Doch an derlei Stellen habe ich mich nun schon gewöhnt, obwohl ich kein athletischer Turner bin.

Auf zum Dent du Caïman! Vom Kavalier zum Krokodil. Vom Ritter zum Drachen! Unser Felsendrache, der Dent du Caïman, setzt mit einem lotrechten Aufschwung an, der von einem 80 Meter hohen, vollkommen glatten Plattenpanzer gesperrt ist. Die einzige Möglichkeit, von dieser Seite dem 300 Meter höher gelegenen Gipfel beizukommen, besteht darin, daß man den ganzen Turm an seiner Südseite umgeht. Man muß sich ungefähr 100 Meter in die Südostseite abseilen und, nach einer Querung zum Ostgrat, über diesen zum Gipfel (3554 Meter) ansteigen.

Wir überlegen lange hin und her, wo der Weiterweg zu suchen sei. Etwas zögernd und nicht sehr überzeugt seile ich mich über abenteuerliche Wandstufen 100 Meter in eine Rinne ab. Jenseits geht es an Hangelleisten und Rissen, die durch glatte Platten führen, zu einer kleinen Plattform in der Wandmitte hinauf. Mir kommen ernsthafte Zweifel an der Richtigkeit unseres

Aufstieges. Die Schwierigkeiten sind zu groß, gleichen den schwersten Kletterstellen, kraftraubende Risse führen dorthin.

Doch auch hier ist der Weiterweg versperrt. Eine 30 Meter hohe, vollkommen glatte und senkrechte Wand, ohne Risse, ohne Rauhigkeiten, trennt mich von der höher gelegenen Schulter. Wir befinden uns gerade um einen Absatz zu tief. Nochmals müssen wir die ganze Wand zurück, um in der rechten Kaminreihe unser Glück zu versuchen. Diese hart erkämpften Seillängen, die zum Schwersten zählen, das ich bisher im Urgestein gemacht habe, müssen wir nun wieder frei abklettern. Wo wir auch suchen, es ist keine Möglichkeit gegeben, einen Haken anzubringen. Kuno kann ich ja sichern. Wenn er rutscht, braucht er sich nur am Seil festzuhalten. Was für ein Halt aber bleibt mir beim Nachsteigen? Schließlich gelingt es dann doch. Aber kostbare Zeit und sehr viel Kraft gehen verloren.

Weiter rechts zieht abermals eine Rißreihe nach oben. Diese muß es sein! Wieder müssen wir das Stück hinauf, wobei es einen sehr brüchigen, mit Eis gefüllten Kamin zu überwinden gilt. Die Wand geht nun in den Grat über, der sich steil von Absatz zu Absatz schwingt. Aber dann kommt der Augenblick, wo es nicht mehr höher geht: Wir haben den Gipfel des Drachenzahns erreicht!

Wir sind heute schon wieder elf Stunden unterwegs. Und noch ist kein Ende zu erkennen. Eine unabsehbare Zackenreihe trennt uns von der Aiguille du Plan. An ein Absteigen von einer dieser Nadeln ist nicht zu denken. Riesige Plattenfluchten stürzen zu beiden Seiten des Grates mehrere hundert Meter zu kleinen, wild zerklüfteten Hängegletschern ab, die den Fuß der Aiguilles säumen. Unsere Bewegungen sind schon langsam und müde geworden. Das ewige Auf und Ab beginnt uns mürbe zu machen. Die Umgebung, die Landschaft, ist großartig. Aber unsere Blicke sind dafür stumpf geworden. Wir sind nur froh, wenn wir wieder einen Gipfel aus dem Programm streichen können.

Überraschend fällt Nebel ein und erschwert auch noch das Zurechtfinden in dem ohnedies unübersichtlichen Gelände. Im Abstieg vom Dent du Caïman werden wir noch von Hagelschauern überschüttet. Wir haben keine Zeit, vor dem Unwetter Schutz zu suchen. Wir müssen weiter. Wir rücken dem vorletzten Gipfel, dem Dent du Crocodile, auf den Leib. Welch feine Unterschiede die Franzosen bei den Namensgebungen machen: Caïman — Crocodile! Zahn des amerikanischen und des afrikanischen Krokodils! Drachen sind beide. Zwei glattwandige, widerspenstige Gendarmen trennen uns vom eigentlichen Gipfelaufbau und zwingen uns zu mühsamen Umwegen, zu verwegenen Querungen in die Nordseite. Vereiste Risse und Leisten stellen sich in den Weg. Ein glatter Riß leitet wieder zurück auf den Grat, bringt uns in die äußerst ausgesetzte Ostseite. Wir glauben schon, den ersten Gratwächter überlistet zu haben, als uns eine glatt Wand erneut den Weg versperrt. Also wieder zurück. Es soll nicht der letzte Irrweg sein. Eine andere Passage wird versucht.

Es würde ins Endlose führen, wollte ich alle Kletterstellen im einzelnen aufzählen. Auch uns schienen sie ohne Ende. Schließlich sind wir am Fuße des Gipfelaufbaues des Dent du Crocodile. Eine vertikale, dazu oben überhängende Wand bäumt sich vor uns auf. Wir schauen uns nur fragend an, weil uns zum Reden die Worte fehlen. Stumm suchen wir nach einem Ausweg. Überall bricht der Fels haltlos ab. Schließlich bleibt mir nichts anderes übrig, als doch die überhängende Wand zu probieren. Ich weiß, daß Granit sehr täuscht. Der Fels hier ist ungemein rauh, jeder Griff schmerzt an den Fingern und sticht wie mit Nadeln. Die Finger sind wundgeklettert. Kein Wunder, wenn man drei Tage lang immer nur klettert, mit den bloßen Händen am rauhen Stein! Das Gestein hier erweist sich als außerordentlich griffig. Das gibt beinahe wieder neuen Auftrieb. Wir queren in einem Kamin, steigen unter riesigen, eingekeilten Blöcken durch und stehen bald auf dem Gipfel. Der Dent du Crocodile hat sich wirklich mit

Krokodilszähnen gewehrt! Das Gewitter ist auch vorüber, nur einzelne Nebelfetzen trieben noch im Winde umher.

Zum letztenmal, so hoffen wir wenigstens, legen wir das Doppelseil um einen Zacken, schleudern die Seilenden in die Tiefe und gleiten über glatten Fels 40 Meter zur Tiefe. Wir kommen auf Eis zu stehen. Es ist der Hängegletscher, der von der Scharte hinter der Aiguille du Plan nach Norden abbricht. Am oberen Rand des Eises, dort, wo es an die Felsen stößt, hat sich durch die Ausstrahlung ein Spalt gebildet. Dieser Spalt dient uns zur Überquerung. In leichter Kletterei erreichen wir dann eine Plattforn, ungefähr 100 Meter unter dem Gipfel der Aiguille du Plan.

Es ist sieben Uhr abends. Wir stehen auf dem letzen der 15 Gipfel, die die Kette der Nadeln von Chamonix bilden. Die erste vollständige Überschreitung ist geglückt. Aber wir sind fast zu müde, um uns jetzt schon darüber freuen zu können. Das Tal ist noch weit.

Ich schlage vor, noch zur 1000 Meter tiefer gelegenen Requinhütte abzusteigen. Wir würden sie vielleicht gerade noch vor Einbruch der Nacht erreichen. Aber Kuno hat keine Lust mehr. „Nicht einen Schritt gehe ich mehr!" brummt er. Ich weiß, er kann es nicht leiden, im Dunkeln herumzutappen. Ich füge mich, wenn auch etwas verärgert. Ich hatte mich schon so auf das Schlafen in einer Hütte gefreut! Nun heißt es also noch einmal im Freien biwakieren. Auf einer geräumigen Platte, auf luftigem Grat, richten wir uns für die Nacht ein.

Im Tal liegen noch schwarze Schatten, blinken noch Lichter, als wir aufwachen. Aber der Monarch erglänzt bereits in den ersten Sonnenstrahlen. Die Kälte steckt uns in den Gliedern, da hilft nur ein rascher Aufbruch. Angesichts der Jorasses, deren Nordpfeiler sich markant gegen den Horizont abhebt und uns Erlebtes wieder vor Augen führt, steigen wir zur Requinhütte ab. Beim ersten Quell am Gletscherrand lassen wir uns zur Rast nieder. Gemächlich bummeln wir das Mer de Glace hinaus, jetzt zu Füßen dieser Nadeln vor Chamonix, die uns drei Tage lang in ihrem Bann hielten. Vergessen ist alle Mühsal, alle Gefahr und Beschwernis. Wir schauen nach oben, wo in der Morgensonne die Nebel ihr Spiel treiben. Ja, großartig war's da droben! Aber jetzt freuen wir uns auch auf das Tal. Wir haben es uns verdient.

Westliche Zinne — Nordwand

Im Oktober des schönen, erfolgreichen Bergjahres 1950 stehe ich nochmals auf Südtiroler Boden. Kuno und ich haben uns einer Gesellschaftsfahrt von Klubfreunden angeschlossen. Das Jahr, dem die Marmolata-Südwestwand gewissermaßen die Eröffnungsfanfare blies, sollte durch eine andere, kaum leichtere Dolomitenfahrt seinen Abschlußakkord bekommen: die Nordwand der Westlichen Zinne. Sie galt als die schwerste Dolomitentour, bis Solda und Gefährten die Südwestwand der Marmolata bezwangen. Man kann bei solchen Gängen an der Grenze des Menschenmöglichen nie sagen: diese oder jene Fahrt ist schwerer, ist die schwerste. Es kommt stark auf die jeweilige persönliche Verfassung an, auf die subjektive Einstellung. Wir bereiteten uns innerlich auf einen erbitterten Kampf im Fels vor, und wir taten gut daran.

Spät abends erreichen wir die Umbertohütte in der Zinnengruppe. Die Nacht ist kurz. Schon um vier Uhr verlassen wir das gastliche Haus. Über den Paternsattel gelangen wir auf die Nordseite der Drei Zinnen und verfolgen den kleinen Steig, der unter den Wänden durchführt. Immer wieder drückt es uns den Kopf in den Nacken zurück. Wir können es kaum glauben, daß sich Menschenkraft hier messen kann. Doch wir sind ja selbst schon diese Wege gegangen. Unter der Nordwand der westlichen Zinne bleiben wir stehen. Hier reicht des Menschen Phantasie nicht mehr aus. Hier soll man hinauf können? Doch wir wissen, daß bereits 14 Seilschaften vor uns im Laufe der Jahre durchgestiegen sind. Aber wo? Gewaltige Dächer und Vorsprünge entziehen den oberen Teil der Wand unseren Blicken. Oberhalb dieser Zone muß sich die Kletterei bewegen. Aber wie dorthin gelangen? Ein unerhört kühnes Unternehmen. Mit Hochachtung denke ich an die Männer, die hier harte Pionierarbeit geleistet haben, bis zwei junge Italiener, Cassin und Ratti, das Werk ihrer Vorgänger vollendeten. Erst nach drei Tagen ließ die Wand sie frei. Die Sieger aber waren durch Erschöpfung und nervliche Überlastung dem Wahnsinn nahe.

Stumm seilen wir uns zusammen. Dieses Seil hat uns schon zu manch hartem Kampf verbunden und uns sicher zum Gipfel geleitet. Es ist das Symbol unserer Kameradschaft. Noch ist es bissig kalt, es ist auch schon Mitte Oktober. Immer wieder müssen wir unsere kältestarren Finger in den Hosentaschen wärmen. Aber wir müssen weiter. Der Fels ist sehr brüchig. Ich erreiche einen Kamin. Von hier glaube ich nach links überqueren zu müssen. Schmale Leisten führen in die glatte Wand. Überall versuche ich mein Glück, doch immer werde ich abgewiesen. Die Beschreibung ist sehr ungenau. Oben sperrt ein gewaltiges Dach den Überblick. Es läßt nur nach rechts einen Ausweg offen. Ich steige bis unter das Dach hinauf. Ein feiner Riß führt mich waagrecht auf eine Kanzel in überhängender Wand. Dieser Stand ist sehr luftig, doch dahinter geht es wieder ziemlich manierlich weiter. Ein Band wird überstiegen, wir kommen zu einem Turm.

„Hier müssen wir aber nun endlich links hinaus", sage ich zu Kuno. Wir müssen nun doch endlich die freie Wand aufsuchen. Aber nirgends ein Haken! Gelber, abdrängender Fels und brüchig dazu! Das kann nicht stimmen! So setze ich den Weg nach oben wieder fort, erreiche ein Band, das verhältnismäßig bequem nach links in die gelbe überhängende Wand hinauszieht. Vom Ende des Bandes zieht ein Riß senkrecht zur Höhe. Einige rostige Haken stecken darin. Bald hänge ich auch schon an ihnen. Das Seil läßt sich nur schwer durch die Karabiner ziehen. Eine Seilschlinge bietet den einzigen Halt. Daran hängend, lasse ich Kuno nachkommen. Die Haken sind nicht sehr vertrauenerweckend. Man hängt an ihnen in einer Sitzschlinge 300 Meter über dem Kar, während die Füße, ebenfalls in Schlingen, an der glatten, haltlosen Wand hochspreizen.

An kleinsten Griffen gewinne ich ein paar Meter. Mit lächerlichen Rauhigkeiten gibt man sich schon zufrieden. Anspruchsvoll darf man nicht sein. Der Weiterweg sieht nicht sehr ermunternd aus. Einige Haken, nur mit der Spitze im Fels steckend und stark nach unten gebogen, bieten den einzigen Anhaltspunkt für die Augen. Nahezu zwei Stunden hänge ich so frei in der Luft an ein und derselben Stelle. Das Seil schnürt mich zusammen, ein Zurück gibt es nicht mehr, da ja Kuno bereits den Standplatz unter mir eingenommen hat. Ein Griff wäre ja da — für den Rand eines Fingernagels. Das ist zu wenig. Endlich gelingt es mir, einen Zwischenhaken zu schlagen. Kaum einen Zentimeter tief fährt er in eine Ritze über mir. Eine Seilschlinge wird eingehängt. Vorsichtig will ich sie belasten. Doch was ist, wenn der Haken ausbricht? Würde Kuno mich halten können?

Geduckt hänge ich an dem Haken. Einige Male wage ich sogar, mich ganz vorsichtig aufzurichten. Ich greife dabei in die Seilschlinge. Doch jedesmal gehe ich wieder in die alte Position zurück, sie erscheint mir sicherer. Doch so komme ich nicht weiter! Es bleibt mir keine Wahl! Vorsichtig belaste ich nochmals den Haken, steige in die Trittschlinge und richte mich wieder auf. Jetzt heißt es rasch handeln, schnell ein zweiter Haken höher oben eingeschlagen. Er geht zwar nicht tiefer hinein als sein Vorläufer. Aber was hilft's?

„Vorsichtig Zug", rufe ich hinunter. Nein — ich flüstere es, als ob ich den Haken nicht erschrecken wollte. Die Füße tasten an glatter Wand. Sehr genau ist jede Bewegung berechnet. Ein jäher Ruck würde den Haken unweigerlich herausreißen. So schwindle ich mich höher. Endlich bin ich bei einem alten Stift, der verläßlicher scheint. Der Karabiner schnappt ein. Nur kurz verschnaufe ich, dann schiebe ich mich schon wieder höher. Zu lange darf ich nicht in den Haken bleiben. Ich gehe „auf Zug" nach oben, wieder tritt der Hammer in Tätigkeit. Es kostet unendliche Mühe, bis ein Haken sitzt und der Karabiner eingehängt ist. Da rutscht auch schon der letzte Haken, samt Karabiner, am Seil entlang, hinunter. Dieses aufreibende Spiel wiederholt sich noch einige Male, bis ich endlich das schmale Band erreicht habe. Vorerst verschnaufe ich und mache Fingermassage. Dann kommt Kuno an die Reihe. Er ist froh, endlich von seinem unbequemen Stand wegzukommen. Doch die Kletterei ist für ihn um nichts angenehmer, sondern doppelt schwer, da er jedesmal beim Aushängen eines Karabiners vom Fels wegpendelt. Es gelingt ihm nur mit Hilfe seiner Zähigkeit und des zweiten Seiles, heraufzukommen.

Wir stehen auf schmalem Gesimse und entwirren den „Seilsalat", der bei einem solchen Manöver unvermeidlich ist. Über uns hängen Dächer, rechtwinklig aus der Wand. Das Gesimse zieht nach links in die gelbe Wand hinaus, verliert sich aber bald und setzt sich in Form eines neuen Daches fort. Die ersten Meter sind noch annehmbar, doch bald drückt der oben stark vorspringende Fels den Oberkörper weit nach außen. An die Stelle des Gesimses treten nur noch kleine Tritte. Nach 10 Metern springt das Dach derart weit vor, daß ich die darüber befindlichen Griffe kaum mehr erreichen kann. Ich hänge bereits horizontal im Fels, mit dem Rücken nach abwärts. Ich erkenne, daß ich einen Meter tiefer steigen muß. Doch das ist nicht so einfach. Die Griffe unter dem Dach kann ich nicht erreichen, die Arme sind zu kurz. So verfalle ich auf eine sonderbare Idee. Die Füße stemmen sich ziemlich hoch gegen den Fels. Mit dem Kopf schlüpfe ich unter das Dach, während sich die Hände darüber noch festhalten. Nun stemme ich mich auch mit dem Kopf für einen Augenblick gegen das Dach. Ich kann so gerade für Sekunden das Körpergewicht gewissermaßen zwischen Zehenspitzen und Haarschopf halten. Die Hände lassen nun aus, greifen blitzschnell nach unten nach und schon umklammern die Finger feste Griffe. Reine Akrobatik im Fels! Noch ein paar Meter steige ich ab und erreiche bald leichteres Gelände.

Wenn wir nun glauben, die Schwierigkeiten hinter uns zu haben, so täuschen wir uns. Sie kommen erst.

Wir sind nun etwas rechts des Ausganges des großen Couloirs, einer steilen, wasserüberronnenen Felsrinne, die als schwarzer Streifen den oberen Teil der Wand durchzieht. Eissplitter surren an uns vorbei. Ein wunderbares Bild. Tausendfaches Glitzern hebt sich gegen den blauen Himmel ab. Aber wir haben keinen Sinn für Naturschönheiten. Der Weg ist gnadenlos. Äußerst schwierige Wandstellen, Hangeltraversen, exponierte Quergänge folgen. Die Müdigkeit in den Fingern wird immer fühlbarer. Des öfteren muß ich, wenn ich glaube, eine Stelle so ohne weiters überklettern zu können, wieder zurück zum letzten Stand. Senkrecht unter uns im Kar sitzen einige Italiener, verfolgen gespannt unser Tun, und hie und da dringen auch Laute zu uns herauf.

Wir sind auf dem großen Band in der Wandmitte. Noch ein letzter Überhang wölbt sich vor. Erst darüber legt sich die Wand endgültig zurück. Wir sind noch darunter. 20 Meter weiter links findet sich eine schwache Stelle dieser überhängenden Zone. Der Fels springt zwar noch weiter vor, doch was hängt in dieser Wand nicht über? Das Auge hat sich schon daran gewöhnt, und die Nerven sind stumpf geworden gegen Ausgesetztheit und Gefahr. Über eine kurze Wandstelle erreiche ich eine schmale Leiste, die ich nach links verfolge. 5 Meter weiter drüben zieht ein

Kamin empor. Der Fels drückt mit jedem Schritt mehr nach außen. Ich hänge buchstäblich nur noch an den Fingerspitzen. Plötzlich verspüre ich, wie diese langsam den Dienst versagen wollen. Unheimliche Müdigkeit überfällt mich. Ein Blick hinunter macht mir die Eindeutigkeit meiner Situation klar. Ich hänge weit über dem Band draußen. Überhängend bricht die Wand unter mir ab. Zurück kann ich nicht mehr, dazu reicht die Kraft nicht aus, Kuno steht 20 Meter abseits von mir auf dem Band. Das Seil läuft in weitem Bogen zu ihm. Er hat nicht einmal einen Haken zur Sicherung. Aber ich kann mich nicht mehr halten...

„Kuno, ich komme!" schreie ich. Da gehen mir auch schon die Finger auf. Sie lösen sich vom Fels, als ob Butter daran klebte. Da gelingt es mir doch, mit letzter Energie, den Oberkörper in den Kamin hinüberzuwerfen. Ich fliege nicht. Ich kann mich ein wenig verspreizen, für Sekunden nur, der überhängende Fels drängt den Körper sehr ab. Knapp an der Sturzgrenze bewege und halte ich mich. Immer, wenn ich nahe am Abgleiten bin, kann ich gerade noch mit irgendeinem Körperteil am Fels Reibung finden. Dieser verzweifelte Kampf dauert einige Minuten. Keuchend geht der Atem. Der Schweiß tritt aus allen Poren. Endlich bin ich ganz im Kamin. Ein Haken fährt in den Fels. Ich schaue zu Kuno hinab, der mit bewundernswerter Ruhe mein aufregendes Spiel verfolgt hat. Das Seil läuft von ihm nur über einen kleinen Zacken zu mir herauf. Der Freund hätte mitmüssen — unweigerlich — hinaus, hinunter, Hunderte Meter tief, wenn... Welche innere Kraft steckt in der äußeren Gelassenheit echter Treue. In mir steigt heiß das Dankgefühl auf, daß mir vom Schicksal so ein Gefährte geschenkt wurde. Frei liegt nun die Wand bis zum Gipfel vor uns. Im großen Couloir hängen ganze Eiskaskaden, die rechte Begrenzungswand ist mit Eis bedeckt: der Ursprung der Geschosse, die die Wand bestreichen. Die Schwierigkeiten nehmen nun merklich ab, wir haben nichts dagegen einzuwenden.

Um sechs Uhr abends, elf Stunden nachdem wir eingestiegen sind, reichen wir uns auf dem Gipfel der Westlichen Zinne die Hände. Wir machen uns sogleich an den Abstieg. Unheimlich Teil erscheint uns alles. Wir kommen auf eine Scharte, rutschen durch einen Kamin hinab und stehen bald in einer Schotterrinne. Ich will die Rinne weiter absteigen, doch Kuno hält mich zurück: „Die Rinne bricht plötzlich ab, wir müssen uns nach links durch die Felsen halten!"

Von Band zu Band steigen wir tiefer. Sehen können wir nicht viel in der Finsternis. Nur gefühlsmäßig tasten wir uns hinab. Immer steiler wird der Fels, schließlich richten wir uns doch zum Biwak her. Es ist zwar erst acht Uhr am Abend, doch die Gefahren bei einem nächtlichen Abstieg sind zu groß. Von der Umbertohütte herauf dringt Lärm und Motorengeräusch. Wir hören unsere Namen rufen. Im Kar geht jemand mit der Taschenlampe umher und leuchtet das Gelände ab: unsere Kameraden. Wir rufen ihnen zu, daß wir biwakieren müssen.

Lang ist die Nacht und kalt der Morgen. Beim ersten Licht schälen wir uns aus der Biwakhülle. Wir schauen erstaunt, ärgerlich, zuletzt lachend... Da, keine 20 Meter rechts von uns, ist eine Schuttrinne, die leicht ins Kar hinabführt. Nach einer halben Stunde sind wir bereits auf der Umbertohütte.

Bei Landro grüßen noch einmal die gelben Wände der Zinnen herab. Wir nehmen Abschied von den Dolomiten, der Winter steht vor der Türe.

*

Tofanapfeiler

Frühjahr 1952. Cortina ist unser Ziel. Der Monte Cristallo ist noch tief verschneit, und die Tofana schaut ganz winterlich aus. Es ist noch sehr früh im Jahr. Ein guter Freund hat uns im Auto mitgenommen und bringt uns auf einer alten Kriegsstraße noch fast bis zum Einstieg hinauf. Uns: Sepp Jöchler und mich. Zum Einstieg: Südpfeiler der Tofana. Dies ist nun schon die dritte Tour, die von manchen als die schwerste Kletterei in den Dolomiten angesprochen wird. Zwei davon kennen wir schon, die Wände der Marmolata und der Westlichen Zinne.

Den Biwaksack lassen wir zurück, schon um unseren liebenswürdigen „Chauffeur" und die anderen Freunde, die auf dem Normalweg zur Tofana steigen wollen, nicht kopfscheu zu machen. Heimlich nehmen wir aber doch einige Steigschlingen und sogar „Trittbrettln" mit, obwohl ich dieses ultramoderne Zeug sonst gar nicht mag.

Es würde ermüden, wenn ich wieder der Reihe nach die Kletterstellen an so einer „verkehrten Riesenstiege" einzeln schilderte. Wir wollen gleich beim dritten Dach, das den mittleren Wandgürtel sperrt, beginnen.

Ein Riß zieht schräg rechts aufwärts in die hinterste Ecke des gewaltigen Felsvorsprunges. Hier ist Schluß mit der Kletterei. Erst zwei bis drei Meter weiter draußen setzt sich die Wand wieder senkrecht fort. Von den Haken unserer Vorgänger ist nichts mehr zu finden,

Abb. unten: 1952, in der Tofana-Südwand, Dolomiten.

aber die vielen Löcher zeugen davon, daß hier kräftig „genagelt" wurde. Was nun folgt, ist Kletterei in der Horizontalen, mit dem Rücken nach unten. Ein Stift fährt von unten in das Dach, das ein feiner Riß durchzieht. Eine Seilschlinge wird eingehängt. Zögernd steige ich hinein und pendle unverzüglich hinaus. Wie eine Fliege an der Zimmerdecke hänge ich unter dem Dach. Die Füße baumeln im Leeren über einem 300 Meter tiefen Abgrund. Die überhängende Wand unter mir nimmt sich von der Warte fast flach aus. Ich taste mit der Hand den äußeren Rand des Daches ab; hier gelingt es mir, einen zweiten langen Haken einzuschlagen. Wieder hängt eine Trittschlinge im rechten Winkel vom Fels abwärts.

Ich befinde mich am äußersten Rand des Daches, mit den Füßen noch in der Luft. Nun findet sich aber auch nirgends mehr eine Ritze, in die ein Haken hineinpassen würde. In freier Kletterei versuche ich, das Dach zu überwinden, wobei ich erst einmal mit den Füßen festen Stand erlangen muß. Das Seil hat dazu noch eine enorme Reibung und droht mich hinunterzuziehen. Die Fingerkraft wird aufs äußerste beansprucht. Noch ein Überhang, der auch frei erklettert werden muß, dann habe ich endlich dürftigen Stand. Jetzt beginnt für Sepp das gleiche verwegene Spiel. Er hat es keineswegs leichter als ich; wenn er die Karabiner aushängt, pendelt er in die freie Luft hinaus und dreht sich dann wie ein Kreisel um die eigene Achse. Etliche Male taucht sein Haarschopf unter dem Dach auf und verschwindet ebenso plötzlich wieder, wie er gekommen. Schließlich langt der Freund aber doch schwer keuchend neben mir an.

Weiß-rot gesprenkelter Fels setzt überhängend fort. Ferne, teilweise unterbrochene Risse bilden die einzige Möglichkeit, unter das nächste Dach zu gelangen. Alle zehn Meter läuft das Seil durch einen Karabiner. Über mir sehe ich eine Kanzel und vermute einen Standplatz. Bis dorthin will ich noch vordringen. Die letzten Meter bilden eine völlig glatte Wandstelle. Ohne Griffe, nur mit Seilzug und Reibung kann ich sie überlisten. Aber... hier ist keine Kanzel, kein Standplatz. Der Fels drückt derart hinaus, daß ich kaum verweilen kann. Eine Sitzschlinge est ermöglicht mir die Arbeit des Nachsicherns. Das Standwechseln ist ein umständliches, gefahrvolles Manöver. Nur einer kann hier auf diesem „Piazzetl", wie wir diese angedeuteten Standplätze getauft haben, stehen. Eine überhängende Verschneidung bringt mich unter das nächste große Dach. Es hat nicht die Ausladung des vorhergegangenen, fällt aber dafür zur äußersten Abschlußkante sogar noch ab. Ein breiter Riß durchzieht es, in dem kein Haken haften bleibt. Die Stifte fallen genauso, wie ich sie hineinstecke, wieder heraus. Nur im hintersten Winkel des Daches beißt einer an. Auf Zug lasse ich mich unter dem Dach hinaus. Waagrecht liege ich unter der Wand. Die Hände suchen wieder den äußeren Rand nach einem geeigneten Riß ab. Die Finger ertasten einen Spalt. Ob der geeignet ist? Wieder muß ein langer Eisenstift die Situation retten. Ich stecke ihn in den Riß, drehe ihn so, daß er sich verkeilt, noch schnell ein paar Schläge mit dem Hammer, dann sinkt mir der Arm erschlafft herunter. Ich muß wieder zurück, mich ein wenig ausrasten. Aufs neue legt sich der Körper weit hinaus. Noch schnell ein paar gezielte Schläge, ein Karabiner schnappt ein und eine Seilschlinge wird eingeklinkt. Ich lasse mir Zug geben. Die Füße stemmen sich in die Steigschlinge, der Körper streckt sich — ich schwinge zum äußersten Rand des Daches. Noch ein paar harte Meter, dann habe ich auch mit den Füßen wieder Stand. Mit der Hand ziehe ich den Haken, der mir weiterhalf, aus dem Spalt heraus. Weiter oben werde ich ihn noch einmal gebrauchen können. Nach 20 anstrengenden Metern stehe ich auf einem breiten Geröllband inmitten von gelben Überhängen.

Unter uns werden Stimmen laut. Jemand ruft meinen Namen. Unsere Kameraden sind es nicht. Fachkundige Cortineser haben uns beobachtet, wie wir später erfahren. Sepp schnauft erleichtert auf, als er neben mir steht. Wir haben keine Lust zur Konversation. Nur mit unseren Kameraden unten beim Einstieg verständigen wir uns. Rudl ruft herauf, daß wir jetzt die

Schwierigkeiten hinter uns hätten. Dies veranlaßt uns zu einer ausgiebigen Rast. Es ist halb vier Uhr nachmittags.

„Wir kommen noch leicht hinaus", sage ich zu Sepp. 21 Stunden? Das wäre ja gelacht! Man soll aber nie zu früh lachen...

Ein stark überhängender Kamin zieht über unseren Köpfen hinweg. Im hintersten Grund des Kamins steige ich an Tropfsteingebilden höher. Nach zehn Minuten schließt er sich. Ich muß hinaus ans Tageslicht, an den äußersten Rand dieses stark überhängenden Schlundes. Ein alter, verrosteter Ringhaken weiß wohl ein Liedlein von Männermut und Menschennot zu singen. Ich hänge ein und schaue mir die Lage an. Der Fels drängt stark ab. Nach oben versperrt ein glatter Überhang die Fortsetzung des Kamins. Keine auch noch so feine Ritze findet sich, in die sich ein Haken hineintreiben ließe. Mit „Zug" spreize ich an den äußersten Rand des Wulstes hinaus. Den ganzen unteren Wandteil kann ich nun wieder überblicken. Weit wölbt sich der Kamin über das breite, darunter befindliche Band vor. Einige Haken kann ich wohl anbringen, aber sie taugen alle nichts. Ich verbinde sie mit einer Seilschlinge, in der Hoffnung, daß sie auf diese Weise halten werden, hänge eine Trittschlinge hinein und gewinne wieder einen halben Meter an Höhe. Nun ist aber auch meine Kunst zu Ende. Ich versuche einen Seilquergang nach links. Doch hier ist alles brüchig und drängt auch sehr nach außen. Da kann etwas nicht stimmen! Vielleicht rührt der Haken von einem „Verhauer" her. Doch die Beschreibung deutet ja klar auf diese Stelle hin.

Weiter links erscheint es mir doch günstiger. Ich lasse mich wieder zum Band hinab, wo mich Sepp zu sich hereinzieht. Nach kurzem Anstieg versuche ich durch einen Quergang in leichter kletterbares Gelände zu kommen. Dort beinahe angelangt, geht mir der Quergangshaken, mein letzter Halt, heraus und — in Sekundenschnelle lande ich bei meinem Freund.

Ich versuche es darauf nochmals durch den Kamin. Wieder hänge ich, genau wie zuvor, oben und kann keinen Zentimeter mehr höher. Zweifel steigen mir auf. So etwas ist mir noch nie passiert. Wo bleibt meine unerschütterliche Überzeugung: Wo einmal ein Mensch seinen Fuß hingesetzt hat, muß auch ein anderer hinkommen? Unsere Vorgänger brauchten doch auch Griffe, um sich festhalten zu können. Sie verfügten doch auch nicht über Saugnäpfe.

„Laß einfach diese Stelle aus und gehe oben weiter!" ruft mir Sepp herauf. Dieser Witz ist gut, aber ich kann jetzt nicht darüber lachen. Zunächst muß ich abermals zum Band zurück, um mich etwas auszurasten.

Schreiend und krächzend umflattern uns Dohlen, als ob sie schon auf ein Opfer lauerten. Wie beneide ich jetzt diese Vögel. Könnte ich nur auch so in den Lüften segeln wie sie!

Um keine Zeit zu verlieren, lassen wir Haken, Karabiner und Seilschlingen im Kaminüberhang hängen und ziehen das Seil ab. Zehn Meter weiter links erweist sich der Fels plötzlich griffig. 30 Meter klettere ich ohne jegliche Sicherheit höher. Das Gestein ist sehr kompakt, dennoch lassen sich nirgends Haken anbringen. Meine Fingerkräfte sind schon sehr verausgabt. Für mich ist jetzt die Grenze dessen erreicht, was sich gerade noch frei erklettern läßt. Peinlich genau prüfe ich mich selbst und jede einzelne Stelle, ehe ich sie angehe, damit es mir nicht wieder so ergeht wie in der Westlichen Zinne-Nordwand. Ein ausgesetzter, kleingriffiger Quergang bringt mich zurück in den Kamin oberhalb der sperrenden Überdachung. Verlassen hängt hier eine Seilschlinge im Fels.

Fast im Sturm nehmen wir nun die nach oben ziehenden leichteren Risse. Immer noch gewaltig baut sich die Wand über uns auf. Gelbroter Fels schaut zu uns herunter. Es ist kein Ende abzusehen. In einem Kamin überfällt uns plötzlich die Dämmerung. Sepp befindet sich 40 Meter tiefer auf gutem Stand. Gerne steige ich aus meinem engen, kalten Spalt zu dem grasigen Platz hinunter, wo der Freund bereits Vorbereitungen für das Nachtlager trifft. Wie froh sind wir nun über unsere dicken Pullover, wenn sie uns auch untertags in der prallen Sonne recht lästig waren.

Aus den Tälern schleicht langsam die Nacht. In Cortina flammen die ersten Lichter auf. Uns tut nur leid, daß durch dieses Biwak auch unsere Kameraden in Mitleidenschaft gezogen werden. Eigentlich hätten sie heimfahren sollen. Wir kämen morgen ebensogut mit der Eisenbahn nach. Mit einer Kerze geben wir Leuchtzeichen. Die Freunde antworten uns durch Auf- und Abblenden der Scheinwerfer. Wenn wir Hunger haben, langen wir in den Rucksack und stopfen uns eine Handvoll Studentenfutter in den Mund. Um unseren Kameraden die Sorge zu nehmen, jodeln und singen wir aus Leibeskräften. Lärm ist immer das beste Zeichen für Wohlbefinden. Außerdem vergeht damit die Zeit etwas schneller. Unerschöpflich ist unser Repertoire: von der Arie bis zum Gassenhauer und vom Wiegenlied bis zum Schnaderhüpferl. Erst nach Mitternacht verstummt unser „Tofana-Duett". In der Ferne blitzt es auf — Wetterleuchten. „Ein gutes Zeichen", meint Sepp, der Optimist. Ich bin anderer Ansicht. Über der Pala türmt sich graues Gewölk. Blitze durchzucken den dunklen Nachthimmel.

Die dunkle Wolkenbank schiebt sich näher an uns heran. Kälte macht sich bemerkbar. Eng kauern wir uns zusammen. Die Stunden scheinen uns eine Ewigkeit zu sein. Es ist erst zwei Uhr nacht. Immer bedenklicher wird das Wetter. Auch die letzten Wolkenfenster haben sich geschlossen, kein Stern steht mehr am Himmel. Drohend senkt sich die Wolkenbank immer tiefer herab. Auch aus den Tälern steigt Nebel auf und bildet eine Mauer, die uns zeitweise die Sicht auf die Niederungen nimmt. Immer dichter drängen sich die Wolkenballen heran. Nun fällt auch vom Gipfel her Nebel ein.

Der Vorhang schließt sich. Schon spüren wir die ersten Tropfen im Gesicht — Regen? Es sind Schneeflocken. Sie fallen immer dichter und dichter. Der Schnee legt sich auf Bänder und Gesimse, häuft sich an und überzieht jeden Felsvorsprung. An unseren warmen Körpern schmilzt der Schnee und näßt unsere Kleider. Wir frieren und warten.

Langsam breitet sich das Grau des neuen Tages aus. Noch immer fernes Donnergrollen. Ein kalter Wind kommt auf und teilt die Wolken. Nebelschwaden jagen gespensterhaft um den Nuvolau und die Cinque Torri. Das Kar ist weiß gepudert. Eindrucksvoll ist unser Nächtigungsplatz. Nach allen Seiten stürzen senkrechte gelbe Mauern ab. Wie auf einer Insel kommen wir uns vor — inmitten eines brandenden, tosenden Meeres. Wir verständigen uns wieder mit den Kameraden da unten beim Wagen. Ein Juchzer aus Sepps Kehle soll ihnen Gewißheit verschaffen, daß wir die Nacht leidlich verbracht haben.

Ich bin nicht für langes Zuwarten. Das Wetter verspricht keine Besserung — im Gegenteil! Wir müssen aus der Wand hinaus! Der Fels ist kalt und glitschig. Auf allen Griffen und Tritten liegt Schnee. Der Kamin ist jetzt wesentlich schwerer als tags zuvor. Die Glieder sind noch steif, sie schmerzen bei jeder Bewegung. Wenn ich die Knöchel abwinkeln muß, kippen sie mir förmlich um. Doch nach den ersten Seillängen geht es schon wesentlich besser. Der Körper ist wieder warm geworden und die Gelenke haben ihre alte Geschmeidigkeit wiedergefunden.

Von neuem beginnt der Flockenwirbel. Die Kletterei wird aber zusehends leichter. Wir kommen an die linke Begrenzungskante der Wandflucht. Ein Bild von gewaltiger Schönheit bietet sich uns. Die Nebelmauer reißt auf, und da — Pfeiler an Pfeiler taucht aus dem grauen Gewoge. Unwahrscheinlich steil überstürzen sich die Fluchten. Dazwischen nisten noch die Nebel. Ein zarter Schleier überzieht das Ganze und verleiht dem Bild ein geisterhaftes Gepräge. Dann ist der Spuk wieder wie weggewischt. — Einförmiges Grau umgibt uns. Der Wind nimmt an Stärke zu. Der Schnee wird dichter, wir kommen in Gratnähe. Noch ein paar Seillängen, dann stehen wir auf der Gratkante, die zum Gipfel der Tofana hinaufführt.

Tief verschneit ist das Gelände auf der Nordseite. Im eisigen Nordwestwind erstarrt unsere

Kleidung bald zu einem Panzer. Leicht ansteigend queren wir die felsendurchsetzten Hänge zur Punta Marietta. Um im tiefen Schnee nicht allzusehr zu ermüden, wechseln wir uns oft bei der Spurarbeit ab. Nur gut, daß ich den Abstieg kenne! Das Gelände verleitet dazu, gerade abzusteigen, doch die anfangs schönen Hänge brechen bald in ungangbare Wände ab. Tiefer versinken wir in faulem Schnee. Für einen Moment teilt sich der Nebel wieder, eine günstige Gelegenheit zur Orientierung. Ohne weitere Umwege erreichen wir die Scharte hinter der Punta Marietta.

Wieder bei den Kameraden. Sie lachen über das ganze Gesicht, schütteln uns die Hände, beglückwünschen uns. Kein Wort des Vorwurfs. „Ihr seid's wilde Hunde!" meint Walter nur.

Badile-Nordostwand

Die Badile-Nordostwand war für mich schon lange ein Begriff. Der Wunsch, die Sehnsucht nach ihr zu stillen, wurde immer brennender. Doch der Berg blieb für mich stets in unerreichbarer Ferne. Immer wieder kam etwas dazwischen, wenn ich zum Versuch ansetzte, mich ihm zu nähern. „Jetzt oder nie!" lautet daher meine Devise. Die „angespannte" finanzielle Lage soll mit dem Fahrrad überlistet werden.

Der Schnellzug bringt mich nach Landeck. Dort besteige ich das Rad, und eine endlos mühsame Fahrt beginnt. Um Mitternacht erreiche ich die Schweizer Grenze. Wer die Straße durch das Engadin kennt, weiß, mit welcher „Waschrumpel" man es hier zu tun hat. Nur langsam komme ich voran.

Endlich ist Promontogno erreicht, der Ausgangspunkt zur Sciorahütte.

Eng kuscheln sich die alten, grauen Häuser an die steilen Abhänge. Während ich die holperigen Gassen — jetzt zu Fuß — entlangschleiche, geht mein Blick durch das Gestrüpp und Laub der hier üppigen Vegetation nach oben — und wie gebannt stehe ich da: Das ist also der Piz Badile!

In fein geschwungenen Linien ziehen Kanten und Grate zu seinem Scheitel, der von einem schimmernden, glitzernden Band, der Gipfelwächte, gekrönt ist. Düster und abweisend stürzen seine Flanken zu Tal. Eine Wand! Ist es nicht eine vermessene Herausforderung, allein diese Nordostflanke angehen zu wollen?

Mit meinem einzigen Fünffrankenschein, der für die ganze Tour reichen muß, besorge ich noch einige Einkäufe, schultere dann meinen Rucksack und lenke meine Schritte das wildromantische Bondascatal einwärts. Wohlig lasse ich den Sprühregen eines rauschenden Wasserfalles über meinen schweißtriefenden Körper ergehen. Das Dreigestirn der Scioragruppe füllt den Talhintergrund. Drei Kanten, von Eisrinnen flankiert, sind die Wegweiser zum Gipfel. Schwarze Gewitterwolken überziehen den Himmel. Nebel verhängt die Gipfel des Piz Badile und des Cengalo. Bald setzt der diesmal angenehm kühlende Segen von oben ein. Um sieben Uhr abends erreiche ich die Sciorahütte.

Ich mustere immer wieder die gewaltige 800 Meter hohe Granitflucht, die Nordostwand des Piz Badile. Ich hatte sie schon vor einigen Monaten vom Ago di Sciora aus betrachtet, doch damals war sie nur eine weiße Fläche und wirkte auf mich nicht so eindrucksvoll wie heute. Seither studierte ich zu Hause eingehend die Literatur, las Beschreibungen und Berichte verschiedener Seilschaften und kam zu der Überzeugung, daß es sich hier um eine rein technische Kletterei handelt, im Gegensatz zu den übrigen Urgesteinsfahrten, die ich vom Mont Blanc her kenne. Und gerade das gab mir den nötigen Auftrieb. Denn technisch knifflige Stellen liegen mir ja besonders, und was das freie Klettern anbelangt, so bin ich schon allerhand gewöhnt. Aber nun, wo ich der Wand unmittelbar gegenüberstehe, beschleicht mich doch ein leiser Zweifel.

Erstmals wurde diese Wand vor mehr als anderthalb Jahrzehnten durchstiegen. Unter den Erstbegehern, alles Italiener, befand sich auch der schon mehrfach von mir zitierte Riccardo Cassin sowie seine Freunde Esposito und Ratti. Zusammen mit ihnen belagerten noch zwei andere Italiener die Wand. Nach 34 Stunden reiner Kletterzeit, wobei dreimal biwakiert wurde, noch dazu von einem Unwetter überrascht, erreichten die fünf den Gipfel des 3308 Meter hohen Piz Badile. Die beiden letzten, die den Anforderungen dieser Tour nicht gewachsen waren, starben auf dem Gipfel aus Erschöpfung. Diese Tragödie überschattete die Wand mit einem düsteren Schleier, der erst durch die Wiederholung im Jahre 1948 durch Gaston Rébuffat und Bernard Pierre gelüftet wurde. Doch auch die Franzosen hatten drei Tage mit Schwierigkeiten zu kämpfen, so daß die Wand nichts von ihrem ursprünglichen Ruf einbüßte und immer noch an der Spitze der ganz schweren Westalpentouren rangierte. In der Folgezeit aber drängten sich die Wiederholungen in kurzen Abständen. Die Zahl der Begehungen stieg bis Ende 1950 auf neun. Trotzdem mußte aber fast jede Seilschaft biwakieren. Der Sommer 1951, der sehr unter Einfluß von Schlechtwetter stand, und ein gewaltiger Bergsturz an der Badilekante, der seinen Weg über die Nordostwand nahm und dort manche Veränderung bewirkte, schienen wieder den Bann über die düstere Mauer zu legen. Konnte ich ihn lösen? Allein? Morgen?

Ich hatte den Wecker auf zwei Uhr gestellt. Beim Erwachen bemerke ich mit Schrecken, daß es bereits taghell ist. Ein Blick auf die Uhr. Es ist vier Uhr! Ich hatte den Wecker überhört. In aller Eile mache ich mich abmarschbereit. Das Frühstück wird im Gehen eingenommen. Über Geröll und Platten quere ich die Hänge. Zum Schluß etwas absteigend, betrete ich den Gletscher, der sich zu Füßen des Cengalo und des Badile ausbreitet. In Unkenntnis des Weges komme ich etwas zu hoch. Ich will unter den Felsen des Cengalo durchqueren, werde aber durch eine riesige, sperrende Randkluft zu einem Umweg gezwungen, der mir kostbare Zeit raubt. Hinter den Bergen des östlichen Bergell steigt die Sonne auf und wirft ihre ersten Strahlen in die Nordostwand des Piz Badile.

Nochmals verfolge ich die Anstiegsroute, die jetzt, von Licht und Schatten gezeichnet, besonders klar zu erkennen ist. Einige Rätsel gibt mir die Wand beim Betrachten doch zu lösen auf. Erst an Ort und Stelle werde ich mich an ihnen versuchen können. An schwarzen, gähnenden Schlünden entlang, ziehe ich meine Spur zum Kopf des Felsspornes. Noch ein kurzes Überlegen, ein Blick zum Himmel — das Wetter scheint zu halten —, dann richte ich mich für das Kommende her. Biwaksack und alles Entbehrliche bleiben zurück. Nur die 30 Meter Perlonreepschnur, einige Seilschlingen, Karabiner und Haken, der Kletterhammer, etwas Proviant und der Fotoapparat verschwinden im Kletterrucksack. Über harten, steilen Firn steige ich gleich in Kletterpatschen zum Einstieg empor. Beim Anblick dieser riesigen, haltlosen Plattenschüsse, an denen das Auge keine Unterbrechung entdecken kann, kommen mir doch einige Bedenken. Sie werden verdrängt durch Stimmen, die ich von der Nordkante her höre. Eine Dreierseilschaft ist dort bereits am Werk.

Punkt sechs Uhr lege ich Hand an den Fels. Der Übergang vom Schnee war leicht. Über gut griffiges, gestuftes Gelände komme ich rasch nach rechts. Ein steil erscheinender Aufschwung wird durch einen Kamin erklettert — auch dies ist noch leicht. So bringe ich die ersten 200

Meter der Wand gut hinter mich. Wenn es so weiterginge, wäre es ja schön! Aber es kommt wohl noch!

Bald stehe ich am Beginn einer 30 Meter hohen Verschneidung. Beinahe hätte ich sie übersehen. Ich bin schon einige Meter darüber hinweg, als mir erst bewußt wird, daß es bereits ernst geworden ist. Da wäre es doch ganz gut, einige Karabiner bei der Hand zu haben. So steige ich die erklommenen Meter wieder zurück zum ersten besten Standplatz. Alles Notwendige wird aus dem Rucksack genommen. Das Seil umgebunden, Seilschlingen, Schlosserei und Fotoapparat umgehängt, und dann: „Auf geht's!"

Ich erinnere mich genau an die Bilder in „Alpinisme", der großartigen französischen Bergsteigerzeitschrift. Sie zeigten im besonderen diese Verschneidung. Doch wo sind jetzt all die Haken geblieben? Rechts ist eine glatte Platte mit nur winzigen Rauhigkeiten für die Füße, während von links die überhängende Wand hereindrängt. Im Grunde der Verschneidung zieht ein feiner Riß empor. Die Fingerspitzen verkrallen sich in ihm, die Füße suchen rechts nach Reibung. Hier macht sich bereits der Bergsturz vom vorigen Jahr unangenehm bemerkbar. Auf den Platten liegt millimeterdick feiner Staub, der jede Ritze ausfüllt und die Reibung der Kletterpatschen fast zunichte macht. Trotzdem gelingt es mir bald, den Abschlußüberhang zu erreichen. Hier steckt ein altehrwürdiger Stift. Eine kurze Probe, er hält. Erleichtert lasse ich meinen Karabiner in die rostige Öse schnappen, verschnaufe ein wenig, benutze noch für kurze Zeit den Haken als Griff und gehe dann weiter. Der Überhang ist bald überklettert, er bietet gute Griffe. Neue Platten folgen, von Rissen durchzogen, sie öffnen den Weg nach links. Wenn die Risse nicht voller Sand wären, würde es sicher ein leichteres Klettern sein. Aber so ist nach wie vor äußerste Vorsicht geboten. Langsam schiebe ich mich weiter.

Ich nähere mich einem Eisfeld, das hier auf den Platten aufliegt und den Weitergang versperrt. Es ist noch ein Überbleibsel des Winterschnees. Schon von unten hat es mir Kopfzerbrechen gemacht. Auf 20 Meter Breite verdeckt es den Weg. Eine halbmeterdicke Eisschicht liegt hohl auf glatter Unterlage. An ihrem oberen Rand muß ich queren. Vorsichtig schlage ich den oberen scharfen Grat des Eises weg. Bei jedem Hammerschlag dröhnt es verdächtig. Erleichtert verlasse ich den trügerischen Boden und steige wieder auf sicheren Fels über, in die Fortsetzung der Rißreihe. Die Kletterei wird nun immer schöner. Ich komme auch aus der Sturzbahn des Steinschlages heraus. Hinter einer Kante bäumt sich die Wand neuerdings steil auf. Ich bin am Beginn der zweiten Verschneidung, die als einwandfreier „Sechser" bezeichnet ist und eine der Hauptschwierigkeiten der Wand sein soll. Diese Stelle ist für mich entscheidend.

Wenn sie mir leichtfällt, kann ich ruhigen Gewissens den Aufstieg fortsetzen, denn schwieriger wird es dann auch nicht mehr kommen. Andernfalls stünde mir hier der Rückzug noch offen, der dann allerdings unbedingt vorzuziehen wäre.

Ein Überhang nimmt mich auf. Er führt schräg links hinauf. Gute Griffe geben mir die nötige Sicherheit. Wo diese aufhören, beginnt eine kurze Hakengalerie. Die Stifte machen einen sehr vertrauenswürdigen Eindruck. Wahrscheinlich stammen sie noch von den Erstersteigern, die Edelpatina läßt darauf schließen. Dann schießt eine 30 Meter hohe glatte Verschneidung ziemlich senkrecht in die Höhe. Der Fels ist aber außerordentlich rauh, so daß ich alles „auf Reibung" klettern kann. Ich lobe mir im stillen die Vorteile der profilierten Gummisohlen meiner Kletterschuhe, die mir hier die besten Dienste erweisen.

Ich winde, schiebe und spreize mich immer weiter empor, Meter um Meter, wobei das freie Seilende mir wie ein treuer Begleiter stets hinterdrein folgt. Es gibt kaum etwas Schöneres, als so frei von jedem Kletterwerkzeug, unbeschwert und leichten Fußes höherzuturnen. So wie früher ein Paul Preuß und ein Hans Dülfer, nur auf sich gestellt, wachen Auges und mit „viel

Gefühl" in den Finger- und Zehenspitzen. Nichts als natürliches, stilreines Gehen und technisches Können hilft hier weiter. Jauchzen könnte ich vor Freude. Aber ich will die feierliche Ruhe nicht stören. Kein Laut durchbricht die Stille. Das Tal liegt noch im Dunst eines taufrischen kühlen Morgens.

Doch weiter! Noch ein schönes Stück Weg liegt vor mir! Die Verschneidung wird von gewaltig vorspringenden Dächern abgeschlossen, unter denen es nach links an glatter Plattenwand hinausgeht. Kleine, aber feste Griffe stehen hier ausreichend zur Verfügung. Dann ist eine Stelle erreicht, von der aus ich mir über den Weiterweg nicht mehr im klaren bin. Die Beschreibung ist hier etwas ungenau. Überall dachziegelartig abfallender Fels, von feinen Rissen durchzogen. Jeden dieser Risse suche ich nach alten Haken ab. In einiger Entfernung entdecke ich einen solchen verwitterten Stift. Ich erreiche ihn nach einigem Hin und Her, wobei die Stellen voher böser aussehen, als sie dann in Wirklichkeit sind. Es folgt eine Reihe wunderbarer Kletterstellen. Um acht Uhr steige ich zum Schneefeld in der Mitte der Wand aus. Hier lasse ich mich auf einem warmen Felsblock nieder, verschnaufe kurze Zeit und sammle wieder frische Kräfte für die kommenden schweren Stellen.

Links des Schneefeldes setzt nun die „Große Verschneidung" an. Die Neugierde und das Kletterfieber lassen mich nicht lange ruhig verweilen. Ich bin schon sehr auf die Verschneidung gespannt. Verdammt glatt schaut sie aus. Aber mit viel Spreizen und guter Reibungstechnik wird sie sich schon frei erklettern lassen. Die paar Haken, die hier stecken, dürften mir nur für einen Moment als Griff helfen.

Wie gedacht, so kommt es. Ich bin ungefähr 40 Meter oben, da stellt sich ein brüchiger Überhang in den Weg. Ein Haken und ein Karabiner finden sich hier, beide französischer Herkunft, Marke „Allain". Ich will den Überhang gleich nehmen, so wie er ist, hänge aber bald, wie die Fliege an der Wand, am widerspenstigen Fels. Eigentlich bin ich schon fast darüber, doch oberhalb fehlen jegliche Grife. Ich gehe zurück, raste mich ein wenig aus, dann versuche ich es ein zweitesmal. Unter großer Anstrengung gelingt es mir jetzt, am oberen Rand des Überhanges einen Haken zu schlagen. Eine Trittschlinge wird hineingehängt, die einzige, die ich auf der ganzen Tour verwende. Noch zehn Meter trennen mich vom abschließenden Dach. Da ich den kostbaren Haken nicht missen möchte, schlage ich weiter oben noch einen zweiten und lasse mich am Seil wieder zum Überhang hinab. Ein paar heftige Hammerschläge, und der Ringhaken gehört wieder mir. Mit Hilfe des Seiles steige ich von neuem den Überhang hinan. Im französischen Karabiner entdecke ich jetzt zwei eingravierte Buchstaben: L. T. Das kann nur Lyonel Terray heißen. Hocherfreut über diese Entdeckung steige ich weiter. Unter dem Dach befindet sich jedoch keine Spur von einem Quergangshaken. Man muß doch von hier nach rechts hinüber, zur Parallelverschneidung hinab. Und siehe da: 20 Meter tiefer verbindet eine Rampe beide Verschneidungen. Nun geht mir ein Licht auf. Eine Variante habe ich gemacht, eine richtige „Fleißaufgabe". Nun weiß ich auch, was der französische Karabiner zu bedeuten hatte. Auch Terray war zu hoch gekommen und hatte sich zurückgeseilt. Ich will jedoch nicht mehr zurück und versuche von hier einen abfallenden Quergang in die Parallelverschneidung.

Wieder fährt ein Haken in den Fels. Vorsichtig schaue ich um die Ecke. Rechts zieht eine glatte Plattenflucht empor. Zwei Meter tiefer bietet eine schmale, fingerbreite und etwa zehn Meter lange Leiste die einzige Möglichkeit, hinüberzukommen. Behutsam schiebe ich mich im Dülfersitz zentimeterweise nach rechts. Für die Hände habe ich gar nichts. Die Neigung der Platte ist so, daß ich gerade noch mit Hilfe des Seiles das Gleichgewicht halten kann. Nach kitzligen Minuten spüre ich wieder Griff unter den Fingern: Ich bin in der Verschneidung. Das Seil läßt sich leicht abziehen.

Entschieden angenehmer geht es von hier wieder zur Höhe. Doch dieses „Honiglecken" dauert nicht allzulange. Wieder wölben sich kleinere Überhänge vor, aber sie bieten, was man zum Greifen nötig hat. Senkrechte Rippen und Schuppen, hinter denen sich vorzügliche Griffe verbergen, sind hochwillkommen. Die Füße haben es da allerdings wieder schlechter, für sie sind keine Tritte bestellt. Ein Dach stellt sich in den Weg und zwingt zu einer ziemlich ausgesetzten Querung, einen waagrechten Riß nach links entlang, bis an den Rand des „Großen Trichters". Die ersten zehn Meter sind ein wahrer Nervenkitzel, aber es gibt ausreichende, wenn auch winzige Griffe. „Klein, aber mein...", denke ich mir.

Ich bin im Trichter! Vereinzelt surren Steine an mir vorbei. Das kann mich aber nicht aus der Ruhe bringen. Im Grunde des Trichters nimmt ein lustig sprudelndes Bächlein seinen Weg zur Tiefe. Mir bietet es köstliche Labung, denn die seit Stunden niederbrennende Sonne hat mich ziemlich ausgedörrt.

Links an Cassins zweitem Biwakplatz vorbei verfolge ich eine lange Reihe von Rissen, die sich schließlich zu einem Kamin erweitern. In derartigen Kaminen, die absolut nicht gefährlich sind, da man sich wie ein Keil darin verklammern kann, hört aber jede „Technik" auf. Es ist nichts anderes als eine wüste Schinderei. Mit schlangenartigen Bewegungen geht es aufwärts. Die Kamine erweitern sich später und bilden eine Art kleine Schlucht. Mit Spreizen ist da nichts mehr zu machen. Ich benutze zwei feine Risse, die sich im Grund der Schlucht befinden. Bald im rechten, bald im linken, geht es gut aufwärts. Einige Überhänge sorgen für die nötige Abwechslung.

Eine kühle Brise weht von oben herab, es kann also nicht mehr weit zum Gipfel sein. Über einen Überhang traversiere ich an die linke Begrenzungswand hinaus — da wird er auch schon sichtbar, der Gipfel. Im Trichter, der zum Grat hinaufführt, liegt noch reichlich Schnee. An ausgesetzter, kleingriffer Wand quere ich eine Seillänge nach links. Wieder streift mein Blick nach oben — da ist ja eine ganze Gesellschaft auf dem Gipfel versammelt. Nur die Köpfe kann ich sehen, die hinter der Wächte hervorschauen. Sie haben mich entdeckt. Neugierig verfolgen sie jede meiner Bewegungen. Es ist doch eine Seltenheit, eine „Seilschaft" in dieser Wand beim Klettern zu beobachten. Mein Seil schlängelt sich sanft hinter mir her. Über zwei Abseilstellen gelange ich wieder in den Grund des großen Trichters. Dann turne ich eine Art Kante über lockeres Gestein empor, immer bemüht, dem Schnee und Eis auszuweichen. Es dauert noch eine gute Weile, bis die Klettersohlen sich die letzten Meter der Wand hinauftasten.

Der Gipfel ist erreicht! Mit einem „Bergheil!" begrüße ich die Schar junger Italiener. „Saluti" und „Bravo" ist ihre Antwort. Es ist halb elf Uhr. Der Tag liegt noch vor mir. Zufrieden lasse ich mich auf einem der Steinquader, die den Gipfel bedecken, zu wohlverdienster Rast nieder. Aus den Gesichtern der Italiener kann ich Begeisterung und Erstaunen lesen. Sie treten heran und stellen sich vor, einer nach dem anderen: Mauri, Ratti... Da horche ich auf. Diese Namen sind mir geläufig, zählen sie doch zur Elite der italienischen Bergsteigerschaft. Meinen ganzen armseligen Wortschatz muß ich hervorkramen, um die vielen Fragen beantworten zu können. Mit südländischem Temperament geben die italienischen Kameraden ihrer Anerkennung Ausdruck. Immer wieder kommen die Worte „Grande impresa" über ihre Lippen. Unsere Unterhaltung ist von sehr freundschaftlicher, ja herzlicher Art, und es zeigt sich auch hier wieder, daß es für Bergsteiger keine nationalen Grenzen gibt. In den Bergen zählt nur der Mensch.

Meine neugewonnenen Bergfreunde wollen mich unbedingt mit nach Lecco nehmen, aber ich erkläre ihnen, daß ich auf alle Fälle wieder nach Promontogno absteigen müsse, da ich dort ja mein Fahrrad stehen habe.

Um 3 Uhr nachmittags bin ich wieder unten.

Mit den letzten Rappen wird das Fahrrad ausgelöst. Noch ein Blick hinauf zum Badile, ein stilles Abschiednehmen, dann schwinge ich mich auf den Sattel. Ein gehöriger Schinder steht mir jetzt bevor.

Doch was bedeuten schon Mühen und Entbehrungen, im Vergleich zum großen Erleben, das mir die große Fahrt geschenkt hat. Die körperliche Pein, das Unangenehme vergißt man schnell. Das Schöne aber bleibt unauslöschlich in der Erinnerung haften.

*

Eiger-Nordwand

Eiger-Nordwand...
Schon in frühester Jugendzeit war sie mir ein Begriff. Ich hörte, damals des Kletterns noch unkundig, vom Werben um diese Riesenmauer. Sedlmayer, Mehringer, Hinterstoisser, Angerer, Rainer und Kurz bezahlten ihren Mut mit dem Leben.

Die ersten, die wieder heil aus der gefürchteten Wand herauskamen, waren Hias Rebitsch und Ludwig Vörg.

Die Eiger-Nordwand ist durch die plötzlich einsetzenden Wetterstürze so gefährlich. Der Berg mit seinen kanpp 4000 Metern ist der am weitesten nach Norden vorgeschobene Eisriese des Berner Oberlandes in der Schweiz. Durch diese geographische Lage bedingt, bekommt er das Wetter gewissermaßen aus erster Hand. Die riesige Nordwand, mit 1800 Meter relativer Höhe, fängt alle Stürme auf und hält die Unwetter fest. Wenn dann die Neuschneelawinen über die Abbrüche fegen, die Steinschläge ohne Unterbrechung niederprasseln und Sturzbäche über den Fels schießen, dann ist in dieser Mauer die Hölle los. Das ist die Eiger-Nordwand, so wie sie die jungen Draufgänger alle erlebten.

Rebitsch und Vörg waren auch kühn bis zur Verwegenheit — aber nicht blinde Stürmer. Sie schätzten die Wand richtig ein: „Eine Eiswand mit den Schwierigkeiten einer extremen Felstour." Dieser Erkenntnis eingedenk wählten sie ihre Ausrüstung, entwickelten sie ihren Angriffsplan. Die Katastrophen, denen ihre Vorgänger zum Opfer gefallen sind, gab es deshalb, weil der Rückzug abgeschnitten war. Rebitsch und Vörg betrachteten die Wand aber nicht als Gefängnis, dem man nicht entrinnen könnte. Sie sicherten sich den Rückzug, indem sie an entscheidender Stelle ein Seil hängen ließen. Auch sie erreichten etwa zwei Drittel der Wandhöhe. Auch sie wurden vom rasenden Unwetter überfallen. Aber dank ihrer Vorsicht konnten sie den Abstieg, der den anderen zum Verhängnis geworden war, bewältigen. Sie kamen als erste lebend aus der Hölle, berichteten, schufen so die Grundlage zur späteren Ersteigung.

Das Jahr 1938 brachte dann den großen Erfolg. Die Seilschaften Heckmair und Vörg, Kasparek und Harrer durchstiegen nach tagelangem Ringen die Wand, nahmen ihr so den Nimbus des Grauens. Die Ersteiger haben sich damit in das Buch der Geschichte des Alpinismus eingetragen.

Im Sommer 1952 sollte mein alter Wunsch, die eigene Kraft an der großen Wand erproben zu dürfen, in Erfüllung gehen. Ein wohlvorbereiteter, kühn-großartiger Gang zum Berg sollte es werden. Ein erbitterter Kampf ums Leben wurde es. Davon ahnten wir allerdings nichts, als wir am 26. Juli in Grindelwald eintrafen: Sepp Jöchler und ich.

Die Jungfraubahn bringt uns hinauf zur Kleinen Scheidegg. Je näher wir der Wand kommen, um so höher wächst sie vor uns auf. Die Verhältnisse scheinen aber gut zu sein. Sie macht den Eindruck einer reinen Felswand. Wir fühlen uns schon siegessicher. Noch wissen wir nicht, daß gerade die Ausaperung der Felsen, die Schwierigkeiten an den Rand des Menschenmöglichen gesteigert hat, daß einst vom Eis festgehaltene Steine nun den Weg zur Tiefe nehmen, den Weg, den Menschen emporsteigen müssen. Und Eis war trotzdem da, in feiner glasiger Schicht, jeden Halt raubend und doch die sichere Eisarbeit mit Stufen und Eishaken abwehrend...

Tofana-Südpfeiler, Dolomiten, 1952.

Wirr liegt unsere Ausrüstung auf einem Haufen. Seil, Schlosserei, Malzextrakt, Konserven, Socken, Reservekleidung, Eisbeil und Pickel, Schokolade, Proviantsäcke, Biwakausrüstung, Kocher, Schuhe und noch mehr Kleinigkeiten, alles durcheinander — ein Stilleben. Dies alles verschwindet jetzt in unseren Kletterrucksäcken. Sie sind uns immer noch zu schwer, und ein Stück nach dem anderen nehmen wir wieder heraus. Schließlich haben sie das richtige Gewicht, gerade noch erträglich für schwere Kletterstellen. Die dicke Unterwäsche bleibt herunten, da wir ja heute noch zurückkommen wollen. Wir planen vorerst, unsere Rucksäcke so hoch wie möglich die Wand hinaufzubringen, dann wieder abzusteigen und nachts endgültig den Aufstieg zu beginnen.

Weglos queren wir die ausgedehnten, unter der Wand entlangziehenden Matten, hinauf, hinunter. Schier ohne Ende. Immer wieder täuschen wir uns, unterschätzen die Wegstrecke. Daran kann man erst die gewaltigen Ausmaße des Felsmassivs erkennen. Es ist ganz eigenartig, daß man über Wiesen und Schutthalden zum Einstieg einer der gefürchtesten Westalpenwände geht. Fast so wie in den Dolomiten. Nur ist hier alles ins Gigantische gesteigert. Riesige Lawinenkegel erstrecken sich am Fuß der Steilmauer. Die untersten Felsstufen werden teilweise mit Schnee überbrückt. Endlich stehen wir unmittelbar am Fuß des höchsten Absturzes der Alpen.

Auf jähen beinharten Schneefeldern queren wir zum „Massigen Pfeiler" hinüber.

Eine tiefe Randkluft nehmen wir im Spreizschritt. Dann legen wir Hand an den Fels. Er ist hier nicht der alte, vertraute Freund. Abwärts geschichteter, griffloser Stein, naß, glitschig, und auf allen Vorsprüngen liegt feiner Sand. Jeder geht seinen eigenen Weg, aber oft hängen wir wie festgenagelt in einem Steilaufschwung. In Zickzack-Linie bewältigen wir den unteren leichteren Teil der Wand, den eigentlichen Vorbau, und halten uns in Richtung des „Zerschrundeten Pfeilers".

Über uns sind überraschend zwei Gestalten aufgetaucht. Sie sind im Abstieg begriffen, eine Begegnung ist unvermeidlich. Es sind zwei Allgäuer, ein Brüderpaar, noch sehr jung. Sie steigen weiter hinunter, ins Kar.

Etwas steiler und brüchiger wird nun der Fels. In einer halben Stunde sind wir bei der Biwakhöhle unterhalb des „Hinterstoisser Querganges". Die beiden Jungen haben soeben die Wand verlassen, den sicheren Boden erreicht. Bei uns wird es unsicher. Bald setzt heftiger Steinschlag ein. Die Geschosse nehmen den Weg über die „Rote Flüh". Nach einem freien Fall von mehreren hundert Metern schlagen sie in unmittelbarer Nähe von uns auf und bestreuen, kleine weiße Wölkchen hinter sich lassend, den ganzen unteren Wandaufbau. Wir wollen ein wenig abwarten, denn uns der Gefahr dieses Steinschlages auszusetzen verspüren wir keine Lust...

Es ist halb fünf Uhr abends. Immer noch pfeifen und surren die Geschosse. Manchmal kommen die Steine uns bedenklich nahe. Ganz sicher erscheint uns die Nische nicht. Etwas höher finden wir einen besseren Platz. Über der „Roten Flüh" nistet nun der Nebel und streift auch in kaltem Hauch manchmal noch weiter herab. Hagelkörner rieseln den Fels entlang, doch bei uns scheint noch die Sonne. Wahrscheinlich in der oberen Wandpartie ein kurzer Sturm. Nach einer Stunde Wartens, als der Steinschlag noch immer mit unverminderter Gewalt hernieder prasselt, entschließen wir uns, hierzubleiben.

Sepp bringt den Trockenspiritus in Brand, während ich mich um Wasser bemühe.

Kalter Wind streicht die Wand herab. Der Nebel senkt sich langsam, läßt uns aber frei. Wir hüllen uns in die Anoraks. Stern für Stern steigt am Himmelszelt auf. Silbern glänzt der Thuner See, vom Mondlicht beleuchtet. Hinter der Kulisse des Westgrates kommt die schmale Sichel des Mondes hervor, hängt für kurze Zeit wie ien Kletterer an der senkrechten wand, um sich dann loszulösen — ohne abzustürzen. Lange sitzen wir so reglos in unserer Höhle und schauen hinab zu den vielen Lichtlein in Scheidegg und Grindelwald.

Gegen Mitternacht schlüpfen wir in die schützende Hülle des Zeltsacks und versuchen zu schlafen. Gegen drei Uhr früh sehen wir zwei Lichtlein sich zur Wand hinbewegen, die beiden von gestern, die Brüder aus dem Allgäu. Wir warten die Tageshelle ab.

Morgentoilette ist bald gemacht, und während ich mich zum Gehen anschicke, sind auch die beiden Allgäuer schon hinter uns. Noch etwas schwerfällig sind meine Bewegungen. Ein harter Riß sorgt bald für die nötige Ermunterung. Ich schinde mich richtig ab, während der erste der beiden Nachfolger an einem vergilbten Seil, das noch von früheren Rettungsversuchen hier hängt, an mir vorbei hinaufturnt. Der zweite folgt ebenso.

„Die haben's aber eilig", meint Sepp, „wollen die einen Wettlauf machen?" „Die geben's schon noch billiger", gebe ich zur Antwort. Mir ist jedenfalls der Fels lieber als das alte, verwitterte Seil.

Am Hinterstoiser Quergang treffen wir wieder zusammen. Hier hatten die anderen ihre Rucksäcke hinterlegt.

„Steinschlag!"

Die Wand schickt uns einen Morgengruß. Mein alter Berghut, den ich schon beinahe stiefmütterlich behandelte, darf sich heute wieder einmal bewähren. Zur Polsterung kommt noch die Mütze darunter. Sepp meint, ich hätte mehr Ähnlichkeit mit einem Herrenpilz als mit einem Bergsteiger. Auf einem Schuttkegel, am Beginn des Querganges richten wir uns kletterartig her. Einige alte, aber solide Seilreste erleichtern uns die ersten paar Meter. Sehr glatt ist der Fels. Im Seilsitz schiebe ich mich nach links.

Diese 40 Meter lange Unterbrechungsstelle wurde schon manchem zum Verhängnis. Wenn infolge Wettersturzes, nach mißglücktem Durchstiegsversuch, nur mehr ein rasches Zurück der einzige Ausweg aus der Wand war und der Weg nach unten bereits offen schien, war es dieser Quergang, der infolge Vereisung den erschöpften und seelisch zermürbten Menschen den Rückzug verwehrte. Hinterstoisser und seine Gefährten bestimmten im Jahre 1936, durch Abziehen des Quergangseiles im Aufstieg, selbst ihr tragisches Schicksal.

Hinter einer Ecke finde ich Stand, um Sepp nachkommen zu lassen. Ein Seilgeländer erleichtert es ihm. Für die nachkommende Seilschaft lassen wir es noch hängen. Nach weiteren 40 Metern erreichen wir eine Nische. Hinter der nächsten Ecke müßte das „Erste Eisfeld" sein. Doch der Berg hat sein Gesicht verändert. Von Eis ist keine Spur mehr vorhanden. Glattgeschliffener, vollkommen haltloser Fels tritt an seine Stelle. Eine zentimeterdünne Wasserschicht überzieht die Platten. Vorsichtig quere ich nach links in eine Art Rinne. Ab und zu zischen Steinchen an uns vorbei. Dieses Pfeifen und Surren wir mit zunehmender Tageswärme immer häufiger.

Der Zugang zum „Zweiten Eisfeld" wird durch eine unüberwindliche Wassereisbarriere versperrt. Wir werden nach links abgedrängt. Immer steiler bäumt sich der Fels auf. Und immer noch dieselbe Beschaffenheit, abwärtsgeschichtet, von Lawinen und Scheinschlägen glattgescheuert, weder Griffe noch Tritte, nicht einmal eine Ritze für einen Haken findet sich. Auf den Gesimsen und Vorsprüngen liegt feiner Sand.

Die folgende Seillänge führt Sepp. Ich neide sie ihm nicht; nun wird es sogar überhängend. In verzweifelter Lage hängt er am Fels. Ich weiß gar nicht, wo er sich hält, und jeden Moment droht er abzugleiten. Verständnisvoll schaue ich zur Seite, damit er ungeniert von den Knien Gebrauch machen kann. Eissplitter springen herab. Eisen klirrt auf Eisen. Offenbar schlägt Sepp einen Haken. Dann kann ich nachkommen. „Ein Meisterstück — bravo Sepp!"

Die Allgäuer sind uns hart auf den Fersen. 20 Meter über uns ist der untere Rand des „Zweiten Eisfeldes". Bis dorthin geht Sepp noch. Er kann kaum stehen, ich unter ihm nicht besser. In peinlichster Lage schnallen wir unsere Zwölfzacker an. Das Eisfeld wird eine Arbeit für mich. Ganz dünn nur ist die Eisschicht, schwarzes, hartes Eis. Beim ersten Pickelhieb dröhnt dumpf die ganze Fläche. Sie hält den Schlägen nicht stand. Also nun eben ohne Stufen! Vorsichtig tripple ich nach rechts. Zwischen den Füßen hindurch sehe ich unsere beiden Nachfolger auf kargem Platz und ein Stück tiefer — ich traue meinen Augen kaum — weitere fünf Mann. Wenn ich da ausglitte, würde ich sämtliche Nachkommenden aus der Wand wischen. Ich darf nicht gleiten!

Nach 10 Metern wage ich, einen Haken in die glasige Fläche zu schlagen. Zur Hälfte nur geht er hinein, dann steht er am Fels an. Allmählich wird die Beschaffenheit besser, und das spröde Eis geht in harten Firn über. Die fünf Nachzügler entpuppen sich als zwei Seilschaften, und bald erkenne ich in ihnen alte, gute Bekannte aus Chamonix. Voraus Rébuffat — in Rufweite begrüßen wir uns. Magnone, dem ich schon vor zwei Jahren in der Drus-Nordwand begegnete, ist auch unter den Nachkommenden. Da trifft sich was ... denke ich. Sehr klein und beinahe überflüssig komme ich mir in dieser Gesellschaft internationaler Berühmtheiten vor.

So steigen wir neun Mann das zweite Eisfeld an. Wir gewöhnen uns an den Steinschlag. Er erscheint uns wie notwendige Begleitmusik. Wir denken uns fatalistisch: „Jeder Stein trifft nicht!"

Den oberen Rand des Eises queren wir nach links. Das klingt einfach. Aber ich zähle zehn Seillängen. Wie gewaltig ist doch die Wand, wenn allein dieses kleine Stückchen Eis schon zehn Seillängen mißt! Wir gewinnen nicht einen Meter an Höhe. So ist es in dieser Wand, ein Drittel des Anstieges besteht nur aus zeitraubenden Querungen.

Weiter!

Eine brüchige Felsrippe steigen wir höher. Wasser plätschert herab. Wir sind am Todesbiwak von Sedlmayer und Mehringer. Mein Höhenmesser zeigt 3200 Meter. 1000 Meter Wand liegen also bereits unter uns. Es ist aber erst die Hälfte des Anstieges und dazu noch der leichtere Teil.

Unsere Mägen fordern ihr Recht: Mittag! Wie Spielzeug liegt die Landschaft unter uns, die Häuser von Grindelwald, Kleinscheidegg und die Schlangenlinie der Jungfraubahn. Über uns wölbt sich ein Überhang vor. Sechs bis sieben Meter höher steckt ein alter Haken. Bis hierher mag einmal das Eisfeld gegangen sein. Vielleicht ist es der Haken, an dem Sedlmayer und Mehringer ihre letzte Nacht verbrachten?

In unheimlicher Steilheit schießt das „Dritte Eisfeld" zur Tiefe. Ohne Abstufung geht es in den noch steiler werdenden Fels über, der bald darauf unseren Blicken entschwindet. Schwarze Sekundärrinnen mahnen an den überaus starken Steinschlag. Sepp wartet eine Steinschlagpause ab, ehe er den schützenden Überhang verläßt. Doch von neuem prasselt es in der Flanke. In außerordentlich dichter Folge kommen die Geschosse herab, und ohne Deckung steht der Freund in gut 55 Grad geneigtem Eis. An seinen Kraftausdrücken kann ich erkennen, wie ihm zumute ist.

„Da braucht man wirklich gute Nerven", meint er lakonisch.

Auch diese böse Stelle bringen wir hinter uns. Dann steigen wir leichter zum Beginn einer Rampe, welche einen überhängenden Wandgürtel schräg durchreißt, hinüber. Wir glauben uns unter dem Schutz der Felsen sicher, werden aber bald eines anderen belehrt. Es gibt in dieser Wand offenbar keine toten Winkel. Nun kommen die „Egons" die Rampe herab. Gleichzeitig steigen wir weiter. Der Fels ist schöner und unser Tempo zügig. Wenn es so weitergeht, erreichen wir heute noch den Gipfel. Wir freuen uns darauf. Wir freuen uns zu früh ...

Vor einem völlig vereisten Kamin müssen wir Halt machen. Eiszapfen hängen von den Wänden, und glasiges Eis überzieht den glatten Fels. Immer von neuem versuche ich, und immer wieder gleitet die Hand am spiegelglatten Gestein ab. Ich lasse mich nicht zur Untätigkeit zwingen und will rechts vom Kamin in den stark überhängenden Wänden mein Glück versuchen. Nach zwei Stunden liegen nur 30 Meter hinter mir. Und 2 Meter trennen mich noch vom Standplatz oberhalb des Kamins.

Der Riß schließt sich. Inzwischen sind die anderen nachgekommen und haben sich unter dem Kamin versammelt. Die Sonne spendet uns hier noch einen Gruß. Es sind die ersten Strahlen, die die Wand treffen. Langsam kommt Leben in den Kamin. Eiszapfen brechen klirrend wie Glas entzwei.

Ich kommt nicht durch! Nach einer freien Abseilstelle zieht mich Sepp wieder zur Wand herein. Das Eis hat sich in Wasser verwandelt, ganze Sturzbäche schießen durch den Kamin. Die beiden Allgäuer ringen schon mit den Wellen. Sie schnappen nach Luft.

Nun ist die Reihe wieder an mir. Bis ich den Kamin hinter mir habe, ist kein Faden am Leib mehr trocken. Es ist ein schwacher Trost, daß es den anderen auch nicht besser geht. Wir übernehmen wieder die Spitze. Es kommen noch mehr solche unliebsame Duschen. Zum Abschluß noch ein Überhang, eisüberkleidet; auch hier rieselt Wasser herab, und oberhalb dachziegelartig geschichteter Fels! Es ist, als ob man auf ein steiles Schindeldach hinaussteigen würde.

Wieder pfeift es die Wand herab. Ich ziehe den Kopf ein, eine kurze Salve, dann ist es wieder ruhig. Ein steiles Eisfeld zieht nach oben, der Ursprung der Geschosse. Der Fels wird wieder sehr morsch. Durch Seilverbindung erleichtern wir den Nachkommenden dieses gefährliche Stück. Dort oben ist der Quergang zur „Spinne", dort rechts hinaus! Das Zwischenstück dorthin ist furchtbar schlecht und besteht aus lose aufeinandergeschichteten Steinen, ebenfalls durch den starken Rückgang des Eises hervorgerufen. Gleich nach den ersten paar Schritten sehen wir ein, daß es verantwortungslos wäre, weiterzusteigen, da wir die Nachfolgenden durch die sich lösenden Steine in größte Gefahr bringen würden. Kostbare Zeit verstreicht. Untätig stehen wir und warten, warten...

Bis alles heroben ist, ist es bereits 17 Uhr. Wer weiß, wie es später mit einem Biwakplatz aussieht. So richten wir uns hier zur Beiwacht ein. Die Franzosen finden etwas tiefer einen Felskopf, wir müssen uns erst etwas Passendes suchen. In erster Linie muß der Platz steinschlagsicher sein.

„Hier geht's!" ruft mir Sepp zu und verschwindet hinter einem Vorsprung. Kaum hat er den Ausruf getan, höre ich auch schon ein Stöhnen.

„Was ist denn?"

Ich eile ihm entgegen. Ganz benommen lehnt er am Fels. Ein nußgroßer Stein hat sich gerade seinen Kopf zur Zielscheibe gewählt. Aber sein Schädel hält etwas aus!

Alles was locker ist, wandert in den Abgrund, so lange, bis wir ein Plätzchen haben, auf dem wir zur Not sitzen können. Rechts von uns läßt sich das junge Brüderpaar nieder. In dieser feuchtkalten Stimmung kann uns nur noch ein heißer Tee erwärmen. „Esbit" und Sturmhölzer werden aus dem Rucksack hervorgeholt, doch alles ist naß. Vergeblich mühe ich mich mit den Schwefelhölzern ab, bis die Schachtel leer ist. Mit einem klassischen Zitat verabschiede ich auch diese. Nun aber schnell in den Biwaksack. Brennender Durst quält uns. Das Essen bleibt uns im Mund stecken. Selbst Schokolade schmeckt wie Sägemehl.

Wieder wird es dunkel.

„Wie wäre es mit einem Song?" Mit der Parodie „Fahren Sie nicht zum Eiger, fahrn Sie da nicht hin..." bringe ich dem Gefährten ein Ständchen.

Unendlich langsam vergeht die Nacht. Die Minuten werden zu Stunden. Das Wetter macht uns Sorge. Der Himmel ist überzogen, und das fahle Mondlicht verblaßt immer mehr, um sich schließlich ganz hinter einer Wolkendecke zu verbergen.

Das untätige Zuwarten wird zum Martyrium. Die Zuversicht auf Besserung des Wetters schwindet von Minute zu Minute. Immer öfter richten sich unsere Blicke durch das Guckloch im Biwaksack. Nebelfetzen umflattern gespenstisch die Wand. Das Dunkel der Nacht weicht langsam einem milchigen Grau. Die Atmosphäre lastet bedrückend auf unseren Gemütern.

Endlich wird es hell. Rasch sind wir auf den Beinen. Der Einbruch des Wettersturzes ist nur mehr eine Frage der Zeit, und da ist jeder Meter, den wir noch bei normalen Verhältnissen hinter uns bringen geschenkt.

Brüchige Leisten führen nach rechts zu einem Steilaufschwung. Einzelne Flocken wirbeln

rechts oben: Blick von der Turiner Hütte zur Aiguille Noire de Peuterey mit Peutereygrat zur Aiguille Blanche (rechts im Bild). Unten: Die Nadeln von Chamonix.

durch die Luft. Senkrecht schießt der Fels zur Höhe, jedoch ist die Wandstelle sehr griffig.

Wie aus dem Hinterhalt überfällt uns plötzlich ein heftiges Schneegestöber. Griffe und Leisten sind bald von Schnee überdeckt. Unter den warmen Fingern schmilzt der Schnee sofort und bildet eine dünne, trügerische Eisschicht. Mit jeder Minute werden die Verhältnisse kritischer, doch dieser Zustand des Kämpfens, des Hinnehmens ist um vieles leichter als das bange Warten in der Gewißheit des Kommenden.

Auf allseitigem Wunsch hängen wir uns jetzt zu einer geschlossenen Seilschaft zusammen. Der „Götterquergang" liegt nun vor uns. Bei schönem Wetter mag er ja göttlich sein, denn direkt unter dem Füßen bricht der Fels senkrecht zum „Dritten Eisfeld" ab. 1400 Meter tiefer die Matten von Alpiglen. Doch unter diesen Verhältnissen kann er höchstens dazu beitragen, den Göttern plötzlich näherzukommen. Jeder Tritt und jeder Griff muß erst sorgfältig von Schnee befreit werden. Die Sicherungsmöglichkeiten sind äußerst spärlich. Der Sturm heult um die Flanken. Um ein vielfaches verstärkt sich nun der Schneefall. Wolkenbruchartig überschüttet uns der Himmel mit dicken Flocken. Ein Rauschen setzt ein, der Schnee rieselt von den Wänden. Jeder steht völlig für sich allein in diesem Hexentanz.

Fünf Seillängen sind es bis zur „Spinne". An exponierter Stelle schnallen wir die Steigeisen an. Hier haben wir Gelegenheit, das Spiel der Lawinen zu beobachten, und versuchen ihren Rhythmus, ihren „Fahrplan" herauszubekommen. Alle fünf bis zehn Minuten schießt ein weißer Strom gischtend den linken Teil des Eisfeldes herab. In größeren Abständen, so jede halbe Stunde, kommt dann der Hauptstrom, der ganz enorme Ausmaße annimmt und über die ganze Fläche des Eises hinwegfegt. Ich warte eine solche große Lawine ab und quere dann unmittelbar nachher in die Mitte des Eisfeldes, welches zu den Ausstiegsrissen hinaufführt. „Spinne" deshalb, weil es wie die Füße eine Spinne nach allen Seiten mit Eisrändern in den Fels übergreift.

Zuweilen teilt sich der Nebel und gibt den Blick nach unten frei, wo saftige Almböden heraufleuchten. Es ist wie ein Blick in eine andere Welt. Ein schmaler Streifen, nur einen Meter breit, welcher im allgemeinen von der Lawine verschont bleibt, dient mir zum Anstieg. Stufe um Stufe hacke ich in das spröde Element, denn ich muß für den Fall, daß mich unverhofft eine Lawine überflutet, guten Stand haben. Nach jeder Seillänge fährt ein sichernder Haken in das Eis. Aufreibend ist die Arbeit, begleitet vom Rauschen der Lawinen.

Der Nebel geht etwas zurück. Steil ziehen die Ausstiegsrisse nach oben. Eben füllt wieder eine weiße Wolke die Schlucht, wälzt sich die Ausstiegsrisse entlang herab und teilt sich an einem Felssporn. Ein guter Teil greift nach rechts über und bahnt sich den Weg zu mir herab. Schnell noch die Pickelspitze in das Eis, den Körper fest angeschmiegt, dann erwarte ich mit Bangen den Druck des Schnees.

Unheimlich schnell rast der weiße Strom zur Tiefe.

Die ganze Umgebung bewegt sich. Oder rase ich hinauf? Was ist denn los mit mir? Stehe ich überhaupt noch, oder bin ich schon im Sturz? Das Gleichgewichtsgefühl will mir einen Streich spielen.

Endlich läßt der Druck nach. Über dem Kopf hat sich ein Schneekeil gebildet, der nach oben spitz in die Wand verlauft. Ihm habe ich es zu verdanken, daß mich der stürzende Schnee nicht in die Tiefe mitriß. Langsam verebbt das Rieseln, es wird wieder ruhig. Die Ausläufer gehen noch über die Nachkommenden hinweg. und wie ein Sturzbach ergießt sich der lockere

←
Buhl beim Abstieg von der Aiguille du Midi. „Was mich hier lockt, ist das Abenteuer, die Lust etwas Neues und Großartiges zu erleben."

Schnee über ihre Körper und zerrt an den Seilen. Bald sind auch meine Gefährten außer Gefahr.

In einer halben Stunde sammeln sich wieder zehn bis zwanzig Zentimeter Schnee an. Weiter oben unterm Gipfel wird das noch ärger sein, und durch die Überbelastung bricht dann der ganze Gipfelhang ab und geht als Lawine nieder, wozu besonders die Ausstiegsrisse, die eine Art Schlucht bilden, den besten Weg bieten. Sieben Stunden benötigen wir für das Eisfeld. Ich bewundere meine Kameraden, daß sie soviel Geduld aufbringen, denn

Rébuffat quert das dritte, 55 Grad steile Eisfeld in der Eiger-Nordwand.

immer, wenn sie 30 Meter gegangen sind, müssen sie dann eine Stunde an ein und derselben Stelle warten. Mir treibt es dabei den Schweiß aus den Poren. Unsere Kette ist so in die Länge gezogen, daß ich nur hie und da einen Blick zu den Franzosen zurück tun kann. Wir empfinden es als besondere Kameradschaft, daß sie, die berühmtesten von uns, sich nicht vordrängen. Es wäre auch unmöglich, hier die Reihenfolge zu wechseln.

Steil zieht das Eisfeld in den Fels hinauf, der tief unter einer trügerischen Neuschneedecke begraben liegt. Die folgende Kletterei, es dürfte sich unter normalen Umständen um keine allzu große Schwierigkeit handeln, ist wohl das Riskanteste, was mir bisher unterkam. Es ist kein Klettern mehr, es ist nur mehr ein Höherkämpfen, wobei man sich immer gegen das Gefühl des Abgleitens wehrt. Jeder gewonnene Meter ist ein Sieg. Im Schneckentempo kommen wir höher. Wir kommen zu der Erkenntnis, daß wir heute nicht mehr den Gipfel erreichen werden. Ein drittes Biwak! In dieser Wand, bei diesen Verhältnissen! Aber es ist unvermeidlich. Jetzt geht es nicht mehr um den Gipfelsieg. Jetzt geht es um das nackte Leben...

Wir sind auf dem Sporn, der die Lawinen wie ein Schneepflug teilt. Der Quergang hinüber zur Hauptschlucht ist relativ leicht. Unter mir höre ich Hakenschlagen. Ist es den letzten zu langsam gegangen, haben sie sich selbständig gemacht? Ob die wohl da heraufkommen wollen? In einem Überhang bricht der Fels unter mir zur „Spinne" ab!

Da — wieder erfüllt eine weiße Wolke den Schluchtgrund.

„Achtung, Lawine!"

Alles andere geht in Sekundenschnelle.

Wieder ein kurzer scharfer Ruck. Wieder dieser infernalische Reigen, wie in dem Karussell des Teufels...

Minuten später. Ich lebe, es scheint wie ein Wunder. Unter mir herrscht Totenstille. Was ist mit den Franzosen? Die wurden vom Hauptstrom erfaßt! Wurden sie mit in die Tiefe gerissen?

Wie im Traum, automatisch setzte ich den Aufstieg fort. Seltsam, daß ich in diesem Augenblick höchster Anspannung plötzlich Hunger empfinde. Doch ich bringe nichts hinunter — denn noch schlimmer ist der Durst. Sepp und den Allgäuern geht es gleich. Seit zwei Tagen fast keine Mahlzeit mehr. Aber das ist ja gleichgültig. Wo sind die Franzosen! Aus dem Nebel dringen plötzlich Rufe herauf. Zuerst verschwommen und jetzt ganz deutlich:

„Ermann — Ermann — Bühl — corde...!"

Dann Ruhe. Und wieder der Ruf.

Es ist Rébuffat, der durch die Hauptschlucht herauf wollte. Doch die andauernd niedergehenden Lawinen vereiteln den Aufstieg. Aber er lebt, die Franzosen leben!

Schnell läßt Sepp seine Reepschnur hinab. Sie reicht nicht. Das Reserveseil der Allgäuer knüpft er hinzu. Das muß genügen. Es ist ein umständliches Manöver, aber es gelingt. Nach geraumer Zeit stehen alle schwer atmend nebeneinander. Dieses Experiment hat uns viel Kraftreserven gekostet.

Ich habe inzwischen 30 Meter höher einen kargen Platz in senkrechter Wand erreicht. Nach langem Suchen findet sich unterm Schnee eine Ritze, die einen Haken aufnimmt. Sepp kommt nach, die anderen bleiben am Sporn zurück, denn nur zwei haben hier notdürftig Platz. Es ist schon wieder Abendzeit, doch man merkt es kaum. Der Nebel taucht die Tageshelle in Dämmerlicht.

Nur 250 Höhenmeter sind der Erfolg des heutigen Tages...

Wir sind lange nicht mehr so widerstandsfähig wie tags zuvor. Die Allgäuer können, Gott sei Dank, bei den Franzosen Unterschlupf finden. Wir gehören alle zusammen...

Der nasse Biwaksack, unser kostbarstes Gut, muß nun wieder in Aktion treten. Er war mir schon oft Schutz vor Wetterunbill. Biomalz in dickflüssiger Form ist das einzig Eßbare, was für unsere ausgetrockneten Gaumen noch einigermaßen erträglich ist. Patschnaß und gefühllos sind die Füße. Kein trockenes Paar Handschuhe haben wir mehr. Was gäben wir jetzt für die langen Unterhosen, doch diese liegen wohlverwahrt im Rucksack auf Klein-Scheidegg.

In Lunge und Nieren empfinde ich stechenden Schmerz. Schwer geht der Atem. Sepp klagt über ähnliche Beschwerden.

Überraschend schnell bricht die Nacht herein.

Von den Wänden tropft es auf unseren Biwaksack. Neuschnee rieselt über uns hinweg. Wir sind völlig durchnäßt, sitzen in der Nässe. Die Kälte dringt durch die Kleider bis auf die Knochen und schüttelt uns so, daß wir öfters mit den Köpfen zusammenprallen. Muskelkrämpfe durchzucken uns, besonders Sepp kann nicht ruhig sitzen. Mit der vom Willen befohlenen Gelassenheit warten wir schließlich dem Morgen entgegen.

Umständlich schäle ich mich aus der Hülle, schneidende Kälte empfängt mich. Ich schätze die Temperatur auf mindestens zehn Grad minus. Reingefegt ist der Himmel. Unter uns brodelt ein Wolkenmeer und schlägt an die winterliche Wand. Wie ich meine Umgebung betrachte, fällt mich das Grauen an. Alles sieht so abweisend aus. Kalt starrt der Fels mich an.

„Ich glaub', ich hab' Gleichgewichtsstörungen, Sepp, ich kann mich ohne festhalten nicht aufrichten!" Ein unheimliches Gefühl.

Die Kälte treibt mich bald wieder unter den Sack. Bei dieser Temperatur zu klettern, wäre ein Wahnsinn.

Eine Stunde später wollen wir es doch versuchen. Wir müssen die Zeit nützen, um heute noch den Gipfel zu erreichen. Bei näherer Betrachtung des Weiterweges blicken wir uns fragend an. Ich erschrecke, als ich das blaßgrüne Gesicht meines Freundes sehe. Trotzdem ist es ein entschlossenes, tapferes Gesicht.

Ein überhängender Riß zieht nach oben. Eiszapfen hängen herab. Schnee und Raureif verdecken den Fels. Wie ein Häuflein Verlorener kauern die anderen noch auf dem Felskopf. Das Perlonseil ist wie Draht, der Rucksack gleicht einem Blechkanister, und die Kapuze meines Anoraks läßt sich nicht einmal mehr zurückschieben, sie ist an der Kopfbedeckung festgefroren. Die Hosenröhren stoßen wie Blech an die nackten Beine. Die Handschuhe sind ebenfalls steifgefroren. Aber ich schüttle Grauen und Hoffnungslosigkeit ab.

Mit ungelenken Fingern schnalle ich die Bindung meiner Steigeisten fest. Über einen Schneekeil stapfe ich aufwärts. Die Hände suchen nach einem Griff, sie gleiten ab, alles ist verglast. Der Hammer sondiert das Gestein. Ein Ringhaken fährt in eine Ritze. Der Karabiner schnappt. Die Füße spreizen weit draußen, Steigeisen scharren am Fels.

„Etwas Zug!" Der Freund steht gut auf seinem Posten, gibt den erforderlichen Seilzug. Ein zweiter Eishaken wird aus dem Gürtel geholt, angesetzt, doch ich kann den Hammer kaum mehr halten. Nach jedem zweiten, dritten Schlag sinkt der Arm müder herunter. Mit den dicken Handschuhen lassen sich die Karabiner schwer bedienen. Dann gleiten mir wieder die Füße ab, der Körper hängt wie ein Sack im Seil, und es braucht unendlich viel Kraft, um wieder Stand zu fassen.

Die Schlosserei, die Haken und Karabiner, sind verbraucht. Von unten kommt Nachschub. Die Achselhöhlen schmerzen sehr vom dauernden Hängen im Seil. Ein Überhang wölbt sich weit vor. Unter anderen Voraussetzungen hätte ich es vielleicht aufgegeben, aber was hilft es hier? Wir müssen durchkommen! Mit letzter Kraft und äußerster Energie wird Haken um Haken geschlagen. Jeder Hammerschlag bedeutet größte Anstrengung. Es ist ein letztes Aufbäumen des Willens!

Nach vier Stunden habe ich ganze 20 Meter hinter mich gebracht. Ich stehe auf einem kleinen Podest.

„Sepp, ich kann nicht mehr!" rufe ich hinab. „Dieser Riß hat mich fertiggemacht!"

Sepp ist bald bei mir heroben und übernimmt ohne ein Wort zu verlieren, die Führung. Ich habe nun die doppelte Aufgabe, den Nächsten nachzusichern und gleichzeitig auf den Vordermann achtzugeben. Die Hände wollen mir den Dienst versagen. Ich bin nicht mehr imstande, eine richtige Faust zu machen. Mit aller Energie nur kann ich das Seil, das zum Nachkommenden läuft, straff halten. Indes quert Sepp schon nach links, steigt ein Stück ab und erreicht so die Fortsetzung der senkrechten Rißreihe.

Die Seilschaft bewegt sich wieder geschlossen vorwärts.

Ein Gratrücken zieht noch weit in das Gipfeleisfeld der Nordwand hinauf. Öfters müssen wir kurze Rastpausen einschalten. Herz und Lunge wollen nicht mehr recht mitmachen. Endlich sind die letzten Felsen erreicht. Sonne umkost uns, die ersten wärmenden Strahlen seit zwei Tagen. Langsam tauen wir wieder auf. Wir warten aufeinander; noch 100 Meter trennen uns vom Grat. Durch Nebellöcher sehen wir hinab zu den winzig kleinen Häusern von Grindelwald. Die Franzosen seilen sich von uns ab, sie wollen etwas später nachkommen. Im Anblick des nahen Gipfels steigert sich wieder unsere Lebenslust. Trotz des Neuschnees glänzt blankes Eis. Ein letztesmal werden die Knöchel beansprucht, die wiederwilligen, steifen Muskeln zu harter Arbeit gezwungen. Dann stehen wir auf der scharfen Schneide des Mittelelegigrates.

Endlich die letzten Schritte zum Gipfel... Zwei Kameraden erwarten uns, Landsleute. Sie sind heraufgeeilt, um zu sehen, wie es um uns bestellt ist und wie man uns helfen könnte. Bergkameradschaft! Stumm drücken wir uns die Hände. In uns ist nicht jenes beglückende Gefühl, das man sich nach so einer Fahrt erhofft. Das Erlebte der letzten drei Tage lastet noch zu sehr auf unseren Gemütern, der Geist kann sich nicht so schnell umstellen. Wir können es nicht fassen, daß der Kampf zu Ende ist, daß uns das fast Unmögliche möglich wurde. Wir sind dem Leben neu gewonnen.

Es ist 17 Uhr. Der Abstieg gestaltet sich leicht. Wir wählen die Westflanke zur Station „Eigergletscher". Nur kurze Zeit bleibt uns noch die Sonne. Wir tauchen bald wieder in das Nebelmeer hinein. Nun kommt auch allmählich Leben in die gefühllosen Füße. Nur die Zehen sind noch immer wie tot! Etwa erfroren?

In Grindelwald erwartet man uns bereits. Die Innsbrucker Bergrettungsmänner hörten von unserer Lage und eilten sofort hilfsbereit herbei. Man sah uns zum Gipfel aussteigen, und eine in Gang gebrachte Rettungsaktion konnte noch rechtzeitig abgeblasen werden. Versöhnend leuchtet nun wieder die gewaltigste aller Wände. Durch Nebelfetzen hindurch erblicken wir den Gipfelaufbau. Silbern glänzt er im Neuschneekleid. Ende gut, alles gut! Der härteste Kampf in meiner bisherigen Bergsteigerlaufbahn ist ausgefochten.

links: Trauung mit Eugenie am 3. März 1951 in der Kirche von Ramsau/Berchtesgaden.

rechts: 1953, im Tiergarten München mit Kriemhild.

Watzmann-Ostwand

Wie oft habe ich schon nach schwerer Bergfahrt auf einem Gipfel gesessen, ausgehungert, abgespannt, erschöpft, aber voller Befriedigung. Und dieses Gefühl ist es immer wieder, das uns Bergsteiger hinauftreibt in die lebensfernen Regionen des Hochgebirges, das uns die größten Strapazen auf uns nehmen läßt und das uns über die Welt mit ihrem Kleinkram hinaushebt.

Februar 1953. Ich sitze im Zug nach Berchtesgaden. Diesmal ist die Watzmann-Ostwand mein Ziel. Am späten Nachmittag erreiche ich St. Bartholomä.

Ein verstohlener Blick hinauf zur Wand, der höchsten in den Ostalpen. Die Verhältnisse lassen sich von hier unten noch nicht recht feststellen. Im Gasthaus am See wird zunächst mein Bärenhunger etwas gestillt. Ich lasse mir einen Teller heiße Suppe servieren.

Dann noch einmal rasch an Hand des Führers die Route studiert. Der „Salzburgerweg" wäre eigentlich am geeignetsten. Der ist so steil, daß weniger Schnee darin liegen wird. Ein kurzer Vergleich draußen mit der Natur, es ist gerade noch hell genug. die markantesten Stellen präge ich mir ein.

Um sieben Urh abends verlasse ich Bartholomä. Schon nach kurzer Zeit endet der bequeme Holzziehweg und somit auch jegliche Spur menschlichen Seins. Oft versinke ich bis zu den Knien im Schnee. Hinter dem Göllmassiv tritt der Mond hervor, es ist Vollmond und er überflutet die Umgebung mit silbernem Glanz. Schemenhaft wächst vor mir die gewaltige Wand empor. Wie still es hier ist, nur die Gemse zieht einsam ihre Spur im tiefen Schnee, und ab und zu wird die feierliche Ruhe vom Gepolter niedergehender Lawinen unterbrochen.

Über frische und zu Eis gepreßte Lawinenkegel steige ich steil den hintersten Winkel der „Eiskapelle" hinan. Der erste Steilaufschwung liegt unter tiefem Schnee begraben. Meterhohe Eiswände, hart wie Beton, haben die niederstürzenden Schneemassen, die mit der Gewalt ganzer Lastzüge die Wand herunterpoltern, in den Untergrund gefräst. Ich habe gut getan, die Nachtzeit für den unteren Teil des Anstieges zu wählen, da der Frost den Schnee jetzt zusammenhält. Ein kleiner Rechenfehler ist mir allerdings unterlaufen. Die verhärtete Oberfläche des Schnees trägt das Körpergewicht nicht. Der Sonne reichten die wenigen Stunden am Tage nicht aus, um den Schnee in den Flanken der Wand zu Firn werden zu lassen; nur Bruchharsch hatte sie zuwege gebracht, elenden Bruchharsch... Endlich ermöglichen mir harte Lawinenbahnen ein rascheres Ansteigen. Hier ist der Schnee aber so beinhart, daß ich die Steigeisen zu Hilfe nehmen muß.

Mehrmals läßt mich das markdurchdringende Getöse abgehender Lawinen aufhorchen. Es ist in den gegenüberliegenden Flanken des Hachelkopfes, die, noch im Mondschatten, wie Ungeheuer herüberdrohen.

Eine unschwierige Querung, dann stehe ich im Schöllhornkar. Auch hier erlauben mir die tiefen Lawinenfurchen ein rascheres Vorwärtskommen. Eine dunkle Felswand steilt sich nun vor mir auf. Ich weiß, das Mondlicht trügt, es verzerrt, das Kommende wird kein Kinderspiel werden.

Eine schmale Rampe, ein kurzes, steiles Eisfeld, dann setzt jäh glatter Fels an. Noch im Eis stehend, werden die Zwölfzacker abgeschnallt und im Rucksack verstaut. Ich brauche sie jetzt für längere Zeit nicht mehr.

←

In der Watzmann-Ostwand, der höchsten Wand der Ostalpen.

Es geht gegen zehn Uhr nachts. Mein Höhenmesser zeigt 1400 Meter. 500 Meter Wand liegen also hinter mir. Eine sehr glatte Platte hätte mich beinahe zu einem größeren Umweg gezwungen, doch es gelingt mir, sie zu überwinden, damit stehe ich am Beginn des Salzburgerweges, des schwersten Ostwandanstieges.

Ausgerechnet an den Vorsprüngen, die mir eine sichere Auflage für meine Profilgummisohlen gewähren würden, liegt eine feine Eisschicht. Überall rieselt Wasser von den Wänden. Unheimlich lau scheint mir diese Nacht zu sein. Oder ist es meine innere Wärme, durch die Bewegung verursacht? Der Fels ist abweisend und glatt. Ich steige nach links in einer Art Verschneidung an, muß aber die ersten Meter durch eine unangenehme Traufe. Verrostete Ringhaken geben mir die Gewißheit, daß ich mich auf der richtigen Fährte befinde. Eine steile Rampe zieht rechts aufwärts. Mein Körper wirft dunkle Schatten auf den Fels, und manchmal muß ich ein wenig zur Seite rücken, um noch Griffe und Tritte in nächster Nähe ausfindig zu machen zu können.

Über mir in der Wand regt sich wieder etwas — es ist fallender Schnee. Über die Schöllhornplatte drüben poltert Eis, doch ich bin in Sicherheit.

Ein schmaler Standplatz ist erreicht — eine luftige Warte! Über mir setzt jetzt ein großer Überhang an, zwei Ringhaken schauen herab, sie werden vorsichtig auf ihre Haltbarkeit geprüft. Der Fels drückt sehr nach außen, die Rucksackriemen schneiden in die Schultern. Ich muß zurück, stehe wieder auf der kleinen Plattform unterm Überhang. Mittels einer Seilschlinge wird der nicht leichte Rucksack in den unteren Haken gehängt. Ohne diese Belastung geht es wesentlich besser. Eine kleine Ruckstemme, und der Überhang, die Schlüsselstelle, liegt unter mir. Der Rucksack wird heraufgeholt, und im Scheine der Taschenlampe tue ich einen Blick in den „Zellerführer". Über den weiteren Verlauf des Anstieges weiß ich jetzt Bescheid. Das Mondlicht nimmt, zumal bei größeren Entfernungen, jedes Beurteilungsvermögen und gibt dem Gelände keine Plastik. Ich ziehe jede Rückzugsmöglichkeit in Erwägung. Die Schlosserei und das 40-Meter-Seil würden ja genügen. Der Ausstiegskamin mag noch mit allerlei Überraschungen aufwarten. Eiskaskaden? Schneebalkone? Wie wird der Übergang zum ersten Band aussehen?

Einige vereiste Platten werden links umgangen. Eine schmale Leiste führt weiter links an eine Kante. Steil zieht der Fels wieder zur Höhe. Kalt und abweisend ist heute der sonst so warme und sonnige Kalk. Doch die Griffe sind gut. Auch jetzt im Winter, in der Nacht. Noch einmal kommen Zweifel auf wegen des Weiterweges. Einige Irrgänge — „Fleißaufgaben" — nochmals zurück, ein kurzer Quergang mit Hilfe einer Seilschlinge, dann stehe ich am Schlußkamin dieses Steilaufschwunges. Ich bin angenehm überrascht. Der Weg scheint nach oben hin geöffnet. Der Grund des Kamins ist teilweise vereist, jedoch ist die Kletterei kaum behindert. Eine Plattenrampe erstreckt sich nach links zum Beginn des ersten Bandes. Jäh ist der Übergang vom Fels auf harten Schnee, welcher nach unten hin in Eisrinnen abbricht. Das Schöllhornkar liegt schon tief unten.

Der Mond ist stark nach Süden gewandert, sein Schein klettert am Schönfeldgrat herauf. Ein stiller Begleiter in der Nacht... Eine große weiße Fläche zieht jetzt steil nach links oben, noch eine kurze Unterbrechung, dann bin ich am „Riesenband". An verschiedenen Stellen ist der Schnee aufgerissen und läßt mich in schwarze Klüfte schauen. Hier mag die Schneehöhe bis zu zehn Meter betragen. Das Band wird immer schmäler und gibt bald den Blick in steil abfallende Rinnen frei. Eine fast senkrechte Schneewand zieht vor mir zur Höhe. Ganze Eiskaskaden hängen an den Wänden, doch sie wirken sehr stabil. Die vorderen Zacken der Steigeisen und die Pickelspitze bieten den einzigen Halt in dem abschüssigen Gelände.

Kurz darauf stehe ich am Quergang zur Gipfelschlucht. Es ist Mitternacht, Geisterstunde.

Buhl in der Südkante (3. Kind) am Watzmann

doch es spukt nicht! Nichts regt sich. Unheimliche Ruhe liegt in der Wand. Nur ganz wenige vor mir sahen diese Flanken zur Winterszeit, ihre Zahl kann man an den Fingern abzählen. Stellt diese Tour schon im Sommer eine ausgefüllte Tagesleistung dar, so wurden meine Vorgänger in dieser Wand infolge des vielen Schnees zwei, drei, ja sogar vier Tage festgehalten. Wie unheimlich mag auch ihnen die Ruhe und Abgeschiedenheit erschienen sein. Ich aber bin allein, mitten in der Winternacht.

Eine Orange belebt wieder etwas meinen ausgetrockneten Gaumen. Der Mond verschwindet hinter dem Watzmanngrat, und immer weiter schleichen die schwarzen Schatten die Wand empor. Mit Spannung betrete ich die Gipfelschlucht. Anfangs nimmt sie sich beinahe einladend aus. Eine steile Schneerinne, nur an einigen Stellen unterbrochen, zieht zur Höhe. Vorerst ist der Schnee noch glashart, wird aber zunehmend schlechter, lockerer. Am Versinken der benachbarten Gipfel kann ich deutlich mein Fortkommen ermessen. Der Hachelkopf ist nun in gleicher Höhe, die Watzmann-„**Kinder**" überragen mich nur noch um weniges. Dort drüben der dunkle Streifen muß die Südkante des dritten „Kindes" sein. Sie steht schon seit langem auf meinem Tourenprogramm.

Mein Tempo verlangsamt sich nun etwas. Öfters muß ich kurze Rastpausen einschalten. Das Spuren im Schnee strengt furchtbar an. Ich erreiche dann einen kleinen Gratvorsprung. Rechts fällt die Wand steil zu den großen Bändern ab. Hier muß der „Kederbacherweg" heraufkommen, der Anstieg, den die Erstbesteiger vor 55 Jahren machten. Seither wurde die Wand immer wieder auf neuen „Wegen" erstiegen, wovon der Salzburgerweg, auf dem ich mich heute befinde, der schwerste ist. Überall unwirkliche Schneegebilde, Schneepilze — balkonartige Vorsprünge — ganze Wagenladungen gepreßten Schnees hängen absturzbereit auf schmalen Gesimsen. Alles ist unter der weißen Masse begraben. Ausgleichend ziehen steile Schneefelder zum Grat empor, verdecken die Wandstufen und verleihen den Flanken den Eindruck absoluter Ausgesetztheit. Eine einzige, jähe Flucht, ohne Unterbrechung.

Ich quere nach rechts hinüber. Doch schon nach den ersten Metern schwimme ich im grundlosen „Pulver". Schlagartig haben sich die Verhältnisse geändert. Die Wand ist hier etwas nach Norden gerichtet und der Sonne abgewendet. Zierliche Schneegrate nehmen meine Spur auf. Sie bilden die Brücke von einem Vorsprung zum anderen. Fast tut es mir leid, diese wunderbaren Naturgebilde zu zerstören. Aber jetzt ist nicht Zeit für ästhetische Bedenken. Ich muß weiter...

In der Nähe der Felsen ist ein Weiterkommen fast unmöglich. Tiefe Hohlräume haben sich zwischen Fels und Schnee gebildet, die oft mühsame Umwege erzwingen. Im Südosten glänzt die Hochfläche des Hochkönigs. Rechts die dunkle Pyramide des „Hundstod".

Unter einem überhängenden Felsen wird die letzte Orange verzehrt. Der Wind hat hier in seinem schöpferischen Spiel einen großen Kolk, eine Art Mulde, gebildet und mir so ein bequemes Rastplätzchen beschert. Hier müßte eigentlich die Biwakschachtel sein, doch liegt sie vermutlich sehr tief unter dem Schnee begraben. Steile Rinnen und scharfe Schneegrate vermitteln den Anstieg. Dazwischen wieder kurze Felspartien und zur Abwechslung wieder ermüdende Querungen. Steil baut sich noch die Gipfelwand auf. Sie liegt im Schatten und läßt keine Einzelheiten erkennen. Ein Kamin, ganz mit Schnee ausgefüllt, zieht durch eine Steilstufe. An weit ausladenden Schneegebilden vorbei schleiche ich höher. Die Neigung nimmt stark zu. Fast greifbar zeichnet sich über mir die Silhouette des Gipfelgrates als weißer Streifen vom dunklen Nachthimmel ab. Doch die Wand beugt sich nicht so schnell. Jeder Meter will erkämpft sein. Eine kurze Wandstufe... Eine steile Rinne, die zum Grat emporzieht. Ist der Weg frei? Ich kann es kaum erwarten, stapfe, eile, haste empor.

Plötzlich stehe ich wieder im hellen Licht des Mondes. Kalter Wind empfängt mich. Die letzten Meter zum Gipfel... Kein Händedruck, kein Freund weit und breit. Niemand, dem man seine Gefühle sagen könnte. Und trotzdem ein großartige Augenblick. So groß, daß Schweigen mehr sagt als Reden. Unter mir der dunkle Abgrund, die höchste Wand der Ostalpen, 1800 Meter Schnee und Fels, und weit draußen ein Lichterschein: Berchtesgaden. Hier liegt alles in tiefer Ruhe. Kein Laut. Eine todeskalte und todeseinsame, aber begnadete Stunde.

Ich sitze unter der feuchten Hülle meines Zeltsackes. Die Uhr zeigt die vierte Morgenstunde an. Die Kälte dringt mir bis ins Mark. Doch ich will den Tag abwarten. Der Abstieg, ein scharfer Grat, wartet noch mit allerlei Schwierigkeiten auf. Im Tal unter mir blinken nun auch die ersten Lichter auf, Frühaufsteher.

Die Nacht verging verhältnismäßig schnell, und schon begrüßen mich die ersten Sonnenstrahlen. Der Grat zum Hocheck bietet noch wunderbare Rückblicke in die großartige Wand, und immer aufs neue folgt mein Blick den Flanken, durch die ich in der letzten Nacht meine Spur gezogen. In vollen Zügen genieße ich die Wärme des heraufkommenden Tages. Noch einige Wächtengalerien, und über einen abgeblasenen Rücken steige ich rasch zum Watzmannhaus hinunter.

Nanga Parbat

Nanga Parbat! Begriff für alle Bergsteiger. Darüber hinaus für Millionen Menschen. Man hat ihm viele Namen gegeben. Berg des Schreckens. Schicksalsberg. Ein in die Wolken ragender Gigant, der bereits 36 Menschen verschlungen hat. Der nur Opfer nimmt und nichts dafür gibt. Gnadenloses Königtum, das die Menschen in seinen Bann zieht und sie nicht mehr losläßt.

Wir alle kannten die Geschichte des einsamen, riesenhaften nordwestlichen Eckpfeilers des Himalaya. Die verzweifelten Bemühungen der Menschen, ihm die Jungfräulichkeit zu rauben, die erchütternden Tragödien, die sich in seinen Flanken und auf seinen Graten abgespielt haben. Wir wußten, was sich in den Jahren 1895, 1932, 1934, 1937, 1938, 1939 und 1950 in seinem Hoheitsgebiet ereignet hat. Und nun sollten wir kommen, wir, die Nanga Parbat-Expedition 1953 unter der Leitung von Dr. Karl Maria Herrligkoffer. Die Teilnehmer der Expedition waren: Fritz Aumann, Otto Kempter und Hermann Köllensperger aus München, Peter Aschenbrenner aus Kufstein, Albert Bitterling aus Berchtesgaden, Dr. Walter Frauenberger aus St. Johann in Tirol, Hans Ertl, der extra aus Bolivien herbeigereist war und darüber seine eigenen Aufgaben in den Anden zurückgestellt hatte, dann Kuno Rainer und ich. Dr. Herrligkoffer wollte die Leitung der Expedition nur bis zum Basislager übernehmen; am

Der Nanga Parbat von Nordosten mit der Buhl-Route; von links: Rakhiot Peak (7.070 m), nach rechts der lange Anstieg über den Ostgrat zum Silbersattel (7.450 m), Silberplateau, Vorgipfel (7.910 m), Bazhinscharte (7.812 m) und Hauptgipfel (8.125 m), ganz rechts.

Berg selbst sollte Peter Aschenbrenner bestimmen, ein erfahrener Nanga Parbat-Mann, der schon 1934 mit Willy Merkl gegangen war. Merkls Gedächtnis galt unsere deutschösterreichische Expedition.

Der erste Anblick bot sich vom Flugzeug aus. Die alte zweimotorige Dakota DC 3 trug uns aus der Niederung der Menschen in die Welt der flimmernden, gleißenden Gipfel dieser Erde. Und dann stand er vor uns: der Nanga Parbat. Der Anblick war überwältigend. Für Minuten sagte keiner ein Wort. Vermessen der Gedanke, die eigenen Schritte zu seinem Gipfel zu lenken. Wenn ich mich an diesen ersten Eindruck erinnere, scheint es mir fast wie ein Märchen, ein Traum, ein großartiger, wilder, unwirklicher Traum, daß ich Wochen später dort oben stehen durfte.

Ich sehe das Basislager vor mir. Es liegt 4000 Meter über dem Meer, in einem Moränental am Rand eines riesigen Gletscherstroms.

Ein gewaltiger Moränenhügel scheint von der Natur dem Lager als Schutz vor den drohenden Lawinen hingestellt, die aus der Nordwand des königlichen Berges herunterdonnern.

Die Nordostwand des Nanga Parbat! Eis schillert in den Flanken, tiefer Schnee überdeckt die Felsen. Hoch oben die keilförmige Abrißfläche eines Hängegletschers. Nach rechts zieht ein fein ziselierter Schneegrat herab. Von seiner wächtengekrönten Schneide stürzen senkrecht scheinende Schneerippen und Eisrinnen, wunderbar geformt, einige 1000 Meter tief zum Ganalogletscher ab. Ein Naturwunder, von Sonne und Sturm geformt. Jeder dieser Schneegrate ist ein Kunstwerk für sich.

1400 Meter über dem Basislager. Eine Verflachung in dem Chaos von wild durcheinander gerüttelten Eismassen des Rakhiotgletschers. Unter unvorstellbarem Druck wird das Eis durch einen Engpaß geschoben und gezerrt. Eine kleine Erhebung darin, ein Felsenriff: der Lagersporn. 5367 Meter über dem Meer. Und doch verschwindet er fast in dem Übermaß, das hier überall herrscht. Wie schwerer Seegang, in wildester Bewegung erstarrt, drängen sich die Eisschollen an einen Steilabbruch heran. Wellentäler und Wellenberge, Eistürme wie gischtende Wassersäulen. Durch diese eiserstarrte Zauberwelt führt eine Spur. Sie endet in einer Mulde, inmitten der Verflachung des Gletschers. Im Schutze haushoher Eiskulissen stehen einige Zelte: Lager II.

Die Errichtung der Lager war ein Abenteuer für sich. Ein Abenteuer, das sich über Wochen erstreckte, erfüllt von Gefahr und unbeschreiblicher Anstrengung. Der Berg wehrte sich mit allen Mitteln gegen uns Eindringlinge. Er sandte Schnee, Sturm. Dann glühende Hitze, die mit erbarmungsloser Kälte abwechselte. Er sandte die Lawinen. Ich hatte geglaubt, schon einige Erfahrung mit Lawinen gemacht zu haben. Aber alle Erlebnisse der Vergangenheit waren bedeutungslos gegen jene, die wir in den Flanken des Nanga Parbat kennenlernten.

Einmal mußte ich von Lager II gegen Lager I absteigen. Tiefer Neuschnee hatte die Spuren verdeckt. Langsam wühlte ich mich durch unberührte Hänge abwärts. In der Wintergasse stieß ich auf Albert Bitterling, der mit Trägern heraufkam. Wir waren nur noch wenige Meter voneinander, als plötzlich der ganze Hang krachte, sich in Bewegung setzte und der stürzende Schnee uns mitriß. Ich hatte Glück und war gleich aus der Lawine heraus. Albert auch. Aber die Träger konnten sich nicht helfen, sie waren zusammengeseilt und zerrten sich gegenseitig mit. Man sah nur noch einen Knäuel, Füße und Arme.

Gott sei Dank, der Schnee kam noch vor einem Steilabfall zu stehen. Bewegungslos lagen die Träger am Hang und flehten zu Allah. Mit Mühe konnten wir sie auf die Beine bringen, schafften die Lasten an einen sicheren Ort und stiegen gemeinsam ab. Wenn wir auch oft über die Hunzas klagten, es waren doch prächtige Kerle darunter. Die besten haben wir schon erkannt! Besonders Isa Khan leistete Vorbildliches. — Gegen Abend überzog sich der Himmel wiederum, und der tägliche Schneefall setzte ein.

Von neuem stieg ich mit sechs Trägern nach Lager II an. Hermann Köllensperger begleitete uns. Wir querten gerade den ebenen Gletscherboden unter der Nordostwand, als uns ein Krachen blitzartig nach oben schauen ließ. Dieser dumpfe Knall ging jedesmal durch Mark und Bein. Eine Lawine löste sich hoch oben. Wir liefen ums Leben, denn wir waren nun direkt in der Fallinie. Im letzten Augenblick warfen wir uns noch in eine Spalte, und schon hatte uns die Schneewalze eingeholt. Es wurde eisig kalt. Minuten dauerte es. Diesmal waren wir im Kern der Lawine. Ein Orkan setzte ein. Wir schnappten nach Luft, glaubten zu ersticken, überall drang der feine Schnee ein. Ich biß in den Pullover, damit mir der feine Eisstaub nicht in die Luftröhre käme. Endlich ließ der Sturm nach, man konnte wieder atmen, aber die Träger lagen noch im Schnee, beteten und bemerkten in ihrer Angst gar nicht, daß alles bereits vorüber war.

Wir gingen weiter. Aber schon nach fünf Minuten ein neuerliches Krachen, diesmal von links oben. Nun liefen wir aber nicht mehr, suchten gleich nach einem geschützten Platz, zogen Kappe und Pullover über Gesicht und Ohren, steckten ein Sacktuch in den Mund, füllten die Lungen noch mit genügend Luft und warteten ab. Minuten wurden zu Stunden, doch abermals ging alles gut. Nun dürfte es für heute genug sein! Der weitere Anstieg verlief dann auch reibungslos. Ertl bedauerte nachher, daß er dies von seinem Standpunkt aus nicht auf den Film bannen konnte, er wartete weiter geduldig, in der Hoffnung, daß sich das Geschehen nochmals wiederhole. Wir anderen aber waren froh, daß er enttäuscht blieb.

Anfang Juni. Lager II. Das Wetter war endlich beständiger geworden. Aber Peter Aschenbrenner nahm sich Zeit. Mit lächelnder Miene sah er zu, wie wir oben immer ungeduldiger wurden. Er mußte es ja wissen. Nun erreichte uns die Nachricht, daß die bestellten Sherpas wieder nach Darjeeling zurückgekehrt seien. Ein folgenschwerer Fehler! Unsere Träger waren zu wenig. Was sind schon 15 Hunzas für 10 Sahibs! Die Trägermisere konnte einen fast zur Verzweiflung bringen.

10. Juni. Nach einer schlecht durchschlafenen Nacht brechen Köllensperger und ich um vier Uhr früh auf und spuren gegen das Plateau unterhalb des Rakhiot Peak empor ... Wir wollen heute Lager III und IV errichten. Kuno Rainer, der bis jetzt hier heroben war, ist mit Otto Kempter ins Basislager abgestiegen, um sich ein bißchen zu erholen. Sie haben die Rast ehrlich verdient.

Es ist grimmig kalt. Die Bearbeitung eines Eisriffes, das einen Steilgürtel durchzieht, macht endlich warm. Hermann Köllensperger kommt nach. Der Höhenmesser zeigt 5800 Meter an. Um sieben Uhr früh stehe ich auf einer kilometerweiten Hochfläche. Frei liegen die Hänge zum Rakhiot Peak vor mir, der äußersten Erhebung des Ostgrates vom Nanga Parbat.

Rechts droben leuchtet der Silbersattel, das Tor zum Gipfel.

Die Träger haben schnell eine kleinere Fläche ausgehoben, und bald stehen zwei Zelte, und jeder sucht darin Schutz vor der Gluthitze. Hermann Köllensperger steigt mit den Trägern ab, während Walter und ich es uns hier gemütlich machen. Nun sind wir wieder beisammen, der alte Himalayakämpe und ich, der junge Springer. Das Wetter ist prächtig, und wir bereuen nur, daß keine Träger zur Verfügung stehen.

Es ist der 16. Juni, schon der fünfte Sturmtag. Da höre ich Stimmen. Ist es Täuschung oder kommt uns wirklich jemand entgegen? Will man uns aus dieser abgeschnittenen Lage befreien? Ich kann es kaum für möglich halten. Bei diesem Wetter jagt man doch keinen Hund vor die Hütte. Nun höre ich die Stimmen schon deutlicher. Rufe! Und bald tauchen im undurchsichtigen Grau einige Punkte auf. Hans Ertl, Kuno Rainer, Peter Aschenbrenner, Otto

Kempter, Hermann Köllensperger sind es mit einigen Trägern. Sie wollen das Lager III beziehen, sie haben des Wartens genug! Vielleicht wird es nun doch Ernst? Man bringt uns eine überraschende Nachricht mit: „Der Mount Everest ist erstiegen!" Ich bin von dieser Meldung ergriffen, hatte ich doch nie an die Möglichkeit gedacht, daß dieser Riese schon in den nächsten Jahren bezwungen würde. Für uns ist dies ein gewaltiger Ansporn!

Aber Aschenbrenner gibt Anweisung, das Lager 100 Meter tiefer zu verlegen. Er begründet es damit, daß wir in einer Windgasse seien. Wir sind nicht sehr erfreut über diesen Befehl, aber wir befolgen ihn.

Der Morgen des 18. Juni zieht prächtig herauf. 21 Grad minus zeigt unser Thermometer. Die Hänge sind blendend weiß, tief verschneit. Frauenberger, Rainer, Kempter und ich spuren heute gegen den Rakhiot Peak an. Der Schnee ist noch tiefer als eine Woche vorher. Es ist lockerer, mehliger, grundloser Schnee, wie er über 6000 Meter oft anzutreffen ist. Hier gibt es keine Veränderung mehr. Am Fuße der steilen Felswand, die zum Rakhiot Peak emporzieht, graben wir eine Höhle in den Schneehang. Bald stoßen wir auf eine Spalte, doch Kuno meint, das macht nichts, und da wir schon so weit sind, graben wir weiter, bis ein geräumiger Hohlraum für zwei Leute geschaffen ist. Die Spalte erspart uns wenigstens das Wegräumen des Schnees, denn unheimlich viel hat darin Platz. Zum Schluß wird sie noch mit Quadern verstopft, und erleichtert, weil wir diese schwere Arbeit hinter uns haben, steigen wir wieder ab. Einen Tag später stehe ich mit Kempter und Köllensperger und einigen Trägern wieder auf der Grathöhe unterhalb der Rakhiotwand. Während die anderen wieder absteigen und Otto sich über den „Primus" hermacht, schaufle ich noch einen Stollen in den Steilhang und stelle darin ein Zelt auf.

Draußen orgelt schon wieder der Sturm, pfeift über den Grat. In kurzer Zeit sieht man von den alten Spuren nichts mehr. Es ist das übliche Wetter in Lager IV. Wir fühlen uns aber geborgen, hören gar nicht mehr das lästige Knattern der Zelte.

Ich erwache aus schwerem Schlaf, schaue auf die Uhr, es ist bereits acht Uhr, doch in unserer Höhle ist's noch dunkel. Reif glitzert auf den Schlafsäcken, alles ist gefroren, eisig kalt zieht es aus einer Ecke herauf. Es ist die Spalte, die sich schon wieder geöffnet hat! Der Eingang ist zugeweht, und so habe ich schon eine nette Morgenbeschäftigung. Einen Meter hoch liegt der Schnee auf der Zeltplane, die wir fest vor die Öffnung gespannt haben. Draußen empfängt mich eisiger Wind. Wenig später brechen wir auf, schleppen 250 Meter Reepschnur zur Randkluft, und ich steige, das Seil hinter mir nachziehend, nun die Steilwand an. Das Gewicht des Hanfes zieht mich fast aus dem Stand. Ohne Steigeisen wäre hier kein Weiterkommen.

Das Seil reicht nur knapp bis zur Hälfte. Ich verankere es an einem Felszacken und steige, froh, diese Schinderei hinter mir zu haben, wieder ab. Heute kommen keine Träger herauf. Wahrscheinlich ist ihnen das Wetter zu miserabel.

Am nächsten Morgen brechen wir um halb neun auf, steigen die Rakhiotwand hinan, abermals mit 100 Meter Seil, das nun beinahe bis zur Schulter oberhalb der Flanke reicht. Einige Felszacken, ein ausgedienter Pickel und eine alte, von früheren Expeditionen herrührende Zeltstange dienen als Verankerungspunkte.

Die Querung zum Mohrenkopf. Hier tritt blankes, blaues Eis zutage. Wie froh bin ich nun um meine Steigeisen, auch wenn manche sie für überflüssig hielten. Stufe um Stufe schlage ich in die spröde Masse, ganze „Badwandl", um auch den Trägern diesen Weg zu ermöglichen. Keine leichte Tätigkeit!

Frei liegt nun das Gipfelmassiv vor uns: der Vorgipfel, die Bazhinscharte und der gezackte Grat zur Schulter. Von unbeschreiblicher Wucht die Südostwand! Durch tiefen Bruchharsch spure ich gegen den Gipfel des Rakhiot Peak an, lasse diesen aber dann links liegen und steuere der Rakhiotnadel, einem kühen Felszacken, zu. Die Kletterlust packt mich. Um meinen ersten Siebentausender nach Hause zu bringen, will ich noch diese Felsnadel ersteigen. Sie ist zwar nur 20 Meter hoch, aber gar nicht so leicht, und beinahe hätte ich im Eifer der Kletterei auf die Höhe vergessen. Selbstverständlich muß ich nun die Handschuhe ausziehen, warte eine Sturmpause ab, um einen Meter des senkrechten Aufschwunges zu gewinnen. Welch ein Gefühl, wieder Fels unter den Fingern zu spüren! Der Gipfel ist winzig klein, gerade daß ich stehen kann, in der Karte ist er mit 7070 Meter angegeben. Jenseits steige ich ab, natürlich ohne Seil, denn das blieb in der Querung zurück. Ich muß sehr achtgeben, denn direkt mir zu Füßen hängt eine Wächte, absturzbereit, in die ungeheure Südostwand hinaus.

Otto hat inzwischen auf mich gewartet. Gemeinsam steigen wir nun zum Mohrenkopf, dem schwarzen Felszacken, ab, wo Willy Merkl im Eis begraben liegt. Eine Schneeschaufel lassen wir zurück, aber zum Graben eines Schneeloches ist es bereits zu spät.

Im Abstieg schlage ich noch eine gediegene Stufengalerie durch die Steilflanke, denn morgen wollen wir mit den Trägern hier ansteigen. Auf der kleinen Fläche bei Lager IV sehe ich bereits fünf Punkte und freue mich schon riesig auf den nächsten Tag.

„Hurra, morgen geht's nach oben zum Mohrenkopf und dann weiter."

Die Enttäuschung bleibt aber nicht aus. Andertags sind die Träger krank. Wir müssen uns eben selbst helfen. So mache ich den Vorschlag, daß jeder der Sahibs eine kleine Last aufnimmt und damit zum Mohrenkopf ansteigt. Ich ernte aber nur ein mitleidiges Lächeln. Ich nehme einen Sack Konserven, auch eine Gummimatratze und steige allein damit auf. Es ist kein Vergnügungsausflug. Die Last wiegt mindestens zehn Kilogramm. Die Spuren von gestern sind verweht. In der ungefähr 45 Grad geneigten Steilflanke hat man nirgends eine Möglichkeit, die Last abzustellen oder zu rasten. So komme ich erst Stunden später ziemlich erschöpft an der Schulter an, wo ich sie hinterlege. Ein fixes Seil hänge ich noch in die Querung zum Mohrenkopf und fahre dann im Lift wieder die Wand hinab.

Ausgehungert erreiche ich die Schneehöhle, denn nur mit einem Schluck Milo bin ich am Morgen aufgebrochen. Aber warmes Essen gibt es erst wieder am Abend. Die Nacht vergeht denkbar schlecht. Ich muß öfters an den Ausspruch von Erwin Schneider denken, der uns doch vorher gesagt hat: „Lieber jede Woche ein Biwak als wochenlanger Aufenthalt in den Hochlagern."

In den Tälern ziehen bereits schwere Wolkenbänke dahin. Ist es der Monsun? Wie ein letztes Aufbäumen gegen all diese Widerstände scheint unser Versuch. Frauenberger, Kempter, Köllensperger und ich sind nun wieder in den Zelten von Lager IV. Dichter Nebel verhängt die Flanken. Bedrückend ist die Atmosphäre. Man bekommt schon in der Rast kaum genügend Luft. Beim Gehen hat man das Gefühl, ersticken zu müssen. Apathisch sitzen die Träger vor den Zelten im Schnee. Unsere Stimmung ist unter dem Gefrierpunkt.

Nachts klart es auf. Vollmond. Der Gipfel ist frei. Meine Gedanken sind wieder dort oben. Ich würde am liebsten jetzt noch aufbrechen. Doch endlich erlöst mich der Schlaf von diesen Gedanken.

Ich erinnere mich der Worte unseres bergsteigerischen Leiters Peter Aschenbrenner: Wer am besten in Form sei, solle zum Gipfel gehen. Irgendwelche persönliche Rücksichten, soweit sie über das Maß der selbstverständlichen Beistandspflicht hinausgingen, hätten um des Zieles willen in der Endphase des Ringens um den Berg auszuscheiden. Über 8000 Meter habe ohnehin jeder genug mit sich allein zu tun. Ich mache Walter den Vorschlag, zu viert anzusteigen, nur mit meinen persönlichen Sachen und am Mohrenkopf eine Schneehöhle zu graben. Von dort würde ich versuchen, weiterzugehen, während die anderen absteigen könnten. Walter will mir diesen Wunsch nicht abschlagen, und so wird er von den anderen auch akzeptiert.

30. Juni: Peter Aschenbrenner war bereits vom Lager III aus ins Hauptlager abgestiegen, um sich auf den Heimweg zu begeben. Er hatte an diesem Tag die bergsteigerische Leitung Dr. Frauenberger übergeben und es bestand von diesem Zeitpunkt an für Frauenberger keinerlei Grund, sich für eine Aktion Richtung Gipfel bei Aschenbrenner noch einmal rückzuversichern. Aber als vorsichtiger Jurist scheute er wohl eine solche Verantwortung auf sich zu nehmen und wollte nun noch den Segen des scheidenden bergsteigerischen Leiters Aschenbrenner, den er schließlich dann auch erhielt.

An diesem Tage war aber Peter Aschenbrenner also noch im Hauptlager und führte über Fritz Aumann, der das Teleportgerät bediente, mit Hanns Ertl ein Gespräch, in dem es darum ging, ob man anderntags bereits den Angriff auf den Gipfel wagen könne oder noch warten solle. Es war etwa 12 Uhr, die Witterungsverhältnisse im Hauptlager waren schlecht, jene im Lager III, wo sich die Spitzengruppe befand, aber bereits wieder gut. An dieser unterschiedlichen Wettersituation entzündeten sich die Gemüter. Ertl und Aschenbrenner gerieten aneinander und schließlich zitierte Ertl den „Götz von Berlichingen".

Um 13 Uhr war ein weiteres Gespräch vereinbart, die Gemüter hatten sich beruhigt und da man von der besseren Wetterlage in Lager III nun überzeugt war, erklärte Aschenbrenner sinngemäß: „Wenn ihr der Meinung seid, daß das Wetter gut wird, dann können wir euch nur die Daumen halten und werden alle Aktionen aufmerksam beobachten". Nach diesem Gespräch bestand weitgehende Übereinstimmung zwischen den beiden Gruppen.

Es ist der 1. Juli. Wir sind schon früh auf dem Weg nach Lager IV. Nun hat sich auch in den Niederungen das Gewölk aufgelöst, und nur noch eine feine Dunstschicht, das sicherste Zeichen für gutes Wetter, verschleiert durchsichtig die Talsohle. Soweit das Auge reicht, nicht das geringste Anzeichen einer Bewölkung, es ist auch kalt — was wollen wir noch mehr! Dies alles trägt dazu bei, unseren Auftrieb auf den Höhepunkt zu steigern. Ich bin unbändig in Form. Es dürfte mein bisher bester Tag sein, und so spüre ich trotz des uferlosen Schnees das Spuren kaum. Wir sind alle in Hochstimmung wie nie zuvor während der ganzen Expedition. Wir haben alle das Gefühl: diemal muß es klappen!

Zur Erreichung eines Achttausenders gehören bestimmte Voraussetzungen, und daß diese ausgerechnet auf den einen Tag zusammenfallen, ist außerordentlich selten. Man ist ja in sehr unterschiedlicher Verfassung: Das einemal glaubt man Bäume ausreißen zu können, und ein anderesmal ist einem wieder ganz elend zumute. Es muß jedenfalls der richtige Mann im richtigen Moment am richtigen Platz sein!

Otto Kempter hat sich in den letzten Tagen nicht recht wohl gefühlt und will noch einen

Die Südseite des Nanga Parbat. „Ich habe mit dem Nanga Parbat 1979 mein erstes Leben abgeschlossen, habe ein neues Leben angefangen – ich habe sogar die eindeutige Empfindung, ich bin neu geboren worden!" (Reinhold Messner).

Hermann Buhl war für mich in meiner Jugend ein Idol. Ich hatte das Glück ihn persönlich zu kennen und habe ihn beneidet, daß er in die Weltberge fahren konnte – zugleich aber habe ich ihn bewundert. Heute ist Hermann Buhl eine Legende. Ein Mann, den jeder Bergsteiger, gleich ob jung oder alt, kennt; Ein Mann, der Alpingeschichte wie kaum ein anderer gemacht und geschrieben hat! (Wolfgang Nairz)

Erholungstag im Lager III einlegen, um dann anderentags mit seinem Träger zu folgen. Wir haben die verbliebenen drei Hunzas, die „Tieger", wie wir sie später nannten, mit uns. Sie sind heute sehr willig, doch wir möchten sie nicht allzuschwer beladen, damit sie uns auch morgen noch Dienste leisten. Nur das Allernotwendigste geht mit, ein Zelt und etwas Verpflegung, außerdem das Teleportgerät. Unsere persönliche Ausrüstung tragen wir selbst.

Während des Aufstieges treten wir um die Mittagszeit wieder mit dem Hauptlager in Verbindung und berichten, daß wir zügig in Richtung Lager IV vorankommen. Um die Mittagszeit erreichen wir dann das Lager in 6900 Meter Höhe. Vom Lager ist fast nichts mehr zu sehen.

←

links oben: Der Nanga Parbat vom Rakhiot Peak (Entfernung, Luftlinie zum Gipfel ca. acht Kilometer. Unten: Anstieg zum Rakhiot Peak.

Die Rupalwand, mit 4500 Meter eine der höchsten Wände der Erde.

Mittags sind wir in Lager IV. Vom Lager ist fast nichts mehr zu sehen. Nur an einigen Stellen ragen kleine Erhebungen aus der gleihförmigen Fläche heraus. Unsere Zelte! Das Gelände ist vollkommen verändert. Die große Mulde bei den Zelten ist ganz mit Schnee gefüllt. Nun beginnt ein anstrengendes Schneeräumen. Mit den Skistöcken müssen wir erst die Lage der einzelnen Zelte feststellen, sie sind zum Teil einen Meter unter der Schneedecke. Den Eingang der Schneehöhle können wir kaum finden. Wir haben noch wertvolle Verpflegung darin. Endlich stößt der Pickel in einen Hohlraum. Drei Meter dick ist die kleine Öffnung mit Schnee verrammelt. Nach Stunden erst liegt das ganze Lager wieder frei.

Hans und ich nehmen nun jeder eine Seilrolle in den Rucksack und steigen damit die Rakhioteiswand an. Die fixen Seile kommen uns nun sehr zugute, und bald sind wir in der

Querung zum Mohrenkopf. Dort wird noch das restliche Stück mit diesem 200 Meter-Seil gesichert. Das Anbringen der Haken ist in dieser Höhe eine mühsame Arbeit. Durch die Eisflanke schlagen wir eine exakte Stufenleiter, eine regelrechte „Wendeltreppe". Dies ist Voraussetzung, wollen wir am nächsten Tag die Träger hier heraufbringen. Nun ist eine geschlossene Seilverankerung von Lager IV zum Mohrenkopf geschaffen. Das beruhigt uns sehr. Um sieben Uhr abends erreichen wir todmüde die Zelte unseres Lagers. Es war ein anstrengender, aber gelungener Tag!

Anderntags weckt Ertl der Frühaufsteher schon zeitig. Die Träger haben Kopfschmerzen. Eine Tablette hilft darüber hinweg, und sie scheinen guten Willens zu sein. Walter hat gestern noch wertvolle Vorarbeit geleistet, indem er alle Vorbereitungen für heute getroffen und den Trägern die Steigeisen angepaßt hat. Schon die ganzen letzten Tage wurden sie von uns wie „Sommerfrischler" behandelt.

Otto ist nun auch bei uns. Er fühlt sich heute wieder frischer. Nun sind wir vollzählig, vier Sahibs und vier Träger. Ich spure voraus, verbessere noch einmal den ganzen Weg, und hinterdrein folgt Ertl mit seiner schweren Filmkamera, die den Anstieg festhält, dann Walter, der „gute Sahib", wie ihn die Träger nennen. Er versteht es am besten, mit ihnen umzugehen. Am Seil folgen sie ihm wie treue Tiere. Den Schluß bildet Otto.

Ich kann einen Freudenschrei nicht unterdrücken: die Träger gehen! Und als wir sie gar über über die Randkluft steigen sehen, geht ein Strahlen über unsere Gesichter. Sie haben jede Scheu vor der Tiefe verloren, und diese Flanke scheint ihnen nun gar nicht mehr so schrecklich vorzukommen.

In verhältnismäßig kurzer Zeit schon sind wir oben unter der Querung des Rakhiot Peak. Ich mühe mich mit dem Seil ab, will es noch besser im Schnee verankern, doch nirgends findet der Pickel Halt. Die Träger rasten indessen an der Rakhiotschulter, aber dann ist es soweit, und mit einiger Vorsicht können sie folgen. Sehr anstrengend ist noch das Spuren im schweren, windgepreßten Schnee zum Grat hinüber, der den Rakhiot Peak mit dem Silbersattel verbindet. Dort treffen wir wieder alle zusammen. Nun habe auch ich Muße, einen Blick in die Runde zu werfen.

Unter uns bricht eine steile Flanke zum flacheren Gletscherboden bei Lager II ab. Dort unten, wie ein Felsenriff, der Lagersporn; daneben im Bruch einige Punkte; verschwindend klein die Zelte und noch tiefer die graue, schuttbedeckte Gletscherzunge des Rakhiotgletschers, der wie ein Schlangenleib gegen die Märchenwiese und Tato hinauszieht. Dort in der Nähe des äußersten Knies des flachen Rakhiotgletschers muß das Hauptlager sein. Dort ist bereits alles grün. Ob man uns wohl beobachtet? In der Ferne winken die Eisberge des Karakorum: Gasherbrum, die wunderbare Pyramide des K 2, der Rakaposhi und unzählige Unbekannte.

Nach Süden fällt steil eine Wand ab, und erst wenn man nach vorne tritt, sieht man in den obersten Teil dieser gewaltigen Flanke. Die höchste Wand der Erde, die Südwand, die vom Gipfel des Nanga Parbat an die 4500 Meter tief in einem Schuß abbricht.

Ich spure wieder voraus, kann es kaum mehr erwarten, dem Gipfel näher zu kommen, und brenne förmlich nach jedem Höhenmeter. Über großartige Wächtengalerien wühle ich mich zum Mohrenkopf hinüber. Hier ist noch die Schneeschaufel, die wir hinterlegt hatten. Nun fällt der Grat ab, zu einer Einschartung, einer kleinen Fläche auf ungefähr 6900 Meter. Ein scharfer Schneegrat zieht jenseits gegen den Silbersattel empor, und ich steige noch weiter an, will doch dieses Lager, das Ausgangslager zum Gipfel, so hoch als möglich anlegen. Bald höre ich hinter mir Murren, sehe, wie die Träger die Lasten niederwerfen, und ziehe es nun vor, doch wieder abzusteigen, denn verärgern wollen wir sie nicht.

Hans und Walter hätten verständlicherweise gute Lust, hier heroben zu bleiben. Sie sind glänzend in Form, doch muß jemand mit den Trägern absteigen, und außerdem können hier im Lager V, wo nur ein kleines Sturmzelt bereitliegt, nur zwei Mann übernachten. Nach einem herzlichen Abschied mit guten Segens- und Glückwünschen steigen sie zum Lager IV ab.

In einer kleinen Verflachung wird der Schnee festgetreten, und darauf erbauen wir das Sturmzelt, das uns für die Nacht aufnehmen soll. Die Sonne verschwindet bald hinter den Silberzacken, und abendliche Kälte treibt uns unter das schützende Dach. Die Rucksäcke werden gepackt, Tee für den nächsten Tag gekocht, und so verrinnen die letzten Stunden des 2. Juli. Es ist bereits dunkel, und beide kauern wir, in die Schlafsäcke gehüllt, um den surrenden „Primus".

Mich überkommt Müdigkeit, und ich versuche, noch bevor der quälende Höhenhusten einsetzt, zu schlafen. Es ist 20 Uhr. Doch ich kann nicht schlafen. Meine Gedanken sind wieder oben beim Gipfel. Morgen ist der entscheidende Tag, der uns den Erfolg bringen wird — oder nicht! 1200 Höhenmeter trennen uns noch vom Gipfel, fast fünf Kilometer Luftlinie sind es bis dorthin. Eine gewaltige Entfernung, eine Strecke, wie sie im Himalaya in diesen Höhen bisher noch nicht in einem überwunden wurde. Weit über dem Durchschnitt, ich weiß es. Aber was kann man tun? Die Träger machen nicht mehr mit! Wir müssen es versuchen!

In Gedanken überfliege ich wieder den ganzen Weg. Der Firngrat zum Silbersattel ist bekannt. Aber dann wird es ungewiß, dann kommt Neuland. Wie wird der Abstieg zur Bazhinscharte sein, der Grat jenseits zur Schulter? Doch auch dies wurde immer als relativ leicht beurteilt. Also dürfte das Ganze nur eine Angelegenheit der Höhenanpassung sein. Kopfzerbrechen bereitet mir eigentlich nur der Gegenanstieg zum Vorgipfel im Abstieg. Das sind 100 Meter, die man nicht umgehen kann. Der Rückweg zu den Lagern führt nur über den Vorgipfel, und wenn man sich in seinen Kräften verausgabt hat, dann wird es schwer sein, hier wieder hinaufzukommen. Aber es muß gehen! Morgen fällt die Entscheidung!

Plötzlich kommt unheimlicher Sturm auf. Er rüttelt an den Zeltwänden, er drückt auf meine Dachseite und drängt mich immer mehr in die Zeltmitte. Orkanartig fährt er über den Grat und die Südwand hinab. Unser Zelt steht nur fünf Meter von der Gratwächte entfernt, und dahinter ist der gewaltige Absturz. Es ist nur mit ganz normalen, kurzen Heringen im Schnee verankert. Wir hatten doch nicht mit so einem Sturm gerechnet, und es sollte ja nur während dieser Nacht halten. Bei dem Gedanken, mit dem Zelt in die Südwand geschleudert zu werden, ist mir unheimlich. Lange überlege ich, was zu tun sei. Es muß etwas geschehen! Wenn uns erst einmal der Wind unter die Dachfläche kommt, dann ist es aus. Es kostet enorme Überwindung, bis ich endlich aus dem warmen Schlafsack heraus ins Freie finde. Der Himmel ist klar, doch der Sturm droht mich umzuwerfen. Unsere Pickel und Skistöcke verwende ich zur Verankerung des Zeltes auf der Sturmseite. Beruhigt lege ich mich wieder nieder. Nun kann es toben und rütteln. Aber nur bis morgen früh!

Endlich ist es soweit, der Leuchtzeiger steht auf ein Uhr. Im Schlafsack ziehe ich mich an, auch die Schuhe, den Hosenabschluß gut verschnürt. Dann noch die Wickelgamaschen herum, das hat sich bis jetzt immer bewährt. Heute verwende ich sogar die Überhose aus blauem Ninoflex. Drei Garnituren Unterwäsche habe ich an. Nach etlichen Versuchen brennt der Kocher, und bald ist ein Getränk warm. Halb zwei Uhr, nun wäre es auch für Otto an der Zeit.

„Otto — aufstehen, Zeit ist's!" rufe ich ihm zu.

Keine Antwort, er reagiert überhaupt nicht darauf. Schläft er so gut? Ich werde energischer, rüttle ihn: „Hast g'hört, es ist schon bald zwei Uhr, wir müssen gehen!"

Er murmelt etwas Unverständliches vor sich hin. Ich höre nur: „Noch zu früh, wir haben doch gestern von drei Uhr gesprochen!"

„Und wenn es so wäre, wir brauchen die Zeit, der Weg ist lang, wir dürfen nicht in die Nacht kommen", gebe ich erklärend zurück. Es ist schon zwei Uhr vorbei. Otto rührt sich noch immer nicht. Mir ist das unerklärlich.

„Otto, was ist, hast du keinen Auftrieb? Heute, wo es doch zum Gipfel geht, wo wir endlich soweit sind!" versuche ich ihn anzustacheln.

„Na, i' hab no koan Auftrieb", brummelt er aus dem Schlafsack.

Das genügt mir! Ich packe den Rucksack für einen Alleingang. Speck, Dextro, Ovosport und einige Neapolitanerschnitten kommen hinein, dazu Wärmebekleidung, die Kamera, dann noch die kleine Feldflasche mit Ertls bewährtem Cocatee, den er eigens aus Bolivien mitgebracht hatte, und die Steigeisen verschwinden in dem kleinen Sturmrucksack. Dazu noch ein Beutel Dörrobst und die pakistanische Flagge, die mir Ertl gestern noch aushändigte. Meinen Tiroler Wimpel natürlich auch, so wie es bei der Abfahrt am Innsbrucker Hauptbahnhof von Kuno und mir unserem Kletterklub versprochen worden war. Dann zur Vorsorge noch einige Tabletten Padutin, ein kreislaufförderndes Mittel gegen Erfrierungen, und einige Pillen Pervitin für den äußersten Notfall.

Als ich das Zelt verlassen will — halb drei Uhr —, merke ich, wie Otto sich erhebt. Will er nun doch folgen? Ein kurzes Zwiegespräch: ja, er geht auch. Ich gebe den Speck in seinen Rucksack.

Holst mich ja doch irgendwo ein, ich spure einstweilen voraus!" Damit verlasse ich das Zelt.

Der Wind hat sich nun fast ganz gelegt. Ein prachtvoller Sternenhimmel wölbt sich über mir. Es ist furchtbar kalt. Der Mond ist im Abnehmen. Schemenhaft beleuchtet die schmale Sichel den scharfen Firngrat zum Silbersattel. Wie ein Streifen aus gleißendem purem Silber spannt sich die gewölbte Eisfläche zwischen den beiden dunklen Silberzacken.

Der Eispickel verschwindet hinter dem Rucksackriemen, und die beiden Skistöcke dienen als Stütze. Böser Bruchharsch erschwert mir das Weitersteigen. Ich steige zum Grat an, doch auch hier die gleiche Schneebeschaffenheit. Ein riesiger Schatten taucht auf. Wie ein Gebäudekomplex steht eine Schneewand vor mir: die Schaumrolle, ein gigantisches Wächtengebilde. Hier stand im Jahre 1934 Lager VII. Hier waren damals noch 14 erstklassige Sherpas, und weiter oben am Silbersattel stand noch eine Gruppe mit 11 Sherpas. Und doch endete jene Expedition hervorragender Bergsteiger mit der erschütternden Tragödie.

Eine steile Rinne steige ich zum Grat an. Der Schnee ist noch immer unheimlich tief. Endlich wird seine Beschaffenheit besser, dafür aber das Gelände noch steiler. Rechts ahne ich einen tiefen Abgrund, ich schaue in ein schwarzes Loch. Der Grat ist hartgeblasen, so hart, daß ich die Steigeisen anschnallen muß. Das einzige Geräusch weit und breit ist das Knirschen der Zehnzacker. Aber dann fährt mich wieder ein scharfer Wind an. Nun bläst er aus dem Bazhinkessel herauf, eisig kalt. Ich wende das Gesicht ab und versuche wieder an die Nordseite zu kommen. Steile Aufschwünge folgen. Riesige Wächtenabbrüche werden links im Süden umgangen. Dann bricht wieder eine steile Rinne ab. Rechts und links davon die dunklen Silhouetten einzelner Felstürme. Das Mondlicht begleitet mich nun nicht mehr, es verbirgt sich hinter dem Silbersattel. Ich finde aber trotzdem gut meinen Weg, quere steile Hänge an der Nordseite und bin über mein Fortkommen recht zufrieden. Zwei Atemzüge je Schritt ist ausgesprochen wenig.

Im Nordosten bildet sich ein Lichtstreifen, langsam steigt über den Bergen des Karakorum der feurige Sonnenball herauf. Es verspricht ein herrlicher Tag zu werden. Es ist fünf Uhr früh. Ich setze mich in den Schnee, verzehre ein paar Neapolitanerschnitten und verfolge meine Spur zurück. Nun sehe ich dort unten einen kleinen Punkt, es ist Otto. Er dürfte eine Stunde entfernt sein.

Die Sonne hat schon Kraft, angenehm empfinde ich ihre Strahlen. Nahe erscheint mir nun die freigeschwungene Linie des Silbersattels. Dort glänzt etwas, ist es blankes Eis? In einer halben Stunde müßte ich dort sein. Über mir riesige Wächten. Ich steige wieder an. Wieder kommen Bruchharsch, Windgangeln, hartgepreßter Schnee, und darunter spüre ich harte Unterlage. Nun bin ich bei dem glänzenden Streifen; blankes Eis! Vorsichtig ritze ich Stufe um Stufe. Äußerst bedachtsam. Denn eine kleine Unachtsamkeit, nur ein Rutscher und erst 2000 Meter tiefer, in der Nähe von Lager II, würde ich wieder zum Halten kommen.

In einer halben Stunde wollte ich auf der Höhe sein? Ich gehe schon eine Stunde, und immer noch scheint der Silbersattel weit entfernt. Es ist die dünne Luft, die jeden Maßstab raubt, jedes Schätzungsvermögen zunichte macht. Nach zwei Stunden erst weitet sich vor mir eine riesige Schneefläche, meterhohe Windverwehungen, dazwischen blaues, blankes Eis: der Silbersattel, das Tor zum Gipfel! Gespannt hetze ich höher. Aber der Hang verflacht sich noch nicht! Dort hinten kommt eine feine Schneespitze hervor, wächst immer größer herauf. Der Vorgipfel! Nun überblicke ich auch das ganze Hochplateau, eine riesige Schneefläche. Ich bin an der Kimme des Silbersattels, am Rande des Hochfirns, 7450 Meter. Wieder lasse ich mich in den Schnee fallen. Ein sparsamer Schluck aus der Feldflasche. Otto ist gerade am Beginn der Querung. Rechts und links zwei mächtige Pfeiler, der Silberzacke mit dem Südostgipfel, und beinahe überkommt mich die Kletterlust. Ausgebreitet liegen Hindukusch und Karakorum über der Indusfurche.

Lange darf ich mich nicht aufhalten, der Weg ist noch weit, ich muß die Zeit nützen. Ich überlege noch kurz: soll ich auf Otto warten? Aber er wird mich schon noch einholen. Der Weiterweg ist furchtbar mühsam, ein ständiges Auf und Nieder über meterhohe Stufen! Man stützt sich auf die Stöcke, drückt sich auf eine harte Schneeplatte, springt dann wieder in die nächste Einbuchtung.

Allmählich schleicht sich bleierne Müdigkeit in die Glieder. Ich bin wie ausgewechselt. Was ist das? Ist es die Todeszone? 7500 Meter zeigt der Höhenmesser. Ich weiß, daß es manche Bergsteiger gegeben hat, die in dieser Höhe noch sehr aktionsfähig waren. Auch ohne künstlichen Sauerstoff wie ich. Und ich bin doch ganz gut höhenangepaßt. Doch fünf Atemzüge erfordert nun jeder Schritt. Das Weiterkommen ist furchtbar mühsam. Die Sonne nimmt an Kraft zu, es wird warm, heiß! Ist es die Strahlungstemperatur? Eigenartig, denke ich mir, der Schnee ist trocken, die Luft ist kalt, doch die Sonne heizt erbarmungslos ein, dörrt den Körper aus, trocknet die Schleimhäute und legt sich wie Zentnerlast auf den ganzen Menschen. Es wird immer unerträglicher. Ich setze mich in den Schnee, raste, versuche etwas zu essen, aber nichts will hinunter. Wenn ich jetzt bloß den Speck bei mir hätte, denke ich mir. Ich bilde mir ein, daß ich ihn leicht schlucken könnte. Aber den hat Otto im Rucksack. Also wieder weiter!

Steiler ziehen die Hänge zum Vorgipfel empor. Es ist 10 Uhr vormittags. Ich liege im Schnee, das Gesicht auf dem Rucksack, und atme, atme. Es will anscheinend nicht mehr ... Dort draußen, am Silbersattel, ein Punkt — es ist Otto. Es wäre gut, wenn der Kamerad jetzt hier wäre. Ich bin so müde. Der Rucksack drückt schon gewaltig auf die Schultern. Wenn er auch nicht schwer ist, aber hier spürt man jedes Gramm. Proviant ist für mich wertlos, ich bringe ohnedies nichts Eßbares hinunter, so bleibt auch dieser Bestand zurück. Noch ein Blick zu Otto. Der Punkt scheint sich nicht zu bewegen. Ich kann nicht warten.

Ich verstaue den Rucksack im Hohlraum einer Windfurche, binde den Anorak um die Hüfte, stecke den Eispickel wie ein Schwert an die Seite, Feldflasche, Reservebekleidung und Gipfelwimpel verschwinden in den Tiefen der Taschen. Den Fotoapparat umgehängt — noch einen Reservefilm stecke ich ein — und auf die beiden Stöcke gestützt, setze ich den Weiterweg fort. Da fällt mir ein, der dicke Pullover ist noch im Rucksack ... Aber ich habe nicht die

Energie, die Schritte zurück zu tun. Ich tröste mich: der dünne Pullover, den ich anhabe, würde auch genügen. Gegen Abend bin ich sicher wieder hier zurück. Im ersten Moment fühle ich mich erleichtert, aber gar bald stellen sich die wohlbekannten Erscheinungen neuerdings ein. Das Aufraffen nach jeder Rast erfordert unheimliche Überwindung. Am liebsten würde ich liegen bleiben, einschlafen. Wohltuend für die Augen ist der dunkle Hintergrund, das Industal, das hinter dem Silbersattel hervorkommt. Ich befinde mich bereits auf einer Höhe von ungefähr 7800 Meter, also knapp unterhalb des Vorgipfels und quere nun an dessen Nordseite entlang, ziehe durch endlose Mulden meine einsame Spur. Wenn ich einen Blick zurückwerfe, so sehe ich, gerade noch erkennbar, wie einen Stecknadelkopf so klein, Otto etwas hinter dem Silbersattel. Er scheint aufgegeben zu haben, er bewegt sich nicht weiter. 40 Meter unterhalb des Vorgipfels erreiche ich eine kleine Scharte, den obersten Rand des Hochfirns. Ein kurzer Hang führt noch zum Vorgipfel hinauf. Doch ich gehe ihn nicht. Ich muß meine Kräfte sparen.

Unter mir nun die Diamirscharte, ein sicherer Übergang, doch schade um den Höhenverlust. Es müßte ja auch hier eine Möglichkeit geben, zur Bazhinscharte hinabzukommen. Ein steiler, felsiger Abbruch liegt vor mir. Neuland. Hier hat noch kein Mensch seinen Fuß hingesetzt. Tief unten ein steiles Schneefeld und jenseits ein scharfer Felsgrat, eine plattige Wand, von etlichen Rinnen durchzogen, und dort oben die Schulter. Als besonders schmerzlich empfinde ich nun den gewaltigen Höhenverlust. Wäre ich nur schon dort drüben! Durch eine Rinne steige ich ab, quere auf Blockbändern nach links, aber bald stehe ich vor einer senkrechten Felswand. Ihre Überwindung scheint mir schwierig zu sein. Ich kann mich kaum noch aufrecht halten, aber ich will weiter. Das Ziel lockt noch immer, eine geheime Kraft treibt mich vorwärts, ein Dämon läßt mich Fuß vor Fuß setzen.

Ich steige wieder zurück, versuche es weiter oben, hier scheint eine Möglichkeit gegeben. Steile Rinnen ziehen hinab, eisdurchsetzt. Dann bewegt mich wieder die bange Frage: komme ich dort hinter jenem Felsblock noch weiter, wird die Kraft reichen, um anderenfalls auch hier wieder zurückzukommen? Ich erinnere mich des Pervitins. Ich weiß von seiner Wirkung, aber auch von der Reaktion, und führe einen wahren Kampf mit mir selbst. Vielleicht geht es noch bis zur Bazhinscharte!

Um zwei Uhr mittags stehe ich endlich dort, in der tiefen Senke zwischen Vor- und Hauptgipfel, 7820 Meter hoch. Erschöpft lasse ich mich in den Schnee fallen. Der Hunger nagt, der Durst quält, aber ich muß mir den letzten Schluck noch, solange es irgend geht, aufsparen.

Ich raffe mich wieder auf, steige entlang einer riesigen Wächtengalerie, und nun sehe ich auch den Felsgrat zur Schulter unmittelbar vor mir aufstreben. Ein scharfer Felsgrat zieht zur Höhe. Sägezahnartig steilen einzelne Aufschwünge nach oben. Felstürme schauen wenig einladend herab. Alles noch stark verschneit und vereist. Dort oben: eine drohende Messerschneide, überdacht von einem Wächtensaum. Rechts fällt eine plattige Felswand einige hundert Meter weit in die Diamirseite ab. Wie es darunter weitergeht, ist meinem Auge verschlossen, links weiß ich nur die ungeheure Ostwand des Bazhinkessels. Gewohnheitsmäßig suche ich auch die rechte Wand nach Möglichkeiten ab und kann darin schließlich einige schwache Stellen finden. Sollte der Grat nicht gehen, so wäre dies der einzige Ausweg. Jäh setzt eine steile Fesstufe vom letzten Schnee an.

Ich stehe auf scharfer Firnschneide, unmittelbar am Beginn des Felsgrates, und schaue an den Füßen vorbei hinab in die Senke des Rupaltales, 4500 Meter tiefer. Gleichgültig nehme ich

←
Abb. links: Blick vom Silbersattel zum Gipfel des Nanga Parbat (oben). „Der Weiterweg ist furchtbar mühsam, ein ständiges Auf und Nieder über meterhohe Stufen; 7.450 Meter zeigt der Höhenmesser" (H. Buhl).

Am Silberplateau, links der Anstieg zum Vorgipfel (7.910 m).

dieses Bild in mich auf, ich bin schon zu apathisch, als daß diese Eindrücke auf mich wirken könnten. Vielleicht geht es im Fels besser, vielleicht lenkt die Kletterei ab?

Sie lenkt ab, aber nur für Augenblicke. Dann ist die Erschöpfung wieder da. Vollkommen ausgepumpt muß ich mich auf dem nächsten Absatz hinsetzen und längere Zeit verschnaufen. Nun bin ich bei der „Messerschneide". Um den plattigen Felsen rechts auszuweichen, muß ich auf den Schnee der Wächte hinaustreten. Hält er? Durch einen Spalt sehe ich in den tiefen Absturz nach Osten: der oberste Teil eine Eiger-Nordwand. Zierliche Wächten spannen sich wie baufällige Brücken von Felskopf zu Felskopf.

Eine senkrechte Stufe steht vor mir. Hoffentlich reicht meine Kraft! In einer mit Schnee gefüllten Ritze winde ich mich höher, nur noch wenige Meter. Mit letzter Kraft drücke ich den Körper über die Felskante und liege nun lange Zeit flach auf einer Plattform und ringe nach Luft. Ich richte mich auf. Dort hinten erst — immer noch gleich weit entfernt — der Gipfel. Ich könnte verzweifeln. Aber jetzt kann ich doch nicht mehr aufgeben! Ich will gar nicht dorthin schauen, der Gipfel kommt doch nicht näher. Ich setze mir mein Ziel selbst! Und so heftet sich das Auge auf einen nahen Punkt, wenige Meter entfernt, der eben mein vorläufiges Ziel bedeutet. Der nächste Aufschwung, eine Kanzel oder ein Felsturm, ist es, den mein Auge anvisiert, und erst wenn ich dort bin, will ich wieder weiter schauen, aber dann auch nur für die nächsten 10 oder 20 Meter. Der Gipfel interessiert mich nun nicht mehr. Ich denke nicht an ihn, denke überhaupt nicht. Ich gehe und gehe, ich klettere und klettere, es vergehen Stunden. Ich will nur da hinauf, sehe nur die nächsten paar Meter vor mir, so lange, bis ich oben bin, bis es nicht mehr höher hinauf geht. Schon von meinen früheren Bergfahrten her bin ich gewöhnt, nicht vor dem Ziel aufzugeben. Ein Umkehren, ein Verzichten nur aus einer Schwäche heraus, das hat es bei mir noch nie gegeben.

Endlich rückt die Schulter in mein Blickfeld. Der Grat wird flacher, jedoch zerrissener. Ich glaube, das Ärgste schon hinter mir zu haben, da stellt sich unverhofft ein steiler Felsturm in den Weg, ein Gratgendarm. Er scheint mir unerbittlich Halt gebieten zu wollen. Ungefähr 60 Meter schießt er fast senkrecht aus einer nur angedeuteten Gratscharte empor. Seine Flanken sind vereist und verschneit. Muß ich mich nun hier, so nahe dem Ziel, geschlagen geben? Es scheint fast so! Eine direkte Überkletterung halte ich für unmöglich. Ich habe ja kein Seil oder sonstige Kletterausrüstung bei mir, und was hätte es auch für einen Sinn. Ich bin doch allein! In die Südseite werfe ich erst gar keinen Blick und versuche — die einzige Möglichkeit —, ihn westlich zu umgehen. Ich quere eine brüchige Felsrinne, Eis schiebt sich dazwischen, eine kleine senkrechte Wandstufe, ebenfalls äußerst brüchig. Felsklötze hängen lose am Bergkörper. Ich biege um eine Kante, und nach 30 Metern stehe ich vor einem überhängenden Abbruch. Gut fünf Meter unter mir zieht eine steile, teilweise schneeige Rinne dahin und führt auf die Grathöhe. Doch wie komme ich in die Rinne hinein? Nach oben wie nach unten begrenzt sie ein überhängender Abbruch. Ich bin zum Äußersten bereit, versuche das Letzte! Noch mit den Steigeisen an den Füßen klettere ich den immer steiler werdenden Fels höher, rostigbraunen, brüchigen Gneis. Ein Riß bildet die einzige Möglichkeit.

Wieder stecke ich die Handschuhe ein, verkralle mich im Grund des Risses, wie ich das in meinen heimatlichen Bergen schon so oft getan habe. Aber nun muß es schnell gehen! Es sind ungefähr zehn Meter. Doch da verklemmen sich die Steigeisen im schmalen Felsspalt, die Finger drohen zu erlahmen. Es ist schwerste Kletterei, man könnte sie vergleichen mit den schwierigen Stellen des Salzburgerweges in der Watzmann-Ostwand. Ich habe schon ganz meine Umgebung vergessen, denke gar nicht mehr, daß ich am Nanga Parbat bin. Nur noch eines beherrscht mich, ich muß durchhalten!

Ich beiße die Zähne aufeinander, die Finger werden schon weich, aber da finde ich endlich einen Stand. Eine senkrechte Wandstelle liegt unter mir. Nahe am Absturz ging es diesmal noch vorüber. Doch ich bin noch nicht in der Rinne. Hier besteht nur eine Möglichkeit, endlich hineinzuqueren. Durch den etwas überhängenden Fels zieht eine handbreite Leiste. Darüber sind abschüssige Griffe. Die Steigeisenzacken kratzen am glatten Fels. Noch einmal biete ich meine ganzen Kräfte auf, es ist eigenartig, ich schaue gar nicht in den Abgrund. Nur noch die paar Meter vor mir, an die zehn Griffe und einige Tritte sind meine Welt. Die Kletterei nimmt mich ganz in Anspruch. Wieder dieses peinliche Gefühl in den Fingern, doch es muß gehen, nur noch wenige Meter, ich sehe ja schon den Weg frei zur Schulter hinauf. Endlich stehe ich in der Rinne. Es waren bange Momente.

Der Turm liegt hinter mir. Noch eine kurze flachere Wandstufe, und ein steiles hartes Schneefeld zieht vor mir nach oben. Die Spannung läßt nach. Nun bin ich wieder am Nanga Parbat! Unheimliche Müdigkeit überfällt mich. Erschöpft sacke ich zusammen. Ich ringe nach Luft und führe einen wahren Kampf um dieses lebensnotwendige Element. Wieder die alten Höhenerscheinungen, in noch stärkerem Maße — oder ist es der Durst? Jeder Meter ein Willenskampf, ich zwinge mich weiter, und endlich stehe ich am äußersten Rand der Schulter. Über 8000 Meter hoch. Es ist sechs Uhr abends. Bei dieser Feststellung erschrecke ich. Mir schien der Weg von der Bazhinscharte nur eine gute Stunde. Ich kann nicht mehr! Für meine Augen erscheint der Gipfel nun ganz nahe, direkt greifbar mir gegenüber: eine Schneekuppe. Doch ich fühle mich außerstande, sie noch zu erreichen. Für meinen Zustand ist er unendlich weit enfernt. Ein letzter Schluck aus der Feldflasche, er muß helfen!

Der Tee tut anscheinend doch seine Wirkung. Ich fühle mich wieder etwas frischer, und nachdem ich alles Entbehrliche auf einem Block hinterlegt habe, richte ich mich wieder auf. Nur noch der Eispickel, die Gipfelfahne und der Fotoapparat begleiten mich. Unsagbar mühsam schleppe ich mich einen waagrechten Felsgrat entlang. Ich weiß, hier befiehlt nur mehr der Geist, der Geist, der an gar nichts anders mehr denkt als an das Hinauf. Der Körper kann schon lange nicht mehr. Wie in einer Selbsthypnose bewege ich mich vorwärts.

Die Südseite bricht in steilen Schnee- und Eisflanken ab. Im Norden tritt erstaunlicherweise Fels und grobes Blockwerk zutage. Steil zieht es nach oben. Ich bin ganz erstaunt. Was mag die Ursache sein? Ist es der Sturm, der den Schnee vom Gneis reißt, der ihn gar nicht ansetzen läßt? Ich quere Rinnen und kurze Schneefelder und mühe mich über Blockwerk. Der Fuß des Gipfelaufbaues ist erreicht. Über mir sehe ich einen Felsvorsprung, der höchste erkennbare Punkt. Dahinter muß der Gipfel sein. Wie weit noch? Hoffentlich reicht die Kraft noch bis dahin! Immerfort beschäftigt mich diese bange Frage. Ich kann mich nicht mehr aufrecht halten, ich bin nur noch das Wrack eines Menschen. So komme ich nur langsam weiter, immer näher kommt dieser Felsvorsprung, dem ich voll banger Erwartung zustrebe. Was ist dahinter?

Ich bin angenehm überrascht. Nur noch eine kleine Mulde, ein kurzer Schneehang, wenige Meter nur, es geht schon leichter...

Und dann stehe ich auf dem höchsten Punkt dieses Berges, auf dem Gipfel des Nanga Parbat. 8125 Meter hoch.

Es ist sieben Uhr abends. Hier stehe ich nun, seit Erdenbestehen der erste Mensch auf diesem Fleck, am Ziel meiner Wünsche! Doch nichts von berauschendem Glück, nichts von jauchzender Freude, nicht das erhebende Gefühl des Siegers verspüre ich in mir. Ich bin mir der Bedeutung dieses Augenblicks nicht im geringsten bewußt. Ich bin vollkommen fertig! Todmüde lasse ich mich in den Schnee fallen, stecke ganz automatisch, als ob ich dies schon trainiert hätte, den Pickel in den sturmgepreßten Schnee. Siebzehn Stunden war ich nun dauernd unterwegs, jeder Schritt war ein Kampf, eine unbeschreibliche Willensanstrengung. Ich bin nur froh, nicht mehr nach oben steigen, nicht an den Weiterweg denken zu müssen, nicht mehr da hinaufschauen zu brauchen mit der bangen Frage, wird es noch gehen?

Aus dem Anorak hole ich meinen Tiroler Wimpel und binde ihn an den Pickelstiel. Die Sonne berührt schon bald den Horizont, und ich muß mich beeilen, will ich noch einige Aufnahmen machen. Ich knie nieder — im Vordergrund der Pickel mit dem Wimpel, und dahinter schauen gerade noch der Silbersattel, ein Teil des Hochplateaus und der Absturz in die Südwand hervor. Dort unten ziehen schon lange abendliche Schatten dahin, und am Silbersattel kann man deutlich die Windgangeln erkennen. Der Grat zum Lager V kommt auch noch drauf und über den Pickel, weiter weg und viel kleiner, nun die Berge des Hindukusch und Karakorum.

Der Film ist aus. Ich spule um. Öffne vorsichtig die Rückwand meiner Kamera, denn ich bin mir der Bedeutung dieser Aufnahme bewußt, und lege den neuen Film ein. Trotz meines Erschöpfungszustandes kontrolliert der Geist diese Vorgänge genau. Der Wunsch der Innsbrucker Klubfreunde ist erfüllt, ich nehme den Tiroler Wimpel ab, stecke ihn wieder ein, und nun befestige ich an dem Pickel, wie verabredet, die pakistanische Flagge! Schnell noch einige Aufnahmen! Die Beleuchtung ist schon etwas schlecht, ich muß den Belichtungsmesser zu Hilfe nehmen. Ein „Schuß" zum Vorgipfel hinüber, einer zum Rakhiot Peak, zum Lager V hinunter und nun noch direkt steil ins Rupaltal abwärts, um auch diesen Tiefblick festzuhalten. Das sind Dokumente genug. Ich klappe die Kamera wieder zu.

Nun kann ich erst mit Ruhe den Rundblick wieder in mich aufnehmen. Von der kleinen

Der Tiroler Wimpel am Gipfel des Nanga Parbat (8.125 m). „Es ist sieben Uhr abends. Hier stehe ich nun, seit Erdenbestehen der erste Mensch auf diesem Fleck, am Ziel meiner Wünsche" (H. Buhl).

Gipfelfläche fallen nach allen Seiten steile Flanken ungeheuer tief in die Täler ab. Sie entschwinden dem Auge völlig, und erst tief unten sieht man nach allen Richtungen die schuttbedeckten Talgletscher hinausziehen. Man hat das Gefühl, über allem zu schweben, in keinem Zusammenhang mehr mit der Erde zu stehen, losgelöst von der Welt und der Menschheit. Ich komme mir vor wie auf einem winzigen Eiland inmitten eines riesigen Ozeans. Im Norden, in über 100 Kilometer Entfernung, verebben gewaltige Gebirge. Im Osten das gleiche Meer von ungezählten Gipfeln, eisbedeckt, unerstiegen, unerforscht. Das ist der Himalaya. Doch ist es nur ein bescheidener Teil dieses mächtigen Gebirges, den ich von hier aus übersehen kann. Auch im Westen, so weit das Auge reicht, brandet ein Wall von Bergen, und nur der Süden fällt tief in eine schwarze, dunstige Ebene ab: Indien und Pakistan. Unmittelbar unter mir, wie eine Hügellandschaft, eine Kette von Fünftausendern. An den gerade noch schneebedeckten Kuppen kann man die Höhe erkennen, und darüber hinweg fällt weit in das Land hinein der mächtige Schatten einer Pyramide, auf deren Spitze ich stehe.

Es mag eine halbe Stunde verstrichen sein. Ich erhebe mich zum Abstieg. Als Beweis der Erstersteigung — denn es konnte mich niemand beobachten — und als Symbol zugleich hinterlasse ich meinen Eispickel mit dem Zeichen Pakistans, dem weißen Halbmond mit Stern auf grünem Grund. Außerdem trage ich zu den obersten Steinen noch einige Blöcke zusammen und stelle sie zu einem kleinen Steinmal auf, doch muß ich diese Arbeit bald lassen; es ist zu anstrengend, es genügt auch so. Ein von Menschenhand geschaffenes Gebilde steht!

Noch einen letzten Blick zurück, dann wende ich mich ab. Da fällt mir noch ein anderes Versprechen ein, und ich gehe nochmals die paar Meter zurück, stecke vom höchsten Punkt einen kleinen Stein ein — er ist für meine Frau, die zu Hause wartet und bangt — und steige gegen die Schulter ab. Es ist mir nun, als ob eine Veränderung in meinem Körper vor sich gegangen wäre. Ich fühle mich plötzlich viel frischer. Was ist wohl die Ursache? Vielleicht doch die Erreichung des Zieles! Wo ich im Aufstieg kroch, springe ich nun fast von Stein zu Stein und bin bald bei meinen zurückgelassenen Sachen an der Schulter. Ich bin mir der Schwierigkeiten dieses Felsgrates bewußt, der sich von hier zur Tiefe senkt. Im Abstieg dürften sie kaum zu überwinden sein. Der letzte Felsturm — im Aufstieg konnte ich ihn ja gerade noch bewältigen. Ich habe kein Seil! So bleibt mir keine andere Wahl, als nach einem anderen Abstieg Ausschau zu halten.

Vor mir zieht ein steiles Eisfeld zur Tiefe, weit unten entschwindet es meinen Blicken. Vielleicht komme ich da hinab. Vielleicht führen unten Rinnen weiter. Ich hatte mir doch schon im Anstieg die rechte Flanke näher betrachtet und sah auch verschiedene Möglichkeiten. Es müßte hier schon gehen, 400 Meter tief, am Ende der Felsen könnte ich dann leicht die Schneehänge zum Fuße des Vorgipfels ansteigen.

In nördlicher Richtung steige ich nun diese Eisflanke abwärts und gewinne auch rasch an Tiefe. Das Gelände sieht noch gut aus, doch wie mag es weitergehen? Die Steigeisen leisten mir vortreffliche Dienste, denn die beiden Skistöcke sind kein Ersatz für den Eispickel. Doch lieber jetzt ohne Pickel, als später ohne Skistöcke! Ich hoffe, noch vor Einbruch der Dunkelheit die Bazhinscharte zu erreichen, um dann bei Nacht im Mondschein über das Hochplateau zum Lager V zu gelangen und mir so ein Freilager in dieser Höhe ersparen zu können. Plötzlich verspüre ich ein lockeres, unsicheres Gefühl am rechten Fuß. Was ist das? Ganz erschreckt sehe ich, daß der Befestigungsriemen des Steigeisens unter mir verschwindet. Das Eisen hat sich gelöst, und dies wäre mir beinahe zum Verhängnis geworden. Ein rascher Griff nach dem Steigeisen — ich kann es gerade noch ertappen. Doch ich habe keine Ersatzriemen bei mir, nicht einmal ein Stückchen Schnur. Und wenn, wie sollte ich in dieser exponierten Lage das Steigeisen anschnallen?

Weit reicht der Blick auf die Sieben- und Achttausender des Karakorum.

Nur auf einem Beine stehe ich, die beiden Skistöcke bilden die einzige Stütze. Rechts und links, über und unter mir steiler, vom Sturm beinhart gepreßter Schnee und Eis. Wie soll ich hier herauskommen? Ich versuche mit den Stockspitzen eine schwache Kerbe zu ritzen. Es gelingt. Keine Kerbe, aber eine Ritze, in der der blanke Schuh für einen Augenblick Halt findet, genau so lang, bis der andere steigeisenbewerte Fuß einen Schritt weiter machen kann und die Zacken greifen. Ein abenteuerlicher Gang. So erreiche ich vorerst eine Schneerippe. Weiter absteigen kann ich nun nicht mehr. Ich versuche, auf dem kürzesten Weg der Flanke zu entrinnen, und quere gegen den Grat hinüber, halte mich von einer Schneerippe zur anderen, bis ich wieder Fels unter der Gummisohle fühle. Ich bewege mich wie ein Traumwandler. Nur so ist es zu erklären, daß ich dieser Flanke entrinne...

Wieder bin ich in der Rinne hinter dem steilen Felsturm. Hier komme ich rasch weiter. Die Kletterei nimmt wieder meine ganze Aufmerksamkeit in Anspruch, so daß ich darüber beinahe die Höhe vergesse. Der Fels wird plattiger. Ich mühe mich einen glatten, ziemlich grifflosen Riß abwärts. Doch plötzlich wird es düster! Bricht etwa schon die Nacht herein? In meinem Eifer habe ich die Zeit übersehen! Fieberhaft suche ich nach einem besseren Platz, denn hier kann ich nicht einmal stehen. In überraschend kurzer Zeit ist es auch gänzlich finster. Es gibt hier anscheinend keine Dämmerung. Wo ist ein Platz, wo ich die Nacht verbringen kann?

Endlich spüre ich wieder etwas Festes unter mir — und schon fühle ich mich gerettet. Der Stand bietet beiden Füßen Platz. Zum Sitzen ist er allerdings zu klein, so muß ich eben stehend abwarten, muß mich wohl oder übel mit meinem Platz begnügen, ziehe alles Verfügbare an, die Wollhaube über die Ohren, die Kapuze tief über den Kopf, zwei Paar Handschuhe, alles dicht verschlossen. So warte ich ab. Als Rückenlehne dient mir eine 50 bis 60 Grad geneigte Wandfläche. Den dicken Pullover könnte ich nun gut gebrauchen! Aber der ist weit, im zurückgelassenen Rucksack... Sonst bin ich vortrefflich ausgerüstet. Zwar fehlt mir jetzt der Biwaksack als richtiger Kälteschutz, und auch ein Seil, um mich vor dem Absturz zu sichern, aber trotzdem erweckt der Gedanke an die bevorstehende Nacht in mir kein Grauen. Ich bin von seltsamer Gelassenheit. Da fällt mir das Padutin ein! Ein kreislauffördendes Mittel, ein Schutz gegen Erfrierungen. Fünf dieser kleinen Pillen würge ich hinunter, sie bleiben mir fast im Halse stecken. In der linken Hand halte ich die beiden Skistöcke. Hoffentlich entfallen sie mir nicht, ich brauche sie noch! Die Rechte klammert sich an einen Griff. Ich schaue nochmals auf die Uhr: neun Uhr abends. Hoffentlich hält das Wetter!

Jähe Müdigkeit überkommt mich. Ich kann mich kaum mehr aufrecht halten. Der Kopf fällt nach vorne, die Augenlider drücken schwer herab, ich döse ein...

Plötzlich erwache ich, reiße den Kopf hoch. Was ist? Wo bin ich? Erschreckt stelle ich fest: in einer steilen Felswand, schutzlos — am Nanga Parbat — unter mir gähnende Leere, ein schwarzer Abgrund. Doch dann kommt es mir wieder gar nicht so vor, als ob ich in 8000 Meter Höhe wäre, ich habe keinerlei Atembeschwerden mehr. Ich versuche, mich gewaltsam wach zu halten, aber immer wieder will mich der Schlaf übermannen. Ich döse ständig von neuem ein, und es ist ein Wunder, daß ich das Gleichgewicht nicht verliere.

Wo sind meine Stöcke? Jäher Schreck! Ruhe! Ruhe! Da sind sie ja. Eisern umklammere ich sie. Kälteschauer laufen mir über den Rücken. Es muß doch sicherlich um 20 Grad minus haben, wenn nicht noch mehr! Ich hoffe auf den Mond. Um Mitternacht müßte er herauskommen, und dann könnte ich schon weiter absteigen. So wäre diese Nacht nicht so lang. Halb dösend verbringe ich die Zeit. Als ich wieder die Augen aufreiße, glänzt das Hochplateau bereits silbern. Dort unten der Vorgipfel, der Nordgipfel, alles ist gespensterhaft beleuchtet, daneben wieder schwarze Schatten. Auch in meiner Wand ist es dunkel. Wo bleibt der Mond? Er verbirgt sich hinter dem Gipfel. Muß ich nun doch die ganze lange Nacht hier verbringen? Den Morgen auf diesem winzigen Platz abwarten? Es scheint mir fast unmöglich.

Die Kälte wird immer unerträglicher. Ich spüre sie im Gesicht, trotz der dicken Handschuhe auch an den Händen. Sie sind beinahe starr. Vor allem aber an den Füßen. Die Kälte kriecht immer höher den Körper herauf. Die Zehen sind schon lange wie tot. Anfangs versuchte ich sie zu bewegen, trampelte auf meinem kleinen Stand. Aber ich muß achtgeben, alles, worauf ich stehe, ist locker. Ist auch gleich, denke ich mir. Kalte gefühllose Füße habe ich schon öfters gehabt, ohne mir ernsthafte Erfrierungen zugezogen zu haben.

Der Körper beginnt sein Recht geltend zu machen. Hunger und Durst machen sich wieder bemerkbar. Ich habe aber nichts bei mir. Langsam verrinnt die Zeit. So langsam! Ich glaube schon nicht mehr an ein Ende dieser Nacht. Dann taucht doch dort in der Ferne hinter einer gezackten Bergkette ein Lichtstreifen auf, steigt immer höher herauf, der neue Morgen! Er ist wie eine Erlösung.

Bewegungslos lehne ich am Felsen, die rechte Hand hält sich immer noch an den Griff, und die linke umklammert eisern die Skistöcke. Die Füße sind wie Holzklumpen, die Schuhe gefroren, die Gummisohlen voller Reif. Die ersten Sonnenstrahlen treffen mich. Wie wohltuend das ist. Es löst die Erstarrung. Ich beginne wieder zu klettern, quere in den Riß zurück. Doch jetzt heißt es aufpassen! Es ist doppelt gefährlich, alles ist furchtbar glatt. Tiefer steige ich in die Rinne ab, endlos lang — noch immer nur mit dem einen Steigeisen, das andere ist in der Brusttasche meines Anoraks.

In diesen Stunden höchster Anspannung erfaßt mich ein eigenartiges Gefühl. Ich bin nicht mehr allein! Da ist ein Gefährte, der mich behütet, bewacht, sichert. Ich weiß, daß das Unsinn ist, aber das Gefühl bleibt...

Eine steile Wand unterbricht die Rinne. Der Fels ist kleinsplitterig, brüchig. Ich muß die Handschuhe ausziehen, stecke sie in die Hosentaschen und versuche in die Rinne zu kommen. Doch alles bröckelt ab. Zu riskant erscheint mir das. Ein Rutscher, ein kleiner Sturz wäre mein Ende! Ich steige wieder zurück, will wieder meine Handschuhe anziehen. Sie sind fort. Erschreckt frage ich den rätselhaften Begleiter: „Hast du meine Handschuhe gesehen?"

„Die hast du doch verloren." Deutlich höre ich die Antwort. Ich drehe mich um — sehe aber niemand. Bin ich schon wahnsinnig?

Narrt mich ein Spuk? Deutlich vernahm ich doch die bekannte Stimme. Welchem meiner Freunde gehörte sie? Ich weiß es nicht. Ich kenne sie nur... Ich suche nach den Handschuhen, doch nirgends sind sie zu sehen. Sie müßten doch irgendwo liegen, oder sind sie die Wand hinuntergefallen? Nochmals durchstöbere ich meine Taschen, dabei fällt mir mit Schrecken die Tragödie von der Annapurna* ein — doch da entdecke ich meine Reservehandschuhe. Nun ist die Situation wieder gerettet.
(Literatur: Siehe Wolfgang Nairz „Nepal durchwandern und erleben", Steiger-Verlag Innsbruck, 1984.

Ich steige weiter ab, komme auch zurück in die Schneerinne, quere aus ihr heraus und jenseits abermals in die Felsen. Rechts, fast in gleicher Höhe, die Bazhinscharte! Doch ich muß nun noch weiter hinab, bis zum Ende der Felsen. Und während des ganzen Ganges begleitet mich der Gefährte, den ich nie sehe und der doch so vertraut ist. Besonders an schwierigen Stellen ist dieses Gefühl betonter. Es beruhigt mich sehr: wenn ich stürze oder rutsche, hält mich doch der andere am Seil. Aber da ist kein Seil. Da ist kein „anderer". Im nächsten Augenblick weiß ich wieder ganz genau, daß ich allein bin, und weiß auch, daß ich mir hier nicht die geringste Unachtsamkeit leisten kann.

Noch ein steiler Abbruch, ein senkrechter Riß, der mich ganz außer Atem bringt — und nun stehe ich endlich im Schnee. Die Wand läßt mich frei, sie liegt hinter mir. Steile, beinharte Schneefelder ziehen zu den Felsen des Vorgipfels. Die Steigeisen sind hier wieder unentbehrlich. Ich versuche das zweite am Fuß zu befestigen. Mit der Verschnürung der Überhose binde ich es an den Schuh, aber schon nach wenigen Schritten steht das Steigeisen quer zur Schuhsohle. Geduldig schnalle ich es abermals fest, doch bald stehen die Zacken neben den Schuhen seitlich weg. Alle 10 bis 20 Meter wiederholt sich dieses gefährliche Spiel. Das Bücken allein strengt mich schon furchtbar an. Diese Anstrengung verwirrt völlig. Ich schimpfe auf meinen Begleiter hinter mir, der mir dieses schlechte Eisen gegeben hat. Ich merke nun auch, wie er mir nachfolgt, immer hinterdrein!

Dann sitze ich wieder im Schnee, den Kopf in die Hände gestützt und raste und verschnaufe. Die Knöchel schmerzen vom Abwinkeln, das Gehen ist furchtbar anstrengend, doch endlich bin ich bei den Felsen, unterhalb der Diamirscharte. In einem riesigen Schneekolk, einer Mulde, tauche ich unter. Es ist schon wieder Mittag, wo bleibt bloß die Zeit? Durst, furchtbarer Durst quält mich. Ich habe nichts mehr zu trinken. Die Sonne brennt hernieder, es ist qualvoll, doch nirgends Wasser. Eis klebt an den Felsen, aber kein Wasser rinnt daran herab.

Nun steht mir der Gegenanstieg zum Vorgipfel bevor, der mich schon früher beunruhigt hat. Ich will mich noch etwas erholen und setze mich in den Schnee. Mein Denken ist plötzlich wie ausgelöscht. Wie angenehm ist das doch!

Ich reiße die Augen auf, schaue umher! Habe ich jetzt geschlafen? Ein Blick auf die Uhr, eine Stunde ist bereits vergangen. Wo bin ich denn überhaupt? Überall sehe ich Spuren, dort Steinmänner! Bin ich auf einer Skitour? Allmählich kommt es mir wieder zum Bewußtsein: ich bin am Nanga Parbat in fast 8000 Meter Höhe — allein! Und die Spuren — das sind ja nur Windverwehungen und die Steinmänner dort — das sind Felstürme! Droben in den Felsen unter dem Vorgipfel höre ich Stimmen. Ruft mich jemand? Oder ist es nur der Wind? Vielleicht warten dort oben meine Freunde? Mühsam raffe ich mich wieder auf. Steige um einen steilen Felsen herum. Eine Geröllhalde zieht hinauf. Von Stein zu Stein mühe ich mich vorwärts, hänge nur noch in den Skistöcken. Nach jedem Schritt sinkt der Körper müde auf das Geröll. Ich glaube schon am Ende meiner Kräfte zu sein. Doch ich muß weiter! Wie oft habe ich das nun schon gesagt? Ich weiß, es gibt keine andere Möglichkeit, will ich wieder zurück zu den Menschen. So muß ich diesen Weg da hinaufsteigen. Für 30 Meter benötige ich eine Stunde. Immer unwahrscheinlicher ist für mich in diesem Zustand nun der lange Anstieg des gestrigen Tages. Noch flache Schneehänge, die endlos erscheinen. Dann aber stehe ich auf der Diamirscharte in der tiefsten Senke zwischen Vor- und Nordgipfel.

Weit, weit draußen liegt der Silbersattel. Meine Augen suchen den Horizont ab, peilen über die Kimme des Silbersattels, streichen am Hochfirn entlang herauf. Vielleicht kommt mir jemand entgegen? Doch nichts ist zu erkennen. Wenn ich nur einen Schluck Tee hätte, einen einzigen Schluck, er würde mich schon über die nächsten Stunden hinwegbringen. Mein ganzes Denken ist nur mehr bei etwas Trinkbarem, der Durst wird zur höllischen Qual, er raubt mir förmlich die Sinne. Gestern der letzte Schluck. Und dabei diese mörderische Hitze, diese Trockenheit.

Während ich weitersteige, sind meine Augen unentwegt am Silbersattel. Nun sehe ich Punkte. Täuschung? Nein, das müssen die Freunde sein. Ich will rufen, jauchzen, bringe aber keinen Laut heraus. Aber die anderen kommen. Soll ich auf sie warten? Doch die Entfernung ist zu groß. Ich gehe ihnen entgegen. Schritt für Schritt, müde, stolpernd, mechanisch. Als ich wieder über die wellige Schneefläche blicke, sind die Punkte verschwunden. Grenzenlos die Enttäuschung... doch da sind die Punkte wieder. Nein, abermals ist die Schneefläche dort draußen leer! Narrt man mich? Allein stehe ich in dieser endlosen Weite, dieser hoffnungslosen Eiswüste.

Der Hunger wird fast ebenso unerträglich wie der Durst! Eine Packung Ovosport weiß ich noch im Rucksack, dort drüben muß er sein! Dort drüben... Wo drüben? Endlose Steilhänge quere ich. Einen langen Umweg muß ich machen. Alles nur wegen eines Bissens. Ich hoffe, dadurch wieder zu neuen Kräften zu kommen. Wie muß ich doch achtgeben, daß ich mit den Steigeisen nicht meine empfindlich gewordenen Knöchel verletze. Eine kleine Verstauchung, und aus wäre es!

Doch jetzt höre ich Stimmen, ganz deutlich. Meinen Namen höre ich rufen: „Hermann — Hermann!" Ich höre sogar, wie sich Leute unterhalten! Aber zu sehen ist nichts. Täuschen mich die Sinne? Halluzinationen? Ist dies der Anfang vom Ende? Das Ende selbst?

Endlich liegt der Rucksack vor mir. Ich falle nieder und krame im Liegen herum, aber kein Ovosport. Dafür finde ich etwas anderes — eine Packung Traubenzucker. Ich versuche eine Tablette zu essen, doch sie bleibt mir wie Mehl im Munde kleben. Die einzige Möglichkeit — Ich greife zum Schnee. Ich tue es nicht gern, denn ich weiß, daß das schlimme Folgen haben kann, aber nun geht es nicht mehr anders. Ich zerdrücke die Tabletten, vermische sie mit dem Schnee und esse nun diesen Brei. Er mundet köstlich und bringt die erwartete Erfrischung. Nun kann ich wieder schlucken, spüre sogar wieder Speichel und versuche weiterzugehen. Doch bald wird der Durst noch brennender, die Zunge klebt mir am Gaumen der Hals ist offen, rauh wie ein Reibeisen, und der Mund schäumt mir förmlich. Wieder rühre ich so einen Brei an, aber es ist nur eine kurze Labung, dafür tritt dann der Durst erneut und stärker auf. Der Schnee raubt mir fühlbar die letzten Kräfte, und so wird dieser Weg über das Hochplateau zu einem wahren Leidensgang.

Nur langsam, im Schneckentempo, komme ich weiter, muß für jeden Schritt bis zu 20 Atemzüge machen. Alle paar Meter falle ich in den Schnee. Nur mit Hife der beiden Skistöcke ist es mir überhaupt noch möglich, weiterzukommen, sie sind mir Lebensretter und stützende Samariter.

Ich muß wohl hingefallen und eingeschlafen sein. Als ich erwache, sind die Augenlider wie Blei. Ich will mich erheben, doch es geht nicht, erschöpft sinke ich wieder zurück. Es ist also aus. So ist das Ende... Aber der Lebenswille ist noch nicht erloschen. Wo sind meine Skistöcke? Es ist nur einer da. Wo ist mein zweiter? Ich erschrecke. Dieser Schreck fährt aufpeitschend, belebend durch den Körper. Ich sehe, daß der zweite Skistock ein Stückchen abgerollt ist. Auf allen Vieren krieche ich dorthin. Dann habe ich wieder beide Stöcke in Händen. Ich richte mich auf — stehe — gehe...

Nun sehe ich auch wieder zum Rakhiot Peak hinüber, sehe einen Punkt, das Zelt. Dort am Hang — sind es Felsen oder die Freunde? Die Entfernung ist wohl zu groß, doch ich versuche zu rufen. Aber ich habe keine Stimme. Vielleicht sieht man mich? Ich schwinge die Skistöcke...

Es geht schon gegen Abend, die Sonne senkt sich aufs neue, und lange Schatten fallen über den Schnee. Ich kämpfe mich mit letzter Energie weiter. Eine zweite Nacht im Freien überstehe ich nicht! Vom eigenen Schatten gezerrt, getrieben und genarrt, taumle ich dahin. Ich bin nicht mehr ich, nur noch ein Schatten; ein Schatten hinter einem Schatten. Ich taumle wie ein Betrunkener, stürze, krieche, stehe, gehe, taumle... Ich erinnere mich des Pervitins. Wenn noch etwas hilft, dann ist es das. Nur noch ein kurzes Aufleben der Kräfte soll es bewirken, denn bald würde ich beim Zelt sein. Aber sind nicht alle Reservekräfte schon aufgebraucht — ich fühle mich vollkommen ausgehöhlt. Blut und Speichel kommt aus dem Mund; er ist gänzlich verklebt, und die zwei Tabletten drücke ich hinunter, als ob es Holzspäne wären. Ich zähle schon die Meter, immer näher kommt der Rand des Schnees.

Um halb sechs Uhr abends stehe ich draußen am Silbersattel und schaue wieder hinunter zum Rakhiotgletscher, zu den Lagern. Ausgebreitet liegt der ganze Anstieg vor mir. Ich sehe die Zelte im Schnee vergraben an den Hängen kleben. Unendlich tröstlich ist dieser Anblick. Als ob ich nach Hause käme. Doch was ist, da drunten rührt sich ja niemand! Hat man die Lager leer gelassen? Heilige Ruhe weit und breit, keine Menschenseele, kein Laut! Ich schaue hinüber zum Rakhiot Peak, und da bemerke ich wieder den schwarzen Punkt, das kleine Sturmzelt und in der Nähe... noch zwei Punkte! Dort in der Rakhiotquerung muß auch jemand sein, vielleicht die Träger. Das ist keine Täuschung mehr. Das sind wirklich Menschen!

Ich weiß, ich bin gerettet. Ich bin in der Nähe der Kameraden, und dies gibt mir wieder neue Zuversicht. Die alten Spuren sind noch erhalten, ich nutze sie und quere zum Grat hinüber. Augenblicklich fühle ich mich wieder frischer. Ist es nun die seelische Entlastung? Zudem kann ich nun wieder leichter atmen. Aber die Vorsicht darf ich keinesfalls außer acht lassen! Wieder macht sich das eine Steigeisen selbständig. Ich nehme es verärgert ab und werfe es kurzerhand über die Südwand. Verhältnismäßig rasch komme ich den ausgesetzten Grat abwärts, vorbei an der Schaumrolle, durch den Bruchharsch, und um sieben Uhr abends, 41 Stunden, nachdem ich diesen Platz verlassen hatte, trete ich in die Nähe des Zeltes.

Hans kommt mir nun entgegen. Er weiß nicht, wie er seine Rührung verbergen soll und vergräbt sich hinter sein Aufnahmegerät. Wir fallen uns in die Arme, keiner bringt mehr ein Wort heraus. Ich bin so ausgedörrt, daß ich keinen Laut hervorbringe, und Hans ist nur froh, daß ich wieder zurück bin. Wir setzen uns vor das Zelt, und nun ruft er Walter zurück, der eben am Mohrenkopf steht und absteigen will, um uns beiden Platz zu machen. Walter ist glücklich, mir nun die Hand schütteln zu können, Tränen in den Augen.

Die beiden wußten doch nicht, was mit mir los war, und hatten schon das Schlimmste befürchtet.

Walter und Hans — aus ihren Augen lese ich Freude und Dank, und in väterlich-freundschaftlicher Art sind sie nun um mich bemüht. Hans gießt mir literweise Tee und Kaffe ein, dies bewirkt, daß langsam wieder Leben in meinen ausgetrockneten Körper dringt. Sie fragen gar nicht, ob ich den Gipfel gemacht habe. Ihnen ist dies gleichgültig. Die Hauptsache ist, daß ich gesund zurück bin. Dieses Zusammensein ist das eindrucksvollste Erleben während der ganzen Expedition. Wir wissen nun: wir sind nicht nur Expeditionskameraden — wir sind Freunde geworden! Walter zieht mir indessen schon die Schuhe aus, und nun erst merke ich, daß der Berg seinen Tribut gefordert hat. Die beiden ersten Zehen des rechten Fußes sind schon etwas verfärbt und gefühllos. Hatte ich das im Abstieg gar nicht gemerkt? Walter behandelt nun die Erfrierungen. Zu dritt drängen wir uns in das enge Sturmzelt, ich muß doch berichten und erzähle und rede — wie ein Wasserfall — wie ein aufgezogenes Uhrwerk, das nicht so schnell zum Stillstand kommen kann. Ich bin wieder frisch! Was ist das, sind es die Nerven? Ich schildere den beiden den schweren Weg, und sie lauschen gespannt meinen Worten. Es wird immer ruhiger, und um Mitternacht merke ich erst, daß sie bereits eingeschlafen sind. Nun versuche auch ich zu schlafen, doch offenen Auges liege ich im Zelt. Ich fühle mich wohl, ich bin wieder bei den Kameraden, weiß mich warm und geborgen. Die Gedanken sind immer noch droben, und ich kann es selbst noch nicht fassen, daß ich wirklich auf dem Gipfel des Nanga Parbat gestanden bin.

5. Juli 1953. Wir sind schon früh auf. Es ist noch immer wolkenlos und windstill, doch wir müssen absteigen. Meine Erfrierungen verlangen schleunigst ärztliche Hilfe, und wir wissen,

Hermann Buhl unmittelbar nach seiner Rückkehr vom Gipfel des Nanga Parbat, Lager V, am 4. Juli 1953, gekennzeichnet von den schweren Strapazen.

„41 Stunden nachdem ich diesen Platz verlassen hatte, trete ich wieder in die Nähe des Zeltes. Hans Ertl kommt mir nun entgegen. Er weiß nicht, wie er seine Rührung verbergen soll und vergräbt sich hinter sein Aufnahmegerät" (H. Buhl).

daß der Monsun jeden Tag losbrechen kann. Wir wollen noch vorher den Berg verlassen, haben wir doch das ungute Gefühl, als ob er sich nun noch rächen würde, denn oft packt das Schicksal in letzter Minute noch zu. Wenn schon mit Erfolg, so wollen wir auch ohne Opfer heimkehren! Noch ein letzter Blick hinauf zum Gipfel, und schweren Herzens scheiden wir von diesem Berg, der uns alles bedeutet.

Ich bin erstaunlich guter Verfassung und gehe in den Spuren meiner Kameraden. Wieder vorbei am Mohrenkopf, wo nun eine Gedenktafel für die Toten von 1934 angebracht ist, entlang der Rakhiotquerung die Eiswand hinab. Hier begegnen wir Otto und den Trägern, die nochmals nach Lager V ansteigen wollen, um die zurückgelassene Ausrüstung zu holen. Noch eine Stärkung in den Zelten von Lager IV und weiter, bei glühender Hitze und matschigem Schnee nach Lager III.

Müde und abgekämpft lasse ich mich in ein Zelt fallen. Es ist fünf Uhr abends, und bald übermannt mich tiefer Schlaf. Erstmals seit Tagen wieder richtig schlafen! Jemand rüttelt mich. Was ist? Ist das Abendessen bereit? — Nein, es ist schon früher Morgen! Tatsächlich: totenähnlich durchschlief ich diese Nacht. Wir müssen die Zeit nützen, solange der Schnee noch hart ist. Jeder trägt eine schwere Last, seine ganze Ausrüstung. Auch mir bleibt nichts anderes übrig, obwohl ich schon heftige Schmerzen im rechten Fuß verspüre und sich die Erschöpfung bleiern auf mich legt. Auf halbem Weg treffen wir mit einer Trägergruppe zusammen. Aumann und Köllensperger führen das Räumkommando! Gestern verließen sie das Hauptlager. Nun geht es nach Hause, und da bekommt alles wieder neuen Auftrieb. Eine Freudendemonstration der Träger — und die Wege trennen sich wieder. Aumann gibt der Spitzengruppe vier Träger mit, um die Rucksäcke von Buhl, Ertl und Frauenberger ins Hauptlager zu tragen. Nur Kempten will seine persönlichen Sachen selbst nach unten befördern.

Der Gletscher schaut furchtbar aus. Die alten Spuren sind vollkommen verfallen, von Lawinen verschüttet. Eine Woche war hier keiner mehr gegangen. Neue Spalten haben sich aufgetan, Eistürme sind zusammengestürzt, man kennt diese Gegend nicht wieder. Bei Lager II sieht es besonders wüst aus, alles ist aufgerissen, die Brücken sind weg. Hier haben Gletscherbewegung und Sonnenbestrahlung in den vier Wochen ein unglaubliches Zerstörungswerk vollbracht. Wir kommen nicht mehr weiter. Wir flüchten vor der sengenden Hitze in den Schutz des verwahrlosten Lagers. Hans und Otto halten nach dem Weitergang Ausschau. Walter betreut mich. Nach Stunden kommen die beiden ergebnislos von ihrer Wegsuche zurück. Das Eis ist morsch und brüchig, es wäre zu gefährlich, noch weiter abzusteigen, so müssen wir wiederum eine Nacht im Gletscher verbringen. Ich kann fast nicht mehr schlafen. Die Erfrierungen machen sich bemerkbar. Die Füße schwellen an. Am anderen Morgen muß ich die Filzeinlage entfernen, ebenso das zweite Paar Socken. Trotzdem komme ich kaum mehr in die Schuhe hinein. Ich kann immer noch nichts Hartes, Trockenes essen, es ist, als ob ich Reißnägel schlucken müßte. Die Kälte der Nacht hat den Schnee wieder hart gefroren, und wir können weiter. Der Buldarkamm und die Chongra Peaks stehen schon wieder hoch über uns. Der Silbersattel taucht fern in den Himmel, und der Gipfel hat sich schon längst dahinter verborgen. Gefährlich nahe an der Nordwand ziehen wir unsere Spur. Hans mit seinen langen Beinen nimmt Reißaus. Die Wand ist ihm nicht geheuer. Ich bemühe mich zu folgen, doch nur hinkend schleppe ich mich vorwärts.

Endlich Vegetation. Wie haben wir doch den ersten Fliegen und Schmetterlingen im Lager II nachgeschaut, sie waren uns Boten aus einer anderen Welt, Vorboten des Sommers. Aber nun können wir selbst wieder in knietiefem Gras schlendern, das Bunt der Blumen schauen, ihren süßen Duft riechen. Wir können es kaum fassen. Wie neugeboren kommen wir uns vor, die wir doch Wochen in Schnee und Eis verbrachten.

Zurück vom Gipfel des Nanga Parbat. „Es mag wohl auch im Leben so sein, daß Erfüllung gleichzeitig Abschied und Vergangenheit ist" (H. Buhl).

Gegen Abend nähern wir uns dem Hauptlager. Was ist hier los? Soviel Menschen sahen wir schon lange nicht mehr! Sie werden uns doch nicht etwa einen besonderen Empfang bereiten wollen? Wir freuen uns, den Erfolg heimbringen zu können, unser eisernes Durchhalten war also doch nicht umsonst.

Nun sind wir da — die letzten Schritte zu den Zelten. Der Expeditionsleiter kommt mir entgegen. Auch die Träger zeigen offene Freude über den Sieg; stolz können sie nun zu ihren Freunden zurückkehren. Sie behängen uns mit Blumenkränzen, und Rhabar Hassan, unser Begleitpolizist, schießt Salut. Bitterling ist noch fest beim Einpacken der noch verbliebenen Ausrüstung. Sie soll bei einer nächstjährigen Expedition wieder verwendet werden.

Der Abend vereint uns im Küchenzelt. Bitterling dankt dem Expeditionsleiter und mir für diesen großen Sieg! Herrligkoffer drängt zum Abmarsch, da er wegen meiner Frostzehen Bedenken hat. Doch eine überraschende Nachricht aus Gilgit hat zur Folge, daß wir noch einige Tage im Hauptlager verbringen müssen, denn der Political Agent will die Ankunft der Expedition in Gilgut erst vorbereiten. So nimmt mich mein kleines Zelt wieder auf.

Hans und Walter übernehmen meine Betreuung und bemühen sich rührend um mich. Ich kann jetzt überhaupt nicht mehr gehen. Die Wunde ist aufgebrochen, die erfrorenen Zehen sind bereits schwarz. Ich beginne die Eindrücke meines einsamen Gipfelganges, nachdem unser Expeditionsleiter es ungeduldig verlangt, mit der Maschine niederzuschreiben. Dabei blicke ich immer wieder hinaus vors Zelt, schaue über die gewaltige Nordwand hinauf zum Hochplateau, das sich als weißer Saum gegen den blauen Himmel abhebt. Und während das Auge dort oben haftet, sind die Gedanken immerfort bei diesen schicksalsschweren Stunden.

Festlicher Empfang nach dem Gipfelsieg in der Ramsau (mit Gattin Eugenie, rechts).

Abb. oben: Ankunft in München (links) und Ehrung als "Sportler des Jahres" in Wien.

Noch ist die Erinnerung zu jung, um ihr trügerisches Spiel der Verklärung zu treiben. Noch ist Alltägliches alltäglich, Kleinliches kleinlich, Unschönes unschön. Aber das Erhabene, das Schöne überwiegt, weist alles andere in die ihm gebührenden Schranken. Unvergeßlich wird mir der Abschied von unseren Hochträgern bleiben. Haben wir uns je über sie geärgert? Das ist vergessen. Ich sehe sie immer vor mir, wie sie in Gilgit dem Jeep, in dem Walter Frauenberger — der „gute Sahib" — und ich sitzen, nachlaufen, winken, grüßen und mit Tränen in den Augen Abschied nehmen. Nein, wir werden euch nie vergessen!

Dann zum Abschluß noch einmal der Flug um den Nanga Parbat! Dasselbe Bild wie beim Hinflug. Und doch so ganz anders. Damals bange, fiebernde Erwartung. Jetzt Erfüllung und Dank, gepaart mit leichter Wehmut, als ob man ein köstliches Geschenk verloren hätte. Es mag wohl auch im Leben so sein, daß Erfüllung gleichzeitig Abschied vom Vergangenen ist.

Abb. rechts oben: Kurt Diemberger behandelt Buhls Erfrierungen nach der Rückkehr vom Broad Peak 1957. - Unten: Blick vom Industal auf die Nordflanke des Nanga Parbat 25 Jahre nach Buhls Erstbesteigung.

Broad Peak

von Kurt Diemberger

Wir gehen, gehen, gehen...
Endlos scheint der Weg durch die Hochtäler Baltistans.
Es ist ein seltsames Land. Ein Land der Wüste und der blühenden Gärten, der trockenen Öde und des flimmernden Schnees der weißen Riesen darüber. Ein Land der Ruhe und der Stille am Rande der Welt.

Die Menschen hier scheinen glücklich zu sein. Sie sind ja nicht reich, keineswegs... aber ich sehe ihre Augen lachen, und ihre Gesichter haben einen frohen Ausdruck. Ist es, weil nach dem langen, harten Winter nun wieder der Frühling im Land ist und überall die Aprikosenbäume blühen? Weil in den flachen Furchen der Äcker sich das erste Grün zeigt? Oder ist es, weil die unermeßlich reichen weißen Sahibs, die auf die Berge steigen, wieder hier sind und man als Träger „pene ischin" — viel Geld — bekommen kann?... Auch indem man ihnen Ziegen, Eier und Hühner verkauft. Oder ist es einfach, weil alles, das ganze Leben, hier so völlig anders ist...

Wahrscheinlich ist es das — denn verdienen können sie ja bei unserer Kleinexpedition kaum viel... haben wir doch nur 68 Träger im Gegensatz zu den oft zwei- bis dreihundert, ja siebenhundert Trägern mancher früheren Expedition. Dafür sind wir auch nur vier Bergsteiger, Hermann Buhl, Markus Schmuck, Fritz Wintersteller und ich, wozu noch unser Begleitoffizier Capt. Quader Saeed kommt. Außer Hermann war von uns noch niemand im Himalaya; daher — und zudem als weitaus Bester von uns — hat er natürlich in unserem Vier-Mann-Team alle Ausrüstungs- und Bergangelegenheiten unter sich und führt als „Leiter am Berg", zusammen mit Markus, dem allgemeinen Expeditionsleiter, unsere kleine Grppe an.

Bereits vor einer Woche sind wir mit einer Maschine der PIA in Skardu, der Hauptstadt Baltistans, eingetroffen. Nun sind wir schon seit Tagen unterwegs. Zuerst durch Hochwüste, dann durch die blühenden Oasen des Shigartals. Immer wieder haben wir hinaufgeschaut zu den weißen Bergketten, die wie eine Fata Morgana darüber zu schweben schienen. Fünftausender! Höher als alle heimatlichen Gipfel. Schwer zu begreifen, daß das hier „niedrig" ist. — Jetzt wird das Tal enger. Bald werden wir auf unserem Weg zu den ersten Seilbrücken über die Schluchten des Bralduflußes kommen. Weit, weit noch dahinter wissen wir den riesigen Baltorogletscher, wissen wir die Achttausender in seinem oberen Bereich. — 200 Kilometer Fußmarsch sind es von Skardu bis zum Broad Peak, dem breiten Riesen am Konkordiaplatz!

„Schabasch!" tönt da ein Ruf aus der Trägerkolonne vor mir — und schon bleiben die Männer stehen und lassen ihre schweren 27- und 30-Kilogramm-Lasten auf die T-förmigen Stützhölzer nieder. Nach wenigen Minuten Rast geht es dann wieder weiter. Alle paar hundert Meter wiederholt sich dieses Schauspiel. Im stunden- und tagelangen Marsch ist mir das Wort bald zur gewohnten, eintönigen Begleitmusik geworden. Schabasch!... Schabasch!... Schabasch!... den ganzen Tag.

Die Träger sind unbeirrbar. Sie kennen keine Eile. Irgendwann wird man schon hin-

---

← *Abb. links oben: Hermann und Eugenie Buhl 1956, Aufstieg zum Mont Blanc. Unten: Das Haus „Hermann Buhl" in der Ramsau bei Berchtesgaden.*

kommen... Wie habe ich meiner Ungeduld am Anfang Luft gemacht! Jetzt hab' ich mich schon darein ergeben.

Aber meine Gedanken gehen voraus...

Ich bin glücklich. Himalaya! Karakorum! Wunschtraum eines jeden Bergsteigers! Höchste Berge der Erde... Wie schön muß es dort sein. Und nun geht es gar noch auf einen der letzten unbestiegenen Achttausender — ich kann es noch immer nicht glauben. Allerdings ist der Riese schon einmal vergeblich berannt worden... Aber ich bin optimistisch: Mit uns ist ja Hermann Buhl...

Und wenn wir da oben stehen — kann es noch etwas Schöneres im Leben geben als das? Ich freue mich. Und ich bin im stillen Hermann dankbar, daß er auf die Idee kam, einen vierten Bergsteiger mitzunehmen und dafür keine Hochträger zu verwenden. Keine Hochträger! Beim Angriff auf einen Achttausender! Das war noch nie da. Ein kühner Plan, ein „Hermann Buhl-Plan"... „Achttausenderersteigung im Westalpenstil" hat Hermann sie genannt. Sturmangriff auf einen Achttausender — ohne viel technischen Aufwand, ganz auf sich selbst gestellt, nur er und ein paar Kameraden — das war es, was er sich immer gewünscht hatte.

„Schabasch!" Wieder einmal bleibt die Kolonne stehen. Diesmal wird es wohl etwas länger dauern, hier gibt es Wasser. Bald darauf sitzen auch schon alle in fröhlicher Runde neben den regellos abgestellten Lasten und kauen an den ungesalzenen Mehlfladen, den Tschapattis. Große Heiterkeit ruft es hervor, als ich versuche, meine spärlichen Kenntnisse des Baltidialektes zu erweitern. Schließlich baue ich aber doch aus meinen Vokabeln wieder etwas Neues zusammen und sage zu Ismael, dem Anführer: „Diring natang Broad Peak guet." (Heute gehen wir zum Broad Peak.) Der lacht: „Diring met, Sahib" (Heute nicht), und sein Goldzahn, auf den er sichtlich stolz ist, blitzt in der Sonne. Befriedigt ob der gelungenen Verständigung setze ich die „Unterhaltung" fort, bis Ismael sein bereits gelerntes „Gemma wieda" erschallen läßt und unsere Kolonne den anderen nachzieht, die inzwischen schon weit voraus sein müssen.

Längst haben wir Askole, die letzte Siedlung, hinter uns gelassen und ziehen den reißenden Braldu entlang weiter hinein ins Innere der Karakorumberge. Die Talsohle liegt nun schon über 3000 Meter hoch. Das Wetter ist andauernd schlecht, und so sehen wir von den Gipfeln zu beiden Seiten recht wenig.

An einem grauen, nebelverhangenen Tag sichten wir in wenigen Kilometern Entfernung plötzlich einen mächtigen, schwarzen Wall. Der Baltoro! Da ist er.

Wir haben alle gewußt, daß wir ihn heute erreichen werden, aber nun starrt doch jeder von uns ergriffen hinüber zu der schuttbedeckten, riesigen Gletscherzunge. Wir sind da! Nun haben wir nur noch drei bis vier Tagemärsche bis zum 4600 Meter hohen Konkordiaplatz, wo als nächstgelegener Achttausender unser Broad Peak steht.

Während wir Paiju, der letzten Oase knapp vor dem Gletscher zustreben, heben sich die Nebel immer mehr und geben den umfassenden Blick auf die Sechstausender des unteren Baltoro frei. Sie stehen wie mächtige Kulissen hintereinander.

Am nächsten Tag ist das Wetter herrlich, und Hermann und ich brechen zu einer Erkundung im Sechstausenderbereich auf. Vielleicht können wir einen Anstieg auf den 6600 Meter hohen Paiju Peak entdecken, ein Berg, der uns alle reizen würde. Wahrscheinlich werden wir ja hier auf dem Heimweg ein wenig unterbrechen. Außerdem wollen wir feststellen, ob der Baltoro nicht etwa weiter oben noch stark verschneit ist.

So mühen wir uns nun über das kilometerweite Auf und Ab der Moränenschutthügel an einen der Sechstausender der Uli-Biaho-Gruppe heran. Wir haben ziemlich weit oben eine Schulter entdeckt, von der aus wir uns einen guten Überblick versprechen.

Während des Gehens haben wir überraschend in der Ferne den Gipfelaufbau des Broad

Peak erkannt. Nun verschwindet er wieder, denn wir betreten einen kleinen, wilden Gletscherkessel, aus dem heraus wir über eine Felsflanke zu der erwähnten Schulter ansteigen wollen. Viele Rinnen und Bänder scheinen dort einen Anstieg möglich zu machen.

Während wir eine kurze Mittagsrast halten, blicken wir unverwandt hinauf. Wir haben es gut getroffen: Während unseres Anstiegs werden wir den Paiju Peak direkt vor uns haben. — Schade ist nur, daß wir auf jeden Fall erst von der Schulter selbst aus einen Blick über den Baltoro haben werden. „Macht nichts", meint Hermann und mustert die Flanke, „da sind wir ja bald oben. Wir müssen nur erst einmal über den kleinen Abbruch kommen."

Wenig später müssen wir aber schwitzend feststellen, daß die Schutthalde darunter fast doppelt so hoch ist, als wir angenommen haben. Endlich sind wir an der Steilstufe. Nein, die ist nicht hoch, sieht aber dafür ganz „anständig" aus.

Über mir ist Hermann bereits an den Abbruch herangetreten. Schon packt er einen schweren Riß an. „Daneben geht es doch viel leichter!" rufe ich. Aber da ist Hermann auch schon drüber. Ich staune: Ja, das ist der berühmte Hermann Buhl...

Rasch komme ich neben dem schweren Riß hoch. Dann stürmen wir über herrliche, technisch nicht sonderlich schwere Felsen weiter...

Einmalig ist dieser Granit! Kosend greifen die Hände immer wieder ins rauhe Gestein. Heiß brennt die Sonne nieder. Und unter uns wächst die Tiefe.

„Phantastisch!" ruft Hermann. Dann schleichen wir uns zur Abwechslung einmal nebeneinander über die Platten — lachend, übermütig.

Inzwischen hat unsere Erkundung bereits ein erstes Ergebnis gebracht: Von dieser Seite werden wir kaum auf den Paiju Peak steigen. Es gäbe schon einen Weg, aber er ist furchtbar gefährlich. — Auf den Ausblick von der Schulter hoffen wir noch immer vergebens, denn die will und will nicht kommen. Dabei sind wir schon fast 4400 Meter hoch, und der kleine Seitengletscher liegt schon tief unter uns. — Wieder einmal ein Buckel über uns? Das muß der letzte sein! Keuchend steigen wir höher.

Kurz vor der Schulter bleibe ich stehen; das Herz schlägt mir bis zum Hals vom raschen Höherstürmen in der jetzt schon dünneren Luft — und vor Erwartung. Von links kommt Hermann heraus. „Gleich haben wir's", meint er und blickt gespannt aufwärts. Wenn unsere Annahmen stimmen, muß nun der Blick frei werden auf die ganzen großen Baltoro.

Noch ein paar Schritte, dann treten wir gemeinsam auf die flachen Granitplatten der Schulter hinaus.

Da unten ist der Gletscher! In die Ferne dehnt sich der Riesenstrom... weit, weit zurück. Und dort hinten — die Gedanken scheinen stillzustehen...

Achttausender des Karakorum!

Weißverschneit, wie sie sind, scheinen sie über den dunklen Felsen tieferer Regionen zu schweben; riesenhaft — trotz der gewaltigen Entfernung nahe in der klaren, dünnen Luft. Dabei sind es noch 40 und 50 Kilometer bis dorthin.

Gerade über dem fernen Konkordiaplatz erhebt sich beherrschend der Gasherbrum. Das gelblich leuchtende Riesentrapez seiner Wand scheint kaum noch zur Erde zu gehören. Ungeheure Plattenschüsse, ein Gewirr von Pfeilern, emporstürmenden Linien: ein Bild der Bewegung, urplötzlich erstarrt, gespenstisch in seiner Ruhe.

Gasherbrum, den „Leuchtenden Berg" haben ihn die Eingeborenen genannt. Die Grate, die zu seiner Höhe führen, sind nicht weniger glatt und steil als die Wand. Kein Mensch hat je versucht, sie zu betreten: Der Berg, der da wie ein riesiger gotischer Dom fast dreieinhalbtausend Meter über den Konkordiaplatz hinauswächst, ist das Urbild des für den Menschen Unnahbaren.

Breit und massig schließt links des Gasherbrum der Broad Peak an. Wie die Schuppen eines Drachenrückens ragen seine drei Gipfel in den Himmel. Zwei davon sind Achttausender.

Hier gibt es unerhört wilde Formen: Schroffe Türme, Pfeiler, glatte Plattenwände von 2000 und mehr Metern hat hier die Natur aus dem Granit geschnitten. Uneinnehmbar steht da der Trangoturm, eine riesenhafte „Guglia di Brenta". Begeistert schaut Hermann zu ihm hinüber. „Den müssen wir nachher unbedingt noch versuchen", meint er und betrachtet ihn eingehend durch das Glas. Dann richtet er es wieder hinaus auf die Achttausender.

„Einmalig! Schau dir den Broad Peak an!" ruft er und reicht mir das Glas.

Ganz nahe sehe ich jetzt den Riesen mit seiner eisgepanzerten Flanke und den drei Gipfeln. Über dem Mittelgipfel treibt gerade der Wind eine weißleuchtende Schneefahne hoch in die Luft hinauf. Ein-, zweihundert Meter hoch steht sie lautlos im Blau des Himmels, ändert ihre Gestalt, vergeht. Dann ist es wieder unwirklich ruhig über den Gipfeln, nur die Luft scheint zu flimmern.

Mein Blick bleibt an der langen, waagerechten Schneide des Hauptgipfels haften; am rechten Ende scheint sie ein bißchen höher zu sein. Da wollen wir hinauf! Über die steile Flanke, die Aufschwünge im Schlußgrat...

Durch eine plattige Steilrinne klettern wir, so schnell es geht, wieder zum Gletscher hinunter. Wie die Spechte hacken wir uns um die Wette eine sperrende Blankeiswand hoch und suchen einen kürzeren Rückweg durch meterhohes Zackeneis. Im Abendlicht sehen wir wieder den Gipfelaufbau des Broad Peak auftauchen — es ist kein Vergleich zu dem Anblick von der Schulter aus. Bald haben wir dann die Zunge des Gletschers hinter uns gelassen.

Rasch bricht die Dunkelheit herein.

Wir steigern das Tempo.

Dann können wir langsamer gehen: Durch die Nacht dringt ein heller Schein — ein paar zuckende Lichtflecken — die Lagerfeuer der Träger.

Es ist Mitte Mai. Wir sind im Banne der gewaltigen Westflanke des Broad Peak. Tag für Tag überqueren wir mit schweren Lasten das Zackenmeer des Godwin-Austen-Gletschers und steigen den Westsporn hinan, eine ungeheure Gratrippe, die hier als einziger lawinensicherer Weg durch die schroffe und abweisende untere Partie der 3000 Meter hohen Riesenflanke führt.

Es ist ein unerhört steiler Weg, aber er führt uns dafür rasch und direkt empor. —

Schon drei Tage nachdem wir den Berg betreten haben, steht hoch oben auf einer winzigen Gratschulter in 5800 Meter Höhe das erste Hochlagerzelt — ein erster Stützpunkt, 900 Meter über dem Basislager.

Wenn wir dort oben zu dem die Schulter krönenden Felszahn hinaustreten, sehen wir tief unten auf dem Gletscher ein paar kleine Farbtupfen, die Zelte des Basislagers. Dann denken wir wieder daran, wieviel Schweiß uns seine Errichtung gekostet hat: Schon vor dem Erreichen des Konkordiaplatzes hat uns ein Großteil der Träger verlassen, wenig später der Rest; Ursache hierfür waren vor allem die plötzlich einsetzenden verheerenden Schneefälle während der letzten Anmarschtage auf dem Gletscher. Ehe wir's uns versahen, waren wir selber zu Trägern geworden, die im Pendelverkehr die Lasten weiterschleppten... ein etwas unfreiwilliges Training für die Hochträgerarbeit hier am Berg. Aber vielleicht steht gerade deshalb hier oben schon das Lager I.

Es ist übrigens nur als Durchgangsstation gedacht, dieses Hochlager. Die eigentliche

Hochbasis, das Lager II, soll erst weitere 600 Meter höher droben auf dem großen Gletscherplateau in halber Höhe der Flanke entstehen...

Ohne Pause sind wir alle weiter im Einsatz, immer neue Lasten werden hochgeschleppt: Die Zelte für Lager II und III, die zugehörigen Luftmatratzen, eine Menge Proviant, viel Seil. Fels- und Eishaken, eine gewichtige Propangasflasche, Kocher, Geschirr, sonstige Ausrüstung... Immer mehr gewöhnen wir und dabei an die Höhe, steigern das Gewicht der Lasten von 15 auf 20, ja 25 Kilogramm und essen dementsprechen — allen allgemeinen Erfahrungen über Appetitlosigkeit in großer Höhe zum Trotz — wie die Löwen. Wir sind in glänzender Stimmung, denn da jeder „schuftet", so sehr er nur kann, kommen wir unerwartet schnell aufwärts. Wir sind alle voll Auftrieb.

Während Hermann und Fritz im weiteren Verlauf droben in 6350 Meter Höhe unter dem überhängenden Abbruch des Riesenplateaus unser Lager II errichten, besorgen Markus und ich den Lastennachschub vom Basislager. Zwei Sprechfunkgeräte halten in dieser Zeit die Verbindung aufrecht. Schließlich sind wir dann alle in der Eishöhle des „Wächtenlagers" versammelt, wie wir unser Lager II nennen. 50 Meter höher, direkt über unseren Köpfen, dehnen sich die Schneeflächen des Hochplateaus. Es ist 6400 Meter hoch und hat die Größe eines mittleren Flugplatzes. Wegen der Sturmgefährdung haben wir die Zelte nicht dort hinaufgestellt.

Der Rundblick vom Hochplateau ist gewaltig: Ganz nahe der riesenhafte K 2, der zweithöchste Berg der Welt; seine ungeheure Pyramide haben wir ja während des ganzen Aufstieges direkt vor uns. Auf der entgegengesetzten Seite ragt der Gasherbrum auf, schön, doch lange nicht mehr so unnahbar wie vom Baltorogletscher aus. Im Süden steht jetzt frei der mächtige Eisdom der Chogolisa, ruhig und erhaben in seiner harmonischen Linie. Wie auf einem Präsentierteller reihen sich daran im Halbrund Hunderte andrer Karakorumgipfel.

Draußen, in weiter Ferne, ist ein einsamer Berg aufgetaucht: der Nanga Parbat.

Von der anderen Seite des Plateaus können wir hinunterblicken in den Eisschlund, durch den die von Herrligkoffer geleitete Expedition von 1954 zum Hochplateau heraufstieg. — Mit Schaudern betrachten wir die schußbereiten Eisbatterien oberhalb des Weges. Genau durch die Bahn der weit oben losbrechenden Lawinen, durch das sogenannte „Kanonenrohr", führt der gefährliche Anstieg. Dafür bot er allerdings weniger Schwierigkeiten und war, im Gegensatz zu unserem Westsporn, für Hochträger gangbar. Trotzdem — wenn ich an den Eisschlund denke, bin ich froh, daß Hermann sich für den zwar schwereren, schon von Professsor Dyhrenfurth wiederholt empfohlenen und dennoch bisher unversucht gebliebenen Weg über den Westsporn entschieden hat, der ja außerdem die ideale direkte Anstiegsroute ermöglicht.

Vom Hochplateau aus nahm die Expedition von 1954 dann auch die eigentliche Westflanke in Angriff, deren nun hier am Hochplateau ansetzende Steilstufe, der 500 Meter hohe „Eiswall", auch für uns noch ein ernstes Hindernis darstellen wird. Damals stieß ein Vortrupp bereits über den Eiswall hinaus bis auf etwa 7200 Meter vor... aber Kälte und Stürme trieben zur endgültigen Umkehr. Es war Anfang November.

Jetzt ist Mai, und weithin liegt noch der Firn auf den Eisfeldern der tieferen Flanken. Der Eiswall aber glotzt spiegelblank und voll Hohn auf uns herunter. Wie poliert erscheint die graublaue Fläche, in die nur wenige Felsinseln eingestreut sind. Die Stürme lassen hier wohl selten den Schnee hängenbleiben. Auch herunten, wo der Steilhang gegen das Plateau ausläuft, ist es nicht besser: der reinste Eislaufplatz! An vielen Stellen dürfte man sich nicht einmal hinsetzen, man würde — ohne Steigeisen — sofort abgleiten und mit ziemlicher Sicherheit in einem Höllentempo hinunter ins Kanonenrohr sausen — für immer und ewig.

Hier wird es noch harte Arbeit geben: Bis auf 7000 Meter hinauf wird hier eine ununterbrochene Kette fixer Seile vonnöten sein, dazu noch eine Stufenleiter durch die 40 und 50 Grad geneigte Blankeiswand. Sonst kommen wir mit den Lasten auf dem Rücken da nie hinauf, geschweige denn bei einem plötzlichen Rückzug gut herunter.

Über diesem Eiswall soll als letzter Stützpunkt unser Lager III entstehen: Das Sturmlager für den Gipfelangriff.

Zu unser aller Überraschung haben Hermann und Fritz bei einer Erkundung der Eisflanke die Entdeckung gemacht, daß im unteren Teil noch alte Seile der Expedition von 1954 vorhanden sind. In den drei verflossenen Jahren sind sie allerdings teilweise bis zu 115 Zentimeter tief ins Eis eingefroren, müssen daher erst in heikler und mühsamer Arbeit herausgehackt werden. Wir freuen uns über die Entdeckung, denn wenn sie auch keine Kraftersparnis für uns bedeutet, können wir so einen Teil unseres eigenen Materials schonen, von dem wir ja später dann für die Trangtouren gar nicht genug haben können.

Jedem weiteren Vordringen gipfelwärts setzt aber nun der Wettergott ein entschiedenes Halt entgegen.

Um die Flanken des Broad Peak heult der Sturm.

Währenddessen sitzen wir geborgen in den Zelten, genießen bei Kitzgulasch und Knödel die Freuden des „Basislager-Daseins" und lassen den Sturm Sturm sein.

Als es aber immer mehr schneit, packt uns doch die Sorge, ob nicht etwa eine der gefürchteten langen Schlechtwetterperioden angebrochen sei. Es sieht bereits aus wie im tiefsten Winter; stellenweise watet man bis zu den Knien im Neuschnee. Und geht man zwischen den bizarren Eisgestalten des Godwin-Austen-Gletschers durch, so glaubt man sich in einem Märchenwald. Die Zelte des Basislagers müssen immer wieder freigeschaufelt werden...

Buhl beim Aufstieg zum Broad Peak, 1957.

Da — am 25. Mai 1957 — wird das Wetter plötzlich schön. Es ist windig, und die Gipfel tragen unheimliche Schneefahnen; sie stehen von Nord nach Süd, ein gutes Zeichen. Nun heißt es rasch handeln, ehe eine neue, vielleicht längere Schlechtwetterperiode alle Hoffnungen auf einen baldigen Gipfelsieg „begräbt".

Noch steht das Sturmlager nicht!

Schon am nächsten Tag steigen wir die 1500 Meter zum Plateau hinauf, wo wir gleich eine böse Überraschung erleben: Das Wächtenlager ist vollständig eingeschneit! Erst nach mehrstündiger anstrengender Arbeit haben wir alles wieder hergerichtet. Aber viel wertvolle Zeit ist vertan. Brauchen wir denn das Sturmlager? wirft einer die Frage auf. Aber das war nur die Idee eines Augenblicks — es wäre Wahnsinn, von hier einfach loszuziehen, sind es doch noch tausendsechshundertfünfzig Höhenmeter bis zum Gipfel! Und oben zählen 100 Meter doppelt, wenn nicht mehr. Wir brauchen das Sturmlager!

Aber da ist der Eiswall.

Es hilft nichts: Wir müssen einen Weg anlegen. Denn ohne Weg kein Lastentransport und ohne Lasten kein Sturmlager. Dabei ist das Wetter jetzt strahlend — endlich das richtige Gipfelwetter! Wenn es nur aushält!

Noch ist am nächsten Morgen die Sonne nicht da, als es sich schon wieder in den Zelten regt. Bald darauf steigen Markus und Fritz nach Lager I ab, um ein paar unbedingt nötige Lasten heraufzubringen, während Hermann und ich hinauf aufs Plateau gehen, um die Präparierung der Flanke in Angriff zu nehmen, wobei wir hoffen, noch heute den ganzen Weg erstellen zu können. Hermann steigt gleich höher, er will weiter oben arbeiten. Ich beginne von unten her.

Noch immer ist die Sonne nicht da. Es ist eiskalt. Ich hacke gleich wie wild drauflos, damit mir warm wird. Zuerst soll ich noch alte Seile hier unten am Plateau freilegen und ihm hinaufbringen, hat Hermann gesagt. Hernach mit der Stufenleiter beginnen! — Zentimeterweise hacke ich nun ein Seil frei, reiße es stellenweise mit einem Ruck aus dem Panzer heraus ... Plötzlich habe ich mit einem alten Haken auch das Seilende in der Hand. Wo geht es jetzt weiter? Es kann nur hier in der Nähe sein. Gebückt mache ich einige Schritte über den Eispanzer, der so hart ist, daß die Eisen fast keine Spuren hinterlassen. — Da! Deutlich sehe ich das Seil unter der blanken Fläche; sogar die grünen Prüffäden schimmern ein wenig durch. Zack, zack, zack ... ein paar wuchtige seitliche Pickelhiebe — da liegt es auch schon bloß, während die Eisschollen mit leisem Klirren das Weite suchen.

Inzwischen ist auch die Sonne gekommen und wirft ihr gleißendes Licht über die Flanke. Wenn ich mich von Zeit zu Zeit etwas aus der gebückten Haltung aufrichte, um den schmerzenden Rücken etwas geradezubiegen, sehe ich weit oben Hermann. Ein winziger Mensch scheint an der grauschimmernden Wölbung des Eiswalls zu kleben, ein Farbtupfen inmitten der glatten Steilheit!

Als ich schließlich mit einem ansehnlichen Knäuel hier unten überflüssiger Seile zu ihm hochsteige, kann ich erst ermessen, was er geleistet hat. Denn die Seile, an denen ich nun, mich mit beiden Händen hochziehend, keuchend über den Eisbruch hinaufsteige, hat Hermann erst in gefährlicher und anstrengender Arbeit aus ihrem Panzer befreien müssen — ohne Stufen im wenigstens 45 Grad geneigten Bankeis stehend! Und nun ist er auch schon dabei, weitere Seile höher hinaufzuspannen, bis dorthin, wo am unteren Ende eine Reihe von Felsschuppen sich wohl wieder einmal ein Fleck finden lassen wird, auf dem man bequem und ohne Anstrengung stehen kann.

Während ich anschließend im Seillift wieder hintersteige, arbeitet Hermann oben weiter. Ich beginne nun, von der Hohlkehle des Plateaus an, dem Seil entlang Stufen zu schlagen. Bis zur Ersten Felsinsel, der sogenannten „Eiskapelle", ist die Neigung nicht sehr groß, und so habe ich dort bald die „Treppe" fertig.

Aber dann befinde ich mich oberhalb der Felsinsel endgültig im steilen, durch nichts mehr unterbrochenem Eishang der eigentlichen Flanke. Während ich mich mit der Linken an dem von oben herablaufenden Seil festhalte, schwingt die Rechte den Pickel. Ein paar Schollen sausen die Wand hinunter. Ein paar leichtere Schläge vertiefen die Bresche zur Stufe. Und dann wiederum in der bereits geschaffenen Treppe einen kleinen Schritt höher getan, im Seil nachgegriffen und wieder ausgeholt... alle 40 Zentimeter entsteht so eine neue Stufe. Der Höhengewinn ist beklemmend gering.

Und das soll heute noch fertig werden?

Irgendwann einmal steige ich dann hinauf zu Hermann.

Er ist jetzt schon hoch oben in den Felsen. Über brüchiges Gestein komme ich nur langsam an ihn heran — dann bin ich neben ihm. Hermann ist gerade damit beschäftigt, einen Haken einzutreiben. Er rüttelt prüfend daran... nickt. Dann zieht er eine Seilschlinge durch, fixiert sie... nimmt die restlichen Seile über die Schulter, will weitersteigen... „He, Hermann!" — er hat mich noch gar nicht bemerkt, so vertieft war er. „Ah, du bist da! Was gibt's? Wie geht's drunten?" „Mittelmäßig — ich bin jetzt bei der Hälfte." „Erst? Nun schau aber dazu, morgen müssen die Lasten hoch!" „Weiß schon — hast du keinen Hunger? Ich hab' unsere Fischbüchsen da..." „Ist wahr — essen wir was — dort drüben kann man sitzen..." Hermann deutet auf einen Felskopf in der Nähe.

Während wir dann dort sitzen und essen, hat keiner Lust, viel zu sprechen.

Bald darauf sind wir wieder an der Arbeit. Aber es erweist sich einfach als unmöglich, heute noch fertig zu werden. Als wir am Abend wieder zum Plateau hinuntersteigen, sind unsere Arme zwar wie abgestorben und ich kann rechts keine Faust mehr machen, aber von unserem „Weg" fehlt immer noch ein ansehnliches Stück.

Am nächsten Tag ist in der Flanke Hochbetrieb: Jetzt steigen wir dort alle vier auf und ab. Hermann und ich setzen die Präparierung des Anstiegs fort und schleppen zwichendurch unsere beiden Lasten für Lager III stückweise höher. Zur selben Zeit müssen Markus und Fritz den anstrengenden Weg über die Flanke gleich zweimal schwerbeladen zurücklegen.

Es wird Mittag und es wird Nachmittag: Langsam neigt sich da die Herstellung unserer Seilleiter dem Ende zu, langsam wandert gleichzeitig unser Hochlager in Form von 6 Lasten an die 7000-Meter-Grenze heran. Und als schließlich die Sonne sich gegen den Horizont senkt, da verankern wir droben in 6950 Meter Höhe die beiden Zelte des Sturmlagers auf einer luftigen Kanzel.

Da es noch immer 1100 Meter bis zur Gipfelschneide sind, wollen wir zeitig am Morgen aufbrechen und müssen daher jetzt noch alles herrichten. Als endlich die Gipfelrucksäcke bereitstehen, ist es finster geworden. Noch immer aber haben wir nichts zu trinken für den nächsten Tag. Auch jetzt quält uns fuchtbarer Durst. Todmüde? — Wir brauchen die Flüssigkeit! Bis 11 Uhr nachts brummt draußen zwischen den Zelten der Kocher... Nach wenigen Stunden unruhigen Schlafes naht schon wieder der Tag. Keinen von uns fällt das Aufstehen leicht. Die letzten zwei Tage haben von uns trotz unserer guten Akklimatisation zuviel verlangt. Das Müdigkeitsgefühl legt sich aber in der morgendlichen Kälte bald, und so steigen wir langsam über die ungeheure Schnee- und Eisflanke gipfelwärts. Obwohl um uns

Aufstieg zum Broad Peak, im Hintergrund der K2.

schon unzählige Karakorumgipfel im ersten Licht erstrahlen, ist bei uns noch immer keine Sonne. Wir sind ja in einer Westflanke.

Über uns ragen dunkel die beiden höchsten Gipfel des Broad Peak in den blassen Morgenhimmel. Zwischen ihnen, noch hoch über uns, die 7800 Meter hohe Scharte. Die müssen wir zuerst erreichen... Allmählich dringt die abnorme Kälte durch die Schuhe und Haarsocken, erreicht die Zehen, läßt den Kreislauf des in solchen Höhen immer dickflüssiger werdenden Blutes erstarren, nimmt jedes Gefühl... Wir müssen stehenbleiben und mit aller Macht die Beine schwingen. Das hilft — für ein paar Minuten.

Immer tiefer wird nun der Pulverschnee. Wir werden immer langsamer.

Von Minute zu Minute scheint die tödliche Kälte zuzunehmen. Und dann spüren wir schließlich die Füße überhaupt nicht mehr...

Als wir um 9 Uhr auf 7500 Meter in die Sonne kommen, ist es schon höchste Zeit. Wir bleiben lange sitzen. Als wir dann weitergehen, stechen die Strahlen der Sonne förmlich vom schwarzen Himmel nieder. Jetzt ist es plötzlich heiß. Immer mehr befällt uns eine eigenartige, bleierne Müdigkeit. Es wird eine Qual, die Beine zu heben...

Was ist das nur? denke ich noch stumpf. Dann merke ich, wie mir langsam schecht wird...

7600 Meter! Es ist nach Mittag. Vor uns ein furchtbar steiler Hang. Weiter...? Wo nur die Zeit hinkommt...

... 7800 Meter. Die Scharte. Ich möchte nichts wie schlafen. Eigentlich ist es schon zu spät für den Gipfel. Aber da vor uns ist der Schlußgrat... Fritz geht darauf zu... Weiter... Nur... noch... 200 Meter... aushalten...

Über mir ist eine Riesenhand. Sie senkt sich, preßt mich erbarmungslos nieder. Ich wehre mich, stemme mich mit den Schultern dagegen, drücke die Knie durch... Vergeblich, schon liege ich auf dem Boden. Immer stärker wird der Druck, ich will schreien... kann nicht... kann nicht mehr atmen... keine Luft... aus. — Ein gelbes Licht? — Es ist gemustert. — Wie ein Stoff. — Ein durchscheinendes Gewebe...? Die Zeltwand. Nur ein wüster Traum — du liegst ja im Zelt — auf dem Boden. Liegst im Schlafsack auf einer Luftmatratze — hier oben im Lager III auf fast 7000 Meter. Aber der Traum?... Du kannst ja noch immer kaum atmen. Und alle Glieder tun weh. Es ist, als ob noch immer der furchtbare Druck auf dir lasten würde... Noch immer... Hast du sie nicht gestern wirklich kennengelernt, diese unheimliche Macht — auf dem Gipfelgrat? Dieses wohl stets gewußte, aber nie gekannte Etwas in der sogenannten Todeszone — unvorstellbar, aber wahr: vor dir der steile Schnee, der Grat, der schwarze Himmel darüber. Und da ist über dir ein Fels... nahe, du kannst ihn fast mit Händen greifen. Nur noch zehn Schritte... gleich bist du oben. Aber da ist sie, die unsichtbare Faust, die dich mit Gewalt in die Stufen niederdrückt, die jeden Meter zum Kampf macht, die den Fels nicht näher kommen läßt bis du endlich mit aufgerissenem Mund keuchend an ihm lehnst...

Doch — ich habe sie kennengelernt, diese furchtbare Macht. Dort droben. Ich bin noch immer ganz zerschlagen. Im Kopf ein dumpfes Gefühl. Der Gipfel? Noch immer unerstiegen.

Bis zuletzt haben wir an den Sieg geglaubt: Ich sehe noch die dunkle Gestalt von Fritz, der ein paar Meter vor mir Schritt für Schritt den Steilhang hinaufsteigt, den letzten Hang — über dem nur noch ein paar dunkle Felsen gegen den Himmel stehen. Noch ein paar Meter, ein letztes Höherstemmen.... Und da geht es wirklich nirgends mehr höher hinauf. Im selben Augenblick, da wir's gewahr werden, löst sich von jedem das „ich muß", und durch die große

←

Abb. links oben: Buhl am Gipfel des Broad Peak, 1957. Unten: Anmarsch über den Baltoro-Gletscher; heute wie damals mühselig!

Mattigkeit, die zurückbleibt, durch die Erschöpfung, dringt ein schwacher Schimmer der Freude: Wir sind oben.

Wir stehen tatsächlich auf der höchsten Schneide des Broad Peak. Aus leuchtenden Nebeln tauchen vor uns sanfte Schneebuckel auf, ein langer, waagrechter Grat, der ganz schwach abfallend nach Süden zieht. — Aber dort... er steigt wieder an... da taucht ein schimmerndern Schneespitz hervor... Er ist höher!

18 Uhr... Zu spät. In wohl einer Stunde Entfernung steht da der Gipfel. Er sieht fast gleich hoch aus — aber nicht ganz, er muß noch 20, vielleicht nur 10 Meter höher sein. Und noch so weit weg! Wortlos steigen wir zu unseren Kameraden hinunter, die rund 50 Meter tiefer auf einem Schneebuckel stehen geblieben sind...

Und nun? Wir werden hinuntersteigen ins Basislager und warten, bis wir uns erholt haben. Dann werden wir wiederkommen. Aber dann werden wir trotz der furchtbaren Kälte in der Flanke noch früher von hier aufbrechen müssen. Denn dann wollen wir auch noch über die lange Schneide vorstoßen — hinüber, bis auf den Gipfel.

Nun ist es wieder soweit — wir sind neuerdings droben in den Zelten des Lagers III. Mehrere Tage haben wir drunten im Basislager bei unsicherem Wetter um unsere Hochlager gebangt. Allzu kühn — doch nicht anders möglich — stehen Lager I und III... Ein schwerer Sturm hätte unter Umständen den Gipfelsieg in Frage stellen können. Doch nun ist das Wetter prachtvoll, etwas kälter als das erste Mal, aber hundertprozentig sicher. Diesmal haben wir in aller Ruhe unsere Vorbereitungen treffen können und sind schon vor Sonnenuntergang in die Zelte gekrochen.

Nun erhellt bereits der Mond das Zeltdach.

Langsam verrinnt die Zeit. Ich starre auf das gelbe Tuch. Werden wir morgen wirklich oben stehen? Morgen, am 9. Juni 1957. Wird morgen der Tag sein, die große Stunde meines Lebens, wo ich den immer rufenden, ferne erahnten Gipfel betrete, den Traumgipfel, den schimmernden Berg hoch über der Welt. Wird es wahr werden? Ich finde keinen Schlaf. All meine Gedanken konzentrieren sich auf morgen...

Und Hermann? Schläft er?

„Ab ein Uhr nachts schaue ich immer wieder auf die Uhr. Es ist furchtbar kalt. Als ich um $^1/_2$ 3 Uhr aufstehe, bekomme ich Hustenanfälle und reiße schleunigst den Zelteingang auf. Der Mond ist weg. Das Anziehen ist eine Tortur: bis man in den Strümpfen und Schuhen ist, bis man die Hose mit den Schuhen dicht verbunden hat, dann die Überhose, die Schuhüberzüge, die beiden Pullover, den Anorak, und das alles auf engstem Raum... Das Haferflockenmus schmeckt wunderbar. Markus und Fritz hauen ab, um $^1/_2$ 4 Uhr steigen Kurt und ich nach. – 20 Grad zeigt das Thermometer, aber vorläufig ist uns noch warm, nur die Hände sind schon kalt, trotz Leder- und dicken Wollhandschuhen... Es ist Pfingstsonntag morgen. Es geht wieder an steilen Eisflanken hinauf. Manchmal queren wie einen Hang. Zwei Atemzüge pro Schritt, es geht langsam. Es wird hell, die Sonne setzt den höchsten Gipfeln goldenen Harnische auf. Der Schnee auf dem Eis wird tiefer und lockerer. Wir haben Markus und Fritz nach stundenlangem Steigen eingeholt. Ich spure voran, durch angewehten Preßschnee. Ich schaue immer wieder zur Scharte über uns, das nächste Ziel. Die Füße sind jetzt eiskalt geworden, aber ich lasse mir keine Zeit zum Massieren, eins, zwei – eins, zwei, nur ja nicht aus dem Rhythmus kommen. Um dem grundlosen Schnee unter der Scharte auszuweichen, wollen wir diesmal rechts über Felsen.

←

Gipfelaufnahme von Kurt Diemberger und Hermann Buhl am Broad Peak, im Hintergrund der K2.

Der Schnee ist manchmal grundlos tief, dann kommen wieder tragende Platten. Kurt löst mich ab. Noch ein steiler, steinharter Hang, eine neue Querung, wir treten in das helle Sonnenlicht, es ist acht Uhr morgens.

Höchste Zeit, daß ich aus den Schuhen komme, die Füße sind bereits gefühllos. Wir messen 30 Grad. Jeder arbeitet in der Sonne sitzend an seinen Füßen, an meinem rechten Fuß ist es am schlimmsten. Erst nach 40 Minuten tauen sie auf, ich reibe sie mit Frostschutzsalbe ein und beginne wieder die umständliche Prozedur des Schuhanziehens. Markus und Fritz sind bereits weitergestiegen. Mir schien zunächst, es ginge diesmal leichter als beim letzten Versuch. Aber allmählich kommt eine bleierne Müdigkeit über mich.

Nach einem schweren, extrem steilen Eishang erreichen wir am 9. Juni mittags, halb zwei Uhr, die Scharte zwischen Mittel- und Hauptgipfel. Mein Höhenmesser zeigt 7800 Meter an. Ich will schlafen. Kurt sucht mir aus dem Rucksack Bonbons, Dörrobst, Haselnüsse – nichts will mir schmecken. Nicht einmal ein Schluck aus der Flasche..."

Ich sitze im Schnee und blicke auf Hermann. Sein Fuß macht ihm sehr zu schaffen — ich kann es ihm ansehen. Und eben hat er gesagt, daß er so heute wohl kaum auf den Gipfel kommt. Ich bin traurig: Hermann, mein Seilkamerad... Gerade er, der Beste von uns — wie hat er sich die ganze Zeit für uns alle eingesetzt, Pläne entworfen, rastlos gearbeitet, das Letzte hergegeben! Hat hier am Berg alle Operationen geleitet... und gerade heute, wo es endlich ans Ziel gehen soll...

Sein Fuß... Der Nanga Parbat... er hat ein großes Opfer gefordert. Ich starre hinaus nach Westen, zu dem fernen, einsamen Riesen. Nanga Parbat — er war das Opfer wert.

Kleiner und kleiner werden droben auf dem Grat unter dem schwarzblauen Himmel die Gestalten von Fritz und Markus. Sie kommen nur langsam aufwärts... Immer dünner wir die Luft, immer mehr wirkt sich die Höhe aus. Dabei haben wir heute wirklich das ideale Gipfelwetter. Es ist fast windstill, nur selten weht ein leichtes Lüftchen durch die Scharte. Heiß brennt die Sonne nieder. Wir sitzen im Schnee und warten.

Um halb drei Uhr geht es Hermann ein wenig besser, und wir gehen wieder los.

Langsam steigen wir höher. Direkt vor uns zieht der steile Schnee- und Felsgrat zum Vorgipfel hinauf. Er trägt riesige pilzförmige Wächten. Auch die ungeheuren Steilwände des Mittel- und Hauptgipfels zeigen ähnliche seltsame Schneegebilde: Pilze, Rippen, riesige Strebepfeiler. 3000 Meter ziehen hier im Osten die Wände in einem Schuß zur Tiefe. Und wir gehen an ihrem oberen Rand.

7900 Meter! Der Blick hinunter auf das Heer namenloser Sechstausender, auf die Gletscherströme tief unter uns ist schwindelerregend. Weit draußen ein Strich — der Horizont. — Wir sind schon sehr hoch, aber der Weg zum Gipfel ist noch endlos.

Wir bleiben nun immer öfter stehen. Erst alle zehn Meter — dann alle zehn Schritte... Ich bewundere Hermanns Willen, wie er sich trotz seiner Verfassung Meter um Meter höherkämpft, immer wieder. Jeder andere würde schon aufgegeben haben. Aber wir werden dennoch immer langsamer. Dabei ragt der 8000 Meter hohe Mittelgipfel hinter uns noch hoch über unsern Köpfen. Endlich sind wir bei den Felsen des großen Grataufschwungs. Da ist der Kamin! Er kostet viel Kraft. Mit eiserner Energie zwingt Hermann sich hoch. Doch dann... Auf einer kleinen Schneeschulter bleiben wir stehen. Von dort aus sehen wir den weit entfernten Gipfel auftauchen.

Abb. rechts: Buhl im Lager III am Broad Peak. „Ich setze den Primus in Betrieb, mache Tee und versuche Herrligkoffers Konserven, die ich nach drei Jahren aus dem Eis geborgen hatte."

So weit! Aussichtslos, da gehen wir ja in die Nacht hinein! Es ist bereits Viertel vor 5 Uhr, und in zwei Stunden geht die Sonne unter. Hinter uns liegt erst ein Drittel des Weges von der Scharte zum Gipfel — und allein für das haben wir schon zwei lange Stunden gebraucht. In unserem Tempo noch weitergehen? Hinein in eine Nacht in 8000 Meter? Und ein Biwak hier oben... es wäre Wahnsinn. Wir stehen traurig vor der Erkenntnis, daß es zu spät ist.

Aber ob ich allein es vielleicht noch schaffe? Ich fühle mich heute in ausgezeichneter Verfassung. Mein Blick bleibt an der fernen weißen Spitze hängen. Dort steht der Gipfel — Wunsch meines Lebens.

Ich bitte Hermann, es mich noch versuchen zu lassen. Es sagt ja... Er versteht meinen Wunsch. Ich bin ihm dankbar. Hermann will inzwischen auf dieser Schneeschulter warten, bis ich zurück bin. Dann werden wir gemeinsam absteigen.

Ich möchte Hermann noch ein gutes Wort sagen, ehe ich gehe, aber ich weiß, daß es keinen Trost gibt. Hermann sitzt stumm auf dem Schnee der Schulter und schaut hinaus in die Ferne — sein Blick geht zum Nanga Parbat. Sein Berg!

Ich will sobald wie möglich zurückkommen. Keuchend steige ich den Hang zum Vorgipfel hinauf. Gerade weil ich mich gut in Form fühle, habe ich viel zu schnell losgelegt. Ich beiße die Zähne zusammen, ich will nicht stehen bleiben! Verbissen drücke ich die Knie durch, wuchte mich an den Stöcken höher... So, da ist der Vorgipfel! Ich halte inne, schnappe nach Luft; alles dreht sich...

Dort drüben die weiße Spitze! Der Gipfel. Und da! In wohl einer Stunde Entfernung: zwei kleine Punkte, die auf dem letzten Schneehang langsam höhersteigen. Markus und Fritz. Es ist kurz nach 5 Uhr.

Weiter! Es ist keine Zeit zu verlieren. Hinunter in die erste Mulde, wieder einen Buckel hinauf; hinunter, hinauf... ich fauche wie eine Lokomotive — es ist alles über 8000 Meter. Dann liegt das lange horizontale Gratstück vor mir — da ist freie Bahn. Vorwärts! Ich keuche mit aufgerissenem Mund dahin, gehe nun aufs Äußerste, stoße mich mit den Skistöcken links und rechts ab, konzentriere mich völlig auf den Weg vor mir, auf Schnee und Schutt — auf den Firngrat, der sich wie eine riesige Brücke über ungeheure Tiefen spannt. Rasch rückt der Gipfel näher...

Die Gegensteigung beginnt! Hinauf — dort oben auf dem höchsten Schneehang machen Markus und Fritz gerade ihre Gipfelfotos. Nur noch ein kurzes Stück! Nicht stehen bleiben! Es geht bergauf — wild schlägt mein Herz; die Knie wollen mir weich werden... Aber da bin ich bei den letzten Felsen, da ist der Gipfelschneehang, auf dem die Kameraden stehen. Schwer atmend mache ich halt. Ich hab's geschafft.

Markus und Fritz sind eben im Begriff, den Abstieg anzutreten. Sie kommen auf mich zu, und wir begrüßen uns. Dann beginnen sie, den endlosen Grat zurückzugehen. Ich bin allein — todmüde, aber nun wirklich auf dem Gipfel des Broad Peak. Weit hinten sehe ich den Vorgipfel. Vor wenig mehr als einer halben Stunde bin ich noch dort drüben gestanden und habe hier herüben meine beiden Kameraden über den Schneehang emporsteigen sehen. — Ausgepumpt wie ich bin, steige ich nun nur noch langsam zehn Meter höher, wo ich bei den letzten Stapfen stehenbleibe. Vor mir habe ich die Gipfelwächte des Broad Peak; sie ist höher als ich, und ich kann nicht hinüberschauen. Ich nehme den Rucksack von den Schultern und setze mich zu kurzer Rast in den Schnee.

Es ist angenehm, endlich wieder einmal zu sitzen. Vor mir — so weit ich nur schauen kann — Gipfel an Gipfel; ein weißes Meer, das sich endlos bis in die fernste Ferne dehnt.

In der Nähe all die bekannten Gipfel des Baltoro. Mein Blick schweift vom Gasherbrum zur Chogolissa, vom spitzen, nur 200 Meter niedrigeren Masherbrum bis zum Mitre Peak, der mit

Am Gipfel des Broad Peak, im Hintergrund links der Nanga Parbat, in Bildmitte der K2.

seinen 6010 Metern von hier oben gar nicht mehr imposant aussieht; er steht vielmehr wie ein herziger Zwerg mit weißer Zipfelmütze da tief unten am Konkordiaplatz. Über den weiten Wellen des Baltorogletschers steht in der Ferne der Nanga Parbat, der von hier oben noch viel einsamer und mächtiger erscheint als vom Plateau aus. Rechts über dem Vorgipfel, ganz nahe und noch immer unglaublich hoch, der K 2 — 8611 Meter! — Ehrfürchtig schaue ich zu dem Riesen auf.

Längst bin ich aufgestanden, schaue rechts an der Wächte vorbei zu den Achttausendern der Gasherbrum-Kette, zu Hidden Peak und Gasherbrum II. Links der Wächte kann ich über den Schnee hinaus nach Osten blicken: Dort werden die Berge niedriger; braune, verschneite Ketten wechseln mit graubraunen Hochflächen, verlieren sich in der Ferne — das ist Tibet; das unbekannte Land.

Schade — diese Wächte! Wenn man so von ganz oben frei hinausblicken könnte, wenn rund herum nur noch Luft, nur unendliche Weite wäre... wie einmalig müßte das sein.

Ich starre auf die Wächte vor mir.

Nur einmal im Leben, heute, auf dem Achttausender! Ich sondiere: Eis oder ganz harter Firn. Ich steige einen Schritt höher. Noch einen. Und wieder...

Ich stehe. Frei blicke ich hinaus in den Raum. Um mich nur Luft.

Ich senke den Blick. Vor mir ist ein schimmernder Schneescheitel. Hier hört der Broad Peak auf, denke ich verwundert und streiche mit dem Skistock über die höchste Wölbung. Da, vor mir... nur noch ein paar Schritte.

Lange schaue ich nach Osten...

Seltsam: dort — die Tiefe, das Weite, das Unbekannte — das ist also Tibet. Grenzenlose Einsamkeit...

Etwas ist unbegreiflich an diesem Land da draußen. Ich weiß nicht, was es ist.

Während ich schaue, fühle ich auch hier oben diese ungeheure Einsamkeit, die lautlose Stille um mich, das Schweigen...

Ich bin allein. Und Hermann sitzt unten auf dem Grat.

Er, mit dem ich hier oben sein wollte, auf einem strahlenden Gipfel, in gemeinsamer, alles überstrahlender Freude, voll Glück über den Sieg, über die schönste Stunde eines Bergsteigerlebens... er ist nicht da. Und alles schweigt um mich — starr, kalt, unendlich.

Ich bin nicht glücklich.

Müde steige ich wieder den Grat hinunter, folge den Wellen der langgezogenen Schneide. — Jäh halte ich inne, drehe mich um. Da ist der Gipfel, da sind die Stapfen im Schnee. Doch, ich war oben. Es ist vorbei. Und das war wirklich der Höhepunkt eines Bergsteigerlebens? Schade, so ganz anders, als ich es immer dachte. Und mein Traumgipfel? „Das war eben die Wirklichkeit", sagt eine Stimme in mir. „Ich weiß", sage ich enttäuscht und folge wieder den endlosen Wellen. Bald werde ich bei Hermann sein. Jetzt habe ich schon den halben Grat. Es ist gut, denn ich bin müde. Müde und allein.

Da vorne der K 2, vor mir die breite Schneide, die Buckel... Ein gelber Punkt? Ein Anorak!... Hermann...!

Er ist es wirklich — er kommt trotz allem. Hermann Buhl...! Mir schaudert vor solch ungeheurer Willenskraft.

Er kommt näher. Er geht ganz langsam, Schritt für Schritt. Angespannt die Gesichtszüge, geradeaus sein Blick.

Er geht zum Gipfel. Hinein in die Nacht...

Hermann! Nun ist er da. Ich schaue ihn an. Ich kann nichts sagen — nur eines denken: Nun gehen wir doch noch gemeinsam hinauf. Ich bin mit einem Male froh und glücklich.

Was war inzwischen geschehen? Wie war das nur möglich? Hermann wollte doch auf der Schulter des Vorgipfels auf mich warten...

„... Ich setze mich hin, um zu warten, bis die anderen vom Gipfel zurückkommen. Ich glaube zu sehen, wie Markus und Fritz den Hauptgipfel erreichen, zwei kleine Punkte auf einer schlanken Firnschneide, weit, weit rückwärts noch. Meine Füße sind wieder gefühllos. Ich beobachte Kurt, wie gut er eigentlich vom Fleck kommt.

Aber wollten wir nicht alle am Gipfel stehen? denke ich. Es ist fünf Uhr. Ob die Zeit noch reicht? Aber wir haben ja den Mond als Begleiter, rede ich mir zu und gehe weiter. Langsam komme ich dem Vorgipfel näher. Dicht darunter kommen mir Markus und Fritz entgegen. Sie haben den Gipfel... Ich gebe ihnen zu verstehen, daß ich es versuchen wolle, so weit ich eben käme... Dann gehe ich langsam weiter. Einige kurze Gegensteigungen, dann kommt die lange Querung über einen waagrechten Schneegrat hinüber zum Hauptgipfel. Jetzt in den Abendstunden geht es plötzlich etwas besser. Mitten auf dem Grat begegne ich Kurt, er kommt gerade vom Gipfel. Als ich ihm zu verstehen gebe, daß ich noch hinüberwill, kehrt er wortlos um, um mit mir zu gehen.

Die Sonne senkt sich schon langsam zum Horizont, über den Gletschern hängen schon schwarze Schatten. Wir gehen in über achttausend Meter Höhe die letzten Meter zum Gipfel des BROAD PEAK hinan...

Es muß unfaßbar schön um uns sein..."

Es ist wirklich unfaßbar schön.

Ich bin müde, zu müde zum Denken. Aber ich kann schauen und fühlen...

Die Welt dort unten ist bedeutungslos geworden. Auch der erste Gipfelgang liegt in weiter

rechts: Am Gipfel des Broad Peak, 1957. „Das Leben! - Kann es noch einmal so schön sein"?
Unten: Der Broad Peak vom Baltoro-Gletscher aus.

Ferne — und was war das schon... Nun aber dringt durch meine Müdigkeit eine selige Gewißheit: Jetzt wird es wahr werden, das Traumbild.

Denn dort oben, vor uns, da leuchtet er — unirdisch wie ein Traum — der Gipfel!

Immer phantastischer werden die Gestalten der riesigen Schneepilze. Seltsam, wie Gesichter, ihre Schattenbilder Alles lebt — und vor mir wandert der lange Schatten Hermanns über die Schneefläche, er krümmt sich, dehnt sich, macht Sprünge.

Es ist totenstill.

Ganz tief steht die Sonne.

Das Leben! Kann es noch einmal so schön sein?

Zurückkommen?... Vor mir liegt die Stunde, nach der ich mich ein Leben gesehnt habe. Daß ich sie erleben durfte, gerade ich!? Ich bin glücklich... Schwer stütze ich mich einen Augenblick auf die Stöcke bleibe stehen. Dann gehe ich lächelnd weiter. Vor mir ist Hermann. Wir gehen gemeinsam dem Gipfel zu. Ja, wir gehen in die Nacht; doch davor ahne ich ein Leuchten, das alles überstrahlt, das jeden Wunsch des Lebens in sich schließt; das Leben selbst.

Und dann wird es wahr. Wir stehen oben. Die Stille des Raums umfängt uns. Wir schweigen Es ist die Erfüllung.

Zitternd neigt sich die Sonne dem Horizont zu. Unter uns ist Nacht — da liegt die Welt. Nur noch heroben bei uns das Licht.

Zauberhaft schimmern die nahen Gasherbrumgipfel, weiter draußen das eisige Himmeldach der Chogolisa. Direkt vor uns im Gegenlicht ragt die dunkle Gestalt des K 2 auf.

Dunkler, leuchtender werden die Farben. Tieforange färbt sich der Schnee. Seltsam azurblau noch immer der Himmel. Ich wende den Blick: Der Schatten des Broad Peak! Eine dunkle, riesige Pyramide wächst hinaus in die endlose Weite Tibets. Sie verliert sich im Dunst der Ferne.

Immer noch stehen wir stumm. Dann drücken wir uns die Hände.

Am Horizont ist jetzt nur noch ein schmaler Sonnenrand. Ein Lichtstrahl greift durch die Dunkelheit herüber zu uns. Er trifft gerade noch die letzten Meter des Gipfels.

Staunend blicken wir auf den Schnee zu unseren Füßen. Er scheint zu glühen. Wir schweben auf einer leuchtenden Insel im Raum... Da erlischt das Licht.

„... der Himmel wird immer blasser. Bleich steht der Mond über uns. Schnell hinunter. Um halb acht Uhr, am Vorgipfel, dämmert es. Dann hilft uns der Mond. Wir müssen sehr achtgeben, wenn er sich manchmal hinter einer Felsrippe versteckt. Sehr steile Absätze. Wo der Grat von Felsen unterbrochen wird, sichern wir mit dem Seil. Endlich sind wir an der Scharte. Wir sehen Markus und Fritz nicht mehr. –

Mit zusammengeknüpften Seilen sichern wir uns die übersteile Eiswand hinunter in den Schnee. Es ist Nacht. Der Abstieg im Bruchharsch ist sehr mühsam. Aber weiter, weiter. Die Kälte ist grausam..."

Wir sind wieder herunten. Haben uns im schwachen Licht des Mondes hinuntergekämpft zu den Zelten des Lagers III; sind dann während der folgenden zwei Tage abgestiegen ins Basislager.

Nur ungenau erinnere ich mich noch an die Einzelheiten dieses endlosen nächtlichen Abstiegs durch die Riesenflanke: an die Steilheit der Hänge, die Gefahr eines Fehltritts im

←

Abb. links: Buhl am Rückweg vom Broad Peak.

trügerischen Licht des Mondes; an den hellen Schimmer des Plateaus tief unten — des Plateaus, das nicht näher kommen wollte... und schließlich an unsere baldige völlige Erschöpfung. Wie oft saßen wir im Schnee, um zu rasten; zu dösen — erfüllt nur von dem einen Wunsch: zu schlafen! Wenigstens ein bißchen...

Aber trotz aller Stumpfheit, die sich unser bemächtigt hatte, wußten wir: Das durfte einfach nicht sein! Wenn man erst einmal eingenickt war, würde man bald in einem immer tiefer werdenden Schlaf versinken... der leise, unmerklich über alle Müdigkeit der Welt hinausführte.

Es war gut, daß wir zu zweit waren. So riß sich doch immer wieder einer von uns hoch und sagte, daß es Zeit wäre, wieder ein Stück zu gehen. Dann gingen wir wieder...

Um halb ein Uhr nachts merkten wir am Gelände, daß wir uns in der Nähe des Sturmlagers befanden. Nach einer Weile tauchten die Silhoutten der Zelte vor uns auf: wir wußten, daß wir nun endlich schlafen durften.

Noch ein paar Schritte, die letzten... da: der Zelteingang... der Schlafsack... dann nichts mehr.

Nun haben wir uns von den Strapazen schon wieder ziemlich erholt. Wir genießen die angenehme Geräumigkeit der großen Basislagerzelte, räkeln uns in den weichen Daunenschlafsäcken, essen, schreiben Briefe...

Manchmal schauen wir hinauf zu den Gipfeln des Broad Peak hoch über uns. Dann vergessen wir all die übermenschlichen Anstrengungen, die Widerwärtigkeiten der letzten Zeit und freuen uns: Unser Gipfel! Unser Achttausender.

Abends, wenn es bei uns herunten schon dunkel ist, wenn hoch oben noch die Felsen leuchten und der Schnee zu glühen beginnt, dann denke ich wieder an meinen Traumgipfel, auf dem ich mit Hermann gestanden bin, an das überirdische Licht dort droben, die Stille des dunklen Raums — und ich habe das Gefühl, als könnte es wahrhaft nur ein Traum gewesen sein; ein Traum über meinem Leben — unerreichbar entrückt. Aber ich weiß, daß er Wirklichkeit war.

Es geht gegen Mittag. Das Klappern der Schreibmaschine tönt durch das Zelt; während ich nach einem Brief gegriffen habe, schreibt Hermann an einem Bericht für daheim. — Ich lese... und dann fällt mir wieder die eine Ansichtskarte unter den vielen Briefen in die Hände — die, die ich immer wieder anschauen mu: Da ist eine Wiese drauf, ein Baum, dahinter ein kleiner See... „Ich bin hier auf einer kleinen Wanderung. — Tschau..." steht auf der Rückseite. Aufgegeben vor *sechs* Wochen...

Wie lange wird es noch dauern, bis sie daheim *unsere* Briefe erhalten? Wo doch unsere Telegramme mindestens zwei Wochen brauchen werden! Noch wissen sie ja gar nichts. Aber wenn sie's dann erfahren... der Freudenrummel!

Ich blicke zu Hermann hinüber. Er hat zu schreiben aufgehört und geht jetzt den Bericht noch einmal durch. — Und während er liest, schaue ich ihm über die Schulter, lese die letzten Zeilen mit:

„*... der Broad Peak ist erstiegen, auf seinem kürzesten und idealsten Wege, ohne Hochträger, von allen vier Teilnehmern der Mannschaft. Was wollen wir mehr? Wir beginnen, langsam froh zu werden. Denken an die Freunde daheim, an die Lieben zuhause – und dann kommt zufällig der Postläufer. Wir hatten ihn erst nach Tagen erwartet. – Und inmitten bizarrer Eisnadeln und immer tiefer furchender Gletscherbäche, inmitten Eis und wildem Geröll verbergen wie unsere Köpfe hinter den Briefen und lesen und lesen. Wir freuen uns ganz unsinnig auf das erste Grün. Zuhause soll doch schon Sommer sein...*"

Chogolisa

von Kurt Diemberger

Die Tage vergehen.

Die paar hundert Karten, die wir geschrieben haben, sind nun schon unterwegs. Abends vor dem Einschlafen liegen wir im Zelt und singen zur Gitarre; oder wir lauschen dem Sender Ceylon, der hin und wieder deutsche Musik bringt. Einmal kommt sogar eine Jodlerplatte. Unermüdlich wie immer schildert uns Radio Pakistan die Wetterlage für die Höhen zwischen sieben- und achttausend Meter. Wir schmunzeln.

Es wird immer wärmer. Im Gletscher murmeln die Schmelzwasser. Unsere Zelte stehen bereits auf hohen Eissockeln, und wenn man hinein will, muß man achtgeben, daß man nicht in den kleinen See fällt, der sich dicht daneben gebildet hat. Und dann erzählt uns Quader, unser

Die letzten gemeinsamen Minuten mit Eugenie und Kriemhild vor dem Abflug in München am Samstag, 30. März 1957.

Begleitoffizier, daß er auf dem Dach seines Zeltes zwei Fliegen und eine Spinne entdeckt hat, die dort Fangen spielten. Man merkt eben doch ein wenig, daß es draußen Sommer ist.

Wir freuen uns, daß es so schön ist. Denn ehe wir heimwollen, möchten wir uns auch die anderen Berge um den Baltoro noch ein wenig anschauen. „... *Exkursionen durchführen, vielleicht den einen oder anderen Sechs- oder Siebentausender noch ersteigen...*" schreibt Hermann nach Hause. — Bedauerlicherweise will Markus nun bald heimfahren; bei ihm spielen auch Berufsgründe mit. Hermann und ich finden das zu früh, denn „*um diese Zeit wie jetzt sind die meisten Expeditionen erst eingelangt*" schreibt Hermann in einem andern Brief und fährt dann fort: „Was meine Rückkehr anbelangt, so rechne ich, daß ich Ende August zurückkomme..."

Zunächst sollte jedenfalls der Berg zur Gänze geräumt werden.

Als erstes räumten Markus und Fritz, zusammen mit Qader, das Hochlager I. Dann stiegen Hermann und ich hinauf, um auch Lager II und III noch völlig abzubauen.

Inzwischen brachen unsere Kameraden zum Hauptgipfel der Savoiagruppe auf, einem Berg, dessen einheimischer Name uns unbekannt war, den Professor G. O. Dyhrenfurth jedoch als „Savoiagrat I" bezeichnet hatte. Er war ein prächtiger Siebentausender, den wir alle schon während des ganzen Aufstieges immer wieder betrachtet und als gemeinsames Nachziel besprochen hatten.

Kurz nachdem Hermann und ich wieder ins Basislager zurückgekehrt waren, kamen Markus und Fritz auf den schnellen Kurzskiern von dieser Fahrt zurück und meldeten die Erstbesteigung dieses Gipfels... für Hermann und mich, die wir von dieser Fahrt nichts gewußt hatten, eine große Überraschung. Der Gipfelturm sei ihm ziemlich schwer erschienen, meinte Fritz. Dann erzählte er weiter von der Fahrt und pries auch all die andern Gipfel um den Savoiagletscher, von denen gewiß noch einige zu machen wären. Sie hätten übrigens eine günstige Anstiegsroute auf den „Angel" von der Rückseite her ausgemacht. Ob wir den nicht versuchen wollten? Doch der Angel war nicht unser Fall. Sicher war er ein prächtiger Berg, in wunschloser Freude hatten wir schon oft hinaufgeschaut, wenn die Frühsonne die weiße Pyramide aufleuchten ließ. Aber dieser „herzige Engel", wie wir ihn oft spaßhalber nannten, verschwand mit seinen 6800 Metern fast völlig neben dem K 2. Sicherlich — auch wir wollten zu einem Berg; aber uns lockte kein Angel, auch kein Savoiagipfel mehr, nicht einmal der Skyang Kangri, obwohl wir diesen für ein lohnendes Nachziel hielten... Wir schauten nach Süden: Da stand in der Ferne ein schimmernder Zauberberg, ein himmelhohes Dach aus Eis, die Chogolisa 7654 Meter! Mehr als zweieinhalbtausend Meter über dem Gletscherboden lag der gewaltige Dachfirst. Eigentlich war es gleichgültig, wie hoch dieser Gipfel war. Er war so schön...

Wir konnten es begreifen, daß schon im Jahre 1909 der Herzog der Abruzzen die Ersteigung des Berges versucht hatte. Er war knapp am Sieg vorbeigegangen: Eine ganze Kette von Hochlagern war errichtet worden, der 7150 Meter hohe Gratgipfel im Südostgrat bereits erreicht, der Gipfel schon ganz nahe. Über den Schlußgrat stieg man höher, kam dem Gipfel immer näher... Und dann war es aus — einhundertfünfzig Meter unter dem Gipfel machte verheerendes Schlechtwetter jedes Höherkommen unmöglich. Die Angreifer mußten zurück.

Das war im Jahre 1909! Es war eine für diese Zeit einmalige Leistung, und der Bergsteigerherzog hätte den vollen Erfolg wahrhaft verdient.

Seither hatte niemand mehr den Grat betreten...

Eines Tages hatten Hermann und ich am Fuß der Chogolisa unser kleines Zelt aufgestellt. Es war der 21. Juni.

Da wir befürchtet hatten, daß die Schönwetterperiode nicht mehr lange andauern würde, hatten wir uns nicht viel Zeit gelassen: Noch am Tag der Rückkehr unserer Kameraden hatten Hermann und ich in eingehender Beratung alles festgelegt, was wir für den Angriff unbedingt brauchten. Obwohl wir jedes Gramm sparten, war der Rucksack, „unter" dem ich mich in Richtung Konkordiaplatz in Bewegung setzte, 35 Kilogramm schwer. Hermann, der noch Ausrüstung vom Fuß des Broad Peak holen mußte, war mit dem restlich notwendigen Material am nächsten Morgen gefolgt. — In der Nähe des 6010 Meter hohen „Mitre Peak" hatte er ein kleines Depot für dessen Ersteigung errichtet und mich dann auch nach einigen Stunden eingeholt, wo er mir gleich von dieser Programmerweiterung erzählte. Es war mir sofort klar, daß aus meiner Fotoexkursion zum Gasherbrumgletscher nichts mehr werden konnte, wenn es noch an diesen grimmigen Berg gehen sollte; auch war ich anfangs etwas skeptisch, wenn ich an den dort sicher bevorstehenden Kampf um Meter dachte... aber dann sag ich mir, daß die Besteigung wohl gelingen müsse, wenn Hermann sie für möglich hielt. Denn was war ihm noch nicht gelungen? Er war ja nicht umsonst der verantwortliche bergsteigerische Leiter unserer Expedition, der jeden unserer Bergpläne genau durchdachte. Und ich hatte gelernt, ihm, dem Erfahrenen, zu glauben, was er einmal gesagt hatte: daß sich auch die tollkühnsten Pläne mit Vorsicht und Sicherheit durchführen ließen.

Unsere Expedition versprach ein geradezu einmaliger Erfolg zu werden: Außer unserem Achttausender würden wir noch eine ganze Reihe von schönen, wenn auch niedrigeren Gipfeln mit heimbringen. — Denn während wir hier am oberen Baltoro tätig waren, würden Markus und Fritz zufolge der von Hermann im Basislager hinterlassenen schriftlichen Mitteilung, statt uns nachzukommen, die übrigen Berge der von ihnen begonnenen Savoiagruppe erschließen. Nachher sollte es dann noch hinaus zu den herrlichen Kletterbergen um Paiju gehen.

Wir standen vor dem Zelt und schauten hinauf, wo hoch oben in der Abendsonne der Gipfel der Chogolisa leuchtete. Jetzt, wo wir direkt davor standen, ahnten wir erst, wie gewaltig dieser Eisriese war. Unser Blick schweifte über die kilometerweiten, zerborstenen Eisströme, den endlos geschwungenen Grat, die 1000 Meter hohe Flucht der Nordwand... ganz klein und verloren konnte man sich vorkommen.

Aber wir waren ja zu zweit — wie damals beim abendlichen Gang zum Gipfel. Wir waren nicht allein.

Und wir hatten ein Zelt, unser „Hochlager", mit dem wir jeden Tag ein Stück höher hinauf wollten. Und wir hatten Markierungsfähnchen für den Rückweg und genügend Proviant, wenn es uns einschneite... wir hatten eigentlich alles.

Der Plan war freilich weit kühner als der für die Ersteigung des Broad Peak. Wir freuten uns darüber. Wir waren ja nun lange genug am Berg gewesen, gut durchtrainiert und ausgezeichnet akklimatisiert.

Auf dem Gipfel erlosch jetzt das letzte Licht. Nur noch der schwache Schein des scheidenden Tages lag auf der ungeheuren, nach Nordwesten gekehrten Dachfläche. Wenig später sah man rundum nur noch dunkle Silhouetten: den riesigen Hidden Peak, den Baltoro Kangri, weit in der Ferne den spitzen Mustaghturm. Um uns war es wunderbar ruhig, am Himmel die ersten Sterne — es war zum Beten schön.

Wie üblich war es rasch kalt geworden, und nachdem wir noch Wasser geholt hatten, beeilten wir uns, in unser „Haus" zu kommen. Dann brummte der Benzinkocher, dem es hier auf 5000 Meter noch recht gut ging. Köstlich mundete das heiße Getränk, das wir bei Kerzenschein, vergraben in die warmen Schlafsäcke, zu uns nahmen. Wir waren müde, aber restlos zufrieden. Wenig später schliefen wir tief und traumlos.

Zeitig am nächsten Morgen brachen wir zu einer Erkundung auf. Im Anblick der wildzerrissenen Brüche, die weiter unten überall den Zugang zu den höheren Regionen des Berges sperrten, war es uns klargeworden, daß wir mit unseren überschweren Lasten unmöglich auf Anhieb hier durchkamen. Es wäre nur sinnlose Kraftvergeudung gewesen. So suchten wir also einen günstigen Anstieg durch dieses Chaos, indem wir einer ungeheuren Schneerippe zustrebten, die wie ein Schiffskiel die emporbrandenden Eiswogen teilte. Nach oben hin verlor sich diese Rippe in den weiten Gletschermulden unterhalb des Kaberisattels, der ja unser erstes

Ziel sein mußte. Erst dort oben, in 6400 Meter Höhe, setzte der Südostgrat der Chogolisa an. Somit waren von uns herunten bis zum Sattel hinauf schon 1400 Höhenmeter zu überwinden. Das einzige steile Stück war der Steilhang hinauf zur Rippe, dafür sah aber der Weg zum Sattel hinauf auch entsprechend endlos aus.

Wie mit einem sechsten Sinn steuerte Hermann im Zickzack zwischen hausgroßen Eiswürfeln durch und fand, wie wir wenig später von oben sahen, einen idealen Zustieg zur Rippe. Wir folgten der Rippe noch bis auf 5500 Meter, errichteten ein Depot und traten dann, befriedigt vom Ergebnis unserer Erkundung, den Rückweg an.

Es war unerhört warm geworden, über dem Baltoro lag eine Dunstschicht, und rund um die Gipfel türmten sich riesige Wolkenberge. Der Schnee war aufgeweicht, und alle fünf Schritte brach man unvermittelt bis über die Knie ein. Laut machten wir unserem Ärger Luft, suchten vergeblich nach einem besseren Weg und kamen erst wieder gut voran, als wir die Moräne betreten hatten. Alle Anzeichen deuteten auf eine Wetterverschlechterung hin. Schade! So lange Zeit war es jetzt schön gewesen. — Als wir das Zelt erreichten, ging hinter dem Mitre Peak flammend die Sonne unter. Der Himmel bot ein unwahrscheinliches Farbenspiel.

Als wir am nächsten Morgen aufwachten, war es bereits zu spät, um wegzugehen. So entschieden wir uns für einen Rasttag. Wir kochten, aßen, schliefen und verbrachten die restliche Zeit mit angenehmem Nichtstun. Zwischendurch unterhielten wir uns immer wieder über das Wetter: Es sah nicht besonders aus. Eine niedrige Wolkendecke verhüllte die Gipfel, da und dort kam etwas Blau durch. Wir beschlossen dennoch, am nächsten Morgen aufzubrechen; wir würden dann am ersten Schönwettertag schon so weit oben sein, daß uns ein sofortiger Vorstoß zum Gipfel möglich war.

In der Nacht kommen die Sterne durch. Aber am Morgen hängen wieder verbreitet Nebelschwaden in der Luft, wenige hundert Meter über der Talsohle. Längst sind wir unterwegs, sind bereits bei beginnender Dämmerung aufgebrochen. Es ist nicht besonders kalt, und hin und wieder brechen wir durch die Schneedecke. Aber unser Gewicht ist ja heute auch größer als vorgestern um dieselbe Zeit — sind doch nur ein paar Kleinigkeiten, ein Säckchen mit Lebensmitteln und ein Fernglas, auf der Moräne zurückgeblieben. Doch trotz unserer Lasten stürmen wir förmlich voran, in gar nicht schneckenhaftem Tempo. Wir sind vom gestrigen Tag her gut ausgerastet und voll Auftrieb.

Als wir unter dem Baltoro Kangri durchqueren, bricht rot die Sonne durch den Nebel und erfüllt uns mit Zuversicht. Bald darauf schließt sich die Nebeldecke wieder.

Nun haben wir die Brüche erreicht, seilen uns an und gehen weiter. Unheimlich wirkt diese Landschaft im fahlen Grau, dieser Wall von gläsernen Nadeln, Türmen, zerborstenen und übereinandergeschichteten Eisblöcken. Da und dort kommt diffus das Licht der Sonne durch. Immer wieder erfüllt dumpfes Dröhnen die Luft, manchmal ganz nahe; dann ist irgendwo eine Eislawine niedergebrochen oder eine Wand oder ein Turm eingestürzt. Mit leisem Bangen erwarte ich den schiefen Eisturm, unter dem wir schon das letzte Mal mit Unbehagen durchgestiegen sind; es gibt keine andere Möglichkeit. — Da ist er schon: 20 Meter über unseren Köpfen hängt das dräuend eiszapfenbewehrte Haupt. So schnell als möglich balancieren wir über lockere Eisblöcke unter ihm hinweg. Aufatmend stehen wir dann am Steilhang der Rippe und schauen zurück: Es ist ein Wunder, daß dieser Bursche noch steht — ist er doch schon halb umgekippt.

Nach dem anstrengenden Steilhang haben wir den Kamm der Rippe erreicht. Im Vergleich zu unten ist das Höhersteigen hier das reinste Vergnügen. Nachdem wir, auf 5500 Meter angekommen, auch noch die hier deponierten Sachen eingepackt haben, folgen wir weiter dem Kamm der Rippe.

Immer schlechter wird die Sicht. Schließlich ist auch der letzte Wegweiser, die Rippe, zu Ende. In der ungefähren Richtung des Sattels stapfen wir durch weite Gletschermulden höher. Mächtige, bis zu hundert Meter lange Querspalten zwingen uns zu weiten Umgehungen. Alle fünfzig Meter steckt Hermann ein rotes Markierungsfähnchen in den Schnee. Auf diese Weise ist der Rückweg gesichert.

Werden wir mit den Fähnchen auskommen? Das ist die Frage, die uns bewegt. Noch ist kein Ende abzusehen: Stunde um Stunde stapfen wir durch den immer tiefer werdenden Schnee bergan...

Es hat leicht zu schneien begonnen.

Hier oben eingeschneit zu werden, müßte unangenehm sein — denke ich mir. Aber wir haben ja genug Proviant. Auch kann der Schnee nie so tief sein, daß man nicht wieder hinunterkäme. Es wäre trotzdem schöner, wenn es zu schneien aufhören würde...

Immer ärger wird die Stapferei. Hermann läßt sich im Spuren nicht ablösen. „Morgen dann..." meint er.

Obwohl wir uns keine überflüssige Rast gönnen, klettert der Höhenmesser nur langsam hinauf. 30 Meter, 50 Meter Höhengewinn lesen wir enttäuscht ab, wenn wir uns wieder einmal in den Schnee fallen lassen. Dann schauen wir gar nicht mehr: Immer flacher wird das Gelände, immer geringer der Höhengewinn. — Als es einmal kurz aufreißt, blicken wir gespannt aufwärts: Aber wir sehen keinen Sattel, nur vor uns die weite weiße Fläche, die höher oben einen Rand hat. Also noch immer nichts... Es erscheint uns wie ein Wunder, als im abendlichen Aufklaren dann wirklich die kilometerweite Schneefläche des Kaberisattels vor uns liegt. Noch einmal lassen wir uns mit den Lasten in den Schnee fallen...

Bald darauf haben wir dann auf dem notdürftig festgetrampelten Boden das Zelt aufgestellt. Und während aus dem Nebelbrauen die Siebentausender des nahen Baltoro Kangri auftauchen, gilt unsere ganze Aufmerksamkeit dem rußenden Benzinkocher, der alle paar Minuten ausgeht, und vor allem dem kleinen Häferl mit Schnee darauf, aus dem einmal Wasser werden soll. Es wird wohl nichts Rechtes; aber nachdem wir uns eine ganze Stunde mit dem Kocher herumgeärgert haben, gestehen wir uns ein, daß uns noch kein Tee so gut geschmeckt hat wie dieses bleichgefärbte Wasser. Wir sind restlos zufrieden — steht doch unser Zelt jetzt schon auf 6350 Meter. Das war heute ein großer Schritt ans Ziel! Fast 1400 Höhenmeter haben wir mit allem Material, das wir für den Berg brauchen, in einem Tag bewältigt — für diesen Schritt haben wir am Broad Peak acht Tage und zwei Hochlager gebraucht.

Morgen wollen wir bis zu einer kleinen Schulter im Südostgrat der Chogolisa vorstoßen. Dann wird hier nur noch ein Fähnchen im Schnee stecken.

Jäh schwingt sich aus den sanften Schneefeldern des Kaberisattels der Südostgrat hoch. Seine silberne Schneide erinnert an die Schönheit des Biancograts, die gewaltigen Wächtensäume auf seinen Höhen an die Gefährlichkeit des Lyskamms; nur sind die Wächten hier noch viel größer.

In seinem ganzen Verlauf von vier bis fünf Kilometern Länge steigt der Südostgrat der Chogolisa zunächst zu einer wenig hervortretenden Schulter in 6700 Meter Höhe an; dann folgt nach einem weiteren, gut 400 Meter hohen Steilaufschwung der ziemlich markante Gratgipfel (P 7150), hinter dem der Grat wieder bis auf 7000 Meter abfällt. Schließlich zieht der Grat in zunehmender Steilheit die letzten 650 Meter zum Gipfelturm empor, der, von ferne kaum wahrnehmbar, am nordöstlichen Ende des Dachs dem weißen Firstgrat aufsitzt. Zu beiden Seiten des Grates ziehen steile Flanken zur Tiefe, fast durchweg lawinengefährlich. Über diese Himmelsleiter führt der einzige günstige Weg auf das Riesendach. Ein besonderer

Vorteil ist es, daß hier für den Bergsteiger die Sonne viel früher aufgeht als in einer Westflanke — wie am Broad Peak.

Diesmal werden wir uns keine kalten Füße holen!

Noch sind wir ja ziemlich weit unten. Wir haben das Zelt knapp unter der rund 6700 Meter hohen Gratschulter aufgestellt. Der Platz ist relativ windgeschützt, aber recht exponiert: Einen Meter neben dem Zelteingang geht es die 300 Meter zum Kaberisattel so steil hinunter, daß wir uns weit hinausbeugen müssen, um von der Flanke etwas zu sehen. Wir haben das Zelt gut im Eis verankert, denn die blankgeblasene Fläche der Schulter läßt uns ahnen, wie fürchterlich hier die Stürme toben müssen, deren ungehinderte Gewalt den freistehenden Grat von Süden trifft.

Wir wollen hier auf besseres Wetter warten und dann zum Gipfel vorstoßen. Unter Berücksichtigung des Gratgipfels haben wir da noch einen Höhenunterschied von 1250 Metern zu überwinden, etwas viel für einen Gipfelangriff im Himalaya, aber da wir es für unwahrscheinlich halten, daß wir weiter oben noch einen so sicheren Platz finden können, hat es wenig Sinn, das Zelt noch weiter hinaufzuschleppen. Auch haben wir von den 300 Metern vom Sattel herauf schon genug, über die wir nur im Schneckentempo, oft bis zum Bauch im Neuschnee, heraufgekommen sind. Nun soll es dafür leicht und schnell weitergehen. Soll... leider sieht es zunächst noch gar nicht nach Wetterbesserung aus, auch das Höhenbarometer rührt sich um keinen Strich.

In den Morgenstunden des 26. Juni wuchtet plötzlich eine Bö nach der andern gegen unser Zelt, heult wilder Sturm auf. Schlaftrunken stemmen wir uns gegen die Zeltwand, halten die sich biegenden Stäbe fest, bangen davor, daß eine starke Bö uns mitsamt dem Zelt hinab in die Flanke schleudert...

Aber unser leichtes Perlonzelt widersteht dem Sturm, federt elastisch jeden neuen Ansturm der Luftmassen ab, und schließlich beginnen wir uns auch an den Höllenlärm der knatternden Zeltwände zu gewöhnen. Als wir merken, daß der Sturm etwas nachläßt, sind wir trotzdem herzlich froh. — Ein paar Meter über uns geht es aber immer noch toll zu. Dort an der Gratschneide tobt kaum vermindert der Sturm. Im Zelt geborgen lauschen wir seinem Brausen, den tausend Stimmen in der Luft. Es ist wie gewaltige Musik — und plötzlich haben wir das unbändige Verlangen, hinauszugehen, hinein in den Sturm...

„Wir könnten eigentlich ein wenig gegen den Gratgipfel ansteigen und uns das da draußen ein bisserl anschaun!" meint Hermann. „Außerdem schadet es nichts, wenn wir uns etwas Bewegung machen."

Wie Marsmenschen sehen wir aus, als wir wenig später die blanke Schulter betreten.

Donnerwetter, geht es da zu! Hermann brüllt etwas zurück, was ich nicht verstehe — ich sehe nur, daß er weitergeht und daß das Seil zwischen uns hoch in der Luft steht. Zwischen Wolken von Schneestaub sehe ich den Gratgipfel auftauchen, sehe die rauchenden Wächten, die darüber hinweghuschenden Nebelfetzen... und folge Hermann nach. Ungewohnt leicht komme ich mir vor und habe das Gefühl, eben erst gehen gelernt zu haben. Für Minuten taucht die bleiche Scheibe der Sonne auf, hüllt alles in fahles Licht.

Höhensturm des Himalaya!

Eine wilde Freude hat mich erfaßt. Eben habe ich Hermann zugerufen, daß es phantastisch sei, aber er hat mich wohl nicht gehört — in dem gewaltigen Dröhnen geht jedes Wort unter.

Kurz danach ist es aber auch aus mit der Begeisterung. Die Kälte ist enorm, das Gesicht vom Anprall der Eisnadeln gefühllos. — Vorne ist jetzt auch Hermann stehen geblieben. Die

Blick auf Baltoro-Gletscher und Chogolisa (7.654 m), 1957.

Hand schützend vors Gesicht gehalten, dreht er sich nach mir um — ja, wir sind uns einig, wir haben genug gesehen. So rasch wie möglich gehen wir zurück.

Wie gemütlich ist es im Zeltinnern! — Hermann lacht: „Weißt du, daß es mir hier herinnen gar nicht himalayamäßig vorkommt. Man könnte wirklich das Gefühl haben, irgendwo in den Westalpen im Zelt zu sitzen, statt hier auf 6700 Meter..." Und nach einer Weile: „Der Sturm ist gut, er bläst uns den ganzen Grat frei — und vielleicht vertreibt er auch noch das schlechte Wetter."

Wir würden nur einen einzigen schönen Tag brauchen! — Dann wäre der Handstreich gelungen: In drei Tagen auf die 7654 Meter hohe Chogolisa! — Wir wollen warten — hier läßt sich's ja aushalten. Während der Sturm sich mehr und mehr legt, plaudern wir von den Westalpen, freuen uns, wenn wir entdecken, daß wir diese oder jene Tour beide kennen, und gehen sie dann von unten bis oben durch.

Dann spricht Hermann von neuen Himalayaplänen: Zum Rakaposhi soll es gehen, dem schon so oft berannten Riesen über dem Hunzatal. Keine Riesenexpedition... eine kleine Gruppe von Freunden soll es sein. Das ist alles, was sich Hermann wünscht. Auch wenn er vielleicht dann nicht selber mit zum Gipfel geht, wenn die Jungen ihn stürmen, wenn sie, von ihm angeleitet, den letzten und schönsten Schritt tun...

„Selbstverständlich steig' ich auch selber wieder hinauf zu diesen herrlichen Gipfeln hier!" lacht Hermann. „Aber weißt du", fährt er nachdenklich fort, „Es ist mir jetzt klar, daß es das, was ich auf dem Nanga Parbat erlebt habe, nur einmal im Leben geben kann. Es war wie ein Traum — es war die Erfüllung meines größten Wunsches. Das kann sich für mich nie mehr wiederholen..."

Draußen ist es jetzt ganz ruhig geworden. Auch wir liegen stumm in den Schlafsäcken, hängen unseren Gedanken nach.

Als ich gerade am Einschlafen bin, höre ich plötzlich laut Hermanns Stimme: „Kurtl, der Höhenmesser sinkt! Morgen kann es schon schön sein! Hab' ich's nicht gleich gesagt — der Sturm...!"

Wie der Blitz hab' ich mich aufgesetzt. Ist es nicht heller draußen? Aufgeregt nestle ich an der Schnur am Zelteingang, öffne den weiten Schlauch: Da schaut blendend weiß der Baltoro Kangri zu uns herein; über ein paar Nebelfetzen steht der blaue Himmel. — Wir drängen die Köpfe ins Freie: Weit geht unser Blick über die tiefverschneiten Mulden, die endlosen, zerrissenen Gletscherströme. So weit wir schauen können, Eis und wieder Eis — und darüber ferne, gleißende Gipfel...

Es ist schon spät, bald wird es dunkel sein. „Wir müssen noch Ovomaltine machen und die Rucksäcke packen!" sagt Hermann, „und daß du mir ja nicht zu viel mitnimmst — das wird morgen ein Sturmangriff!"

Dann kommt der Morgen des 27. Juni 1957 — klar, schön und ruhig.

Es ist kalt, und der Tag verspricht wunderbar zu werden, einer jener Tage, die als ein Geschenk des Himmels in unserer Erinnerung stehenbleiben. Wir sind überglücklich.

Um Viertel vor fünf Uhr verlassen wir das Zelt.

Noch ist es dunkel, nur der K 2 im Norden trägt schon ein zartes Licht. Wie ein Schatten steht vor ihm der Broad Peak, unfreundlich, kalt. Was wird das heute für ein Sonnenweg sein im Vergleich zu jener Flanke!

Immer heller wird es hinter der Kulisse des Baltoro Kangri — dann leuchtet auf einmal im

←
Abb. links: Die Chogolisa heute (oben). Irgendwo in den Gletschern am Fuße der Nordwand... Unten: Aufnahme 1957. Der Pfeil auf Höhe 7200 zeigt die Absturzstelle von Hermann Buhl.

Süden ein Meer von Gipfeln auf — wenig erforschte Sechs- und Siebentausender. Es sind kühne Formen, und einzelne Nadeln gleichen schimmernden Kristallen.

Während wir höherstapfen, beginnen unsere Füße allmählich kalt zu werden. Aber als wir eben wieder mit dem Beinschwingen begonnen haben, blinzelt die Sonne über den Baltoro Kangri herüber und hat uns gleich darauf in ihr warmes Licht getaucht. Voll Freude betrachten wir den glitzernden Schnee. Wir sind ausgerastet, haben keine Last, und so kommen wir uns unerhört leicht vor; rasch gewinnen wir an Höhe, kommen dem Gratgipfel immer näher. Die Wächten dort oben sind riesenhaft! Bis zu 10 Meter weit hängen sie hinaus. Wie werden wir nur darüber hinwegkommen? In der Flanke?

Wir steigen höher. Die Gratschneide wird immer schärfer. Plötzlich ein dumpfer Knall, alles bebt. Wie angewurzelt bleiben wir stehen: Ein paar Meter neben uns fährt die ganze Schneefläche als riesige Scholle ab, zerbricht, ergießt sich über die Flanke ... gleich darauf tief unten ein Donnern — eine Lawine! Peinlich genau halten wir uns nun auf der harten Schneide.

Schon nach kurzer Zeit haben wir die Siebentausendmetergrenze erreicht. Im harten Eis verlassen wir hier den Grat, traversieren ein Stück und erreichen etwas weiter oben einen Vorsprung. Hermann steht zuerst oben und sichert mich nach. Während er die letzten Meter Seil einholt, zwinkert er mir zu und deutet mit unverhohlener Freude mit dem Kopf in Richtung unseres Weiterwegs. Ich schaue gespannt ... da ... da ist ja schon die Chogolisa! Donnerwetter! So nah! Und ganz einfach sieht es aus. „Mensch, Hermann! Da brauchen wir ja nur unter dem Gratgipfel durch in die Scharte zu traversieren und dann — der Schlußgrat ist ja ganz einfach!" Hermann nickt und lacht.

Die Flanke ist hier unvermittelt flach geworden, und so können wir ungefährdet unter dem Riesenwächtensaum des Gratgipfels durchkommen. Es ist der reinste Gletschermarsch. Rasch kommt die Chogolisa näher ...

Aber dann müssen wir erkennen, daß es doch nicht so einfach werden wird — ja, ganz fatal sieht das dort drüben aus: Noch ehe der Grat sich in die Scharte senkt, wird die Flanke zur Fels- und Eiswand, wird der Grat selbst zu einem Nacheinander von Riesenwächten und Eiszähnen. Wo sollen wir da ...? Über die Zähne? Durch diese Flanke? Egal, wir werden ja sehen.

Wir kommen nur noch langsam vorwärts. Immer weiter hinauf drängen uns die Felsabstürze, immer näher an die weiße, gezahnte Schneide heran. Sorgfältig sichern wir mit dem Seil, achten auf Lawinen. Und doch löst sich noch einmal ein kleines Schneebrett und fährt über die Wand in die Tiefe. Heimtückische Hohlräume in der Nähe der Felsen lassen uns immer wieder durchbrechen. Zerfressen und locker wie eine Bienenwabe scheint hier das Eis zu sein.

Dann müssen wir endgültig in die Felsen — direkt darauf sitzt einer der weißen, ungangbaren Gratzähne. Mit aller Vorsicht tastet Hermann sich an den Fels heran — vergeblich, schon wieder sitzt er bis zum Bauch in einer Kluft, arbeitet sich heraus, steigt mit dem Fuß schon wieder in einen Hohlraum ... aber dann hat er den ersten Griff erwischt. Während ich meterweise das Seil ausgebe, staune ich, mit welcher Leichtigkeit Hermann von Tritt zu Tritt steigt; kaum, daß er die Griffe berührt. Schon ist er drüben, und „Nachkommen!" tönt es zu mir herüber. Nach dieser Passage werden die nächsten Seillängen in der Flanke wieder etwas leichter. Im blanken Steileis umgehen wir schließlich den letzten großen Schneezahn und steigen über den folgenden Hang hinunter in die Scharte.

Es ist erst neun Uhr morgens! Vergnügt betrachten wir den 650 Meter hohen Schlußgrat. Er bietet uns kaum noch Schwierigkeiten. Nur den Gipfelturm können wir nicht direkt an-

Abb. rechts: Buhl beim Aufstieg zur Chogolisa. Sturm und Nebel zwangen kurz unterhalb des Gipfels zur Umkehr.

gehen — aber von links her ist es sicher möglich. Bis da hinauf können wir das Seil ablegen — wir sind dann schneller und ungehindert. An den großen Wächten kann man dort oben sicher in weitem Respektabstand vorbei.

Vorher wollen wir noch ein Stündchen in der Scharte sitzen, rasten und essen. Wir haben ja noch so viel Zeit.

Das Wetter ist herrlich. Heiß brennt die Sonne nieder. In einer windgeschützten Mulde machen wir's uns bequem. Wunderbar munden die für den Gipfelgang aufgesparten Spezialitäten. Hermann bemerkt natürlich gleich wieder, daß ich wie üblich mehr als das Doppelte der nötigen Menge mitgenommen habe, aber er lacht... was ist heute schon nicht recht?

„Das ist der schönste Tag für mich, seit ich auf dieser Expedition bin", meint Hermann und blinzelt in die Sonne. „So hab' ich es mir immer vorgestellt. In einem Zug von unten durch, im Sturm gehört so ein Berg erstiegen."

Auch ich bin voll Freude. Für uns ist heute alles so einmalig. Das Schwerste — der Gratgipfel — liegt auch schon hinter uns. Er ist eine wilde Berggestalt. Hermann vergleicht ihn mit einem Andengipfel.

Jetzt sieht er besonders eindrucksvoll aus, denn die glitzernde Schneefahne, die schon vorhin seine Schneide zierte, wächst weit in den tiefblauen Himmel hinaus. Der Wind, der vorhin aufkam, muß stärker geworden sein.

Wir richten uns wieder zum Gehen her. Drunten im Süden stehen bewegungslos mächtige Wolkenbänke. Über den Baltorobergen wölbt sich ein makellos blauer Himmel. Während wir höhersteigen, eröffnet sich uns eine einmalige Schau: Wie an einer Schnur aufgereiht, stehen da in nächster Nähe alle Riesen des Karakorum, eine ganze Kette von Bergen über und knapp unter 8000 Metern. Vom K 2 bis zum Hidden Peak schweift bewundernd unser Blick. Während Hermann stehen bleibt und zum Broad Peak hinüberblickt, fotografiere ich ihn. „Die Form hätte ich dort haben sollen...", meint er noch, dann gehen wir wieder weiter.

Auf einer kurzen Eiswand haben sich uns bisher keine neuen Schwierigkeiten mehr in den Weg gestellt. Allerdings haben uns verdächtige Risse im Schneehang dazu veranlaßt, näher, als ursprünglich beabsichtigt, an den Abbruchrand heranzugehen. Wir spuren abwechselnd höher. Immer tiefer sinkt der Gratgipfel.

Was für eine Bewegung dort in den Wolkenbergen im Süden? Sie kommen rasch näher. Auch wir steigern das Tempo, es wäre schade, wenn wir von oben nichts sehen könnten.

Nun ist es ja nicht mehr weit. Dort oben setzt der letzte Aufschwung an; gleich darüber sehen wir den Gipfelturm. Noch 400 Meter hinauf zu ihm...

Wenig später zieht eine kleine Wolke über die Flanke herauf. Sie wird größer, sie hüllt uns ein, verhüllt den Berg...

Es ist unheimlich dunkel geworden. Graue Fetzen huschen über den Grat. Dann ist die Hölle los.

Durch ganze Wolken von Schneestaub kämpfen wir uns höher. Oft, wenn eine wilde Bö gegen uns heranrast, können wir nur niedergeduckt dem unheimlichen Sturm Widerstand bieten. Mit voller Wucht trifft er uns hier auf dem Grat, immer wieder hat man das Gefühl, den Stand zu verlieren. Wir kommen kaum vorwärts. Eben war der Himmel noch blau — wie ist das alles nur möglich?

←

Abb. links: weit überhängende Wächten säumen die Spur von Buhl und Diemberger an der Chogolisa.

links: Aufstiegsbild. Der Pfeil markiert die Wächte, durch die Buhl am Rückweg verschwand. Oben: Buhl kurz vor der Umkehr.

Wir haben keine Zeit, nachzudenken. Jetzt nur rasch hinauf. Ob man weiter oben neben dem Grat in der Flanke besser gehen könnte? Es hilft nichts, hier gibt es wohl keine bessere Möglichkeit. Oder sollen wir hier, so nah vor dem Ziel, noch aufgeben? — Geblendet von einer Wolke von Eisnadeln muß ich stehen bleiben, schlage die Hände vor das schmerzende Gesciht. Da ist Hermann. „Jetzt gehe ich wieder ein bisserl voraus!" ruft er mir zu.

Das grauenhafte Toben geht weiter. Alle 20, 30 Meter lösen wir uns ab. Es ist fast nichts mehr zu sehen. Plötzlich wird es lichter. Gebannt starren wir hinauf. Da! Zum Greifen nahe! Der Gipfelturm. Dunkel, drohend blickt er auf uns herunter. Dann hat ihn der Sturm verschluckt.

In kältestarren Kleidern mühen wir uns aufwärts, einen steilen, tiefen Hang knapp am Grat entlang. Alles ist weiß, nur manchmal läßt sich ein schwacher Umriß erkennen. Es hat fast keinen Sinn mehr...

Hermann vor mir ist stehen geblieben. 7300 Meter! Noch immer 300 Meter bis zum Gipfelturm. „Wir müssen sofort umkehren! Der Sturm verbläst ja hinter uns die Spur, und dann laufen wir noch auf die Wächten hinaus!"

Er hat recht — daß uns das nicht früher eingefallen ist!

Nun heißt es rasch sein — wie wir sind, drehen wir sofort um. Hermann hat zuletzt gespurt, und so bin ich jetzt voran. Aus Sicherheitsgründen gehen wir im Abstand von 10 bis 15 Metern — mehr läßt die Sicht nicht zu.

Gebückt taste ich mich bergab. Schon nach 50 Metern ist von der Spur fast nichts mehr zu sehen. Nur die Pickellöcher haben sich gehalten. Aber auch sie werden immer spärlicher; unvermindert tobt der Sturm.

Letztes Bild von Hermann Buhl, 300 Meter unterhalb des Gipfels der Chogolisa.

Nun sind wir auf der breiten Schneefläche in rund 7200 Meter Höhe! Da muß jetzt irgendwo rechts der gefährliche Lawinenhang kommen, der uns so nahe an den Abbruch herandrängte. Wenn man nur ein bißchen mehr sehen könnte! Ich dreh' mich um: Ja, da folgt Hermann im Abstand in meiner Spur. Im Weitergehen schau ich immer wieder nach links: Da ist es oben etwas dunkler und unten etwas heller — mehr seh' ich nicht. Aber dort muß der Wächtenrand sein. Dem dürfen wir nicht zu nahe kommen! — Aber auch dem Steilhang nicht. Wann kommt der nur?

Ha — da ist wieder einmal ein Pickelloch!

Angespannt blicke ich nach links und auf die Schneefläche vor mir. Jetzt hab' ich wieder eins — es ist kaum noch zu sehen.

Da... plötzlich durchzuckt es mich wie ein Schlag, alles bebt, die Schneefläche unter mir scheint einen Augenblick zu sinken... Entsetzt springe ich im selben Moment nach rechts hinaus, zwei, drei Riesensätze — und folge noch ein Stück dem Steilhang vor mir abwärts, immer noch entsetzt über das, was ich sah: Dicht vor mir der Wächtenrand, vom dem kleine Stücke abbrachen. Ich war schon draußen auf der Wächte... hab' ich Glück gehabt! Was wohl Hermann dazu sagen wird...?

Ich bleibe stehen, dreh' mich um — aber da ist nur die große Wölbung im Hang, über die ich nicht hinaufsehe. Die Sicht ist jetzt besser; gleich wird Hermann oben auftauchen. Eigentlich müßte er schon da sein...

Hermann kommt noch immer nicht... „Hermann!"... Was ist nur?... Um Gottes willen!

... Die Erschütterung... Hermann! Ich keuche den Hang hinauf... da ist der Rücken... dahinter die Fläche... ist leer.

... Hermann... du... Es ist alles aus.

Schleppend tu ich ein paar Schritte höher. Dann seh'ich's: Da ist seine Spur, ein paar Tritte im Schnee und dann — nichts mehr. Dunkle Tiefe; davor der gezackte Rand eines Wächtenbruchs.

Die Erschütterung vorhin...

Und hier kann ich nirgends in die Nordwand hinunterschauen: Ich muß zurück auf den Gratgipfel.

Je weiter ich hinunterkomme, desto schwächer wird der Sturm.

Ich kann noch immer kaum denken. Hermann abgestürzt? Er? Wie konnte das nur passieren? Noch dazu hinter mir; er ist doch viel leichter als ich.

Mit größter Anstrengung schaffe ich die Gegensteigung zum Gratgipfel. Noch ehe ich oben bin, reißt es auf. Ich eile hinaus an den Abbruchrand, so weit es nur überhaupt geht. Von hier muß ich etwas sehen!

Himmelhoch jagt der Sturm die Wolken. Aus den Schleiern taucht ein Grat... ein Turm... ein Dach mit riesigen Schneefahnen. Die Chogolisa — schrecklich.

Deutlich sehe ich weit oben unsere Abstiegsspur über das breite Schneefeld führen. Immer näher kommt von rechts der Wandabbruch, immer mehr an die geradeaus abwärts verlaufende Spur heran. Und dort... ich sehe es mit furchtbarer Deutlichkeit... dort hat Hermann bei einer leichten Biegung meine Spur verlassen — die nahe am Abgrund weiterführt — und ist geradeaus weitergegangen, nur 3, 4 Meter, aber direkt hinaus auf den abbruchbereiten Wächtenrand. Hinaus ins Leere... Schaudernd blicke ich die Wand hinunter. Vom Wandfuß ist noch immer nichts zu sehen. Wenn wir das Seil gehabt hätten?... An der Stelle hätte ich Hermann nicht halten können.

Jetzt wird der Blick hinunter frei: Unter der blankgefegten Wand dehnen sich weithin die Schneemassen einer Lawine. Ihr Ende ist nicht zu sehen, verliert sich nach unten im Nebel.

Hermann ist nirgends zu sehen. Er muß mindestens 300, wahrschienlich 500 Meter tief abgestürzt sein und liegt jetzt irgendwo dort unten unter den Schneemassen. Er muß wohl tot sein. Aber — ich will es einfach nicht glauben!

Hinuntersteigen! — Aber es geht ja hier nirgends, so weit ich auch schaue. Meine Rufe verhallen ohne Antwort.

Vielleicht kann ich mit den Kameraden von unten kommen! Durch die Brüche. Die einzige Möglichkeit. Krampfhaft suche ich mit den Augen noch einmal alles ab. Suche nach einem Rucksack, einem Skistock, einem schwarzen Punkt... nach irgend etwas von Hermann.

Aber es ist nichts, gar nichts zu sehen. Nur dort oben — die Spur... seine letzte Spur.

Wolken verhüllen den Berg.

Ich bin allein.

Wütend peitscht der Sturm wieder Nebel und Schnee über den Grat. Wie Spukgestalten schauen die mächtigen Zähne aus. Vor Stunden sind wir da herüber, Hermann und ich. Jetzt gehe ich allein zurück. Mir graut.

Dann kämpfe ich mich Meter um Meter durch die Felsen der Flanke. Im Eis knapp unter der Schneide geht es weiter. Ich durchquere eine steile Schneerippe, vorsichtig... plötzlich stürzt die ganze Rippe auf mich herunter. Blitzschnell werfe ich mich herum, kann mich gerade noch halten... die Schollen verschwinden in der Tiefe.

Ich bin erstarrt. Langsam richte ich mich auf. — Ich bin noch hier? Es ist wohl alles Schicksal... Vielleicht war es Hermann dort oben bestimmt, hinauszugehen.

Die Sicht ist immer gleich schlecht. Endlos scheinen die Minuten. Aus den Minuten werden Stunden...

Der Grat ist hinter mir, der Sturm hat aufgehört. Durch endlose Gletschermulden irre ich hinunter — im Nebel, dann beim ersterbenden Schein meiner Taschenlampe. Die Markierungsfähnchen sind meist verschneit. Wie durch ein Wunder finde ich doch immer wieder weiter.

Da — eine Stimme! Ich bleibe stehen: Totenstille. Ich gehe... da, wieder! „Hermann!"... Alles bleibt ruhig. Schließlich merke ich, daß nur ein Karabiner am Rucksack beim Gehen hin- und herschwingt. Trotzdem habe ich nun das Gefühl, daß Hermann unsichtbar mit mir geht...

Die Augen tränen. Ich bin am Ende meiner Kräfte. Kaum kann ich mich noch aufrecht halten. Meine Phantasie verschwimmt mit der Wirklichkeit. Wie im Traum gehe ich hinunter, instinktiv an den Spalten vorüber, über sie hinweg. Ich gehe... Noch immer? Ich... kann... ja... nicht... mehr!

Es muß — gehen!

Hinunter... rasch... die Kameraden... vielleicht noch Hilfe... Hermann...

Ich kann schon längst nicht mehr. Aber meine Füße gehen —.

27 Stunden nach Hermanns Absturz erreichte ich das Basislager am Fuß des Broad Peak.

— Unter Markus Führung wurde eine Suchaktion gestartet, die am 30. Juni bis auf 5700 Meter kam. Sie brachte keinen Erfolg: Von Hermann war nichts zu mehr sehen.

Irgendwo in den Gletschern am Fuß der Nordwand macht er seinen letzten Schlaf.

Buhl Expeditionskameraden errichteten zur Erinnerung diese kleine Steinpyramide am Rande des großen Gletschers.

Nanga Parbat-Chronik in Schlagworten 1895—1980

1895 Albert E. Mummery, Engländer, erkundet mit G. Hastings, J. Norman Collie (und später General C. G. Bruce) vom Rupaltal aus die SO- und S-Front des Nanga Parbat-Massives und die NW-Flanke; über den Mazeno Paß die Diamir-Seite. M. dringt mit seinem Träger zunächst bis 6.100 m vor; später, nach Überwindung von drei Pässen ins Rakhiot-Tal, wo er mit zwei Gurkhas verschollen bleibt.

1932 Deutsch-Amerkanische Himalaya Expedition. Teilnehmer sind berühmte Leute wie Fritz Wiessner, Peter Aschenbrenner; weiters Fritz Bechtold, Dr. Hugo Hamberger, Herbert Kunigk, Felix Simon — alle Deutschland; Weiters Rand Herron, Elisabeth Knowltown (Presse), USA; Capt. R. N. C. Frier, England.

1934 Deutsche Himalaya-Expedition, Leiter Willo Welzenbach. Insgesamt neun Bergsteiger und eine wissenschaftliche Gruppe. Wieder Bechtold und Aschenbrenner; weiters Willy Merkl, Uli Wieland, Alfred Drexel, Peter Müllritter, Fritz Aumann/Fotograf, mit Welzenbach, alle Deutschland; dazu der Arzt Dr. Willi Bernhard und Erwin Schneider — Österreich. Die wissenschaftliche Gruppe bestand aus den Deutschen Prof. Richard Finsterwalder, Kartograph; Walter Raechl, Geograph; Peter Misch, Geologe. Dazu kamen die britischen Transportoffiziere R. N. D. Frier und A. N. K. Sangster. Weiters ein Aufgebot von 500 Trägern, 35 Sherpa und Bhotia. „Materialschlacht" nannte man es damals schon. — Aschenbrenner und Schneider (Siebentausender-Rekordmann) waren zwischen den Lagern mit Skiern unterwegs und überstanden dabei einen gefährlichen Lawinenabgang. Die beiden erreichten übrigens auch den höchsten Punkt des Unternehmens, den Silbersattel. Der Einbruch des Monsun erzwang später die Aufgabe des Unternehmens. Merkl, Wieland, Welzenbach und sechs Hochträger starben im Höhensturm. Schon zu Beginn der Expedition war Drexel an Lungenentzündung gestorben.

1937 Nanga Parbat-Expedition unter Karl Wien: sieben Bergsteiger, neun Sherpas und zwei Wissenschaftler. 16 wurden unter einer Lawine vom Rakhiot Peak begraben.

1938 führte Paul Bauer eine neue Mannschaft an: ständiges Schlechtwetter und ungünstige Schneeverhältnisse zwangen zur Aufgabe.

1939 Kleine Erkundungsexpedition mit Peter Aufschnaiter (Expeditionsleiter), Heinrich Harrer, Hans Lobenhoffer und Ludwig Chicken zur Mummery Route. Inzwischen brach der II. Weltkrieg aus. Die Expeditionsleute wurden von den Engländern interniert.

1950 Wintererkundung durch drei Engländer: J. W. Thornley, W. H. Crace, R. H. Marsh. Keine Sherpas. Thornley und Crace verschollen.

1953 Deutsch-Österreichische Willy Merkl-Gedächtnisexpedition unter dem deutschen Arzt Dr. Karl M. Herrligkoffer, einem Stiefbruder von Willy Merkl. Peter Aschenbrenner war zum drittenmal dabei, als bergsteigerischer Leiter. Mit ihm die Österreicher Kuno Rainer und Hermann Buhl, Dr. Walter Frauenberger. Weiters die Deutschen Otto Kempter, Hermann Köllensperger, Albert Bitterling, Hans Ertl und Fritz Aumann. Der Angriffsplan stammte von Erwin Schneider. Der Tiroler Hermann Buhl bezwingt kurz vor dem Abreisetermin und dem Monsuneinbruch den Gipfel, im Alleingang.

1961 Dr. Karl Herrligkoffer's „Deutsches Institut für Auslandsforschung" startet ein neues Nanga Parbat-Unternehmen mit Aufstieg über die Diamir-Flanke, zwischen der Mummery-Route von 1885 und der Aufschnaiter-Route von 1939. Mannschaft: Toni Kinshofer, Jörg Lehne, Siegi Löw. Höchste erreichte Quote 7.150 m. Rückzug wegen Schneefall.

1962 Herrligkoffer zieht von neuem aus, mit Toni Kinshofer, Siegi Löw, Anderl Mannhard. Geplant ist eine Direttissima, Aufstieg über die steile Diamir-Flanke. Löw stürzt zu Tode.

1963 Herrligkoffer führt eine Kleinexpedition zur Erkundung für das nächste Jahr in das Rupal-Gebiet.

1964 Eine weitere Herrligkoffer-Expedition setzt sich in Bewegung zum Südostpfeiler. Höchster erreichter Punkt 5.800 m. Lawinen, Schlechtwetter, Rücknahme der Expeditionserlaubnis.

1968 „Toni Kinshofer-Gedächtnisexpedition", wieder von Dr. Karl Herrligkoffer organisiert. Wilhelm Schloz und Peter Scholz erreichen an der Rupal-Flanke 7.100 m. Abbruch der Expedition durch Schwierigkeiten.

1969 Versuch des klassischen Anstieges von der Rakhiot Seite durch eine Slowakische Mannschaft unter Ivan Galffy. Aufgabe bei etwa 6.950 m wegen Erkrankung eines Teilnehmers.

1970 „Siegi Löw-Gedächtnisexpedition" unter Dr. Karl Herrligkoffer, zur Rupal-Flanke. Die Südtiroler Reinhold und Günther Messner erreichen über diese den Gipfel und steigen die Diamir-Flanke ab; somit haben sie die erste Überschreitung des Nanga Parbat von S nach NW durchgeführt. Günther stirbt in einer Lawine. Nach ihnen erreichen noch die Tiroler Felix Kuen und der Deutsche Peter Scholz den höchsten Punkt.

1971 2. Begehung der Buhl-Route durch eine tschechoslowakische Mannschaft (Josef Psotka, Arno Puskás, Ivan Urbanovic) unter Ivan Galffy. Sie ersteigen auch zusätzlich den Nanga Parbat SO-Gipfel und den linken nördlichen Silbersattel (als Erste).

1975 Herrligkoffers „Felix Kuen-Gedächtnisexpedition" plant die Route über den SW-Grat; den Südostpfeiler der Rupalflanke und eine dritte Route mit direktem Anstieg zum Rakhiot Peak. Die Teams dringen in große Höhen vor, müssen aber wegen Schlechtwetter aufgeben.

1976 Japanische Expedition unter Hideki Kato. 13 Mann der Fukuoka Universität, zur Diamir-Flanke. Aufgabe wegen Schlechtwetter in 7.100 m Höhe.

Die Österreicher Hanns Schell, Robert Schauer, Hilmar Sturm und Siegfried Gimpel aus Graz ersteigen im Westalpenstil ohne großen Materialaufwand, Hochträger und ohne Sauerstoff den Nanga Parbat über den erkundeten SW-Grat (Kinshofer-Weg).

1977 Polnische Expedition des Klubs Wysokorgérski unter Adam Zysak, mit den Österreichern Albert Precht und Werner Sucher. Erreichte Höhe 7.925 m. Rückzug in Schneesturm und Kälte.

Amerikanische Expedition versucht den Anstieg über die Diamir-Flanke. Dan Bunce, George Bogel, Jay Hellman und elf weitere Teilnehmer. Abbruch einer Felsplatte, die zwei Teilnehmer tötet, Aufgabe des Unternehmens.

1978 CSSR Expedition unter Marian Sajnoha zum Nanga Parbat N-Gipfel auf neuer Route über die W-Wand. Auf dem N-Gipfel stehen Andrej Belica, Josef Just, und die Brüder Juraj und Marián Zatko.

Reinhold Messner zieht aus zur Diamir-Flanke, nur in Begleitung einer Medizinstudentin und eines pakistanischen Verbindungsoffizieres. Mit einem Gepäck von 15 kg und minimaler Ausrüstung und Verpflegung für zehn Tage, ohne bergsteigerische Rückendeckung, ohne Sauerstoff, erreicht er am 9. August zum zweiten Mal in seinem Leben den Gipfel des Nanga Parbat, acht Jahre nach seinem Aufstieg mit seinem Bruder Günther. In den Gipfelfelsen schlägt er seinen einzigen Haken und hinterläßt in einer Alu-Hülse die Daten: ein Alleingang zum Nanga Parbat, wie einst Hermann Buhl, aber unter welchen Bedingungen auch! Die Bergsteigerwelt nannte damals diese Tat den Höhepunkt im Himalayabergsteigen.

Die Naturfreunde Oberösterreichs, Leiter Rudolf Wurzer (Wilhelm Bauer, Karl Pfeifer, Reinhard Streif), wählen die Kinshofer-Route. Den Gipfel erreichen Alfred Imitzer und Alois Indrich. Sie finden Reinhold Messners Gipfelzeichen.

1979 Französische Expedition unter Jean-Pierre Fresafond, zum SO-Pfeiler zur Südschulter 8.042 m. Umkehr bei Schlechtwetter und Neuschnee in 6.860 m Höhe.

Die Hermann Buhl-Gedächtnisexpedition (Helmut Linzbichler) auf der klassischen Route bleibt im Neuschnee stecken.

1895 — 1980 gab es am Nanga Parbat mindestens 28 Besteigungsversuche. Sieben Expeditionen erreichten ihr Ziel auf fünf verschiedenen Routen. Neunmal wurde der höchste Punkt erreicht. 19 Männer, darunter einer zweimal, erreichen den Hauptgipfel. 36 Todesopfer forderte in diesem Zeitraum der „Schicksalsberg".

Literatur: *H. Weyer/N. G. Dyhrenfurth: „Nanga Parbat", 1980, Badenia Verlag GmbH, Karlsruhe.*

*

Bergfahrten aus den Tourenbüchern von Hermann Buhl 1940 — 1957

(unvollständig)

1940

Stubaier: Ruderhofspitze, Hohe Schöne — Schafleger — Angerbergkogel, Pfriemesköpfl, Patscherkofel, Hoadl — Birgitzköpfl, Ranggerköpfl, Koflerspitze — Seespitze — Peiderspitze, Burgstalljoch, Lüsenser Fernerkogel, Schlicker Nadeln (Melzer Nadel, Südl. Nadel), Langer Pfaffennieder, Zuckerhütl — Wilder Pfaff, Bildstöckljoch — Schaufelspitze — Schußgrubenkogel — Schaufelnieder, Daunjoch — Amberger-Hütte, Wildgratscharte — Franz-Senn-Hütte;
Karwendel: Hafelekar, Grubreißenturm, Südturm — S-Grat (Auckenthaler Riß), Brandjoch S-Grat, O-Grat; Sattelspitzen, Langer Sattel; Kaskarspitze S-Grat, Sonntagskarspitze S-Grat; Großer u. Kleiner Solstein — Hohe Warte — Hinteres u. Vorderes Brandjoch — Frau Hitt —
Tuxer Voralpen: Glungezer, Nonsköpfl;
Zillertaler Alpen: Olperer, Scheibenspitze; Wetterstein: Öfelekopf SW-Kante, Scharnitzspitze SW-Wand, Schüsselkarspitze S-Wand (Westgrat, Spindlerweg), Kalkkögel, Schlick — Nördl. Zinne; Wilder Kaiser: Predigtstuhl Hauptgipfel W-Wand, (Dülferweg), S-Grat, Goinger Halt, N-Grat, Christaturm Herrweg, Fleischbank;
Kalkkögel: Steingrubenkogel W-Wand, Gipfelstürmerweg, Kleine Ochsenwand W-Wand, Kronennadel;
Brennerberge: Sattelberg; Verwall: Saumspitze.

1941

Stubaier: Wildes Hinterbergl, Birgitzköpfl — Pfriemesköpfl, Sennesjöchl, Hoadl — Birgitzköpfl, Schlick — Sennesjöchl, Längentaler Weißenkogel von Lüsens, Lüsenser Fernerkogel — Wildes Hinterbergl (Übergang zur Franz-Senn-Hütte), Harlegg — Rauher Kopf — Brechten — Schloßkopf, Fulpmes — Pinnisjoch — Gschnitz, Wildes Hinterbergl und Wilder Turm, Mitterkogel N-/S- und Mittelgipfel;
Karwendel: Hafelekar, Seefelder Jöchl, Gschwandkopf, S-Turm S-Grat (Auckenthaler Riß), Brandjoch S-/O-Grat, Melzerturm/N-Turm/S-Turm S-Grat, Martinswand, Hohe Fürleg — Walderkammspitze — Walderkammtürme — Fallbachkartürme — Fallbachkarspitze, Großer u. Kleiner Bettelwurf, Seegrubenkopf — Seegrubenturm;
Kalkkögel: Alpenklubscharte (Adolf-Pichler-Hütte), Burgstalljoch, Kl. Ochsenwand/W-Wand, Gipfelstürmerweg, Nadelsockel W-Grat, Kl. Ochsenwand N-Pfeiler, Pfeilerkopf;
Wilder Kaiser: Predigtstuhlkante — Hauptgipfel — Mittelgipfel, (Botzongkamin), Zettenkaiser O-Wand — Scheffauer; Wetterstein: Scharnitzspitze direkte S-Wand (Leberleweg), Scharnitzspitze SW-Wand, Zillertaler: Hornspitzen (Überschreitung), Großes Mösele, Schneedreieck — Kleines Mösele, Zsigmondyspitze SW-Grat, Schwarzenstein;
Brennergebiet: Sattelberg; Rofan.

1942
(insgesamt 76 Gipfel!) Stubaier: Hoadl — Birgitz, Birgitzköpfl — Pfriemesköpfl;
Tuxer Voralpen: Kreuzspitze — Glungezer, Gilfert, Malgrübler, Morgenkogel — Glungezer, Kreuzspitze — Glungezer;
Wetterstein: Schüsselkarspitze S-Wand Spindlerweg (Aschenbrenner-Riß), Scharnitzjoch, Schüsselkarspitze S-Verschneidung und Auckenthaler-Riß W-Grat, Schüsselkarspitze Herzog-Fiechtl W-Grat, Gehrnspitze, Musterstein S-Pfeiler Hannemann, Schüsselkarspitze SO-Wand, W-Grat, Schüsselkarspitze direkte S-Wand Rainer-Aschenbrenner-Weg, Schüsselkarspitze O-Wand, Öfelekopf S-Pfeiler, Kitzbüheler Alpen: Pengelstein, Pengelstein — Ochsenalm — Kasererabfahrt.
Karwendel: Pleißenspitze, Katzenkopf SW-Grat, Hundskopf — Walderkammspitze — Hohe Fürleg — Walderkammtürme — Gr. u. Kl. Bettelwurf, Martinswand, Grubreisen S-Turm S-Grat (Auckenthaler-Riß) N-Turm, Melzerturm, S-Grat Abstieg, Kumpfkarspitze O-Wand Frenademetzweg, Laliderenspitze N-Wand (Auckenthalerweg Spindler), östl. Praxmarkarspitze N-Wand Schmidhuber-Auckenthalerweg W-Gipfel;
Wilder Kaiser: Fleischbank SO-Wand Herrweg, Christaturm SO-Kante, Fleischbank O-Wand Herrweg, Predigtstuhl Mittelgipfel W-Verschneidung Hauptgipfel (Angermannrinne);
Kalkkögel: Riepen NW-Wand Riepen W-Wand, Nadelsockel W-Kante — Melzernadel S-Wand, Riepen W-Verschneidung, Kleine Ochsenwand W-Wand Gipfelstürmerweg — Melzernadel, Kl. Ochsenwand direkter N-Pfeiler (Bazanellaweg), Kl. Ochsenwand (Schmidhuber-Lang-Weg), Pflerscher W-Grat, Tribulaun.

1943
(insgesamt 52 Gipfel) Wilder Kaiser: Maukspitze 1. Begehung über die W-Wand (Buhl-Weiß-Reischl), Karlspitze (O-Wand), 3. Winterbeg., Bauern-Predigtstuhl (Rittlerkante mit Rebitsch Riß, W-Wand); Fleischbank (Dülfer-Riß, SO-Wand, O-Wand), Kreuz-Törl-Turm (2 x allein) SO-Verschneidung, Leuchsturm W-Wand Aschenbrennerweg; Grüner Habach — Schwarzkopf S-Wand; West. Hochgrubachspitze SO-Grat Regalpturm allein, Predigtstuhl N-Gipfel, W-Wand (Schiele-Diem); Schüsselkarspitze SO-Wand, Totenkirchl W-Wand (Dülferweg); Gr. Mühlsturzhorn direkte S-Kante, Maukspitze W-Wand Spanglerkamin 1. Begehung, S-Verschneidung 3. Begehung; Riepenwand direkte NW-Wand, 1. Beg.; Schüsselkar W-Wand allein;
Rofan: Guffert S-Kante (Frenademetz-Vanicek).

1944
Wetterstein: Schüsselkarspitze O-Wand (Kleisl-Schober;
Kalkkögel: Nordeck N-Wand (Laichner-Fischer), Wieserturm NW-Kante (Rebitsch — Radinger), Großer Ochsenwand direkte O-Kante (Rebitsch-Novosansky), Kleiner Ochsenwand N-Pfeiler (Auckenthaler-Schmidhuber-Rainer), Kleine Ochsenwand NO-Pfeiler (Fischer-Fohringer);
Karwendel: Melzernadel W-Kante, SO-Wand, Mittlere Nadel S-Wand, Grubreißentürme S-Turm/ S-Grat;
Wilder Kaiser: Predigtstuhl N-Gipfel W-Wand.

1945
Wetterstein: Schüsselkarspitze S-Wand (Herzog-Fiechtl), mit li. Pfeilerriß nach Gipfelausstieg S-Verschneidung mit Auckenthaler Riss, Scharnitzspitze S-Kante;
Karwendel: Grubreißen S-Turm S-Grat (Auckenthaler Riß), Großer und Kleiner Solstein N-Wand, Martinswand (2. Begehung allein), Hechenberg direkte S-Wand 6. Begehung;
Kalkkögel: Kleine Ochsenwand N-Wand, Große Ochsenwand N-Grat, Vordere, Mittlere, Hintere Partenkirchner Dreitorspitze.

1946
Wetterstein: Oberreintalschrofen S-Pfeiler (Buhl-Klier) 1. Begehung, Scharnitzspitze SO-Wand, (Eberharter-Streng), Untere Schüsselkarspitze N-Wand, Schüsselkarspitze S-Wand, Schüsselkarspitze S-Wand-Riß;
Karwendel: Laliderenwand N-Wand (Schmid-Krebs);
Rofan: Rofanturm W-Wand (Buhl-Girardi) 1. Begehung.
Stubaier: Goldkappl S-Wand (Rebitsch-Frenadermetz);
Kaisergebirge: Totenkirchl W-Wand (Eidenschink-Peters);
Ötztaler: Seekarschneid N-Pfeiler (Buhl-Klier) 1. Begehung, Madatschtürme N-Kante Überschreitung;
Kalkkögel: Kleine Ochsenwand (Winterbeg.), Kalkkögel O-Turm/ W-Kante allein;
Dolomiten: Große Zinne N-Wand (Comici-Dibona).

1947
Stubaier: Pfriemesköpfl 5 Mal, Peiderspitze — Seespitze — Koflerspitze, Plenderleseespitze, Hinterer Grießkogel, Hohe Mutt — Kleine Zwölfer, Grießkogel — Hochkalter, Sulzkogel — Westl. u. östl. Gamskogel, Hochkalter — Mugkogel, Neunerkogel — Pockkogel — Neunerkogel, Schrankogel, Wildes Hinterbergl — Vorderer u. Hinterer Wilder Turm — Schrandele O-Grat — Schrankarkogel — Nördl. u. Südl. Wildgratspitze, Kreuzspitze — Östl. Knotenspitze, Mittl. Kräulspitze — Südl. Kräulspitze — Falbesoner Seespitze — Südl. Kräulspitze — Mittl. Kräulspitze, Mittl. Sommerwandspitze, Schrankogel Ostgrat — Südl. Schwarzenbergspitze, Innere Sommerwandspitze, östl. Knotenspitze — Kreuzspitze — Falbesoner Knotenspitze, Lüsenser Fernerkogel — Rothspitze — Hint. Brunnenkogel — Wildes Hinterbergl, Schwarzenberg Nordgipfel, Südl. u. nördl. Wildgratspitze, Schrandele, Rinnenspitze, Ruderhofspitze — Alpeiner Falbesoner Seespitze — Südl. Kräulspitze, Goldkappl W-Grat — Mühlsteigerturm — Fleckingerturm — Pflerscher Tribulaun W-Grat — Südrinne Eisenturm, Tribulaun, Brechten — Nörd. Schloßkopf — Brechten;
Tuxer Voralpen: Sonnenspitze — Glungezer, Mohrenkopf — Vikarspitze — Neunerspitze — Sonnenspitze — Glungezer;
Karwendel: Grubreißentürme S-Turm O-Wand 1. Winterbeg., Eppzirlerscharte — Erlspitze, Risserturm O-Wand 2. Beg. — Erlspitze, Gipfelstürmernadel S-Kante 1. Beg. — Erlspitze, Speckkarspitze W-Wand Durchschlag 1. Beg., Birkkarspitze — Östl., westl., mittl. Ödkarspitze, Speckkarspitze dir. N-Wand 1. Beg. (allein), Laliderenspitze dir. N-Wand Direttissima 2. Beg., Kl. Lafatscher westl. Nordpfeiler (Gompoz-Kienpointner) 2. Beg., 1. Beg. — Westl. Rotwandlspitze, Westl. Rotwandlspitze N-Wand, Hüttenturm Vorgipfel NO-Kante, 2. Beg., Lamsen Hüttenturm NO-Kante.

Beg., Östl. Rotwandlspitze N-Wand (Waroschitzweg — Lamsenspitze) NO-Kante (allein), Westl. Rotwandlspitze dir. N-Wand, Gipfelstürmernadel N-Kante — Erlspitze 1. Beg., LamsenHüttenturm dir. N-Wand 1. Beg., Kaskarspitze — Sonntagskarspitze — Bachofenspitze — Roßkopf Hintere Brandjochspitze — Stempeljoch, Seegrubenkopf — Seegrubenspitze — Seegrubenkopf, Hafelekar — Gleirschspitze — Hafelekar;
Kitzbüheler Alpen: Schatzberg — Unt. u. Gr. Galtenberg, Unt. Galtenberg — Widersbergerhorn;
Zillertaler Alpen: Falscher — Richtiger Kaserer — Olperer O- u. W-Gipfel, Ahornspitze, Hochfeiler N-Wand — Weißzint, Mösele NW-Wand, Schwarzenstein;
Wilder Kaiser: Predigtstuhl N-Gipfel W-Wand (Fiechtl — Weinberger) + Fleischbank Dülferriß, Fleischbank Asch-Lucke, Totenkirchl (Klammer-Nieberl-Kamin), Fleischbank O-Wand Rebitschriß — Bauernpredigtstuhl dir. W-Wand, Fleischbank SO-Verschneidung, Waxensteinerturm S-Wand;
Wetterstein: Hochwanner S-Verschneidung 2. Beg. — Hinterreintalschrofen — Kl. u. Gr. Hundstalkopf — Teufelskopf, Schüsselkarspitze W-Grat;
Rofan: Rofanturm dir. N-Wand (Rebitsch-Aufstieg) 3. Beg., Rofanspitze Ostwand (Rebitsch-Spiegel-Weg) 2. Beg. Sagzahn NO-Wand (Rebitsch-Spiegel), Rofanturm S-Wand 1. Beg. O-Wandkamin (allein), Erlgrat O-Turm, Rofanspitze N-Verschneidung 1. Beg., Rofanspitze N-Wand Rebitschweg), 3. Beg., Sagzahn NO-Verschneidung 1. Beg.,

1948

Neunerspitze — Sonnenspitze; Seegrubenkopf — Östliche, mittlere u. westliche Kaminspitze, Koflerspitze — Archbrand, Roter Kogel — Schaflegerkogel — Hoadl 1. Winterbegehung, Schüsselkarspitze (gerade S-Wand) 1. Winterbegehung, Signalkopf — Morgenkogel — Boscheben, Glungezer — Haneburger, Birgitzköpfl — Pfriemesköpfl, Lalidererspitze N-Kante 1. Winterbeg. — Bockkarturm, Kreuzjöchl — Kreuzspitze — Glungezer, Windegg, Hohe Schena — Wildkopf O- u. W-Gipfel — Roter Kogel, Schaflegerkogel — Hoadl — Birgitzköpfl, Altmann — Weinmann — Kälbersäntis — Säntis, Rote Fluh, Mandelspitze, Hafelekar — Gleirscher Brandjochspitze — Lattenspitze — Thaurerjochspitze, Ampfererkogel — Silberschneide — Hohe Geige, Hafelekar — Seegrubenspitze — Östl., mittl., u. westl. Kaminspitze — Kemmacher (N-Grat ab) — Kumpfkarspitze S-Grat auf, N-Grat ab — Widdersberg — Grubreißen N-Turm N-Grat — S-Turm — Östl. Kaminspitze, Fleischbankspitze O-Wand 1. Winterbeg. im Alleingang; Maukspitze W-Wand 1. Winterbeg., Scharnitzspitze Leberleweg, Schüsselkarspitze Auckenthaler Riß S-Verschneidung, Rofanspitze gerade O-Wand — Rofanturm O-Wand, Grubreißen S-Turm S-Grat — N-Turm — Melzerturm, Sagzahn N-Wand Pfeilerweg, Sattelberg, Grubreißen S-Turm S-Grat (Auf- und Abstieg), Grubreißen N-Turm W-Verschneidung 1. Beg., Gr. Solstein N-Pfeiler 1. Beg. im Alleingang, Kl. Solstein — Hohe Warte — Hint. u. Vord. Brandjoch, Nordeck NO-Wand 1. Beg. im Alleing., Gr. Ochsenwand — Kl. Ochsenwand W-Wand Auckenthalerweg, Nordeck W-Wand — Karwendelturm — Kl. Ochsenwand NO-Wand, Hint. Stempeljochspitze O-Kante 1. Beg. im Alleingang, Roßkopf — Bachofenspitze — Gr. Lafatscher, Hint. Goinger Halt N-Grat — Vord. Goinger Halt, Regalpwand — Regalpspitze, Nördl. Zunderkopf O-Wand (Rittlerweg) — Oberreintalturm gerade W-Wand, Scharnitzspitze O-Grat, Unt. Berggeistturm N-Kante, Oberreintalturm SW-Kante Alleingang, Teufelsturm N-Wand, Lalidererspitze — Lalidererwand; Grand Charmoz gerade N-Wand, Grand Charmoz O-Wand — Aig. de Blaitiere Überschreitung, Grepon W-Wand — Gran Charmoz Überschreitung, Aig. de Triolet N-Wand — Petit Triolet, Sporerturm SO-Kante 1. Beg., Drusentürme Überschreitung, Grabenkarspitze — Grabenkartürme — Östl. Karwendelspitze, Unt. Berggeistturm NW-Kante — Ob. Berggeistturm W-Kante — Teufelsturm SW-Kante, Totenkirchl W-Wand; Christaturm SO-Kante — Totenkirchl (Kraftriß) — Totenkirchl SO-Grat, Predigtstuhl N-Gipfel W-Wand (Fiechtl — Weinberger) Mittelgipfel — Hauptgipfel — Fleischbankspitze SO-Wand, 1. Beg. im Alleingang — Totenkirchl SO-Grat, Totenkirchl — Führernadeln, Wolfebnerspitze SW-Kante — Südgipfel gerade S-Wand — Nordgipfel — Plattenspitze, Christaturm SO-Kante — Fleischbankspitze — Predigtstuhl — Mittelgipfel W-Verschneidung, Predigtstuhl N-Gipfel W-Wand (Schiele Diem) — Predigtstuhl Mittelgipfel W-Wand — Hauptgipfel — Goinger Halt N-Grat, Totenkirchl — Führernadeln, Peterskopfl, Berglasspitze Berglas-Übergang, Kuhlochspitze N-Wand, Schlicker Nadel Mittl. W-Kante — Schachfigur, Nebelkogel, Schüsselkarspitze gerade S-Wand, Musterstein S-Wand (Spindler-Kubanek), Scharnitzspitze gerade S-Wand, Öfelekopf S-Wand (Frenademetz-Tiefenbrunner).

1949

Karwendel, Samertalerumrahmung — Hafelekar — Katzenkopf 1. Winterbegehung (Buhl-Knoll),
Dolomiten, 3. Sallaturm-NW-Kante 1. Geb., Marmolata-S-Pfeiler, Civetta-NW-Wand, Furchetta-NO-Wand Auckenthalerroute, Kalkkögel, Gr. Ochsenwand 1. Winterbeg. über die NOP-Pfeiler.

1950

Westalpen, (Aiguilles) Savoische Nadeln von Chamonix, 1. vollst. Überschreitung, Wilder Kaiser, Fleischbank-SO-Verschneidung 1. Winterbeg., Dolomiten, Marmolata-SW-Wand 1. Winterbeg., Cima Canali 1. Beg. der W-Wand auf neuem Weg (Buhl-Riß), Westliche Zinne N-Wand, Grandes Jorasses Walkerpfeiler, NW-Wand der Dru.

1951

Berchtesgadner Mühlsturzhorn direkte S-Kante 1. Winterbeg. allein, Westalpen, Montblanc-Gebiet, Aigville Blanche N-Wand, Peuterey Grat.

1952

Stubaier, Vord. Brunnenkogel 1. Winterbeg. über den W-Pfeiler.
Westalpen: Piz Badile NO-Wand N-Kante, Eiger Nordwand (Wettersturz), Dolomiten, Tofana Pfeiler.

1953

Berchtesgadner Watzmann O-Wand 1. Winterbeg., Salzburger Weg allein,
Himalaya, Nanga Parbat (8125 m) Erstbesteigung im Alleingang.

1954

Blaueisspitze, Untersberg-S-Wand, Rotpalfenriß-SO-Kante, Schärtenspitze-W-Grat (allein), Hoher Göll-W-Wand Gr. Trichter (allein), Hoher Göll-W-Wand Kl. Trichter, Kl. Mühlsturzhorn Alte S-Wand, Kampenwand Gelbe Wand, Pflughörndl, 1. Sellaturm-W-Kante, Paganella dir. S-Wand, 1. Sellaturm Trenkerkamin (allein) — 2. Sellaturm-S-Wand (allein), Pordoispitze-W-Wand, 1. Sellaturm-SW-Wand — 2. Sellaturm (Glückweg), Piz Ciavazes-SW-Wand, Großes Mühlsturzhorn-S-Versch. 3. Beg.

1955

Kohlmaiskopf, Kitzbühler Horn, Vord. Goinger Halt, Widersbergerhorn, Seefelderspitze, Glungezer-Sonnenspitze, 3. Watzmannkind, Bauernpredigtstuhl-W-Wand, Schüsselkarspitze dir. S-Wand, Sasso di Stria, Torre Grande (Dimai), Torre Grande (Franzeschini), Torre Grande (Scoiattoli), Guglia Edmondo de Amicis, Kleinste Zinne (Cassin), Guglia Gugliermina, Mugoni-S-Wand (Eisenstekken 3. Beg.), Westl. Karwendelspitze, Jalovec-S-Kante, Untersberg-S-Pfeiler, Wartsteinkante, Kl. Mühlsturzhorn-SW-Wand 2. Beg., Rotpalfenriß, Monte Rosa-O-Wand, Schneck Redlergrat, Dent du Geant-S-Wand, Grand Capucin-O-Wand (10. Beg.), Aig. Noire-W-Wand (Ratti) 15. Beg., Guglia del Brenta-NW-Kante (4. Beg.), 2. Sellaturm-N-Wand (allein), Fleischbank-SO-Verschn. (2. Alleingang), Predigtstuhl-W-Wand (Direttissima 10. Beg.), Zwölferkofl-NO-Kante (allein), Partenkirchner Dreitorspitze-NW-Grat (allein).

1956

Morgenkogl — Glungezer, Kreuzspitze — Glungezer, Nachsöllberg — Fleiding — Gampenkogl — Brechhorn — Kuhberg, Schneibstein — Kl. Reibn, Arbeser, Gilfert, Seefelderspitze, Stempeljochspitze, Plattkofel, Marmolata, Boèspitze, Hochkönig, Zuckerhütl, Lisenser Fernerkogl, Ötztaler Wildspitze, Piz Palü, Olperer, Karlspitze-O-Wand, Königsspitze, Cevedale — Suldenspitze, Gosauer Däumling-O-Kante, Bischofsmütze-SO-Kante (2. freie Erkletterung), Gr. Bischofsmütze dir. N-Wand (Palaor 2. Beg.), Großglockner, Hochsäul-S-Wand (3. Beg.), Ortler, Laliderer-N-Wand (Dibona), Watzmann-O-Wand Salzburgerweg (allein), Spritzkar-N-Wand schiefer Riß, Laliderer-N-Wand (Auckenthaler 1. Alleingang), Laliderer-N-Kante (allein), Dru-W-Wand (6. Beg.), Montblanc du Tacul Gervasutticouloir (2. Alleingang), Aig. du Pelerin vollst. SW-Kante 1. Beg. Auf- und Abstieg, Aig. du Pelerin-W-Grat, Aig. Moine, Aig. Moine-O-Wand (Contamin 1. Alleingang 3. Beg.), Aig. Peine-W-Grat (allein), Grepon Überschr. (allein), Aig. du Midi-S-Wand (Rebuffat 4. Beg. 1. Alleingang), Montblanc (Moore), Laliderer-N-Verschn. (9. Beg.), Stadelhorn, Watzmann-O-Wand (Berchtesgadnerweg), Schlicker Seespitze.

1957

Broad Peak (8047 m), Chogolisa.

*